多民族社会の軍事統治

出土史料が語る中国古代

宮宅 潔 編

目　次

はじめに　1
　　——共同研究の経緯と問題の所在

Ⅰ　研究動向篇

第1章　中国古代軍事史研究の現状 ［宮宅　潔］
　はじめに　11
　1●欧米における中国軍事研究——三つの"Introduction"から　12
　2●中国における軍事史研究　19
　3●日本における中国軍事史研究——秦漢時代　23
　4●「軍事」への注視と史料の洗い直し　27

第2章　「闘争集団」と「普遍的軍事秩序」のあいだ
　　　　——親衛軍研究の可能性 ［丸橋充拓］
　はじめに　31
　1●親衛軍研究の近況と展望　32
　2●親衛軍の二面性　34
　3●隋唐軍制理解への波及　38
　おわりに　42

Ⅱ　論考篇

第1部　「中華」の拡大と軍事制度：占領支配の諸相

i

目 次

第3章 征服から占領統治へ
　　　　——里耶秦簡に見える穀物支給と駐屯軍 ［宮宅　潔］

はじめに　51

1●穀物支給簡の分析　52

　(1) 穀物支給簡の形状と書式　52

　(2) 記載内容の分析　55

　(3) 穀物支給の実態　67

2●戍卒への穀物支給　68

　(1) 兵種と支給方法の関係　69

　(2) 穀物の貸与とその償還　71

　(3) 食糧自弁の原則とその限界　75

おわりに　78

第4章 秦代遷陵県の「庫」に関する初歩的考察 ［陳　偉］

1●職掌　88

2●吏員　96

3●徒隷　103

4●関連問題　106

第5章 漢代西北辺境防備軍の社会構造
　　　　——出土史料の分析に基づく方法論的考察 ［エノ・ギーレ］

はじめに——典籍史料から　111

1●研究上の課題と関連する問題　114

2●理論上の土台と軍事制度　116

3●徴兵の仕組み　119

4●研究状況　123

5●肩水金関漢簡から得られる情報と方法論上の問題点　130

第6章 漢代長城警備体制の変容 ［鷹取祐司］

はじめに　139

1●戍卒出身地の変化　141

（1）戌卒の出身地記載があり年代が確定できる簡の集成　141

（2）肩水金関址出土戌卒簡の時期分布　142

2●成帝中期以降における戌卒の出身地変化の背景　148

（1）「住─歳─更」制の動揺　148

（2）「庸」の拡大とその問題化　155

3●居延における長城警備体制の変容　159

（1）居延地域の戌卒総数　160

（2）吏卒家属の烽燧同居　161

（3）戌卒の「庸」化と家属同居　168

（4）騎士の烽燧勤務　170

おわりに　179

第2部　軍事制度よりみた古代帝国の構造

第7章　秦漢「内史─諸郡」武官変遷考

　　　　　──軍事体制より日常行政体制への転換を背景として［孫　聞博］

はじめに　191

1●秦及び漢初における「内史─諸郡」の武官の対等構造　192

2●武帝以降における地方武官の「辺地化」の趨勢　202

3●後漢の軍事組織の「辺地化」と地方の屯兵　208

第8章　漢代における周辺民族と軍事

　　　　　──とくに属国都尉と異民族統御官を中心に［佐藤達郎］

はじめに　215

1●漢代における周辺民族の軍事動員とその歴史的影響　216

2●漢代における周辺民族の管理　218

（1）属国都尉　218

（2）「異民族統御官」　220

3●属国都尉下の諸民族管理と軍事動員　221

（1）属国下の諸民族管理　221

（2）軍事動員　225

目　次

　　　(3) 軍役以外の諸雑役への使役　　229

　　4●「異民族統御官」下の周辺民族管理と軍事動員

　　　——特に烏桓校尉，護羌校尉の場合　　229

　　　(1) 烏桓校尉　　230

　　　(2) 護羌校尉　　235

　　5●「帰義蛮夷」をめぐって　　241

第9章　漢帝国の辺境支配と部都尉［金　秉駿］

　はじめに　　243

　1●部都尉は異民族を主管する特殊機構か　　245

　2●部都尉は郡県に比べて緩やかな政策を展開したか　　247

　3●部都尉は郡都尉とは別の特殊組織か　　249

　4●部都尉は異民族の民事を統御する「治民機関」か　　251

　おわりに　　255

第3部　「中華」の転換と再編：多民族社会における軍事と支配

　第10章　前秦政権における「民族」と軍事［藤井律之］

　はじめに　　259

　1●前秦の兵力　　259

　　　(1) 前秦史概観　　259

　　　(2) 兵力動員数の推移　　260

　　　(3) 動員兵数増加の要因　　264

　2●石刻史料にみえる「民族」と軍事　　268

　　　(1) 鄧太尉祠碑と広武将軍□産碑　　268

　　　(2)「雑戸」と軍事　　272

　　　(3) 前秦梁阿広墓誌　　276

　3●氐戸の分徙　　278

　おわりに　　284

目 次

第11章　北魏道武帝の「部族解散」と高車部族に対する羈縻支配 ［佐川英治］

　はじめに　289

　1●高車伝「得別為部落」条の検討　291

　2●道武帝と高車諸部族　295

　3●柔然の勃興　300

　4●護高車中郎将と附国高車　304

　おわりに　308

第12章　唐前半期における羈縻州・蕃兵・軍制に関する覚書
　　　　　──営州を事例として ［森部　豊］

　はじめに　311

　1●唐代営州の沿革　312

　2●営州管内の羈縻州と軍府　315

　3●初唐期の行軍と契丹系軍府　321

　おわりに　324

第13章　唐代高句麗・百済系蕃将の待遇及び生存戦略 ［李基天］

　1●問題の所在　327

　2●唐前期における蕃将中の諸衛将軍の任命傾向　330

　3●高句麗・百済系蕃将の入仕類型　341

　4●高句麗・百済系蕃将の武官号及び唐朝の待遇　346

　5●蕃将の勢力基盤　359

　6●結びに代えて──唐朝の蕃将に対する認識及び蕃将の生存戦略　367

後記　381

索引　385

v

はじめに
——共同研究の経緯と問題の所在

宮宅　潔

　本書は平成25〜29年度に行った国際共同研究「中国古代の軍事と民族——多民族社会の軍事統治——」（科学研究費補助金（基盤研究B），代表者：宮宅　潔，課題番号：25284133）の研究成果をまとめた論文集である。

　この共同研究に先立って，平成20〜24年度には「中国古代軍事制度の総合的研究」（同，課題番号：20320109）という研究プロジェクトを実施した。このプロジェクトでは，日本・中国・韓国，そして欧米における中国軍事史研究の現状を分析し，従来の研究成果・研究手法に含まれる問題点・偏向性を意識しながら，そのうえで軍事制度研究の新たな地平を模索することが目指された。近年，特に欧米の中国史研究者のあいだでは，政治・社会・経済・文化・思想といった分野と比べて，軍事に関する研究が相対的に手薄であったとの反省から，軍事史研究の見直しが進められている[1]。こうした研究動向に触発され，始められたのがこの共同研究であった。

　確かに，欧米と比べるなら，わが国には中国軍事史研究の少なからぬ蓄積がある。とはいえ第二次大戦後，歴史学の分野では戦争に直接関わる研究がなかばタブー視され，軍事史に正面から取り組んだ研究が必ずしも多くはなかった[2]。軍事と関連する研究としては，たとえば徴兵制度や，将軍号をはじめとした軍号の分析などが研究者の関心を集めてきたが，それらはあくまで徭役制度・官僚制度研究の一環として進められた。その他の諸制度をめぐっても，それが実は深いところで軍事制度に結びついていることが等閑視される傾向にあり，これもまた，戦後の歴史学界を取り巻く雰囲気と無縁ではなかったように思われる。かかる現状認識のもと，前プロジェクトでは軍事を添え物のように扱うのではなく，むしろそこに軸足を据えて諸制度を捉え直すことを試みた。こうして得られた研究成果は，『中国古代軍事制度の総合的研究』（科研費報告書，2013）に収められている。

---

1)　本書第1章を参照のこと。
2)　ヨーロッパの軍事史研究における同様の傾向については［阪口2010］を参照。

この成果を継承し，如上の問題意識をさらに深めつつ，さらに新しい視点をとりこんで始められたのが今回の共同研究である。新たな立脚点に据えられたのは，軍事と民族問題の相関関係であり，その目指すところはいわば「軍事問題としての民族」であり，「民族問題としての軍事」であった。

　地球上の，ほとんどすべての紛争が民族紛争となりつつある現在，軍事行動が時として民族と民族のぶつかりあいであること，あるいは軍事行動が民族の移動・混交を促し，さらに反発をも醸成することは，敢えて指摘するまでもない。だが中国古代史，とりわけ秦漢史研究の分野では，こうした視点がやや欠落していた。もちろん例外はあるものの，魏晋南北朝以降の歴史を考える際，軍事と民族の問題が非常に重要な視点となっているのに比べると，秦漢軍事史研究における「民族問題」の掘り下げは，なおも不足していると言わざるを得ない。

　その一因として，まずは史料の不足が挙げられる。戦国・秦漢期の典籍史料のなかには，軍隊の構成や戦闘の経過，さらには新占領地の統治策について，包括的に詳細を述べた記事がほとんど見られない。かかる史料不足により，この時期の軍事史研究は，利用可能な史料が存在する特定の分野にその関心を集中させてきた。

　だが問題は史料の不足のみに止まらない。そもそも従来の戦国・秦漢史研究では，地域間の文化的差異には一定の注意が払われつつも，各地の住民はいずれも「華夏」であり「漢民族」であり，その間に「民族」的な相違はないと見なされてきた。このこともまた，軍事と民族の相関関係への注目が，相対的に希薄だった一因であろう。

　いわゆる「漢民族」がいつ，いかにして形成されたのかをめぐっては，研究者の間にもさまざまな意見がある。だがその形成史において，秦漢時代が重要な画期であったことには，ほぼ異論の余地がないだろう。たとえば王明珂は，戦国から漢代に至る時期に一つの民族呼称（「華夏」）が共有されるようになり，周辺他民族（「夷戎蛮狄」）との境界が設けられ，共通の先祖（黄帝）も創造されたので，この頃に「漢民族」は，すでに一つの民族（「族群[3]」，ethnic group）を形成していたといってよい，と述べている［王明珂 2013，序論 16 頁］。筆者としても，こうした指摘自体に異を唱えるつもりはない。

　　3）近年，漢語圏では「民族」という用語よりも，nation の訳語として「国族」が，ethnic group の訳語として「族群」が用いられる。

ただし，「民族意識 ethnic group identity」は固定的，絶対的なものではない。民族意識が新たに創始されたり，消滅したりする場合もあり，「民族」という枠組みは多分に流動的なものである。また，一人の人間が複数の異なる民族意識を持つこともある。たとえば，ある人物は「アメリカ人」であると同時に「欧州系アメリカ人」であり，「イタリア系」であり，さらには「シチリア系」でもあり，これらのアイデンティティを社会的なコンテキストに応じて選択し，使い分ける。民族意識がこうした「階層的な入れ子構造 hierarchical nesting」[Peoples & Bailey 2015, 367 頁] を備えていることも，忘れてはなるまい[4]。

　秦漢時代には，自らは「華夏」に属しているという共通認識がすでに多くの人々の間に存在していたのかもしれない。だが一方で，戦国時代以来の「楚人」「斉人」といった自意識も，まだ根強く生き残っていたに違いない。たとえ戦国時代の諸侯国は消滅してしまっても，むしろその敗北の記憶が，かかる自意識を持続させる凝集力となっていたのではあるまいか。楚が滅亡した後も，「楚の敗軍の将である項燕は，まだ生きている」との流言が広く共有されていたというエピソード（『史記』陳渉世家）などが，そのことを示唆していよう。あるいは，高村武幸が指摘するとおり [高村 2008, 405 頁]，漢帝国東半の人間がもっぱら西北辺境の防備兵とされた現象[5]が「被支配地域の兵は信頼できず，補助戦力にしかならない」という意識に基づいていたのだとすれば，楚漢抗争時の勝利と敗北の記憶は，100 年以上後になっても消えていなかったことになる。漢帝国支配下の人々は，法律上はいずれも「漢人」であり，そうした自己認識も共有されていたのかもしれないが，それはあくまで，入れ子構造の最外辺に過ぎなかった。

　さらに帝国の周辺には，漢人とは明らかに生業（農耕／牧畜）や社会制度（君主を戴くか否か）を異にする人間集団，「蛮夷」が暮らしていた。やがて帝国の領土が拡大するにつれ，それらの集団は領内に取り込まれ，さまざまなやり方で統治されるようになった。たとえば遊牧地帯を占領した場合は，そこに防壁が建造され，蛮夷との間に一線が画されたが，集団で投降した者たちがかつての社会構造・統属関係を維持したまま，辺境地帯で暮らすこともあった。一方，農業を生業とし，土着の王が存在していた中国東南・西南，あるいは朝鮮半島北部といっ

―――――――――――――

4) 春秋時代，形成途上の「中華」概念が帯びていた重層的な構造については，[渡邉 2010] を参照。

5) 本書第 5 章（ギーレ）・第 6 章（鷹取）も参照のこと。

た地域では，まずはその君主を服属させ，間接的な支配が試みられ，しかる後，往々にして武力による直轄化が断行され，当該地域は郡県支配の下におかれた。

　これらの蛮夷は，あくまで中国の側で書かれた史料に残る情報であるとはいえ，独自の文化的伝統や開祖神話を持っていたとされる。こうした，明らかに異質の民族意識をもった人間集団の存在は，実際には文化・習俗を異にするさまざまな「漢民族」の者たちに，共通の帰属意識を植え付ける上で重要な役割を果たしたに違いない。さらに，帝国の領域に取り込まれた蛮夷のなかには，本来の開祖神話を忘却し，黄帝の子孫を名乗って「漢民族」に同化する者たちも現れた［王明珂 2013，235 頁］。

　このように，境界線の濃淡，あるいは境界の目安（boundary marker）は時代とともに変化したにせよ，漢帝国の統治下にも多様な帰属意識を持つ人間集団が暮らしていた。これらの集団をすべて「民族」「族群」などと呼ぶのは適切ではあるまいが，いずれも血縁関係を超えた規模の，文化的伝統や歴史を共有すると自認する（あるいは見なされる），複数の社会階層から成る人間集団であるという点では共通しよう。漢代の社会は，かかる人間集団から構成される多元的な世界であった。

　やがて魏晋南北朝時代になると，五胡と呼ばれる遊牧集団がかつての漢の領域で勢力を伸ばし，華北では彼らが政権の中核を担う国々が建てられる。彼らは「漢化」を進め，漢民族との融合を図りはするものの，自らの歴史の記憶を保持し，独特の姓を名乗り，完全には同化しなかった。一方で，蛮夷との対峙，敗北，大規模な人口移動を経て，「漢民族」の凝集力はさらに強固なものとなってきた。ここに至って，社会の多民族性は自明のものとなる。当該時代の研究者が軍事と民族の問題により強い関心を払うのも，当然のことであろう。

　だが，状況が秦漢時代のそれと本質的に異なるわけではない。戦争や紛争を契機にしてさまざまなルーツを持つ者たちが混交し，その勝敗により特定の帰属意識を強めることもあれば，他の集団に吸収されて自らのアイデンティティを失うこともあった。そうした社会を支配する上で軍事力が重要な役割を果たしたことは言を俟たないが，一方で軍事力の編成方法や戦略の指針は，多様な社会のありようによって規定されるものであった。このような「軍事と民族の相関関係」を，秦漢時代から隋唐時代までに時間軸を据えて分析するのが，本プロジェクトの目指したところである。

はじめに

とはいえ，関連する諸問題をすべて網羅し，全体を俯瞰することは難しく，今回の共同研究においては，特に次の二つの問題に焦点を絞り，各メンバーが関連する課題に取り組んだ。すなわち①占領支配の諸相と，②軍事制度よりみた古代帝国の構造，である。本書に収められた諸論考がこの二点とどのように関わるのか，簡単に紹介しておこう。

①占領支配の諸相

まずは，占領統治の具体像を探る研究。帝国が新たな領土を獲得した時，異なる帰属意識を持つ人間集団が，そこにどのようなかたちで居住しており，占領者はそれにいかなる態度で臨んだのかを分析する。秦漢時代の占領支配について分析の材料となったのは二つの新出史料群，すなわち里耶秦簡と肩水金関漢簡で，前者からは秦による南方占領地の，後者からは漢の西北辺境地帯での統治のあり様を見て取ることができる。

秦が里耶地域を占領した時，そこには土着民，戦国楚の時期の移民など，さまざまなルーツを持つ人間が暮らしており，占領後にも人口の流入は続く。秦は辺境の小県に見合わぬ規模の官吏・兵士・刑徒をここに送りこみ，拠点の維持を試みるが，その支配に服したのは居民のごく一部であった［宮宅 2016］。本書所収の陳論文（第4章）は，この地での武器管理を仔細に検討し，当地には一時大量の兵器が保管されていたものの，やがて中央に回収され，現地での武器生産は行われていなかったことなどを述べる。また宮宅論文（第3章）は里耶地域の官吏や兵士を支えるための兵站制度を分析し，自弁を原則とする方法からの脱皮が進んでいなかったことを指摘する。

一方，肩水金関簡を用いて，前漢武帝期以降の西北防備軍を分析したのがギーレ（第5章）・鷹取（第6章）論文である。また金（第9章）・佐藤（第8章）論文も，分析対象を必ずしも西北辺境のみに限定しないものの，王朝が占領地の，あるいはその周辺に暮らす異民族といかに対峙したのかを問題とするなかで，この史料群を活用している。

ギーレ・鷹取論文はいずれも，西北辺境の防備軍に勤務する者の多くが遙か遠方の中国東部から来たことに着目している。この現象自体はかねてより知られていたが，鷹取論文は木簡が出土した各区画の年代を出土木簡の紀年から推定し，そのうえで兵士の出身地が分かる史料を時代別に整理し，東方出身の戍卒がやが

て地元出身者に切り替えられること，同時に服役期間が長期化する傾向にあること等を指摘する。これは，戍卒制度についての従来の理解をくつがえす重要な提言である。その視線の先には，後漢時代における普遍的な徴兵制度の廃止や，異民族兵の積極的な活用へと繋がる道筋が見えてこよう。とはいえ，辺境出土簡の年代比定や，その統計学的分析にさまざまな注意点があることは，ギーレ論文が述べるとおりである。鷹取論文が示した仮説は，ギーレ論文が列挙する方法論上の課題を念頭において，さらに検証・吟味される必要があろう。

　漢代からさらに時代が降ると，占領支配の主体はむしろ異民族の側となる。また占領統治の目指すところも，被支配民を管理・制御することから，むしろ活用することにその主眼を移していく。前秦政権が，自らの出身母体である氐の部衆を活用する軍事体制から脱却し，一般編戸の動員に重点を移していったことを指摘する藤井論文（第10章）や，北魏の部落解散において，高車部族だけが特に「別に部落を為す」ことを認められた背景とその意義を解明する佐川論文（第11章），さらには唐代の営州に焦点をすえ，遠征軍への蕃兵動員の具体相を探る森部論文（第12章）が，本書においてこうした問題を取り扱うものとなる。

②軍事制度よりみた古代帝国の構造

　さまざまな民族から構成される古代帝国，さらには東アジア世界全体の構造を，軍事制度や軍政組織に注目して分析しようとする研究。たとえば孫論文（第7章）は，秦から漢初にかけての時代には中央と地方の軍事組織の間に大きな違いがなかったものの，次第に辺郡以外の地方軍事組織が縮小されていることに着目し，そこに「日常行政体制」への移行の動きを見て取る。また丸橋論文（第2章）は親衛軍の多民族性を分析することにより，国家秩序の特性や，戦闘集団内の秩序をより普遍的な秩序へと切り替えていく道筋を読み解こうとする。そこでは，多様な民族を内包する社会に中国王朝の占領支配が与えた影響よりも，むしろ社会の多民族性が王朝支配のあり方に与えた影響の方が検討の俎上に載せられる。

　これに対し，佐藤（第8章）・金（第9章）論文は辺境の軍政組織に焦点をすえ，多民族の混交する地域を王朝が如何にして統治したのかを分析し，その背景にある辺境社会の様相に迫ろうとする。佐藤論文は漢代の北部・西北辺境の，異民族を統制する組織に注目し，その柔軟性を指摘するとともに，漢王朝との結びつき

が諸族における部族再編や族長の権限強化をもたらしたことを主張する。金論文は西南夷や朝鮮半島北部をも視野に収めつつ，分析の対象とする組織は部都尉に限定し，それがあくまで軍政組織であり，異民族を管理する行政機関ではなかったことを強調する。部都尉は帝国全土に置かれた統治機構の一部にすぎず，異民族統治のために置かれたわけではないとし，あくまで郡県制の原則を重視する金論文と，各地の実情に応じた柔軟な制度運用を想定する佐藤論文との間には，いささか立場を異にする部分もある。今後いっそう議論を深める必要があろう。

　また両論文では周辺異民族相互の関係も検討の視野に収められる。こうした視点は佐川論文の，既存の社会組織は残しつつも皇帝の直接支配に服した他部族と異なり，高車部族だけが例外的に「附国」として自立性を保持できていたとし，その背景に北魏の柔然に対する戦略を認める指摘や，投降した蛮将への処遇を遊牧系と百済・高麗系とで比較する李論文（第13章）とも共通するものである。

　述べてきたように，本書所収の論考は必ずしも，①②の問題のいずれかに特化したものではなく，両者にまたがる内容を持っている。そこで，諸論文をまず秦漢時期を扱ったものと魏晋以降とに分け，前者をさらに，特定地域の占領支配に着目した論考と，より俯瞰的な視点をもった考察とに区分し，それぞれを第1～第3部とした。また，これらの論考篇とは別に研究動向篇を設け，そこに丸橋論文を収めるとともに，前科研の報告書［宮宅2013］に掲載した宮宅展望を加筆・改訂のうえで再録した。これらの，5年間にわたった共同研究の成果が，何らかのかたちで学界に貢献しうるならば，編者としてこれにすぐる喜びはない。

【引用文献表】

阪口修平 2010　『歴史と軍隊　軍事史の新しい地平』創元社

宮宅　潔 2013　『中国古代軍事制度の総合的研究』科研報告書

宮宅　潔 2016　「秦代遷陵県志初稿──里耶秦簡より見た秦の占領支配と駐屯
　　　　　　　　軍」，『東洋史研究』75-1

渡邉英幸 2010　『古代〈中華〉観念の形成』岩波書店

王　明珂 2013　『華夏辺縁　歴史記憶与族群認同』（増訂本）浙江人民出版社

Peoples, James & Bailey, Garrick 2015　*Humanity: An Introduction to Cultural Anthropology*, Tenth edition, Stanford: Cengage Learning.

I ———— 研究動向篇

第1章

宮宅　潔

Miyake Kiyoshi

中国古代軍事史研究の現状

はじめに

　一口に「軍事史」と言っても，そこには戦役史・兵制史から始まって，軍事思想史や軍事地理学，さらには戦争文学研究に至るまで，さまざまな分野の，異なる問題意識からなされる研究が含まれる。その研究状況を，中国古代に時代・地域を限定するにせよ，わずかな紙幅で概括するのは殆ど不可能である。その一方で，「中国古代軍事史研究の現状」という本章のタイトルがさほど奇異に響かないとすれば，それは中国の「軍事」に焦点を据えた研究が，政治・経済や社会制度に関する研究に比して，相対的に手薄であることに因る。

　軍事史研究が手薄であるとの指摘には，首をひねられる向きもあろう。日本には兵制，特に徴兵制度に関する膨大な，そして優れた研究蓄積があるし，中国でも昨今，軍事史に関わる著作が数多く刊行されている，と。しかし少なくとも欧米の研究者たちはそうした認識を持っておらず，軍事史研究の立ち後れをはっきりと自覚し，その充実を意識的に図っている。

　欧米における中国軍事史研究の立ち後れは，もちろんかの地における中国史研究者の絶対的な層の薄さや，その研究史を取り巻いてきた特殊な環境に因るものである。だがそれに加えて，ヘロドトス『歴史』やトゥキディデス『戦史』以来の，長い軍事史研究の伝統の中に身を置くが故に，彼らは中国軍事史研究に対して異質感やもどかしさを感じざるをえず，その感覚が「中国軍事史研究は立ち後れている」という現状認識に繋がっている，という側面も否定できない。東アジアの研究者が無意識のうちに看過している問題が，そこに潜んでいるのではなかろうか。

I　研究動向篇

　ここでは手始めに，1970年代以降，欧米で出版された軍事史関連の論文集を俎上に載せ，それぞれの序文で述べられている編者の現状認識を手がかりに，欧米における軍事史研究の展開とその問題点を追うこととしたい。

1 ●欧米における中国軍事史研究──三つの"Introduction"から

　ここで取り上げるのは，以下の三冊である。

① Frank A. Kierman, Jr. & John K. Fairbank (ed.), *Chinese ways in Warfare* (Cambridge; Massachusetts: Harvard University Press, 1974).

② Hans Van De Ven (ed.), *Warfare in Chinese History* (Leiden; Boston; Köln: Brill, 2000).

③ Nicola Di Cosmo (ed.), *Military Culture in Imperial China* (Cambridge; Massachusetts; London: Harvard University Press, 2009).

　①は1969年にマサチューセッツ工科大で，②は1997年にケンブリッジ大学で，そして③は2001年にカンタベリー大学で，それぞれ開催された学術会議の成果に基づいている。会議を経て，提出された原稿を総括するものである以上，導入部に述べられている編者の序論は，出そろった原稿の顔ぶれに左右されている部分もあろう。それでもなお三者を読み比べると，それぞれに特徴があり，軍事研究の現状と可能性に対する認識の変化，とりわけ研究手法における新たな展開を見て取ることができる。

　まずフェアバンクの手になる論集①のイントロダクションは，1970年代初頭の雰囲気を色濃く映し出す一文から始まっている。

　　戦争を如何にコントロールするのかが，人類存続のための大問題となりつつある今日，軍事史研究はこの危機に対処するための手がかりとなろう。ベトナム戦争でそのクライマックスに達した，西洋が拡大してゆく時代の後では，中国の戦争様式がより守備的に映るのももっともである。……中国の軍事的伝統を理解することには，現実的な有用性がある。すなわち，それにより現在の中国とうまく付き合えるだけでなく，我々もまたその長所を受け継ぎ，短所を回避しうることになろう。……（pp. 1-2）

　そのうえで中国における「軍事」の特異性を次のように述べている。

その有用性はさておき，中国の軍事的伝統は我々を魅了する。なぜならそれは西洋のそれと全く違い，かつ時としてより豊かなものであるから。弩・鋳鉄・火薬の発明者は，同時に紙・印刷・高等文官試験・官僚制度の発明者でもある。彼らが成し遂げた多くの事柄の一つとして，文の武に対する優越を早い時期に構築したことが挙げられる。それにより中国は，西洋の俗説のなかでは，平和主義的であるという評判を獲得した。しかし前近代の中国人は，軍事制度や軍事的偉業に関する記録を多くは残しておらず，またあらゆる王朝は軍事力によって設立されたものである。……統一は軍事力と非軍事的な要素——この要素を軍事史家は軽視してはならない——との両者によって支えられてきた。(p. 2)

中国では「文」が「武」よりも優先され，従って西洋文明に比べて平和主義的であるという言説を，フェアバンクは「俗説 folklore」と呼び，一応はそれに懐疑的な立場をとっている。しかし近代に至るまで，社会の指導層とはとりもなおさず軍事エリートのことであった西洋社会と異なる，独自の伝統が中国に存在していたことは否定せず，その理由を以下のように，さまざまに想定している。

・地勢：

　西洋の拡張的傾向は，ギリシャ・ローマ時代における海の活用——海上交易・植民活動・地中海帝国——に胚胎する。一方，中国は陸地に囲まれ，他の文明圏や海路から隔絶された状況にあり，その防衛的傾向はそこから胚胎している。さらに中国の地勢は分離的であり，従って武力だけで全土に政治的な統一を強いることはできなかった。

・思想背景：

　秦による統一の後，それを維持するための思想統一が図られ，やがて国教とされた儒教は，戦争を卑しめ，階級社会を理想とし，それを維持するためにまず教化を重視する。次いで賞罰が用いられ，それでも秩序を維持できない場合にのみ武力が登場することとなる。かくて戦争を賞賛しにくい伝統が生まれ，若者たちは勇者へのあこがれを持たず，また聖戦も存在しない。こうして「文」の優位が維持された。

・発達した官僚制度：

武人が飼い慣らされたもう一つの要素は，官僚制度の発展である。なぜなら税金は文官により徴収され，彼らは軍事から独立することが出来ていた。さらに軍隊自体が官僚化され，中央からの統制に従属するようになった。反乱鎮圧や外敵への防衛には，脅迫や賄賂や慰撫など，非軍事的な手段がむしろ好まれ，これは純粋な軍人の能くするところではなかった。

・内陸アジアからの影響：

外敵との長い抗争が，中国に防衛的な心性（Great Wall mentality）を植え付けたといってよい。中国は彼らをコントロールすることができず，共に生きるよりほかない。それ故に遊牧民たちは中国の外辺にあってその一部となり，中国がそこでの秩序を維持するために選択する手法は，中国国内に対するそれ——まず礼による教化，そして賞罰，最後に武力——と同じ優先順位で並べられる。従って中央アジアとの関係が，武人の地位向上に繋がることはなかった。

中国における「軍事」はこうした諸条件により規定され，結果として，西洋と比較すれば，戦争と平和がより深くお互いに浸透しあうことになっている。従って中国軍事史は，他から切り離された一つの分野としてではなく，むしろ中国史の一側面と見なされねばならない。

その一方で，軍事史研究に活用できる史料群に目を向けるなら，法制史と同様に，非常に多くの史料の存在が知られているものの，欧米の研究者にはほとんど利用されておらず，また入り組んだ諸制度と難解な術語とが前途には立ちはだかっている。

かかる現状を踏まえるなら，まず行わねばならないのは，事実に則し且つ洗練された事例研究である，とフェアバンクは結論する。その結論のとおり，本書に収められた7本の論考は，多くが特定の時代や戦役に焦点を据えた事例研究である。古代史についていえば，ローウェが前漢武帝期の対外遠征に関する，詳細な事例研究を展開している（Michael Loewe, "The Campaigns of Han Wu-ti"）。

論集①の刊行から四半世紀を経て，論集②が出版された。その序文においてファン・デ・フェンは，先駆的な成果として①に言及しつつも，

中国の軍事についての研究は，思想，文化，経済，社会発展，農民反乱，革命に
関する研究が大勢を占める状況のなかで，依然として継子扱いされたままである。
（p. 1）

と述べ，論集①に続くものが，その後あらわれなかったことを認めている。かか
る現状認識の下，中国では「文」が常に「武」に優越するという伝統的な言説
に，ファン・デ・フェンはより強い疑いの目を向ける。

独特の，反軍事的な中国文化──そこでは常に文が武より優越し，暴力の行使は
嫌悪され，攻撃よりも防御が好まれ，辺境で起こる襲撃にも間接的にアプローチ
することが，それでいて敵を全滅させるのが良しとされる──を映し出すものと
して，中国特有の，そして変わることのない軍事の伝統を語ってよいものだろう
か？（p. 2）

確かにフェアバンクも「平和主義の中国」というイメージを「俗説」と切り捨て
てはいるものの，その偏見の根はなおも深い。その源となっているのは，まずは
『孫子』の影響力である。

「百戦百勝は善の善なる者に非ざるなり。戦わずして人の兵を屈するは善の善
なる者なり」（謀攻篇）という，非好戦的な孫子の主張は，強いインパクトを西洋
の軍事史研究者に与え続けている。例えばカイヨワの『戦争論』[1] では，「古代中
国の戦争法」という一章が特に設けられ，『孫子』『呉子』に拠りつつその特色
（戦争は災厄であり，早く終わらせることが良しとされる・流血や暴力を避けることが優先
され，そのために謀略やだまし討ちを積極的に用いる）を列挙した上で，「古代中国
は，戦争が完全に制御された時代の一つ」であり，「西欧においても，中世から
フランス革命までのあいだ，これと同様のことが軍事習慣としてかなりうまく実
行されていた」（54〜55頁）という中西の比較を展開している。1960 年代に至っ
ても『孫子』の主張が額面どおりに受け止められていることは，その影響力の根
強さを示していよう。

これに加えて，ヴォルテールを初めとした啓蒙思想家による，儒教や科挙制度
に対する熱烈な賞賛の影響力も西欧においては当然無視できない。また 19 世紀

---

1) ロジェ・カイヨワ『戦争論　われわれの内にひそむ女神ベローナ』（秋枝茂夫訳，
法政大学出版局，1974。原著の出版は 1963 年）。

半ば以降，西洋人が中国を分析し始めた際の，中西の間に存在した圧倒的な軍事技術の格差も，中国文化は軍事に意を注がず，中国人とは「退廃的」で「女々しい」人種なのだという偏見が出来上がる一因であったとされる。

　こうした紋切り型のイメージから完全に脱却する道として，ファン・デ・フェンはまず，兵法書の徹底的な再検討を提唱し，注目すべき試みとしてジョンストンの著作[2]——ジョンストンは武経七書に分析を加え，和諧的，ないしは防衛的な戦略が必ずしも優先されていないことを指摘する——を例として挙げている。そもそも兵法書自体が分析の対象とされるべきなのであり，それによって次の問題，すなわち武勇にどのような価値が与えられ，武人にどのような政治・社会的地位が与えられていたのか，戦争遂行の目的は何であったのか，戦争を遂行する際の，最善のやり方はどのように考えられていたのか，といった諸点に迫るべきである，との提案がなされる。これに加えて，兵法書のみならず，詩文・宗教・儀礼などを分析することの必要性も説かれている。そしてファン・デ・フェンは，次のように述べて総括を締めくくる。

　　ともかく，あらゆる前近代の官僚主義的農業帝国においてそうであったように，国家の歳入の最も大きな部分を消費するのは軍事であった。中国の官僚組織はその殆どが軍事的な職務を帯びていた。軍事組織やその動員法，誰が「敵」で誰が「味方」なのか，あるいはどの人間集団が軍事を担うべきなのかに関する概念，さらに官僚機構のなかでの軍事の位置に着目することによって，中華世界は定義されてきたのだ。……歴代の中華帝国の本質，あるいはあらゆる国家の本質を，単なる軍事組織と見なしてしまうのは避けねばならないことだとするならば，一方で「軍事」を消去してしまうのも，それと同じくらい危険なことなのである。(p. 11)

　かくて「軍事」の重要性が強調されたうえで，9編の論考がそれに続いている。後漢における郡兵の廃止を論じたルイスの論考（Mark E. Lewis, "The Han abolition of universal military service"）や，唐王朝の総合戦略のなかでのチベットの位置づけを説き，とりわけその馬政に着目するトゥイチェット論文（Denis Twitchett, "Tibet in Tang's grand strategy"）など，取り上げられる題材は多彩であ

---

2) Alastar Iain Johnston, *Cultural Realism: Strategic Culture and Grand Strategy in Chinese History*, Princeton: Princeton University Press, 1995.

り，文化・儀礼の分析を通じて明と清との間の総合戦略の違いを指摘するプレデュー論文（Peter Predue, "Culture, history, and imperial Chinese strategy: Legacies of the Qing conquest"）のように，単なる事例研究の枠を越え，中国文化の基層に「軍事」の影を見いだそうとする姿勢が窺われる。こうした切り口は，論集③においてより積極的に打ち出される。

ディ・コスモによる論集③の序文も，②と同様に，ステレオタイプに対する強い反論から始められている。

> 巨視的にみれば，軍事エリートは有史以来存在し続けており，その姿を変えつつも，反乱を鎮圧し，王朝を創設し，侵入者から国を守り，征服を行うに当たっては，中心的な役割を果たしてきた。徴用兵にせよ世襲兵にせよ志願兵にせよ，軍には多くの人間が所属していた。大衆文学の中で，戦士のエートスは賛美されてきた。文官も絶えず軍事費や戦略や政策や兵器（開発）などの軍事的問題について議論していた。七経は読まれ続け，時として軍事マニュアルやハンドブックが大量に生み出された。……結局のところ，中国史は軍事的な事件・議論・書物にあふれている。

にもかかわらず「文の優越」が信仰されてきた理由を，コスモは前二者とは異なる角度から，歴史記録者のメンタリティにも係わる問題として説明しようとし，その延長線上に「軍事文化」研究の必要性を提唱する。

> それでもなお，中国文化は根本的に，我々が「軍事的価値観」と見なすものと相容れない，との認識が生み出されてきたとするならば，それが歴史記録者の心のなかで，軍事的事件を如何に認識し，記録し，伝達し，合理的に説明するかということに影響を与えてきたのは，否定できない。……とするならば，中国史における「戦争」と「社会」との関係は，戦争，軍事活動，および軍人が持つ性格の文化的構造や，その社会的・政治的階梯における地位と大いに関連しつつ発展してきたと想定される。この仮定に基づき，そして議論を前近代中国における軍事的問題の文化・社会への浸透度に集中させるために，本書では，中国の軍事史や戦争の歴史に考察を加えるよりも，むしろ軍事文化に焦点を据えることによって，中国軍事史研究に寄与することを目指している。

中国の歴史記録が，戦闘の詳細を書き残すことにさほど熱心でないというのは，

ファン・デ・フェンも指摘するところである。コスモはこれを中国人の心性に根ざした問題と捉え，それを取り巻く諸条件，すなわち「軍事文化」に目を向けようとしている。ここでいう「軍事文化」の中身として，コスモは具体的には4つの着目点を例示している。

1　軍人が守るべきであると考えられてきた振る舞いと態度。それらは成文化された，あるいは成文化されていない規定・慣習（すなわち軍人の行動を縛る成文律・不文律）により形作られる。

2　軍事文化とは「戦略文化」を意味する。それは意志決定のプロセスや，戦略的な決定を行う人間が依拠し，それによって現状を確かめ，状況を吟味するための知識（すなわち戦略上の意志決定とそれを左右する知識）を含む。

3　社会が戦争や軍事組織を好むか否かを決定するところの価値観。看護婦やスチュワーデスの訓練とその階級的組織のような，特定の団体のなかでの社会生活の軍事化なども，軍事文化に含まれる。

4　軍事的な出来事を価値あるものとする，美学的・文学的伝統の存在。

結局のところ，軍事文化の研究とは戦争と社会と思想の関係を理解することであり，軍事制度・軍事理論・戦争文化の性格を形成するところの，思想的・文民的・文学的発展が如何にして生じたのかを認識することである，というのがコスモの説明である。その上で彼は，③に収められた14本の論考が具体的に扱う事項を，次の6項目に分類する。

Ⅰ．軍事分野と文民分野との歴史的なつながり（軍法と法との関連，軍の財政と一般財政とのつながり，など）。

Ⅱ．軍事に対する学問と宗教の影響。

Ⅲ．帝政初期の軍隊の組織と作戦の状況について。

Ⅳ．非軍人にとっての，軍事行動および軍事的「価値」の占める位置。

Ⅴ．史料編纂における感性と特定の史料の問題。伝統的な史料のなかで，軍事行動はどのように表現されたか。

Ⅵ．統治と外交の分野における軍事文化。政策決定や辺境経営や政治エリートの自己表現における「軍事文化」の目立った特徴。

例えばⅣに分類されるリョー論文（Kathleen Ryor, "Wen and Wu in Elite Cultural Practices during the Late Ming"）は，明代の刀剣蒐集に関する研究であり，Ⅴに収

められるグラフ論文（David A. Graff, "Narrative Maneuvers: The Representation of Battle in Tang Historical Writing"）は，唐代の歴史記録における戦争の表現のされ方と，その背後に横たわる問題について，正面から取り組んだものである。こうした「心性」への着目が，本書の一つの特徴となっている。

総じて言えば，「平和主義の中国」というイメージの呪縛を残しつつ事例研究に注力した論集①の時代から，論集②ではステレオタイプへの強い懐疑が打ち出されるようになり，論集③に至って「軍事文化」研究の必要性が提唱されると，政治史・制度史的なアプローチに加えて，「武」に対する心性の再検討などにも目が向けられつつある，と欧米での研究潮流を整理することができるだろう。

2 ●中国における軍事史研究

昨今の中国では，軍事に関連する著作の出版が少なくない。大部な『中国軍事史』[3] をはじめ，「軍事」と名のつく書籍は枚挙に暇がなく，古代史について言えば，考古発掘の成果，例えば秦始皇帝陵の兵馬俑坑における軍隊構成なども軍事研究の題材とされ，『秦軍事史』[4] や『中国古代軍事工程技術史（上古至五代）』[5] といった著作も現れている。それにも拘わらず，少なくとも研究者の間には，中国軍事史研究は立ち後れているという認識が，確かに存在している。

ただし，そうした認識が生じてくる背景は，欧米の場合とはいくつかの点で食い違う。もちろん，自国史の一部として「軍事」に取り組む者と，あくまで他国史として，中国とはまったく異なる学問的伝統のなかで中国の軍事を分析しようとする者との間で，現状認識にズレが生じるのは，ある意味で当然のことである。だが欧米の研究者がしきりに頭を悩ませているいくつかの課題を，中国人研究者が，意図的にせよ無意識にせよ，ほとんど等閑視しているのは，単なる彼此の研究史・研究手法の相違を越えて，より深刻な問題をはらんでいるように思われる。

中国の軍事史研究者の現状認識を窺わせるものとして，ここでは『史学月刊』

---

3) 中国軍事史編写組編『中国軍事史』第一巻「兵器」，第二巻「兵略」，第三巻「兵制」，第四巻「兵法」，第五巻「兵家」，第六巻「兵塁」，附巻「歴代戦争年表」（解放軍出版社，1983～1991）。

4) 郭淑珍・王関成『秦軍事史』（陝西人民教育出版社，2000）。

5) 鍾少異『中国古代軍事工程技術史（上古至五代）』（山西教育出版，2008）。

2005年第11期に掲載された，「中国軍事史研究筆談」を取り上げよう。これは2004年10月に北京で開催された「中国軍事史学術研討会」での議論の一部であり，次の6篇の文章から成る。

　　黄朴民（中国人民大学・歴史系）「中国軍事史研究的困境与転機」

　　李零（北京大学・中文系）「転変思路，対軍事史進行全方位研究」

　　趙国華（華中師範大学・歴史文化学院）「中国軍事学史研究的基本思路」

　　宋杰（首都師範大学・歴史系）「地理枢紐与中国古代的戦争」

　　陳峰（西北大学・文博学院）「宋代主流軍事思想及兵学批判」

　　于汝波（中国軍事科学院）「対16世紀以後我国軍事理論落後原因的幾点思考」

これらのうち，宋・陳・于論文は個別のテーマを扱ったもので，総合的な回顧・展望とは言い難い。主として黄・李・趙の三論文から，彼らの現状認識と今後の展望を抜き出しておく。

　まず，この筆談に見られる問題意識の中で，欧米の研究者が抱えるものと決定的に相違するのは，「武に対する文の優越」「平和主義の中国」といった言説が，一顧だにされていない点である。中国史における軍事の重要性，先進性，社会において果たした役割の大きさは，議論の余地がない前提と見なされており，例えば黄は「中国史上，軍事は社会生活の各領域に浸透し，歴史変化の指針・指標となってきた」と述べた上で，その諸相として次の3項目を挙げる。

　　1. 最先端の技術は軍事の領域から生まれた。

　　2. 中央集権強化や制度の創設において，軍事が先導的役割を果たした。法も軍隊の中から生まれた。

　　3. 世界史においても，軍事は歴史の重要な要素である。

于もまた「16世紀までは，中国の軍事理論は世界をリードする地位にあった」と述べ，その先進性，および学術全体の中でのウエイトの重さに，はっきりと肯定的な認識を示している。

　しかし，かくも重要な「軍事」が，歴史研究の対象としてそれに相応しい扱いを受けてこなかったことが，一方では強調される。

　　歴史学と軍事学が交叉する領域である軍事史研究は，我が国の学術全体の中で明らかに辺縁化している。……これは良質な研究が僅かであること，研究方法が遅れていること，そして研究理念が欠如していることの表れである。（黄）

> 軍事学（筆者注：兵学と近現代の戦争も視野に入れる）は存在するが，軍事学史は
> 存在しない。このような欠陥を生んだ理由は，先ずは軍事学と歴史学の隔離。
> ……次に軍事学についていうと，それは濃厚な実用性を帯びているので，研究者
> は現代戦争，とりわけ軍事技術と戦術・戦略の考察を優先させ，……軍事の歴史
> に投入する余力がなかった。（趙）

ここで両者が問題にしているのは，軍事学という，社会科学や自然科学の諸分野
にも拡がる広領域の学問のなかで，軍事史学が然るべき待遇を受けていないとい
うことであり，研究が立ち後れているのも，本源的にはこの点から生じていると
されている。

　もちろん，従来の軍事史学の手法自体に問題があったことも，一方で率直に認
められている。その理由を黄は「一つには西方の学者が我が国の偉大な軍事文化
の伝統を過小評価，ないしは蔑視してきたから。もう一つは一般の読者が，軍事
史上の「戯説」を史実と見なしてきたからである」とし，欧米による中国の軍事
への過小評価，及び「戦役史」を単なる娯楽の対象としか見なさない伝統に着目
している。それ故に軍事史研究は①傍流の研究に成り下がり，そもそも研究蓄積
が薄く，②研究のアンバランス（兵制研究は手厚いが，軍事技術・作戦方式・軍事地
理は手薄）も生じ，③創意に欠け，分析が浅薄で，④そこには学術研究と政治的
な宣伝が常に混じり合ってきた，と黄は分析する。これに加えて，大学・研究機
関の組織構成にも欠陥があるとされ，結果として軍事史研究が軍事学に隷属する
構造になっていることが問題視されている。

　軍事理論の研究に限定した指摘ではあるが，于も研究低迷の背景を次の5点に
集約している。

　　1. 鎖国政策
　　2. 保守勢力の変革への抵抗
　　3.「畏聖人之言」という，新思想への掣肘
　　4. 直感を重んじ，論理的思考を軽視する傾向
　　5. 技術よりも謀略を重んじる傾向。

黄と于の分析は互いに相違するものの，軍事に対する伝統的なアプローチは均衡
を欠いた，偏見を含むものであり，その旧套から脱しきれないことに問題の根源

を求めている点において，共通するといえよう。

こうした現状を踏まえて，各論者が今後進むべき道をそれぞれに模索し，主張している。例えば黄は，軍事史研究により注目を払い，それを一研究分野として確定し，手薄な課題に取り組むべきだという，主として研究基盤・組織の問題と関わるのであろう提唱を行っている。それに加えて，現代軍事学の概念・方法を利用すべきであるとも主張しており，一例として，現代における軍隊の編成理論が古代の兵制研究にも応用可能なのではないか，としている。一方で李は，全方位的な研究が必要であると言い，考古学の成果の利用，戦場周辺の環境への着目（古戦場の復元や実地調査）などを，具体的な突破口として挙げている。

さて，こうした中国人研究者の認識を，前章で紹介した欧米での論調と比較すると，いくつかの相違点に気づかされる。既に述べたとおり，「文の優越」という，制度上では確かに存在した現象を，中国人研究者がまったく意に介していないのが，その最たるものであろう。

もっとも，軍事の重要性を殊更に強調せねば話が始まらないのは，中国における「武」の役割を過小評価，ないしは誤解し，その固定観念から抜け出せない欧米での特殊事情に因るものであり，中国の側にそれは当てはまらない，という考え方もあろう。しかしかつては，中国人自身も中国が「文」の国であることをはっきりと肯定していた。例えば雷海宗の「中国的兵」は，春秋時代から後漢に至るまでの軍事史を，「軍民不分」→「軍民分立」→「軍民対立」という展開で捉え，後漢以降は，異民族が異なる制度を持ち込んだ場合を除いて，軍民対立の状況が続き，ついに中国は自前の軍事力を整えることができなかったとしている[6]。

雷はその論考の終章で，日本軍の満州への侵攻とそれに対する中国の無策を深く嘆いており，その思考は執筆当時の時代状況に強く影響されている。その意味で彼の主張は，アヘン戦争以来の軍事的敗北が頂点に達した時期の，いささか極端なものであったともいえる。だがそうした状況が過去のものとなった今日，「文の優越」という，中国の制度・文化が帯びていた特性やその西洋との対比といった観点が，まったく忘却されるのもまた問題であり，中国の軍事制度・文化を世界史上に位置づけるための，一つの興味深い議論の土台が失われることに

6）雷海宗「中国的兵」『中国文化与中国的兵』（商務印書館，2001〔1940年版の重版〕。序文は1938年）。

なってしまう。

もう一つ，欧米の研究者が強い関心を向けながら，中国人研究者があまり取り合わない問題として，中国的な「戦争叙述」のあり方についての議論が挙げられる。確かに李論文は例外的に，

> これまでの軍事史研究は軍事思想・兵法・謀略・軍制を重視し，作戦や戦術，武器使用法を軽視してきた。……西洋の軍事に関する著作と比べて，中国の軍事史の著作は関心の置きどころが違い，より空疎な，形而上学的なことがらに注目し，戦争が一種の，人と人とのぶつかり合いであることを忘却してきた。

と述べ，歴史叙述の中での「軍事」に対する扱いが中西で相違することに目配りをしているものの，その背景にまで切り込もうとする用意は窺えない。それ以外の論者には，そうした問題意識自体が認められず，例えば軍事理論を離れ，技術面への着目が提唱される際にも，それはこれまで，研究者がかかる問題に注意を払わなかったためであるとされ，それに切り込むための材料が不足しているとは認識されていない。

少なくとも上述の「筆談」を見る限り，中国の研究者は欧米での議論に概して冷淡であり，軍事史研究の新たな突破口として欧米軍事学の手法を見習うべきことが，しばしば提唱されているものの，欧米における中国軍事史研究の現状や成果は，ほとんど無視されているといってよい。

3 ● 日本における中国軍事史研究 —— 秦漢時代

如上の研究状況の下で，その狭間にある日本の中国史研究，とりわけ中国古代史研究は，如何なるスタンスで中国の「軍事」を取り扱ってきたであろうか。ここでは秦漢史研究を中心にして，その研究状況を振り返っておこう。

まず先秦時代について言えば，近年では銀雀山漢簡「孫子」の発見など，出土文字史料の充実によって，軍事思想の研究が注目を集めており，湯浅邦弘に二冊の論著がある[7]。また林巳奈夫『中国殷周時代の武器』[8] をはじめとした考古学

---

7) 湯浅邦弘『中国古代軍事思想史の研究』（研文出版，1999），同『戦いの神　中国古代兵学の展開』（研文出版，2007）。

8) 林巳奈夫『中国殷周時代の武器』（京都大学人文科学研究所，1972）。戦争を取り扱った中国考古学の成果としては，他にも岡村秀典「中国新石器時代の戦争」（『古文

Ⅰ　研究動向篇

の成果を忘れることはできまい。続いて秦漢時代に目を移すと，研究蓄積とそれ
に関わる研究者の数において他を圧倒するのは，やはり兵制研究，とりわけ浜口
重国以来の，徴兵制度に関する研究であろう。

　兵制については重近啓樹による研究史の回顧と展望があり[9]，そこでは次の3
つの論点に検討が加えられている。

　　1. 秦・漢初の傅籍と戸籍

　　2. 前漢の兵制（『漢書』食貨志の董仲舒上言と『漢旧儀』の分析・解釈）

　　3. 光武帝の兵制改革（郡兵の撤廃）とその後

このなかで2の問題は，徴兵年齢，徴兵対象，与えられる軍務に関して，典籍史
料には僅かな手がかりしか残っておらず，かつ相互に矛盾する部分を含むため，
多くの解釈が提示され，今なお決着を見ていない。また3の問題は，先に紹介し
たルイス論文や雷論文が指摘するとおり，中国兵制の大きな転機となる事件であ
り，廃止の範囲や改革後の地方軍備の実態をめぐって，日本でも論争が交わされ
ている。これらは魏晋以降の，屯田制や府兵制研究にも繋がってゆく議論であ
る。

　魏晋南北朝時代に降ると，将軍号・都督号をはじめとした軍号の研究もある。
中央に置かれた都督中外諸軍事は宰相の職となり，禅譲革命の際に利用されるこ
とも多く，一方で地方の都督は管轄下の軍政と民政を束ねることになり，更に外
国の君主にも都督号が与えられた。事は政治史・国際関係史とも深く結びついて
おり，それ故に研究蓄積が厚く，細分化している。石井仁はこうした軍号研究の
現状を紹介し[10]，

　　1. 四征将軍と都督の官品の変化

　　2.『魏公卿上尊号奏』にみえる「行都督督軍」の解釈

　　3. 征北将軍と都督河北諸軍事

　　4. 征東将軍と鎮東将軍

の4点について論じている。

　こと歴史学の分野に関しては，徴兵制にせよ軍号にせよ，秦漢から魏晋南北朝

化談叢』30下，1993）などがある。

9）重近啓樹「秦漢の兵制をめぐる諸問題」『殷周秦漢時代史の基本問題』（汲古書院，
2001）。

10）石井仁「六朝都督制研究の現状と課題」（『駒沢史学』64，2005）。

期の「軍事」は，これまで制度史研究の手法によって分析されてきたと言えよう。徴兵制度とその中身，およびその変容の解明に意を注いだ上で，更なる問題，例えば身分制度の変遷や国家体制の変化が議論されてきたように。

制度史研究はわが国の中国学の，一つの伝統であり，議論の足場となる制度面での事実を固めたうえで，政治史・社会史にも切り込んでゆこうとするやり方自体に，取り立てて問題があるわけではない。ただ軍事史研究に限っていえば，それが「軍事制度」としてではなく，徭役制度や官僚制度の一部として研究されてきたことによって，その視野が狭められてきたところがありはしまいか。例えば大庭脩は次のように述べ，兵制研究の抱える問題を直截に指摘している[11]。

> わが国においては，さらに兵制の研究が人民の負担として，役制の面からの観点よりなされてきたので，役制にともなう研究の困難さが，兵制の研究の困難を増幅して進展をさまたげる相乗効果をもっている。

確かに兵制を論じた研究の多くが，徭役制度全体のなかでの軍役負担の占める位置に関心を寄せ，軍役と地方官衙での労役との関係や，戸籍制度の実態などを解明することに注力している。それにより，関連する問題については豊かな成果が得られている一方で，兵制自体の研究はなかなか進展しない嫌いがあった。一例を挙げよう。

『史記』漢興以来将相名臣年表によると，前漢の呂后五年（前183）に「令戌卒歳更——戌卒をして歳ごとに更らしむ——」という措置がとられ，辺境防備の兵を一年ごとに交代させることになったが，その後，文帝十三年（前167）には「除……戌卒令。」とあり，兵制の改廃のあったことが知られる。この改制は，晁錯による新たな辺防策の提言と呼応したものと考えられる[12]。漢王朝の成立後，ようやく到来した「平和」により，国内の脅威は低下し，新たに軍事的課題となったのは，北方遊牧民族の侵入への対応であった。この状況を承けて，漢初には新しい防備制度がさまざまに模索されていたに違いない。しかしこうした問題には，これまであまり注意が払われてこなかった。もちろん史料的な問題もあっただろうが，兵制研究が「役制の面からの観点よりなされてきた」ことが生んだ，弊害の一つであるともいえよう。

---

11) 大庭脩「地湾出土の騎士簡冊」『漢簡研究』（同朋舎出版，1992）。

12) 宮宅潔『中国古代刑制史の研究』（京都大学学術出版会，2011），155～156頁。

I　研究動向篇

　こうした傾向は他にも見受けられる。例えば爵制研究。西嶋定生の提言[13] 以来，わが国では爵制研究，とりわけ漢代に盛んに行われた民爵賜与——本来は軍功への褒賞であった爵位を，王朝の慶事などに際してあらゆる成年男子に無条件で賜与する行為——に特別な関心が払われ，多くの論考が著されてきた。西嶋説の力点は民爵賜与への新たな意味づけ，すなわち戦国期を経て従来からの秩序を喪失していた基層社会に，皇帝が賜爵を通じて新たな秩序を賦与してゆき，それによりその権力が末端にまで深く浸透するに至った，という仮説を立証することにあったので，その後の議論も，爵制が基層の社会秩序を支配するものであったのか否かという点に集中することとなった。これに対して，あくまで爵制を軍事制度の一部として，軍功は如何にして報いられてきたのかという観点から捉えようとする試みは，相対的に少なかった。

　さて，こうした現状を中西のそれと比較するなら，まず欧米のごとく，「文の優越」問題が中心的なテーマとして念頭に置かれ，議論されることは，ほとんどなかった[14]。また軍礼[15] や戦争叙述の特殊な傾向など，コスモが提唱するところの，中国の「軍事文化」を検討対象とする論考も，その数が限られている。一方で中国のように，古代軍事史を自国史の一部として研究するものではない以上，総合的な軍事研究の一環として，中国古代の「軍事」が分析されることもなかった。中国人研究者の「筆談」では，軍事史研究の軍事学への従属が弊害の一つとして指摘されていたが，さしずめ日本では，古代軍事史研究が古代史研究に従属しており，その結果として，制度史研究・専制国家論といった日本の中国古代史研究のトレンドが，軍事史研究の方向性を決めてきたといえよう[16]。その

---

13) 西嶋定生『中国古代帝国の形成と構造　二十等爵制の研究』（東京大学出版会，1961）

14) ただし，思想史の分野では，湯浅邦弘『戦いの神』（前掲）に，こうした問題意識が顕著に見て取れる。同書の第一部「戦争神の行方」で湯浅は，元来は戦争神・蚩尤が戦争・兵器の創始者であるとの伝承が存在していたが，早くも戦国期からそうした伝承が否定されるようになっていたことを明らかにし，その背後に，「文」の世界を理想とする観念の発達があったことを指摘する。

15) 古代の軍礼を取り扱った数少ない先行研究の一つとして，高木智見「春秋時代の軍礼について」（『名古屋大学東洋史研究報告』11，1986）が挙げられる。

16) 本研究プロジェクトの海外研究協力者，金秉駿によると，韓国の軍事史研究にも同様の傾向が認められるという。日本の中国古代史研究は韓国の学界にも一定の影響を与えてきており，そのことが，かかる状況の生まれている一因かもしれない，との

●26

方向に従って研究は緻密化してきたものの，一方でその細分化が，巨視的な観点を失わせていることも否めない。

4 ● 「軍事」への注視と史料の洗い直し

とはいえ，日本人研究者が「軍事」を軽視してきたわけではない。先に挙げた重近の回顧はむしろ，その重要性を強調している。

> 秦漢統一帝国の下における兵制の原型は，戦国秦において形成された。そこでは徴兵制の施行により，一般農民を徴兵母体とする常備軍が編成されると共に，商鞅変法の諸規定にみられるように，什伍制とその下での刑罰制度，軍功爵制とそれに基づく諸特権の制定などを通じて，軍事的秩序が社会・政治秩序の在り方に大きく影響力を及ぼしていったから，秦は軍事国家としての性格を強く帯びることとなった（306頁）。

こうした認識はすでに，多くの研究者の間で共有されていると言ってよい。問題は，大枠においては共通認識があるものの，各論，すなわち商鞅変法の実態や軍功爵制の展開をめぐっては，十分な結論が得られていないという点にある。その背後にはもちろん，切実な史料不足がある。

だが重近が指摘するところの，「軍事的秩序が社会・政治秩序の在り方に大きく影響力を及ぼしていった」過程については，什伍制や軍功爵制の他に，さまざまな角度からの指摘がなされつつある。例えば滋賀秀三や籾山明は法と刑の起源を論ずるなかで，元来は軍事行動中にのみ行われた厳格な規定と仮借のない制裁が，やがて平時に持ち込まれていったことを想定している[17]。さらに佐藤達郎は官僚の昇進制度が，軍功を評価するシステムに起源することを指摘している[18]。官僚制度と軍事制度の関連について言えば，「官吏とは，すなわち軍事負担に耐えうる者である」という観念が中国古代には綿々と存在していたことを説く，高村武幸の論著[19]を忘れてはなるまい。このように，多様な視点に立って

コメントを頂いた。

17) 滋賀秀三『中国法制史論集　法典と刑罰』（創文社，2003），第十一章「中国上代の刑罰についての一考察——誓と盟を手がかりとして」，籾山明「法家以前——春秋期における刑と秩序」（『東洋史研究』第39巻第4号，1980）。

18) 佐藤達郎「功次による昇進制度の形成」（『東洋史研究』第58巻第4号，2000）。

19) 高村武幸『漢代の地方官吏と地域社会』（汲古書院，2008）。

軍事の重要性を切り出してゆき、さらにそれを、あくまで「軍事」を軸にして通時的に整理してゆくのが、史料が欠如するなかで取り得る一つのやり方である。

とはいえ、戦役史や、それを基礎にすえた軍事史研究を展開させようとするならば、やはり史料の欠如は覆うべくもない。中国の歴史記録が戦争叙述に対して極度に冷淡で、時として著しく正確性を欠くことは、これまでも先学を悩ましてきたところである。

> 公的な史料のなかでは、重要な軍事行動ですら、たった数語で片付けられてしまう。「Xの軍がYの近くで敗れた」「Zという都市が奪われた（あるいは見事に防衛された）」――通常の記載はこんな具合である[20]。

といった嘆きには、誰しも共感するところがあろう。グラフは先に紹介した論文で『旧唐書』の戦争記事や唐代の「露布」を分析し、その重点が英雄的な行為や戦闘技術よりも事前に練られた戦略に置かれる、つまり「勝利は力ではなく、智恵によって獲得される」という態度がとられる傾向にあることを指摘し、その理由として記録者が文官であることと、『左伝』や『史記』『漢書』の影響力とを挙げている[21]。

だが戦史記事の不足や、その信頼性の問題は、何も中国史に限ったことではない。ヘロドトス『歴史』はペルシア軍の規模を510万人としているが、これは明らかに過剰な数字である。デルブリュックはこれを2万から2万5000に下方修正しており、さらに水の補給という観点から最大21万人とする説や、兵站と行軍速度の検討から最大5万人とする説などもあるらしい[22]。ヨーロッパ史においては、こうした「即事批判 Sachkritik」の手法――戦史の実際をめぐる物理的・技術的な可能性を基にした史料批判――により史料の欠点を補う試みがなされている。中国史研究者にも、ただ史料の不足を嘆く以外に、何かやりようがあるはずである[23]。

---

20) Herbert Franke, "Warfare in Medieval China: Some Research Problems", 『中央研究院第二届国際漢学会議論文集』歴史与考古組（下冊，1989），p. 806.

21) David A. Graff, "Narrative Maneuvers: The Representation of Battle in Tang Historical Writing", in Di Cosmo, *op. cit.* なお、同氏の著作である *Medieval Chinese Warfare, 300-900*（London&New York: Routledge, 2002）には丸橋充拓による書評がある（『史林』第93巻第1号，2010）。

22) 小堤盾『戦略論体系⑫デルブリュック』（芙蓉書房出版，2008），221頁。

これに加えて，当然のことながら，新出の文字史料が積極的に活用されねばならない。上述した近年の成果も，新出史料の恩恵を少なからず蒙っている。これらを仔細に検討してゆけば，軍事史研究にも新たな知見をもたらすことができよう。最後にその一例を挙げておく。

漢代の辺境防備は，徴発された兵卒が一年交替で任務につけられるものと考えられてきた。だが先に挙げた『史記』漢興以来将相名臣年表が物語るとおり，かかる制度が漢代を通じて不変であったわけではない。少なくとも文帝期にその改定が試みられ，希望者を募って辺境に移住させ，土地を与える代わりに防衛に従事させる制度が導入されている。ただし，そうした改制がどれほど定着し継続したのか，十分な裏付けは取れていない。居延漢簡・敦煌漢簡などの，前漢後半期の辺境施設から出土した木簡は，むしろ戍卒が定期的に入れ替えられていたことを示している。

> 初元三年六月甲申朔癸巳，尉史常敢言之。遣守士吏泠臨，送罷卒大守府。與從者
> 居延富里徐宜馬……毋苛留止，如律令。敢言之。　　　　　　（居延新簡 E. P. T53: 46）

> 初元三年（前46）六月甲申朔癸巳（10日），尉史の常が申し上げます。守士吏の泠
> 臨を遣わし，罷卒を太守府に送らせます。従者で居延県富里の徐宜馬……と一緒
> に……。……問いただして足止めしたりはしないこと，律令の通りにして下さい
> ますよう。以上申し上げます。

ここに見える「罷卒」は任務を終えた戍卒のことであり，彼らが役人に引率されて任地を離れていったことが窺える。だが一方で，戍卒がより長期間辺境に勤務し，そのまま定住していった可能性もある。

> 戍卒居延昌里石恭。三年署居延代田亭。三年
> ☑　　　　　　　　　　　　　　　　　　　二月丁丑自取。
> 署武成燧。五年因署。受絮八斤。　　　　　　　　　　　　　（E. P. T4: 5）

戍卒で居延県昌里の石恭。三年に居延県代田亭に配属される。四年には武成燧に

23）宮宅潔「秦の戦役史と遠征軍の構成——昭襄王期から秦王政まで」『中国古代軍事制度の総合的研究』（科研費成果報告書，2013）は，不十分ながらも，そうした試みの一つである。

配属。五年にも継続して配属される。真綿八斤を受け取った。二月丁丑に自分で
受領した。

この簡からは，石恭という戍卒が少なくとも3年間継続して勤務していたことが
知られる。また戍卒は通常，帝国の東部からはるばる徴発されてくるものだが，
石恭の出身地は地元の居延県であり，この点でも彼の境遇は，従来の理解からい
えば異例である。

　考えられるのは，戍卒のなかには辺境への配属を期に本籍自体をここに移し，
継続して勤務することで生計を立てる者がいた，という可能性である。家族を連
れて，それも妻子のみならず父母さえ伴って任地にやってくる戍卒もおり，藤枝
晃はつとにこの点を指摘して，「戍卒は相当長期間にわたって現地に居つ」くこ
ともあったとしている[24]。武帝以降，貧民を辺境に遷す施策がしばしば行われ
るようになり，宣帝期には明らかに，流民が流寓先に戸籍を移すことが認められ
ている。こうした流民政策・戸籍制度の変化により，戍役の長期化や，その後の
なし崩し的な定住が起こっていたことは，十分に考えられる。本書に収められた
第6章（鷹取）は，こうした可能性に緻密な考証を加えた論考で，その結論は従
来の漢代兵制についての常識を大きく塗り替えるものである。詳細は第6章（鷹
取）に譲ることとしたい。

24）藤枝晃『長城のまもり』（自然史学会，1955），280頁。

第2章

丸橋充拓

Maruhashi Mitsuhiro

「闘争集団」と「普遍的軍事秩序」のあいだ
——親衛軍研究の可能性

はじめに

　漢代以来，さまざまな遊牧民集団の流入を受けた華北地域は，西晋末の混乱にともなう五胡の興起をきっかけに，多民族社会の相貌を鮮明にしていく。この新局面のなかから立ち現れる秩序のありようについては，中華と遊牧それぞれの影響の濃淡をめぐって長く議論が積み重ねられてきた。

　とりわけ1980年代，川本芳昭・石見清裕・荒川正晴の各氏等によって緒に就いた諸民族の研究は，その後，一貫して日本における魏晋南北朝隋唐史研究の大きな潮流となっていく。北朝史の佐川英治・松下憲一・会田大輔，隋唐史の平田陽一郎・村井恭子・西村陽子，ソグド集団の動向を追う森部豊・福島恵，テュルク集団に注目する山下将司・鈴木宏節・齊藤茂雄，チベット史の岩尾一史・菅沼愛語，和蕃公主を軸に国際関係を展望する藤野月子の各氏など，この20年余における進展はめざましい。それらのなかには，本書のテーマである「多民族社会の軍事統治」，すなわち「民族的多様性を含む基層社会において，中華王朝がいかなる軍事的な秩序を構築してきたか」に関わる知見も豊富に提起されており，私自身，本書において再説すべき論点があるとは思われない。

　他方，2010年代に入り，日本の学界で活況を呈している領域として，親衛軍の研究がある。この領域は軍事制度史の観点からあまたの成果を以前から生み出してきたが，親衛軍理解に民族的側面が加味されている点が近年の新傾向である。皇帝の生命・身体を護衛する親衛軍は，権力の最奥部に位置する実力組織で

あり，諸族の入り混じる基層社会とは一見無縁のごとくであるが，近年の研究は「親衛軍の多民族性」が，地域を越え，時代を越えて観察可能な普遍的現象であったことを次々に明らかにしている。これらは，唐以前の「多民族社会の軍事統治」を扱う本書においてもぜひ一瞥しておきたい動向である。

そこで本章では，まず近況の整理紹介を行い，次いで「親衛軍の多民族性」から派生的に構想できそうな論点について私見を加えながら，この研究領域が持つ可能性について，いささかの展望を試みたい。

1 ●親衛軍研究の近況と展望

親衛軍研究は，2011 年から 2012 年にかけて重要な論考が次々に発表され，新たな段階へと突入した。まず 2011 年には，川本芳昭「北魏内朝論——比較史の觀點から見た」と平田陽一郎「西魏・北周の二十四軍と『府兵制』」の 2 論文が，『東洋史研究』第 70 巻第 2 号に並んで掲載された。

巻頭の川本論文では，同氏が一貫して追究してきた北魏内朝官について，モンゴル時代のケシク制や清初マンジュのヒヤ制との間に，①近侍官として左右に宿直し，君主の警護を担うこと，②有力者の子弟が（一面において人質としての性格をもちつつ）起用されること等の類似性が指摘され，さらにこれらと漢の郎官，古代倭国の近侍的トモや人官との関連にも論及されている。つづく平田論文は，西魏・北周以来の二十四軍制について，漢族・非漢族を率募した郷兵集団が基盤になっていること，そしてその要所には親信・庫真など北魏内官起源の側近集団が任じられていることを明らかにする。

奇しくも同一誌同一号で発表された両論文において，性格の酷似する親衛軍組織の広範な分布が明らかになったわけであるが，この流れは，翌 2012 年に発表された加藤修弘「遼朝北面の支配機構について——著帳官と節度使を中心に」によってさらに加速する。これは，1966 年度に東京大学に提出された同氏の卒業論文であり，その水準の高さに長く注目してきた同窓の森安孝夫氏が，2011 年度の遼金西夏史研究会で活字化の呼びかけを行ったところ，折しも上記論考を発表して間もなかった川本芳昭氏が自らの所属する九州大学の学術誌『九州大学東洋史論集』への掲載を申し出，第 40 巻（2012 年）における公刊に至ったものである。

同論文の骨子は，遼の支配機構の核心に当たる著帳官を，モンゴル帝国草創期

のネケル（ノコル）に比定し，それを遊牧民族固有の伝統に基づくものと推測した点にある。森安氏は，本論文の掲載経緯を紹介する一文において加藤説を敷衍し，遼の著帳官やモンゴルのネケル（あるいはケシク）を，北魏（中散・直寝・比徳真・胡洛真など），北斉・隋（直後・直寝など），唐（庫真など），突厥・ウイグル（クルカプチンなど），ソグド集団（チャカル，安禄山の「曳洛河」），イスラーム国家（マムルークなど），オスマン帝国（カプクル），大清（ヒヤなど）に比しうるものとし，それらの類似性に対する着目を呼びかけている［森安 2012］。

この流れはさらに続く。川本氏は，加藤論文の成果を踏まえて自身の 2011 年論文をさらに深化し，北魏の内朝官，遼の著帳官，元のケシクに共通する宿衛武官としての側面が，漢の郎官と民族構成を越えた類似性を持つことをさらに掘り下げていく［川本 2014］。また平田陽一郎・会田大輔両氏もこれにつづき，北周六官制における親衛軍は有力者子弟が就任するエリートコースで，長官はほぼ非漢族だったこと，鮮卑起源の親衛軍が北周の親信，隋の庫真・給使，唐の北衙禁軍に至る天子直属の親衛軍まで一貫して続くこと，彼らは平時には家人・奴隷（家事労働），戦時には戦士という，律令制の良賤原理では割り切れない二面性を兼備した，元のケシクにも通じる「エリート奴隷軍人」であること等が明らかにされた［平田 2014a・b，会田 2015］。

このように整理すれば，「親衛軍＝皇帝側近のエリート奴隷軍人（宿衛武官）」という存在が，漢代，北朝隋唐，キタイ，モンゴル，マンジュ，そして古代倭国と，時間的・空間的・種族的差異を越えて広範に分布していた様子が明らかにされたことになる。今後の研究においても，その適用範囲はさらに広いことが，ひきつづき検証されていくに相違あるまい。

上記範囲に含まれていない時代のうち，たとえば唐末五代の藩鎮や宋代の禁軍には，先学による分厚い蓄積がある［堀 1953・1960，栗原 1953，温水 1972 等］。その成果を概括するならば，まず唐末藩鎮の中核部隊である牙軍は，安禄山が多民族で編成した「曳洛河」に源を発し，そのモデルが他の藩鎮に波及したものであった。ところが階級的利益代表の一面も持っていた牙軍組織は，しばしば節度使との緊張・対立を引き起こしたため，節度使サイドは別に私兵集団（元随）を編成し，擬制的血縁関係（いわゆる仮父子結合）を設定して新たな親衛軍を形成するようになり，北宋の禁軍もこの延長線上に成立する，とされている。

堀氏ら先行研究は，牙兵の編成原理に個別人身支配原理がどこまで貫徹してい

るか，あるいは藩鎮がついに領主化せず，武人政治が封建社会に展開できなかったのはなぜか等，「時代区分論争の時代」ならではの関心に基づくものであった。しかしとりわけ北方藩鎮の多民族性を浮き彫りにしつつある，森部豊・村井恭子・西村陽子等，近年の成果を参照すれば，北朝隋唐，あるいはキタイ・モンゴル・マンジュにおいてすでに明らかになっている親衛軍組織との近似性を今後検出していくことは，さほど困難ではないだろう[1]。

このほか，山下将司氏（唐），鈴木宏節氏（突厥），清水和裕氏（アッバース朝），杉山清彦氏（清），眞下裕之氏（ムガル帝国），前田弘毅氏（サファヴィー朝）という，時代的にも地域的にも幅広い近世中央ユーラシア軍事史研究者の共同研究が近年組織されている[2]。彼らの問題関心は，「王権―軍事集団」間の紐帯にみられる普遍的な類似性が前提となっており，親衛軍研究の空間的な広がりという意味においても，さらなる進展が期待できよう[3]。

2 ●親衛軍の二面性

---

1) 堀氏は 1960 年論文の注記において「私は西アジアのデスポティックな軍事支配者のなかに，奴隷出身者の建てた王朝がかなりあることを想起する。これら王朝のデスポティズムや傭兵制度は中国のそれと比較してみるに値いしよう」との予測を表明している。

2) 各氏はこれまで，科学研究費補助金による共同研究を二期にわたって行っている。
　①「ユーラシア諸帝国における君主と軍事集団の展開――境界を越える「武人」とその紐帯」（2012～2014 年）
　②「ユーラシア諸帝国の形成と構造的展開――王権と軍事集団の比較史的研究」（2015～2019 年）
　①の最終報告書には，その研究目的が「……支配者に対する忠誠概念や武人集団内部の紐帯の実態，集合意識を規定するイデオロギーや倫理観，並びにこれらを支えた言説空間・価値観の獲得について明らかにし，ユーラシア諸帝国において政治・軍事の担い手となった「武の人」の実像を明らかにすることで……ユーラシア史における新たな帝国論と軍事史研究を構築することを意図した」と述べられている。

3) 斎藤純男氏訳によって先ごろ日本語版が刊行されたベックウィズ氏の近著［ベックウィズ 2017］では，「初期の中央ユーラシア文化複合体を構成する最も重要な要素」として「コミタートゥス」（命をかけて支配者を守ると誓った支配者の友らによる戦闘集団）が強調されており，本章で着目する親衛軍と重なるところが多い。同書は，コミタートゥスの存在を古くはヒッタイトやアケメネス朝，スキュタイ等に見出し，空間的にも東は古代日本（舎人）から，西は中世ヨーロッパのゲルマン・スラブ諸勢力に至るまでの，きわめて広いスケールで検出できるものとして，個々の事例を検討している。

以上から判るように，親衛軍研究が探求すべき課題は，軍事史的視角と民族史的視角の交叉する領域に近年見出されている。前節では諸研究の成果として，親衛軍が「（君主と個人的紐帯で結ばれた）エリート奴隷軍人」によって構成されていたこと，それがユーラシア規模で広く分布していたこと等を紹介した。いわば「軍事制度の検討が，民族史研究の課題に貢献する」というベクトルである。

そこで本節および次節では，反対に「民族史的視角から得られた新知見が軍事史研究に寄与する」というベクトル，すなわち「親衛軍の多民族性の地域・民族を越えた広範な分布」が中国軍事史研究の進展に資する側面について，私見を交えつつ展望したい。

森安孝夫氏は，上述の加藤論文を紹介する一文のなかで，モンゴル帝国の「ネケル」「ケシク」という親衛軍の二兵種について，その編成原理の違いに注意を喚起している。森安氏の説明を約言すれば，次のごとくである。

　ネケル：君主直属の譜代の側近。卑賤者もしばしば登用された。
　ケシク：君主が権力奪取後に他集団有力者の子弟を訓練・教育し，後に軍人や官
　　　　　僚として登用。

これらは，前者を「闘争集団の求心性」を体現するもの，後者を「普遍性を志向する集団の多元性」を体現するものと区分することが可能かもしれない。

さて，このように整理したときに想起されるのが，中華民国期の中国において懸案となっていた「郷党的結合が国家大の人民結集（国民統合）まで拡大しうるか」という政治的課題に関わる，岸本美緒氏の考察である［岸本2008］。該当部分を引用してみよう。

　　歴史研究においても，動乱期から統一的秩序形成への過程については，<u>内的結集力の連続性</u>の問題と，<u>闘争集団的結集から統一的・永続的秩序形成への質的転換</u>の問題とが絡み合いつつ，時空を超えて一種の共通性をもつ複雑な課題を構成しているように思われる。一般に，<u>動乱を平定して生まれてきた統一政権が，往々にして動乱期の諸集団に対して強い弾圧的姿勢をとることから，統一政権とこれら諸集団との間の対立と断絶を強調する見解が強い</u>といえるかもしれない。（下線丸橋，以下同）

岸本氏の関心は，〈外部に敵を設定することで内的結集を図る動乱期の闘争集団〉と，〈内外に敵なき天下大同を標榜する統一王朝の普遍的秩序〉との間に連続性を認めうるのか否か，にある。そして上文で挙げられる「闘争集団と統一政権の断絶を強調する見解」とは，統一王朝出現後に決まって断行される功臣の粛清や中央集権化政策を〈文治政治への転換〉，あるいは〈脱軍事化〉として理解する方向性を指していると目される。こうした理解の仕方は，中国（＝尚文卑武の国）の歴史研究者にとっては，もはや条件反射的に染みついた作法と化している。ところが〈脱軍事化〉の先に，「武が国制の何処に収まっていくのか」について，説明が試みられることはまずない。そして軍事史研究の対象は，官僚制度史の一部としての軍制研究か，収奪構造解明の一環としての兵役研究のいずれかに収斂してしまう。軍事史研究の核心であるはずの武力ないし暴力の問題は，戦後歴史学の軍事忌避感情とも相まって，正面から掘り下げるべき課題として意識されにくかったのである［宮宅 2013］。

しかしその一方で，岸本氏は「その（＝闘争集団と統一政権の）連続性に着目する研究も有力な潮流を形成してきた」と述べ，その代表として増淵龍夫氏と谷川道雄氏を挙げる。このうち岸本氏が「春秋戦国の動乱から秦漢帝国が成立する過程を，人的結合の特質の連続性という見地から追求した」と評した増淵氏の所説のなかから，近年の親衛軍研究において改めて注目されている一節を挙げておこう。以下の引用は，漢代の郎官，そして任子制度に関する増淵氏の論及である。

> 貴族・高官は，その子弟を君主の側近にさし出すことによって，その子弟は，その父兄たる貴族・高官を制御する事実上の人質としての効果を，君主にとってもつようになったのではなかろうか。たしかに，国家権力の安定した漢代においては，任子の制は高級官吏の特権である。制度としては，前述のように，それはよほど以前からおこなわれていたのであろう。そしてそのように高官・貴族の子弟を君主の側近に侍せしめることは，君主の恩恵でもあり，信任の証であり，また高官・貴族にとっては一種の特権でもあるのである。ただ戦国のあのはげしい時代においては，この恩恵的制度の外面の裏には，そのような貴族・高官の子弟の優遇の裏には，逆に，君主はその侍子たちを側近に掌握することによって，いつでもその父兄である貴族・高官に背叛のきざしがあればただちにその子弟たちを監禁し誅殺し得るような，事実上人質のはたす役割と同様なそれを，この任子の

制度に兼ねもたすことができたのではなかろうか。」[増淵龍夫 1955]

これは，川本芳昭氏が，北魏の内朝官と漢の郎官の類似性を検討する際に引用し，改めて注意を喚起した一節である [川本 2011]。ここで指摘される任子の特性，すなわち高官・貴族の特権という側面と人質という側面の並存に，モンゴルにおけるケシクと重なり合う部分を，川本氏は見出しているのである。他にも川勝義雄氏は，曹操軍団の成り立ちを分析する論考のなかで，新規参入集団が指導者の子弟を人質として君長に差し出す「質任」に注目し，これを君臣間における相互不信の現れとしてではなく，むしろ自発的な信頼関係の証として理解すべきことを説いている [川勝 1954]。また唐代の衛士に品子が就いていることに注目する氣賀澤保規氏の議論も，任子・質任と同じ文脈で理解できるだろう [氣賀澤 1995]。

親衛軍には，他集団指導者層の次世代継承者が引き取られ（入侍宿衛），彼らに対する訓育が行われる。侍子たちは，平時にあっては君主と起居をともにし，儀仗に参じて儀礼空間における帝国秩序を身体化する [佐藤 2013]。戦時になれば君主の安全確保に身命を賭し，司令部にあって戦争の動向全体を観望する経験もしよう。出自多様な御曹司集団に対する次世代訓育機能を「武のトポス」が担っている点，統一政権のハイブリッドな全体性が軍事組織に媒介され，次世代の成長という歴史的段階性を踏みながら育てられていく点が，興味深いところである[4]。本章では，親衛軍における多集団子弟の訓育を通じて形成されるこうした秩序を「普遍的軍事秩序」と仮称しておきたい。親衛軍は，多様性を増しゆく集団の「統合の培養器」として機能し，「闘争集団の結集」から「普遍的軍事秩序」への転換を媒介したのである[5]。

4）林美希氏は，唐に帰服した集団の首領・有力者たちの多くに南衙諸衛の武官職が与えられる一方，天子との親近性がより強い蕃将には，当時強勢に向かいつつあった北衙の武官職が授与されるようになっていくことを明らかにしている [林 2017]。
5）隋末軍閥の一人として名高い李密は若い頃，煬帝から「黒色小児」と蔑まれ，宿衛から外されたことがあるが，宿衛のスペシャリスト宇文述（『隋書』巻 61）から「親衛軍は文官エリートを育てるところではない」と励まされて，学問の道に進んでいる（『旧唐書』巻 83）。隋代において，宿衛武官と「文」の距離はまだ遠かったとおぼしい。これに対し唐代には，入侍した新羅有力者の子弟が，宿衛の任務のみならず，国子監で修学する傾向が見られることを，姜清波氏が指摘している [姜 2004]。唐代には，次世代訓育が文武両面から進められていたことを示す事例として興味深

前節で紹介したように，親衛軍において構築されるこうした普遍的軍事秩序は，ユーラシア各地で観察できる。したがって親衛軍という題材は，軍事秩序のあり方をユーラシアサイズで比較研究する上で，共通の土俵たりうるだろう。そしてこの土俵の上で中華帝国の独自性を改めて探っていく際には，儒教思想を核とする礼的秩序，換言すれば「文の論理」一本で説明されてきた中華秩序において「武が国制の何処に収まっていたのか」という未開の論題にもメスを入れていかなければなるまい。

3 ●隋唐軍制理解への波及

前節で「親衛軍＝闘争集団から普遍的軍事秩序への転換を媒介する場」という仮説を提起するにあたっては，新規参入集団の有力者子弟による「入侍宿衛」を軸に親衛軍研究の可能性を検討した。そこでは当該集団の上層に対する「包摂」のあり方に着目したわけであるが，その一方で，上層の有力者に率いられ帰服してきた集団全体の処遇も，統一政権が「普遍的軍事秩序」を構築する上で劣らず重要な課題となる。そこで本節ではこの点に注目し，「包摂」のあり方を総体的に把握するための展望を示したい。

一般論として，ある集団Ａが拡大の過程で別の集団Ｂを吸収する際，処遇のパターンは恐らく主に２つあった。

> （ア）Ｂの組織（指導者―兵士間の統属関係）を維持したまま，Ａ軍の指揮系統に編入する
>
> （イ）Ｂの組織（指導者―兵士間の統属関係）を解体し，Ｂの兵士をＡに個別に直属させる

（ア）の場合，Ｂの軍団としての組織性が保存されるため，高士気・高練度の武力を調達しうる。それゆえ統一戦争の過程ではしばしば（ア）が採用され，外敵の征圧にＢ軍の武力が有効活用されることとなる[6]。しかしこの武力はＡに向けられることがあってはならない。それゆえ統一戦争の終結後は常々（イ）へ

い。

6）李基天氏が本書第13章において膨大なデータ分析に基づいて明らかにしているように，とりわけ遊牧系集団は帰服後も部衆との統属関係維持が認められる傾向にあった［李 2018］。

と方向転換し，指揮系統の一元化が図られる。ところが，軍団内の有機的つながりを断ち切って築き上げた一元的軍制には将兵間の緊密さが損なわれ，武力の弱体化，ひいては外圧や内乱への脆弱さを露呈し，往々にして体制の動揺を引きおこすことになってしまう。

　このパターンを本章で扱う北朝隋唐史に当てはめるならば，（ア）から（イ）への転換を「隋の南北統一」に見出す見解が学界の多数を占めてきた。すなわち，西魏・北周から隋に至る各王朝は，漢族の郷兵集団を組織そのままに中央軍へと編入し，彼らの内的な結集力と地位向上への動機づけを梃子に北斉・陳の征圧を達成する（ここまでがアの段階）[7]。そして直後の開皇10年（590）に発布された著名な詔において大きな転換が図られ，兵戸を民戸の戸籍に編入すること，ただし「軍府の統領」は従来通りとすること，関中以外の軍府を廃止すること等が命令される。これによって，軍府に属する兵士たちは編戸化（百姓化）され，府兵制は兵民一致の一般的義務に転ずる，と理解されてきたのである（ここからがイの段階）。

　しかしそうした通説に対しては，氣賀澤保規氏や谷川道雄氏など，疑義を表する立場も存在した［氣賀澤1995，谷川1998］。具体的な論証を行っている氣賀澤保規氏の所見をここで紹介すれば，有軍府州と無軍府州の扱いの格差，一生府兵でいつづける者と一生ならない者とが別個に存在すること等に基づいて，開皇10年以降の府兵制に兵民一致の原則が貫徹しているとの見方に疑問を呈する。そして，同年詔において「軍府の統領」の現状維持を定めた一項に着目し，「この中身は具体的にははっきりしないのであるが」と断りつつ，そこに軍府内部の指揮関係の踏襲，兵民分離の存続により，兵士が主体性を発揮する余地が残されていたことを推測している。開皇10年以降も「府兵と一般民とを分ける見えない一線，兵民分離的な枠組みないし観念の存続」を見いだし，その後も一貫して府兵に「一般農民とは一線が画される制度上の立場，社会的な栄誉をおびた姿」を読み取るのである［氣賀澤1995］。

　そしてこの「軍府の統領」条項について，近年さらなる掘り下げを行ったのが，第1節でも紹介した平田陽一郎氏である。平田氏は隋による統一戦争に従軍

---

7) 西魏・北周とは対照的に，東魏・北斉は北族と漢人貴族，郷兵の協働体制を組織できなかった点が桎梏になったことを氣賀澤保規氏が明らかにしているように［氣賀澤1999a］，「包摂」の成否は当該集団の消長に直結していた。

した郷兵組織の動きを子細に分析し，それに基づいて開皇 10 年詔を，統一戦争に長く従事した兵戸を関中で定着・帰農させ編戸化する措置と理解する。これによって戸籍上の兵民一致化が実現するという点は通説と相違ないが，「軍府の統領」条項については郷兵集団が軍府周辺になお維持され，軍府への就役もそれまでどおり彼らが負担しつづけていたとの見通しを示したのである。

　これまで府兵制は「軍府が関中に偏在し，軍役負担が軍府州の民のみに課される」ことの不合理性がその制度的欠陥として捉えられ，それを前提とした議論が行われてきた。しかし平田氏のように捉えれば，府兵義務は「軍府に属する者が開皇 10 年以前から担ってきた（そしてその後も担っていく）特殊な負担」として理解可能になる。府兵制のそうした原姿が明らかになってみれば，軍府州のみにその負担が課されたことも至極もっともなこととして理解できよう。これまで「府兵義務＝編戸の一般的な負担」（個別人身支配原理の賦課）という図式に基づいて府兵制全般を理解してきたのは，おそらく府兵制を兵民一致の包括的兵制と考えた李泌・李繁父子など唐代後期以降の府兵制観，さらには武士身分を生み出さず兵民一致を理想とした「尚文卑武の中国」観などが，個別人身支配論をはじめとする近代歴史学と親和的だったためではないだろうか。だが平田説の地平にひとたび立ってみれば，編戸という制度的・抽象的な枠組みに組み込まれながらも，実際には既存集団との因縁に時に支えられ，時に縛られる存在だった兵士の生活実態がリアルに感得されることになる。

　開皇 10 年以降も郷兵など既存集団が存続した可能性が高いこと，換言すれば上述の「（ア）から（イ）への転換」が一挙には進んでいない可能性が了解されると，前後の軍制との接続も，むしろ一貫性のある，見通しの良いものとなる。

　まず隋以前（北周段階）については，二十四軍制（蕃漢の郷兵集団を率募し，親信・庫真出身者が統括を担う兵民分離の兵制）と丁兵制（一般編戸が負担する兵民一致の兵制）が並立していたことを，平田氏が示している［平田 2011］。

　一方，隋の統一後についてはどうか。文帝を継承した煬帝は当初（イ）への転換を図った。軍府（鷹揚府）を全国拡大し，府兵を編戸百姓に課される一般義務化しようとしたのである。ところが既存集団の統属関係を切断した府兵軍は，戦力としての不十分さを高句麗遠征で露呈してしまったため，煬帝は兵民分離的な驍果制を新設して実戦力回復を図らざるを得なかった［氣賀澤 1986a・1986b］。兵民一致（煬帝期の府兵制）と兵民分離（驍果制）の並存構造は，ここにもうかがい

うる。

　渡辺信一郎氏は，府兵が軍府州のみに課される義務であったことを認めつつ，防人は全ての州県百姓に課された義務であったことを論証し，従来府兵義務の一部として理解されていた防人を，府兵とは別立ての兵役として，府兵・防人並立説を提唱した（そのうえで隋唐兵制を，防人の制度設計に基づいて「兵民一致・兵農一致」と主張する）。府兵制のとらえ方は氣賀澤氏と異なるものの，兵民分離の特殊義務（府兵）と，兵民一致の一般義務（防人）の並存構造を示している点では重なり合う［渡辺2003］。

　唐代にはまた，府兵制で対応しきれぬ軍事的要請が「軍鎮」によって補完されたことが知られている。その軍鎮を構成した蕃将・蕃兵について，山下将司氏等が興味深い指摘をしている。唐に帰順し，ひとまず羈縻支配に服した勢力（東突厥や鉄勒など）は，賦役令によって次世代には一般編戸化（＝二世百姓化）する定めとなっているにも拘わらず，既存集団での暮らしに実際変更が加えられることは少なかった。唐代前期の軍鎮はそうした集団の，制度上の名乗りであった。集団の首領はしばしば中央にあって親衛軍の高級ポストに就いていたが，集団との関係は失われておらず，戦時には首領が当該集団に戻り，これを率いて参戦することが普通に行われていた［山下2011］。また新羅・高句麗・百済についても，諸国間の戦争が激化する過程において，有力者とその一族が入唐し，本人ないし子弟が親衛軍に入侍することが増えるという［姜2004・林2017・李2018］。

　このように通観すると，開皇10年の前後を問わず，実戦性の高い兵民分離の軍隊に対する需要が絶えることはなかった（隋の南北統一以前の郷兵，開皇10年以降に制度上民籍に合併された府兵，煬帝期の驍果，唐代の軍鎮等）。制度上「（ア）から（イ）への一律転換」が定められてはいても，既存集団の組織性がただちに解体されるわけでは恐らくなかったのであろう。隋唐両朝にとって，国制の外形的一元性と，高練度の武力に対する現実的需要は，いずれも譲れぬ一線として両立される必要があった。そのことを考慮すれば，（ア）と（イ）は二項対立的関係ではなく，並存可能な相互補完的関係で理解すべし，という見通しに帰着するだろう[8]。平田氏がさまざまな視角から解明しているように，隋唐軍制は府兵制一本

　8）渡辺信一郎氏が府兵・防人並立説の有力な根拠とした天聖不行唐賦役令25条『天聖令』不行唐賦役令15条（下掲）の課役免除対象を列挙する部分において，衛士は皇帝側近の内給使・散使と近接する一方，防人とは懸隔している。この配列は，衛士

で包括にとらえるのではなく，複合的な構成として理解すべき段階に，今日の研究水準は至っていると考えられる。

　以上のように，「既存集団の組織を維持したままの帰服」は広範に行われていたことが，近年の研究によって明らかにされている。これに前節の議論を加味するならば，一つの闘争集団が他集団を傘下に収める際，これを直ちに解体して一元的支配に突き進むのではなく，指導層に対しては「子弟の入侍宿衛」という方法を，集団全体に対しては「組織を維持したままの帰服」という方法を，それぞれ用いていたことが浮かび上がる。前節で提起した「闘争集団から普遍的軍事秩序への転換」は，本節の議論からも読み取ることができるだろう。

　親衛軍のこうした機能を媒介にして普遍的秩序を構築し，社会統合を推進するという手法は，森安孝夫氏が指摘した中央ユーラシアの遊牧世界，イスラーム圏はもとより，衛府や舎人をはじめとする日本史各時代の親衛軍にも観察でき，ユーラシア各地で広く用いられた政術だったとおぼしい。したがって，隋唐軍制についても，「ユーラシアの作法」に則って他集団を包摂し，構築した軍制という次元で把えなおす方向性は今後もひきつづき広がっていくだろう。また，帰服するのが遊牧集団であれ郷兵組織であれ「包摂の論理」に違いはないということになれば，隋唐軍制に「胡漢関係の止揚」や「貴族制の克服」を認めるか否かという，「中国史」の枠組みのなかで論じられてきた従来型の問いも，これからはこの次元に措定しなおした上で再検討される必要があるだろう。

おわりに

　以上，本章で取り上げた近年の親衛軍研究は，「軍事集団の内的結集力」あるいは「人的結合」を重視するという共通性を備えている。谷川道雄氏がかつて「共同体論」の延長上において提起しながら，「過度に倫理的」「階級矛盾を隠蔽」等の評価のなか，十分には広がらなかった「府兵制国家論」，あるいは氣賀澤保規氏が「府兵制＝兵民分離」論のなかで展望しながら，実証研究による具体的な

の性格が防人よりも「エリート奴隷軍人」に近いことを反映しているのではないだろうか。
　　諸正義及常平倉督，……衛士・庶士・虞候・牧長・内給使・散使，……防人在防，及将防年本州非者防，……並免課役。……

描出が行われなかった「栄えある兵士」像など，「20世紀の宿題」を再前進させる芽の胚胎を予感させ，隔世の感を抱く論者も少なくあるまい。

この間，いわゆる社会史の中国史研究への波及，明清史における地域社会論の興隆などによって「搾取」よりも「秩序」に対する関心が強まり，これとは別に遊牧国家に関する実証研究も積み重ねられた。こうした複数の研究潮流が交わり，共鳴しあったところに，今日における「軍事集団の内的結集力」への関心の高まりは位置づけられるのであろう。

軍事史研究の領域では，西洋史において「新しい軍事史研究」が近年提唱され，戦争や武力そのものを直視し掘り下げていく方向性が拓かれるとともに，軍事と他分野（経済史・社会史・ジェンダー史・文化史等）との交叉領域において新たな課題が次々に見出されている［阪口2010・鈴木2014］。そうした動向にも触発され，中華世界の軍事史研究にも，本稿で紹介した親衛軍を媒介とする人的結合論をはじめ，軍事財政論，軍事儀礼論，戦争神や「戦争の記憶」の問題，都市社会における軍営の問題等，新たな視点が徐々に提起され始めている。しかし手つかずの領野はなお広大であり，今後いっそうの開拓が期待されるところである。

【参考文献】

会田大輔 2009 「『宇文述墓誌』と『隋書』宇文述伝——墓誌と正史の宇文述像をめぐって」駿台史学137

会田大輔 2015 「北周侍衛考——遊牧官制との関係をめぐって」東洋史研究74-2

奥崎裕司 1999 「中国史の武の世界　谷川道雄論」青山史学17

加藤修弘 2012 「遼朝北面の支配機構について——著帳官と節度使を中心に」九州大学東洋史論集40

川勝義雄 1954 「曹操軍団の構成について」京都大学人文科学研究所『創立廿五周年記念論文集』（『六朝貴族制社会の研究』，岩波書店，1992に再録）

川本芳昭 2011 「北魏内朝再論——比較史の観點から見た」東洋史研究70-2（『東アジア古代における諸民族と國家』，汲古書院，2015に再録）

川本芳昭 2014 「前近代における所謂中華帝国の構造についての覚書——北魏と元・遼，および漢との比較」史淵151（同上書に再録）

菊池英夫 1959	「六朝軍帥の親軍についての一考察」東洋史研究 18-1
菊池英夫 1970	「府兵制度の展開」岩波講座世界歴史 5『東アジア世界の形成 II』岩波書店
菊池英夫 1971	「中国軍制史研究の基本的視点──封建制研究への一つのアプローチ」歴史評論 250
岸本美緒 2008	「動乱と自治」村井章介編『「人のつながり」の中世』山川出版社（『地域社会論再考──明清史論集 2』，研文出版，2012 に再録）
姜　清波 2004	「新羅対唐納質宿衛述論」中国辺疆史地研究 14-1
栗原益男 1953	「唐五代の仮父子的結合の性格」史学雑誌 62-6（『唐宋変革期の国家と社会』汲古書院，2014 に再録）
氣賀澤保規 1983	「前期府兵制研究序説──その成果と論点をめぐって」法制史研究 42（同上書に再録）
氣賀澤保規 1986a	「隋煬帝期の府兵制をめぐる一考察」唐代史研究会編『律令制──中国朝鮮の法と国家』汲古書院（『府兵制の研究』同朋舎，1999 に再録）。
氣賀澤保規 1986b	「驍果制考──隋煬帝期兵制の一側面」鷹陵史学 11（同上書に再録）
氣賀澤保規 1995	「唐代府兵制における府兵の位置」中国中世史研究会編『中国中世史研究　続編』京都大学学術出版会（同上書に再録）
氣賀澤保規 1999a	「東魏─北斉政権下の郷兵集団」同上書
氣賀澤保規 1999b	「府兵制史再論──府兵と軍府の位置づけをめぐって」同上書
厳　基珠 2005	「唐における新羅の『宿衛』と『賓貢』」専修大学人文論集 77
阪口修平 2010	「軍事史研究の新しい地平──『歴史学の一分野としての軍事史』をめざして」『歴史と軍隊──軍事史の新しい地平』創元社
佐藤達郎 2013	「漢代に於ける儀礼と軍事──儀仗兵の存在とその性格を中心に」平成 20-24 年度科学研究費補助金基盤研究（B）研究成果報告書『中国古代軍事制度の総合的研究』
杉村伸二 2001	「漢初の郎官」史泉 94

杉山清彦 2015	「清初侍衛考——マンジュ＝大清グルンの親衛・側近集団」（『大清帝国の形成と八旗制』，名古屋大学出版会，初出は 2003）
鈴木直志 2014	『広義の軍事史と近世ドイツ』彩流社
谷川道雄 1972	「北朝郷兵再論——波多野教授の軍閥研究（波多野善大「民間軍閥の歴史的背景」）に寄せて」名古屋大学東洋史研究報告 54
谷川道雄 1998	「府兵制国家論」（『増補隋唐帝国形成史論』筑摩書房，初出は 1993）
張　金龍 2004	『魏晋南北朝禁衛武官制度研究』中華書局
西村陽子 2008	「唐末五代の代北における沙陀集団の内部構造と代北水運使」内陸アジア史研究 23
西村陽子 2009	「唐末『支謨墓誌銘』と沙陀の動向—九世紀の代北地域」史学雑誌 118-4
西村陽子 2010	「9-10 世紀の沙陀突厥の活動と唐王朝」歴史評論 720
温水三男 1972	「北宋政権樹立考——主に建国時の禁軍改編を中心として」待兼山論叢 5　史学篇
濱口重國 1940	「晋書武帝紀に見えたる部曲将・部曲督と質任」東洋学報 27-3（『唐王朝の賤人制度』，東洋史研究会，1966 に再録）
林　美希 2011	「唐代前期宮廷政変をめぐる北衙の動向」史観 164
林　美希 2012	「唐代前期における北衙禁軍の展開と宮廷政変」史学雑誌 121-7
林　美希 2017	「唐代前期における蕃将の形態と北衙禁軍の推移」東洋史研究 75-4
平田陽一郎 2011	「西魏・北周の二十四軍と『府兵制』」東洋史研究 70-2
平田陽一郎 2012	「北朝末期の『親信』について」沼津工業高等専門学校研究報告 46
平田陽一郎 2014a	「隋代の『給使』について」沼津工業高等専門学校研究報告 48
平田陽一郎 2014b	「皇帝と奴官——唐代皇帝親衛兵組織における人的結合の一側面」史滴 36
ベックウィズ 2017	『ユーラシア帝国の興亡——世界史四〇〇〇年の震源地』（斎藤純男訳，筑摩書房，原著は 2009 年刊）

堀　敏一 1953　「五代宋初における禁軍の発展」東洋文化研究所紀要 4

堀　敏一 1960　「藩鎮親衛軍の権力構造」東洋文化研究所紀要 20（『唐末五代変革期の政治と経済』，汲古書院，2002 に再録）

増淵龍夫 1951　「漢代における民間秩序の構造と任侠的習俗」一橋論叢 26-5（『中国古代の社会と国家』，弘文堂，1960 に再録）

増淵龍夫 1955　「戦国官僚制の一性格」社会経済史学 21-3（同上書に再録）

宮宅　潔 2013　「中国古代軍事史研究の現状」（平成 20-24 年度科学研究費補助金基盤研究（B）研究成果報告書『中国古代軍事制度の総合的研究』所収，本書第 1 章に再録）

森部　豊 2010　『ソグド人の東方活動と東ユーラシア世界の歴史的展開』関西大学出版部

森安孝夫 2012　「加藤修弘卒業論文の公刊にあたって」九州大学東洋史論集 40

山下将司 2011　「唐のテュルク人蕃兵」歴史学研究 881

好並隆司 1999　「前漢代の内朝と宿衛の臣」『芝蘭集（好並隆司先生退官記念論集）』（『前漢政治史研究』，研文出版，2004 に再録）

李　基天 2018　「唐代高句麗・百済系蕃将の待遇及び生存戦略」（本書第 13 章）

渡辺信一郎 2003　「唐代前期における農民の軍役負担」京都府立大学学術報告人文・社会 55（『中國古代の財政と國家』，汲古書院，2010 に再録）

Ⅱ──── 論考篇

第1部 ————

「中華」の拡大と軍事制度：占領支配の諸相

第3章

....

宮宅　潔

Miyake Kiyoshi

征服から占領統治へ
── 里耶秦簡に見える穀物支給と駐屯軍

は じ め に

　筆者は先に，里耶秦簡を用いて秦による占領支配の諸相を分析し，官によって把握されている戸口数とは明らかに不釣り合いな規模の，多数の官吏・兵士・刑徒がそこに配置されていたこと，それらの人員は，秦の支配に組み込まれていない人間が多く暮らす里耶地域で，統治の拠点を維持すべく送り込まれた者であることなどを論じた［宮宅2016］。秦代の里耶地域─洞庭郡遷陵県県城とその周辺─は，広大な新占領地の中に浮かぶ小島のような存在であり，確かにその内側では秩序だった秦の文書行政が貫徹されていたように映るが，外部との間には少なからぬ緊張関係が存在したであろうこと，忘れてはなるまい。

　こうした拠点を維持するうえで最も重要なのは，そこに送り込んだ人間を如何にして食わせていくのかという問題，すなわち食糧の調達・分配を管理するシステムであろう。征服戦争の段階では一時的に兵站を確保できればよく，また略奪という手段もあり得た。だが新占領地の拠点を維持するには，兵站の安定が不可欠である。軍事的な勝利は如何にして継続的な統治へと転換したのか。あるいはその転換が円滑に進まなかったとすれば，その理由はどこにあったのか。筆者の根本的な問題意識はこの点にある。

　だが現時点で，こうした疑問に正面から答えるのは難しい。現有の限られた史料からは，食糧管理制度の全容をとうてい知り得ないからである。たとえば，外部から遷陵県へ輸送された食糧に関する記録がほとんど存在しない。遷陵県に駐

屯する 600 人規模の軍隊を支えるだけでも，年間 14,000 石を超える穀物が必要
だったはずだが，徴集された租の額は県全体で 900 石程度である[1]。この他に
「田官」が兵士や刑徒を動員して穀物生産に当たったとはいえ，やはり食糧の多
くを外部からの移送に依存していたに違いない。兵士のほか，刑徒の食糧，官吏
への俸給などを含めれば，より巨額になったであろう食糧の調達先や運搬方法に
ついては，今のところ手がかりがない。

　そのなかにあって唯一，比較的多くの史料が残るのは，個々の官吏・刑徒・兵
士に穀物を支給した際に作られた記録（以下「穀物支給簡」）で，そこには支給年
月日や支給量・支給主体などが記されている。まずはこの穀物支給簡を仔細に分
析し，そこから窺い知れる食糧管理制度とその特色について考えてみたい。

　行論の手順として，まず前半部分では穀物支給簡の記載内容について，先行研
究[2]をふまえつつ全面的な整理・分析を行う。後半では兵士への穀物支給に焦点
を据え，兵種の問題に若干の再検討を加えた上で，彼らへの支給原則とその背景
について，岳麓書院所蔵簡を利用しつつ論じることとする。

1 ●穀物支給簡の分析

(1) 穀物支給簡の形状と書式

　里耶秦簡に見える穀物出納関連の記録は，現時点で計 100 余簡にのぼり（章末
附表），その多くが共通する書式と記載内容を持つ。残念ながら欠損のない簡は
20 例ほどに限られ，したがって正確な分類・整理はもとより期しがたいものの，
記載内容は最大で次の 10 項目となる。

　　①倉庫名（「某廥」）

　　②穀物の種類（粟米／稲）

　　③支給量

　　④支給年月日

　　⑤支給主体（某官署の嗇夫・佐／史・稟人の名）

---

1) 後述するとおり兵士への支給は 1 日 2/3 斗で，600 人の 1 日分は 40 石，一年（354
日）だと 14,160 石となる。租税の額は 8-1519「●租凡九百一十」から知られる。
2) ［黄浩波 2015］，［趙岩 2015］，［平・蔡 2015］。これらのうち，［黄 2015］が最も網
羅的である。

⑥支給方法（出貸／出稟／出以食，など）

⑦支給対象

⑧注記

⑨監督者（「令史某視平」）

⑩筆写責任者（「某手」）

　これらのうち，①倉庫名は省略されることが多く，⑧注記もほとんどの簡には記されない。さらに⑩筆写責任者の名前がない簡も散見される。

　まず簡の書式に注目するなら，最も多いのが幅広の二行書き用の簡（以下「両行」）を用い，1行目に①～⑧を，2行目中段に⑨，下端に⑩を記したものである。これを第1類と呼んでおく[3]。具体例としては次のような簡が挙げられる。

　　②粟〻③五斗。　④卅一年五月癸酉，⑤倉是・史感・稟人堂⑥出稟⑦隷妾嬰兒揄。
　　　　　　　　　　　　　　　⑨令史尚視平。　　　　　　⑩感手。（8-1540）

　　粟米五斗，始皇31年（前216）5月癸酉，倉嗇夫の是・史の感・稟人の堂が隷妾嬰兒の揄に支給。令史の尚が監督。　感が書いた。

　一方，同じく幅広の簡を用いるものの，1行目に①～③を記した後で改行し，④～⑧を2行目に記し，⑨を1行目下部の空白に，⑩を2行目下端に書くもの（第2類）や，1行目を④支給年月日から書き起こし，②③を2行目に書くタイプ（第3類）も僅かながら存在する。さらに1例のみ，1行目に④～⑥／②③／⑦を，2行目上端に⑨を記した例もある（第4類）。第2・4類には始皇31年・貳春郷からの支給記録が目立つが，これはこの史料群が持つ年代の偏り（後述）に起因するのかもしれない。

　これに対し，一行書きの簡に一行のみで書かれた記録（第5類）もある。その中で完形なのはただ8-2247のみである。

　　粟〻三石七斗少半斗。　卅二年八月乙巳朔壬戌，貳春郷守福・佐敢・稟人枕出以稟
　　隷臣周。十月・六月廿六日食。　令史兼視平。　敢手。　　　　　　　　（8-2247）

　同様の簡は他にも16例ある。ただし，その中に左半・右半を失って一行書き

3）各簡がどの書式を持つのかは，章末の表を参照のこと。第1類に属すとした簡の中には，欠損が甚だしいものも含まれるが，第1類と見て矛盾を生じないものは暫定的にここに分類しておいた。

のように見えるものが含まれる可能性は排除できない。

簡の形状にも特徴があり，まずは述べたとおり両行の幅広簡が多く，長さも欠損がない場合は30cmを超え，かなりの大型簡が使用された。さらに多くの簡が側面に，割り符として使用するための刻み（刻歯）を持ち，それは総計65枚にのぼる[4]。残欠のため刻歯の有無が確認できない簡が存在するものの，これらの記録は基本的に割り符（「券」）として作成されたと見なしうる。「出糧券」とも呼称される所以である。

穀物授受に際して作成された割り符は，穀物支給簡以外にも存在し，その多くが機関同士の授受を記したものである。だが個人への穀物支給に際しても「券」が作成されたことは，次の記事から確かめられる。

> 廿六年十二月癸丑朔己卯，倉守敬敢言之。出西廥稲五十□石六斗少半斗，輸桼粟二石，以稟乗城卒夷陵士五陽□□□□。今上出中辨券廿九。敢言之。 □手（正）
> □申水十一刻々下三，令走屈行。　　　　　　　　　　操手（背）　　　　　　（8-1452）
> 始皇26年（前221）12月癸丑朔己卯（27日），倉守嗇夫の敬が申し上げます。西廥から稲五十□石六斗少半斗を支出し，さらに桼粟二石を運んで，乗城卒で夷陵県の士五である陽…に支給しました…。いま支出に関わる割り符の中辨（三分割した割り符の一片）29枚[5]を提出します。以上申し上げます。…（後略）…

29枚にも及ぶ割り符の中身はよく分からないが，そのなかには「乗城卒」への支給に係る割り符も含まれていたに違いない。

なお，これらの割り符は授受の証明書であるのみならず，収支の総計・決算を行う際の材料ともなった［黄浩波2016］。関連する割り符がまとめて保存され，収支原簿としても活用されたわけである。その意味で，割り符は帳簿としての機能も備えていたといえる。

4）既発表の里耶秦簡について，その刻歯を精密に観察した記録が［大川俊隆等2013］である。本論で取り上げる穀物支給簡の刻歯部分の写真も，ここに収められている。

5）『校釈』は「廿九」を「券の編号」であるとする。確かに通行証として繰り返し用いられる割り符には通し番号が振られることがある。居延漢簡のなかにそうした事例が少なからず見られ，また里耶秦簡にも関連するとおぼしい記載がある（8-462＋8-685）。だが財物授受を記録した割り符に番号が振られるという状況は想定しにくく，「今上責校券二」（8-63）などと同様に，割り符の枚数を言うものと考えた。

征服から占領統治へ　第3章

(2) 記載内容の分析

　以下，個々の記載項目ごとに内容を紹介し，あわせて関連する問題に若干の考察を加えておく。行論の都合上，紹介の順序は記載順と同じではない。

a．支給年月日（④）

　支給の年が判明するものは69例で，始皇27〜36年の範囲に収まる。ただし，そのほとんどが31年に集中し（41例），それに続くのが35年の13例である。残存する史料に年代上の偏りがあるのは否めない。このことは，現時点での穀物支給簡を用いた研究にとって，大きな足かせとなっている。この両年以外の例では，いずれも倉と司空が支給主体となっており，刑徒を管轄する部署として，一貫して主要な支給主体であったことが窺える。

　一方，支給日を知りうる記録は59例ある。1日が圧倒的に多く，16例。次いで2日，29日が各4例で，後はまんべんなく分散する。後述するとおり，一ヶ月分が支給される場合（「月食」）と一日分の場合（「日食」）との両方があるので，支給日が分散するのはむしろ当然である。

　月食の支給に限るなら，上旬に支給されている例が多い（1〜9日の支給が計33例，うち一ヶ月分の受領は16例）が，例外もある（中旬14例中4例，下旬12例中2例）。黄浩波が指摘するとおり，一ヶ月分の支給の場合，大月には30日分，小月には29日分が支給されており[6]，月食が翌月支給ではなく，当月支給（概算払）を原則としたことが分かる。原則に外れ，翌月以降の支払いになった場合には，記録に「某月食」と注記される。原則どおりの支給については一ヶ月分の支給記録がまとめて管理され，いちいち「某月食」と書き込む必要はなかったのであろう。

b．倉庫名（①）

　記載があるのは22例で，その内訳は以下の通り（1例は「☑廥」）。

6）黄浩波2015。ただし8-766と8-1159はその例外である。8-1159についていえば，下部を欠き，そこに「某月食」などと，イレギュラーな支給であることを示す語があった可能性がある。8-766については，現在のところ説明が難しい。そもそも「一石二斗少半斗」の支給で，隷妾への大月の支給額「一石二斗半斗」とは若干異なる。

「乙廥」：1例。司空から支出。始皇30年6月付。

「丙廥」：4例。3例は倉からの支出。1例は不明。時期は29年3月，31年10・12月。

「径廥」：16例。支給主体は司空・倉・田官。時期は31年10～7月。

穀物支給簡に見える「廥」は以上の三ヶ所だが，この他に「西廥」の存在が確認でき（8-1452（前掲）），そこでは県倉が「西廥」から稲を支出している。

「廥」とは「まぐさぐら[7]」であるが，次の睡虎地秦簡が示すとおり，穀物を山積みした一区画の名称でもあった。

> 入禾，萬石一積而比黎之，爲戸，及籍之曰「某廥禾若干石，倉嗇夫某・佐某・史某，稟人某。」是縣入之，縣嗇夫若丞及倉・郷相雜以封印之。而遣倉嗇夫及離邑倉佐主稟者各一戸，以氣（氣）人。其出禾，有（又）書其出者，如入禾然。嗇夫免而效，效者見其封及隄（題）以效之，勿度縣，唯倉所自封印是度縣。終歳而爲出凡曰「某廥出禾若干石，其餘禾若干石。」
>
> （効律27～31）

穀物を収める際には，一万石をひとかたまりとして周りに垣根をめぐらせ，そこに出納用の扉を設け，さらに「某廥に穀物若干石を搬入。倉嗇夫は某・佐は某・史は某・稟人は某」と帳簿に記す。県により搬入された当初は，県嗇夫もしくは丞，及び倉嗇夫・郷嗇夫が共同で扉に封印する。倉嗇夫及び離邑の倉佐で支給を担当する者にそれぞれ一つの廥の扉を委ね，そこから穀物を支給させる。穀物を支出する際には，支出者をも書きとどめておくこと，納入の場合と同じである。（倉・郷）嗇夫が罷免され，在庫を照合するとき，照合者は扉の封印と（扉への？）書き込みを見て照合すればよく，計量する必要はない。倉が自ら封印したものについては計量する。一年が終われば支出を総計し，「某廥は穀物若干石を支出し，現有の穀物は若干石」と記す。

穀物はまず県倉の「廥」に搬入された。搬入当初，廥の入り口の扉は県令・丞の印でも封印されたが，直接の管理責任者は倉の官吏であり，必要があれば封印を解き，改めて倉嗇夫の印で封印し直すことが認められた[8]。封印を解いて中の穀

7）十二年，邯鄲廥燒〔索隱，廥，積芻藁之處〕。（『史記』趙世家）

8）入禾倉，萬石一積而比黎之爲戸。縣嗇夫若丞及倉，郷相雜以印之。而遣倉嗇夫及離邑倉佐主稟者各一戸以氣（氣），自封印。皆輒出，餘之索而更爲發戸。……（後略）……（秦律十八種21～22）

物を持ち出せるのは，複数ある㡼のうち一箇所に限られ，そこが空になってから別の㡼が開けられた[9]。倉で作成される「㡼籍[10]」とは，そうした支給の目的や詳細をも記した帳簿と思われ，さらに年度末には各㡼の現在量が確認された。

　里耶秦簡に見える「㡼」も，遷陵県の県倉に設けられたいくつかの貯蔵場所のことで，それぞれに「乙」「丙」といった呼称が与えられたのだろう。ただし里耶の穀物支給簡は，穀物が県倉の㡼から搬出される段階で作成されたもの——「㡼籍」——ではない。倉以外の機関が支給主体となる例が，むしろ大半を占めるからである。後述するとおり，支給主体は受領者を直接管轄する機関であり，倉以外の機関では，まず倉から穀物の移送を受け，しかる後に各機関の責任の下で各個人に支給がなされた。穀物支給簡はこの段階で作成された記録である。次の簡では倉から司空へ穀物が送られており，これは機関同士の穀物移送の例といえよう。

　　　粟米十二石二斗少半斗。　卅五年八月丁巳朔辛酉，倉守擇付司空守倶□　　（8-1544）

この簡も左側に刻歯を持つが，幅広簡に大書されており，他の穀物支給簡とは書式を異にする。移送額が細かい端数を持つのは，司空が配下の人間の内訳から正確な必要額を見積もって倉に連絡し，その額が倉から移送されたという経緯を想像させる。こうして倉から各機関に穀物が輸送された後も，それが元来，県倉のなかの何れの㡼から支出されたのかが記録されており，そのことが穀物支給簡に付記される場合もあったのだろう。

　ただし，県倉から離れた場所にある郷は自前の貯蔵施設を持ち，そこにまとまった量の穀物が備蓄されていたらしい。

　　　卅四年七月甲子朔癸酉，啓陵郷守意敢言之。廷下倉守慶書言，令佐贛載粟啓陵郷。
　　　今已載粟六十二石。爲付券一上。謁令倉守。敢言之。●七月甲子朔乙亥，遷陵守
　　　丞肥告倉主。下券，以律令從事。／壬手。／七月乙亥旦，守府印行（正）
　　　七月乙亥旦□□以來。／壬發。　　　　恬手（背）　　　　　　　　（8-1525）

_____

9）前注所引秦律十八種 21〜22 参照。

10）嗇夫免而效，效者見其封及隄（題），以效之，勿度縣。唯倉所自封印，是度縣。終歳而爲出凡，曰「某㡼出禾若干石，其餘禾若干石」。倉嗇夫及佐・史，其有免去者，新倉嗇夫・新佐・史主㡼者，必以㡼籍度之，其有所疑，謁縣嗇夫。……（秦律十八種 171〜173）

始皇 34 年（前 213）7 月甲子朔癸酉（10 日），啓陵郷守嗇夫の意が申し上げます。県廷が倉守嗇夫である慶の文書を下して言うには，令佐の贛が啓陵郷まで穀物を運搬するとのこと。いますでに穀物 62 石を運んできました。受け渡しの割り符一枚を作成して提出します。倉守嗇夫に取り次いでいただきたい。以上申し上げます。●7 月甲子朔乙亥（12 日），遷陵守丞の巸が倉嗇夫どのに告げる。割り符を下すので，律令に従って処理せよ。…（後略）…

先に引いた睡虎地秦簡で，郷嗇夫や「離邑倉佐」により管理されている穀物は，こうして郷に備蓄されたものなのであろう。

c.　支給量と支給対象（③⑦）

すでに指摘されているとおり，支給額の基準は二つある［黄浩波 2015］。

　ア）一日 2/3 斗

　　→月食なら大月 2 石，小月 1 石 9 斗 1/3 斗の支給

「二石」「一石九斗少半斗」という支給額は，穀物支給簡中に前者が 8 例，後者が 7 例現れ，前者は 2/3 斗に 30 を，後者は 29 を乗じた額になる。基本的に「二石」が大月に，「一石九斗少半斗」は小月に支給され，当月払いであったことが分かる。この他に，23 日 × 2 名分として「三石泰半斗」が支給されているのも（8-1550），一日分に換算すれば 2/3 斗となる。

　イ）一日 4 升 1/6（＝ 5/12 斗）

　　→月食なら大月 1 石 2 斗半斗，小月 1 石 2 斗 5/6 升

この基準額は「日四升六分升一」として穀物支給簡にもしばしば明記される（8-212 など）。これに拠った大月の支給額「一石二斗半斗」は 9 例見られるものの，小月分は存在しない。だが私見では，8-1557 の「一石二斗六分升四」は「六分升五」の誤記であろう。

　ア）は睡虎地秦簡でいうところの「參食」（秦律十八種 55〜56）であり，「旦參夕參」（朝 1/3 斗・夕 1/3 斗）の支給を受けるので，この名称がある。この原則にしたがってイ）を表現するなら，さしずめ「旦四夕六」（1/4 斗＋ 1/6 斗）となろう。「日四升六分升一」という半端な額が基準となるのは，こうした原則に従った結果に違いない。

　もう一つ，やや特殊なものとして「嬰児」への支給がある。

ウ）一日 1/6 斗

　　　→月食なら大月 5 斗，小月 4 斗 8 升 1/3 升

支給対象となるのは隷臣妾の「嬰児」である。彼らへの食料支給については睡虎
地秦簡にも規定が見え（秦律十八種 49〜52），そこでの支給額「（月）半石」は上に
示した大月分の支給量に相当する。里耶秦簡には小月分の支給額が見えず，黄浩
波は月の大小による額の変化を疑うものの，8-217 がそれに相当すると考えられ
る[11]。

　　これに加えて，遷陵丞が二ヵ月分（「四月五月」）として「一石一斗八升」を受
け取っている例があり（8-1345 + 8-2245），これを 59 日（大月＋小月）で割ると，

　　エ）一日 1/5 斗

となる。だが県丞への支給額が刑徒にも劣るとは考えにくい。「某月食」と記し
てあっても，実際にはその月の数日分の支給である例も存在する[12]ので，「四月
五月」の支給分の，ごく一部を受け取ったという可能性が高い。だが 59 で割り
切れる数字であるのが偶然とも思われず，上級官吏は俸給以外の補助的支給とし
て一日 1/5 斗を受け取った可能性も，現時点では想定しておきたい。

　　これらのうち，どの基準額に従って穀物を受給するのかは，身分・地位により
異なった。基準ごとに支給対象をまとめるなら，次のようになる。

（ア）倉佐・郷佐・牢監／更戍・屯戍・罰戍・居貲（及び貲貸[13]）／隷臣

（イ）城旦・舂・白粲・隷妾・小城旦

（ウ）隷臣嬰児・隷妾嬰児

〔（エ）有秩の吏への補助的支給？〕

まず目を引かれるのが，下級官吏と戍卒，隷臣が同じ範疇に収められる点であ
る。筆者は先に，下級官吏と専門技術者，さらには刑徒・戍卒たちとの間には，

---

11) 8-217 簡の支給額は「四斗八升少半半升」であるが，これは「〜少半升」の誤り
（刻歯は「少半升」と解読される）であろう。[趙岩 2015] 参照（108 頁）。

12) 8-1574 + 8-1787 には「屯戍」二名への支給が「六月食各九斗少半」であったと
記される。しかし他の例では，屯戍はアの基準に従って支給を受けており，「九斗少
半」は一月分としてはあまりに少ない。アの基準だと「九斗少半」は 14 日分に相当
する。

13) この場合の「居貲」は戍卒の一種と考える。関連する考証は第 2 節を参照。

勤務形態や待遇において大きな相違はなく，むしろ「有秩」か否かにおいて一線が画されていたことを指摘した［宮宅2012］が，こうした想定は穀物支給簡の分析からも裏づけられる。

刑徒のうち，隷臣のみが他と待遇を異にし，残りの刑徒はイ）の基準が適用された。だが，やや視点を変え，月食を基本とするのか，それとも日食なのかに着目すると，城旦舂・白粲と隷臣妾との間に相違があることに気づく。

月食を原則とする：下級官吏？・戍卒・隷（臣？）妾（嬰児を含む）
日食を原則とする：城旦舂（小城旦を含む）・白粲

「原則」と断ったとおり，一方には例外も存在する。現在の史料状況からすれば，例外を「例外」と判定するのは時期尚早であるとの誹りもあろうが，支給額から月食支給と判断され，かつその支給対象を知りうる17件の記事[14]うち，支給対象となるのは戍卒・隷妾・隷臣妾の嬰児のみで，城旦舂は見えない。逆に日食と判断される記録のなかに隷臣妾が現れるのは8-925＋8-2195，8-2247及び8-1551の三例のみで，前二者は本来の所属先である倉からの支給ではなく，郷からのものである。同じく戍卒も8-1014，8-1574で日食を受けているが，前者は簡の上半を欠き，詳細が分からない。こうした例は未払い分の支給など，特別な事情で生じたケースであると，ひとまず考えておきたい。

公務服役者，とりわけ城旦舂と隷臣妾への食糧支給に月食／日食の別や，支給基準額の違いがあったことは，すでに睡虎地秦簡から知られている（秦律十八種49〜52，55〜56，57〜58，59など）。一覧にして示しておく。

・城旦舂　城旦は日割り支給。労務内容ごとに支給量が相違する。舂と「小」は原則として月ごとだが，労務内容により変更されることもあった。

城旦：城壁建設なら5/6斗（1/2＋1/3）。官衙守衛は2/3斗（1/3＋1/3）。

14）8-56，8-211，8-217，8-760，8-761，8-762，8-763，8-764，8-766，8-1321＋8-1324＋8-1328，8-1540，8-1545，8-1557，8-1660＋8-1827，8-2246，8-2249，9-762。本文で述べた理由により，「某月食」と書かれているだけの簡は月食支給記録と見なさなかった。

春：土木工事は 2/3 斗。それ以外は律に従う（月1石半 = 1/2 斗〔1/4 + 1/4 「男
　　子参，女子駟（十八種 133〜134）」〕× 30）。

小城旦（作者）：月1石半（= 1/2 斗× 30）。

〃（未能作者）：月1石（= 1/3 斗× 30）。

小春　（作者）：月1石2斗半斗（5/12 斗× 30）。

〃（未能作者）：月1石（= 1/3 斗× 30）。

・隷臣妾　月ごとに支給。労務内容により若干変化する。

隷臣：2石（= 2/3 斗× 30）。農作業の場合は 2〜9 月分が 2 石半（5/6 斗× 30），
　　城壁建設なら一日 5/6 斗（1/2 + 1/3）。

隷妾：1石半（= 1/2 斗× 30）。城壁建設なら一日 2/3 斗。

小隷臣（作者）：月1石半（= 1/2 斗× 30）

〃（未能作者）：月1石（= 1/3 斗× 30）

小隷妾（作者）：月1石2斗半斗（5/12 斗× 30）

〃（未能作者）：月1石（= 1/3 斗× 30）

　　嬰児で母がいない者：月 1/2 石（5 斗 = 1/6 斗× 30）

これを里耶秦簡と比較するなら，次の三点が共通する。

・一日 2/3 斗というのは城旦と隷臣への標準的な支給量であり，里耶でもそ
　の基準が隷臣に適用されている。
・1/6 斗は嬰児への支給基準額として，里耶でも確認できる。
・里耶では城旦春への月食支給が見られず，いずれも〈1日分×人数〉が支
　給される。睡虎地でも城旦については月食支給の痕跡がなく，日食を基本
　とするようである（秦律十八種 57「日食城旦」）。

だが一方で相違点も少なくない。

・里耶では城旦春・隷妾の支給基準が一律 5/12 斗に引き下げられ，これは
　睡虎地では，労役可能な未成年女子刑徒（「小隷妾・小春の作者」）への支給
　基準額である。

- 作業内容による支給額の違いがはっきり確認できない。
- 隷妾・嬰児には月食の支給を基本としており，この点では睡虎地と共通する。しかしその額は大月／小月により変動し，睡虎地のように30日分を基準にして固定されてはいない。

　また睡虎地では，「小」であっても労役可能か否か（作者／未能作者）で支給額が異なった。里耶秦簡にも「未（＝未使）小隷臣」（8-1153 + 8-1342）「使小隷臣」（8-1580）といった称謂が穀物支給簡に見え，支給額が区別されていた可能性がある。だがいずれも簡の破損により支給額が判明しない。

　里耶と睡虎地を比較すると，里耶の方が概して支給額が少なく，また細かい区分が簡略化される傾向にある。僻地ならではの事情，すなわち食糧補給の困難さ・事務担当者の不足といった理由が背景にあったと考えられる。一方で，大月か小月かで支給額を変えるのは，事務作業としては繁雑さを増すことになるが，これは食糧の節約が優先された結果かもしれない。いずれにせよ，議論をこれ以上掘り下げるには材料が不足しており，その増加を待つこととしたい。

d. 支給主体（⑤）

　支給主体として現れる部署は以下のとおり。

　　倉・司空・田官・郷（啓陵・貳春）・発弩（1例のみ。8-761，33年，罰戍への出貸）

　これらのうち，はっきりとした特徴がみとめられるのは司空（8例）で，いずれも城旦・舂・小城旦への日食の支給である。司空は城旦舂（およびそれと同等の労役に服す者〔隷臣妾の居貲など〕）の作徒簿を作成しており，その管理者と目される。この場合，城旦舂の管理責任者＝支給主体，ということになる。

　ただし城旦舂が田官・郷（さらに少内・畜官など）に労働力として派遣されることもあり，その場合は派遣先（黄浩波のいう「使用部門」）で支給を受ける。たとえば8-1576では貳春郷が舂二人に8升（本来なら8升1/3）を，8-133でも8升1/3を支給している。

　田官（8例）については，兵士への支給のみが確認できる。農作業は兵士の重

要な任務の一つであり，彼らによる開墾・農耕の成果が監督者の勤務評定を左右したことは，「卒田課」(8-482) の存在から推測できる。兵卒とともに，刑徒も田官に派遣され，官有の耕地で使役されていたが，田官による刑徒への食糧支給は，今のところ用例を見いだせない。

倉 (41 例) は官吏・兵士・刑徒など，さまざまな対象に支給を行っている。ただし，隷臣妾の管理部署であるが故に彼らへの支給が目立ち，逆に城旦舂への支給例はない。かつそのほとんどすべてが月食の支給であり[15]，短期間倉で勤務した者への臨時支給ではない。固定した人員を継続的に抱える部署であったと思われる。

残る郷 (啓陵 7 例，貳春 7 例) もさまざまな人間に支給を行っている。ただ倉に比べれば日食支給が多く，移動中の者への臨時支給が含まれている可能性が高い。

e. 穀物の種類 (②)

支給される穀物は「粟ヽ（粟米)」と表記される場合と「稲」の場合とがある。黄浩波が指摘するとおり，官吏に「稲」が支給される傾向にある (8-45 + 8-270，8-1345 + 8-2245，8-1550) のは確かだが，「隷臣嬰児」にも与えられる (8-211，8-217)。加えて，隷臣妾の嬰児に対しては「稲五斗」が支給される場合 (8-211[16]) と「粟米五斗」の場合 (8-1540) とがあり，「粟米」であろうと「稲」であろうと，支給額に差はなかった。

「粟米」は張家山漢簡「算数書」や岳麓簡「数」に見え，この場合の「粟」は「粟系統の穀物で未脱穀のもの」，「米」とは「脱穀した粟系統の穀物のこと」とされる [中国古算書研究会 2016，74～75 頁]。これに従うなら，里耶ではアワが支給される一方で，コメが与えられる場合もあり，いずれにせよ支給額に変化はなかったことになる。だが典籍史料に現れる「粟米」はむしろ穀物の総称である。

粟米布帛生於地，長於時，聚於力，非可一日成也。（『漢書』食貨志上）

---

15) 倉から隷臣妾の支給で，かつ月食／日食の別が判明する九例のうち，例外は 8-821 + 8-1584 と 8-1551 の二例である。前者はそれが日食であるとも断言できず，後者は「小隷臣」への二斗の支給で，一日 2/3 斗なら三日分の支給となる。

16) この簡は下部を欠き，支給対象は「隷臣☑」と記されるに止まるが，支給額からして「隷臣妾嬰児」と続くものと考える。［趙岩 2015］も同様に推測する。

Ⅱ　論考篇

粟米・布帛は地面から生え，時間をかけて成長し，手間暇をかけてやる必要があ
り，簡単にできあがるものではないのだ。

現時点では，穀物支給簡に現れる「粟米」は「穀物」以上の意味を持たず，穀物
の種類によって支給対象を変えるような制度は，ここでは行われていなかったと
考えておくのが穏当だろう。

f. 監督者（⑨）

　多くの場合，令史の某が「視平」したとして現れ，さらに令史が「平」した
（8-217），ないしは「監」した（8-760，8-1551）というバリエーションも見える[17]。
「視平」の語は岳麓簡中の律文にも見られる。

　　●倉律日，縣官縣料出入必平，稟禾美惡相襍。大輪令丞視，令史・官嗇夫視平。
　　稍稟，令令史視平。不從令，貲一甲。（岳麓〔肆〕163～164）

　　●倉律「官吏が穀物を計量する際には収支が合致せねばならず，穀物を支給する
　　際には良いものと悪いものとが混じり合うようにする。大規模な輸送であれば令・
　　丞が監督し，令史・官嗇夫が「視平」する。少量ずつ支給するのであれば，令史
　　に「視平」させる。規定に従わなければ，貲一甲。」

「視平」の「平」は「出入必平」の「平」と同じであり，収支の帳尻が合うか
どうかを監督する意であろう。日常的な，少額の支出については令史が「視平」
することになっており，里耶秦簡における手続きは律の規定に則ったものといえ
る[18]。

　個々の支給を監督したというからには，令史が支給の場に立ち会ったものと，
まずは想像される。だがそうした想定とやや矛盾するのは，同じ日付の，同じ支
給主体による支出記録でも，「視平」者が異なる場合があるという事実である[19]。

---

17) 令史が「視」している例も一つだけある（8-880）が，断簡で，穀物支給簡であ
るかどうかは分からない。本文に引用した岳麓〔肆〕163が示すとおり，「視」と「視
平」は異なる行為であるらしい。
18) 断簡につき，授受の詳細については不明だが，令佐が「視平」する事例も若干存
在する（8-1793など）。
19) 8-1081と8-1239。いずれも始皇31年12月1日付の，倉による支給だが，前者
は「扁」が，後者は「犴」が視平している。

もちろん，二人の令史が同時に同じ場所に赴き，監督の職務を分担したのかもしれない。一方で，令史は必ずしも授受の現場には居らず，一定の周期で——たとえば月に一度——支給機関を訪れ，割り符，関連する帳簿，さらには現物を一括して検査し，そのことが「令史某視平」と各簡に記されたという可能性もあろう。述べたとおり支給日は一定せず，支給が行われるたびに令史が各機関を訪れて立ち会うというのは，いささか考えにくいからである。

　一定期間ごとに令史がやってきて，その間に行われた出納をまとめて検査するというやり方が頭に浮かぶ理由の一つは，穀物支給簡のなかの，監督者名が書かれる位置とその筆跡に拠るものでもある。書式について説明した際に述べたとおり，⑨監督者名はいずれの書式でも大きく空けられた余白に書かれており，これは監督者名を後で書き込むべく，意図的に残されているように映る。ただ筆跡は他の部分とよく似ており，別人の手によるとは見えないが，墨色や筆遣いがいくぶん異なる例もある[20]。他の部分を書いたのと同じ書記が，令史による検査を受けた後，監督者名を書き込んだという想定が許されよう。

　もう一つの論拠は，監察制度をめぐるいくつかの規定である。たとえば岳麓〔肆〕111〜113によれば，公用旅行者が県で食糧・飼料を購入すると，その代金は封印された箱に収められ，それと同時に割り符が作られ，三分割されたその断片は令史・賦主（購入者）がそれぞれ所持したという。そして毎月末に箱が開けられると，三つの断片のうち「中辨券」を用いて銭現物の額と記録との間に齟齬がないかチェックされ，その後で銭は少内に，「中辨券」は県廷で保管された。割り符を用いた監査への令史の関与，一ヶ月ごとの調査，という方針は，上に示した私見と通底しよう。

　史料に現れる，監査が行われるもう一つの契機は，倉庫，ないしはその内部の一区画に積まれた穀物（『積』）が，すべて支出された時である。

　當監者／毋獨出／監視毋輸（偸）／勿敢度／實官出入／積案（索）求監（岳麓〔壹〕「爲吏治官及黔首」63-3〜68-3）

　監察に当たる者は，一人で出納してはならない。監察はかりそめにせず，見積もりですませてはならない。穀物を管理する役人が出納を行い，「積」がなくなった

20）筆遣いが異なるように見えるのは，たとえば8-212 + 8-426 + 8-1632，8-217など。墨色の違いが感じられるのは8-1580など。

ら監査してもらう。

倉庫が空になったとき，そこに敷かれた筵の下から一石以上の穀物が出てきたら，「令史監者」が処罰された[21]というのは，一定区画に保管された穀物がすべて支出された時点で，令史による監察が行われたことを示していよう。

先に引用した8-1452では，倉にあった「中辨券」29枚が12月27日付で県廷に送られていた。現有の穀物量との突き合わせが終わった時点で割り符は県廷に送られ，おそらくは倉曹により保管されたと推測される。

> 卅年四月盡九月／倉曹當計禾／稼出入券。／已計。及縣／相付受。／廷。茅甲。
> （8-776）

> 始皇30年（前217）4月から9月までの，倉曹が集計すべき穀物出納の割り符。集計済み。及び県同士の授受。廷。茅甲。（原文は「／」で改行。句点で区切られた各文章はいずれも筆跡を異にする）

この簡は文書箱の付け札で，その中に六ヶ月分の割り符が収められていたことが分かる。県廷に提出された出納記録を月ごとに集計し，会計報告に備えるのもまた，倉曹を担当する令史の職務だった[22]。

g．支給方法（⑥）：出稟と出貸

支給方法には「出（以）稟」・「出（以）食」・「出貸」の三種がある。これらのうち「出貸」とは「貸与」であるから，他の二者と明らかに異なる。残る「出稟」「出食」はいずれも償還の必要がない「支給」であると推測されるが，「出食」は司空による城旦舂（「小」を含む）・白粲への日食支給に限って用いられ，一方で官吏と隷臣妾（「小」・嬰児を含む）への支給はすべて「出稟」である。両者の間にあるニュアンスの違いは判然としないが，受給者の身分・待遇により「出食」と「出稟」が使い分けられたことは確かである。

これに対し，「出貸」は戍卒への支給に限って現れる。彼らは食糧を自弁するのが原則であり，それが不可能であった場合の官からの支給は，あくまで「貸

21）空倉中有薦，薦下有稼一石以上，廷行［事］貲一甲，令史監者一盾。（法律答問151）

22）令史が県廷の諸曹を担当したことは［土口2015］参照。

与」であったことになる。これは漢代の制度，具体的には前漢後半期以降の，西北辺境出土簡から知られる戍卒への待遇とはまったく異なる。

　ただし，戍卒のなかにも食糧を「出稟」される者がおり，兵種により待遇が違った可能性，あるいは時期的な制度の変化が疑われる。その詳細については次節で論じたい。

(3) 穀物支給の実態

　ここまで穀物支給簡の記載内容を手がかりに，秦代遷陵県における穀物管理の諸相について知りうるところを述べてきた。それによると，支給される穀物の量と支給方法は身分や地位によって細かい区分があり，一ヶ月分をまとめて受領する場合でも，一日分を基準にして月額が決まるので，月の大小により支給量が異なった。

　支給は当月分を概算で与えるのを原則とし，従ってそれぞれの支給主体が，事前に必要分を見積もり，県倉に報告していたはずだが，詳細は知り得ない。ただし，それに類似する見積書が，県から郡に提出されたとおぼしい例は見える。

　　□□遷陵守丞繇【敢】言之。前日令史繇□
　　□□守書日，課皆□應（應）式令。令繇定□□
　　□□課副及當食人口数，別小大爲食□
　　□□□課副及□簿[23]上。有不定□（正）（8-704 + 8-706　背面は省略）
　　…遷陵守丞の繇が申し上げます。以前に令史の繇が…。郡守からの書に「課はいずれも書式どおりで（はなく？），繇に確定させる…。…課の副本，および食糧支給を受けるべき者の数を成年と未成年とに区分して食…とし…。」…課の副本，および□簿を（作って？）提出します。確定しない部分があれば…。

断簡であるため解釈が難しいが，郡に提出した書類に不備があり，遷陵県が再提出しているのであろう。その書類には「まさに食らうべき人の口数」を「小・大に別」けて記したものが含まれた。郡から県への穀物移送も，「必要額を概算で請求→請求された額を移送」という手順であったことが推測される。

---

23) 『里耶』，『校釈』はいずれも「傳」と釈すが，図版により「簿」に改めた。

こうした手続きをへて，個々人の所属する部署から穀物が支給される。それら
の支給主体が穀物を手渡すに当たっては，たとえわずか 8 升——1.6 リットル
——程度の量であっても (8-1576)，一組の割り符が作られ，記録にとどめられ
た。日食支給の者に対しては，そうした作業が毎日繰り返されたことになる。厳
密な管理システムが，占領から間もない時期に早くも導入されていたといえる。

だがこの制度が円滑に機能していたかどうかは，いささか疑わしい。当月払い
を原則とする一方で，実際には以前の支給分がかなり後になって手渡された例も
存在するからである。たとえば 8-2247 では「十月・六月廿六日食」が 8 月 18 日
に支給されている。当月分を概算で支給する原則を採るならば，支給後に何らか
の理由で勤務場所を移動した者や勤務できなくなった者などについて事後の調整
が必要となる[24]はずで，それゆえの遅配や，調整の誤りによる支給漏れも，実際
には少なくなかったのだろう。

そもそも，穀物支給簡に記された受領者の手に，実際に穀物が渡されたのか否
かも定かでない。8-1574 ＋ 8-1787 は戍卒二名への支給記録であり，支給主体は
田官の嗇夫・佐・稟人であるが，穀物を「出」した者として，戍卒の上官なので
あろう「敦長」の名前が別に注記される。田官の官吏が受給者に直接穀物を手渡
したのではなく，実際には敦長が配下の戍卒の分をまとめて受け取り，彼らに支
給したと想像される。数字を改ざんできないように工夫された割り符が作成さ
れ，その一片が受給者の手に渡されることにより，不正が予防されていたのだと
一応は説明できるが，はたして帳簿どおりに穀物が分配されていたのかという疑
念も，一方ではぬぐえない。

以上，穀物支給簡を素材にして様々な論点を取り上げたが，史料の不足もあっ
て，現時点では全貌をつかみにくい。とりわけ不明確なのは，各種戍卒の待遇の
差である。このことは，戍卒の多くが食糧を自弁する建前であったという事実を
如何に理解し，制度史上に位置づけるのかという問題とも関連する。節を改め，
戍卒の待遇に焦点をすえてさらに分析を加えておく。

2 ●戍卒への穀物支給

---

24) 居延漢簡から知られる，漢代の西北辺境における食糧支給も概算払いを原則とす
る。そのために，支給後の調整が必要となり，そのための調査を経て作成されたのが
「當食者案」であるとされる［冨谷 2010，374 頁］。

(1) 兵種と支給方法の関係

　秦代，兵士にはいくつかの種類があり，徴集方法や従軍期間が異なったことは，すでに別稿で述べた［宮宅 2013, 2016］。その結論を示しておく。

　　更戍：輪番勤務する徴集兵。一年交代の勤務であったかと推測される。

　　冗戍（冗募）：長期勤務の志願兵。輪番のサイクルに組み込まれず，ある程
　　　　　　度長期にわたって勤務した。

　　罰戍：罪を犯し，ペナルティとして軍務に就けられた戍卒。

　　適戍：租税未納の逃亡者や商人などを戍卒に動員したもの。

上の区分のうち，「罰戍」については前稿で示した定義が不十分であった。懲罰として軍務に就けられる者は，①戍辺刑に当てられて戍卒とされた者と，②財産刑（貲刑・贖刑）に当てられたり債務を負ったりしたものの財物を支払えず，軍務に就くことでそれを弁済する者とに分かれる。①の場合は，犯罪の軽重に応じて「戍（辺）〜歳」とされ，それが戍卒としての任期となり，②は支払うべき金銭の多寡に応じて服役期間が決まる。穀物支給簡には「罰戍」が現れる一方で「居貲」も見え，これは②のことであると，筆者は考える。従ってこれと対になる「罰戍」は，①の戍卒を指していることになろう。以下，①を罰戍，②を仮に「貲戍」と呼んでおく。

　正確にいえば，「居貲」とは一日の労役を8銭ないし6銭に換算し，それを貲刑の支払いに当てることであり，就けられる労役は軍務に限らない。労役刑徒がさらに罪を犯して貲刑に当てられ，労役を加重される場合もある。里耶秦簡にもみえる「隷臣居貲」などがそれに該当する。しかし穀物支給簡の「居貲」はいずれも刑徒身分ではない。かつその出身地は，すべて洞庭郡外である。

　　8-764　　始皇31年（前216）正月　田官から「貲貸」に出稟：士伍・南郡
　　　　　　巫県出身

　　8-1014　　年代不明　田官から「居貲」に出貸：士伍・南郡巫県出身

　　8-1321＋　始皇31年？　田官から「居貲」に出稟：士伍・南郡江陵県出身

　　8-1563　　始皇28年（前219）7月　倉から「居貸」に貸食（非穀物支給簡）：
　　　　　　公卒・南郡巫県出身

他郡から洞庭郡にわざわざ送り込まれた「居貲」の任務は遷陵県が最も必要とし，かつ刑徒では担えないもの，すなわち軍務であったと見るのが最も自然では

ないか。

洞庭郡に送り込まれた貲戍の例としては，9-1〜9-12簡が挙げられる。そこに見える者たちはいずれも洞庭郡外の出身で，「有貲」「有贖」であるために洞庭郡に送られ，戍卒として勤務しているはずであったが，その配属部署が不明となっていた。穀物支給簡に見える居貲も，同様に他郡から動員された貲戍であったと考える[25]。

さて，穀物支給簡の「居貲」が貲戍であるなら，この史料に登場する戍卒は，更戍・罰戍（吏以卒戍）・適戍・居貲（貲贖）・屯戍の五種となる。現今のところ「冗戍」は現れず，代わりに「屯戍」が見えることになる。

「屯」とは兵士の駐屯地のことで[26]，従って「屯戍」とは戍卒一般を指す語であるように映る。また「屯」は部隊を構成する単位の一つでもあり，それを率いるのが「屯（敦）長」で，遷陵県では更戍や罰戍など様々な兵種の者がその任に就けられていた。こうした点から，各種の戍卒が「屯戍」と総称されたという想定が，まず頭に浮かぶ。一方，他の兵種がことごとく現れるなかにあって，唯一「冗戍」のみが穀物支給簡に登場しないのも，いささか不自然である。穀物支給記録の「屯戍」とは，実のところ冗戍のことを指しているとも考えられよう。この第二の可能性については，また後段で取り上げることになる。

これらの兵種のうち，更戍に対する穀物支給記録は9例を数えるが，支給方法は例外なく「出貸」である。すなわち，更戍は食糧の自弁を原則とし，それが困難な場合は貸与を受けたことになる。

一方，「屯戍」への支給方法も一貫していて，6例を数える彼らへの支給では，いずれも穀物が「出稟」されている。更戍と違い，屯戍には食糧自弁の義務がなく，無償で与えられたことになる。ただし問題は，現時点で利用できる屯戍への食糧支給記録が始皇31年10〜7月に集中しているという事実である。この時期には罰戍や居貲にも穀物が「出稟」されており，限られた時期の特別な現象である可能性も残る[27]。

---

25) ［黄 2016］も「居貲」を刑徒として扱うが，論拠は示さない。

26) 勝・廣皆爲屯長。［注，師古曰，人所聚曰屯，爲其長帥也。］（『漢書』陳勝傳）

27) 朱德貴もまた，更戍：出貸＝食糧自弁，屯戍：出稟＝食糧官給であることを指摘する［朱德貴 2013］。ただし屯戍を「屯田兵」とする点などで筆者と見解を異にする。また罰戍や居貲について検討しておらず，網羅性に欠ける。

征服から占領統治へ　第3章

　残る兵種のうち，「罰戍（適戍を含む）」や「居貲」への支給は出稟・出貸の両
者がある。

　　8-761　　罰戍　33 年（前 214）10 月に発弩が「出貸」

　　8-781　　罰戍　31 年 6 月に田官が「出貸」

　　8-899　　適戍　年代不明・支給主体不明，「貸」

　　8-1094　吏以卒戍　年代不明，倉が「出貸」

　　8-2246　罰戍　31 年 7 月に田官が「出稟」

　　8-764　　貲貸　31 年正月に田官が「出稟」

　　8-1014 居貲　年代不明，田官が「出貸」

　　8-1321 +　居貲　31 年（？）に田官が「出稟」

　　8-1563　居貸　28 年 7 月に倉が「貸食」

述べたとおり「出稟」の事例は 31 年に限られ，彼らへの支給は原則的に貸与で
あったものの，この時期のみ特別な事情があったのかもしれない。一方で，31
年 6 月付での罰戍への貸与もあり，同時期・同種の戍卒・同じ支給主体でありな
がら，支給方法が二通りあったことになる。誤字の可能性も含めて，今後史料の
増加を待つ必要がある。

(2) 穀物の貸与とその償還

　不確かな点は残るものの，「屯戍」以外の戍卒は原則的に食糧を自弁せねばな
らず，それが不可能な場合は穀物を貸与されたというのが，現時点で筆者の考え
るところである。兵士は食糧の自弁が原則であったことは，新出の岳麓書院簡か
らも確かめられる。

　　●内史言，藜卒従破趙軍，長輓・粟徒・壹夫身貧毋（無）糧，貣縣官者，死軍，
　　為長□　　　　　　　　　　　　　　　　　　　　　　　　　　（岳麓〔肆〕332）

　　●内史が言うには，「藜県の卒で趙を破った軍勢に従った者・長輓・粟徒・壹夫
　　で，貧乏で食料がなく，官から借りた者が，従軍中に死亡し，為長…」

藜県は『漢書』地理志では右扶風の所属で，二年律令では内史所属の県とともに

71

列挙される（448簡）。ただし当地の卒が従軍した「破趙軍」が，何時のものなのかは分からない。続く「長輓」は『戦国策』にも見え[28]，車での物資輸送に従事する者と思われる。「粟徒」も「車徒」（里耶秦簡8-1299）と同類の，穀物を運搬する人夫であろう。次の「壹夫」について，整理小組は「人名」とするものの，内史からの上奏文に個人名が挙げられるのは不自然であり，あるいは居延漢簡に見える「車父（夫）」のような者[29]かと疑われる。よしんば個人名であったとしても，遠征軍に徴用された者は食糧の自弁を原則とし，「身貧無糧」の場合に限り食糧を貸与されたという事情が，上の簡から見て取れる。

　遠征軍に従う者のみならず，辺境防備に就く戍卒の食糧も自弁が原則であったと推測されるが，現今のところそれを明言した規定は存在しない。だが輪番勤務する司寇や隱官も食糧は自弁であった。

> 泰上皇時内史言，西工室司寇・隱官踐更多貧不能自給糧（糧）。議，令縣遣司寇入禾，其縣母（無）禾當貣（貸）者，告作所縣償及貸。…（中略）…●二年日，復用。
> (同329〜331)
> 泰上皇（荘襄王）の時に内史が言うには「西工室で上番する司寇・隱官は，多くが貧しくて食糧を自給できません」と。以下のように議論した。県に命じて司寇を派遣すると同時に穀物を納入させる。その県に貸与すべき穀物がなければ，作業している県に告げて償還及び貸与させる。…（中略）…●二世皇帝2年（前208）にいうには「再びこれを用いよ」と。

司寇は隷臣妾以上の刑徒とは違い，一般の居住区で暮らすことができ，田・宅の支給対象ともなった［宮宅2011，121〜122頁］。隱官も同様である。彼らは一般民と同じ生活を送る傍ら，ときおり輪番で役務に就けられたのだろう。そうした上番中の食糧は自弁を基本としたものの，それが不可能な者も多く，その解決策が上の条文で示されている。まず第一の方法は，司寇の派遣元である県（司寇が居住している県）が司寇とともに食糧を西工室に納入し，服役中に西工室から貸与

---

28) 秦自四境之内，執法以下至於長輓者，故畢曰，與嫪氏乎，與呂氏乎。（『戦国策』魏策4「秦攻魏急」）

29) 「車父」の用例は，
　　　第廿五車父，平陵里，辛盈川。…（後略）…（10・37）
など，居延漢簡に多数見える。その地位や職務については［佐原1991］を参照のこと。

する分を事前に補填しておくというものであった。この場合，司寇は役務終了
後，居住地で県に受領分を償還したのだろう。もしも派遣元に十分な食糧備蓄が
なければ，第二の方法がとられ，派遣先の県（西工室所属の作業施設の所在地か）
が司寇への貸与，及び貸与した分の償還に責任を負うこととなった。一般民（士
仮）に支給される田・宅は司寇の二倍であったから，より経済的に余裕のある彼
らが戍卒として従軍する際も，食糧は自弁であったと見るべきであろう。

　貸与を受けたなら，何らかのかたちでそれを償還せねばならない。だがあまり
にも貧しく，財物での償還が不可能な場合は，別のやり方が採られた。

【諸】給日及諸從事縣官・作縣官及當戍故徹而老病居縣・坐妬入舂，篤貧不能自
食，皆食縣官而益展其日以當食，如居貰責（債）。　　　　　　　（同 292～293）
　　およそ労役日数を充足させている者，及びおよそ官府で勤務する者や作業する者，
　　及び元の国境地帯で兵役に就くべきところ，老齢ないしは病気であるために県で
　　労役に就いている者，嫉妬により舂とされた者（？）が，ひどく貧乏で食糧を自
　　弁できないならば，いずれも官から支給をうけ，労役日数を延長して食糧分に当
　　てること，いずれも労役で贖刑や負債を支払う者と同様にする。

「坐妬入舂」は暫く整理小組の解釈に従って訳出したものの，意味するところが
判然としない。ただし，全体として官府で就役する者が食糧を自弁できない場合
の規定であるのは間違いない。貸与を受けたものの「篤貧」で返済できなけれ
ば，役務の期間が延長されることになった。いわば貸与分を労働で返済したわけ
である。「元の国境地帯で兵役に就くべき」人間もそうした待遇を受けた。実際
に辺境で防備に就いた戍卒も，また同様であったことは次の里耶秦簡から知られ
る。

　　廿八年七月戊戌朔癸卯，尉守竊敢之。洞庭尉遣巫・居貸・公卒・安成・徐，署遷
　　陵。今徐以壬寅事。調令倉貣（貸）食，移尉以展約日。敢言之。七月癸卯，遷陵
　　守丞膻之告倉主。以律令從事。／逐手。即徐□入□（正）
　　癸卯，胸忍・宜利・錡以來。／敝半。繭手（背）　　　　　　　　　　（8-1563）

　始皇 28 年 7 月戊戌朔癸卯（6 日），尉心得の竊が申し上げます。洞庭郡尉が巫県の
　　居貸（居貰）で公卒の，安成里の徐を派遣し，遷陵県をその部署としました。いま
　　徐は壬寅の日（5 日）に任務に就きました。倉に命じて食糧を貸与させ，こちらに

73

は延長・短縮した日数[30]を知らせていただきたい。以上申し上げます。繭が書いた。…（後略）…

ここでの支給対象は「居貸」の徐という人物である。彼は公卒という身分を持ち，刑徒ではない。かつ洞庭郡尉が彼を遷陵県尉の配下に送り込んでいる。従って先に論じたとおり，ここでの「居貸」とは貲戍のことと考えられる。彼は戍卒として県尉の配下に在ったものの，食糧は県倉から受給した。ただしそれは「貸」であって，貲戍も食糧の自弁が原則であったことが知られる。

　ここでは貸与の依頼とあわせて，「展約した日（数）」の報告が求められている。「展」が岳麓〔肆〕292〜293に見えた「益展其日」，すなわち貸与された食糧の額に応じて労役日数を延長させることだとすれば，「約」とはその反対に，何らかの手段で貸与分を償還し，一旦は延長された服役日数が短くされることだろう。戍卒の勤務日数を管理し，除隊を認めるのは県尉の職掌であり，それ故に県尉は県倉が貸与した――あるいは貸与しなかった――食糧の額を知る必要があったのだろう。県倉の側でも，貸与分を通常の穀物支給分とは区別して管理していたはずで，「倉曹計録」（8-481）に「禾稼計」とは別に「貸計」という帳簿名が挙げられるのは，それと対応する。「展約」の語は次の里耶秦簡にも見える。

　　十五分日二，四斗者六錢
　　二斗，八十分日五十一☐（正）
　　吏貣（貸）當展約。☐（背）　　　　　　　　　　　　　　　　　（8-498 ＋ 8-2037[31]）

「吏貣（貸）當展約」とは「官吏からの貸与。延長・短縮に該当」の意であろう。反対の面に書かれている数字は，穀物量を日数に換算した跡かと思われるが，表裏の文章は書写の向きが互いに異なり，関連性は定かでない。今後史料が増加し，「展約」の具体的な手続きが知られることを期待したい[32]。

30）［宮宅 2016］では「展約日」を正確に解釈できていなかった。ここに訂正したい。
31）綴合は［何有祖 2012］に拠る。
32）里耶秦簡には「☐☐約日，三斗米，乙酉初作☐☐」（8-2206）として「約日」の例も見えるが，断片であるため「展約」との関係ははっきりしない。

（3）食糧自弁の原則とその限界

　先にあげた岳麓〔肆〕292〜293 では，食糧を自弁すべき者として「諸従事縣官・作縣官──およそ官府で勤務する者や作業する者──」が挙げられていた。従って，徭役に徴用された者や兵士など，およそ公務に服役する人間の大半が食糧を自弁したはずで，むしろ官から支給された者の方が例外に属すといってよい。里耶秦簡から知られる官給の対象者は次の三種である。

　　　・官吏（県丞・令史から佐・史クラスにいたるまで）
　　　・隷臣妾以上の刑徒（舂・小城旦・隷臣妾）
　　　・戍卒の一部（屯戍，および罰戍・貲戍の一部？）

食糧自弁が原則であるにも拘わらず，なぜ彼らには食糧が支給されたのか。

　まず刑徒のうち城旦舂は，罪を犯したことにより財産・妻子が没収され，家族が解体されたので，公務に服し，その代償として官から支給を受ける以外に生活の糧を持たない。従って彼らは輪番ではなく，恒常的に，継続して役務に就いた〔宮宅 2011，125〜129 頁〕。こうした境遇にある刑徒に食糧の自弁を求めることはできまい。自弁できないなら貸与，としたところで，それを財物で弁済できる見込みはあるまいし，彼らには刑期がなく，毎日継続して就役するのだから，「展日」して弁済に当てることもできない。

　一方，隷臣妾には輪番で勤務する者と，ある程度長期にわたり継続して就労する者とがおり，前者は「更隷臣妾[33]」，後者は「冗隷臣妾」と呼ばれた〔宮宅2011，123〜125 頁〕。非番の時には食糧支給がないので，彼らには独自の経済基盤があったと推測される。とはいえ，すべての隷臣妾が「独自の経済基盤」を持ち得たとは限らず，それは彼らが役務地に配偶者を帯同し，その労働力を期待できるか否かにかかっていた。妻のいない隷臣には衣服が官から支給される（秦律十八種 94〜96 など）のは，配偶者の有無による経済的境遇の違い，およびそれに応じた待遇の違いを示している。官からの支給に依存する隷臣妾は，代わりに「冗」として恒常的に服役したのだろう。新占領地である遷陵県に遠方から送り込まれた隷臣妾は，いずれも単身だったと想像できる。穀物支給簡には明記されないものの，そこに現れる隷臣妾はすべて「冗」であり，その境遇は城旦舂とほ

　33）実際に史料に現れるのは「更隷妾／冗隷妾」（秦律十八種 54，同 109）の語である。

ぽ変わりなく，故に食糧も官給だったのではないか。

　翻って，官吏に目を移すなら，彼らの食糧が官給だったのは一種の特権であり，その点で官吏の地位は一般人や刑徒と異なると考えることもできよう。だが官からの支給に依存しているという点では，官吏と城旦舂・隷臣妾の境遇に違いはない。官僚機構の最下層，佐・史クラスの官吏のなかには輪番勤務の者もかつては存在したと思われる［宮宅 2012］が，里耶秦簡に「冗佐」は見えるものの「更佐」は存在しない。官吏に食糧が支給されたのも，彼らが経常的に勤務し，官に依存して生活していたという点に求めるべきだろう。

　以上の解釈に大過ないとすれば，それは先に述べた，穀物支給簡の「屯戍」は「冗戍」を指しているという推測の傍証となろう。すなわち，長期にわたり継続勤務する冗戍もまた，官からの支給以外に生活の糧を持たず，故に食糧を官給され，里耶の「屯戍」への支給がすべて「出稟」であるのも，彼らが「冗戍」であったから，という解釈である。現状では史料の年代に偏りがあり，憶測の域を出ないが，一つの可能性として示しておく。

　さて，遷陵県にはある時期，626名の戍卒が駐屯し，そのうち143名が冗戍であった（8-132 + 8-334）。冗戍の食糧のみが官給で，残る480余名は食糧を自弁したとすれば，遷陵県が食糧確保のために費やした負担はずいぶんと軽くなる。だが贖刑を財物で支払えず贖戍とされた者が，食糧を自弁できたとは考えにくい。更戍はいずれも，はるばる泗水郡城父県から送り込まれた者たちで，数ヶ月で帰郷するわけではあるまいから，まとまった量の食糧を持参するか，郷里からの支援を待つほかないが，それもまた容易ではなかったろう。結局，殆どの戍卒が貸与を受け，それを兵役日数の延長で償還していたと考えるのが最も自然である。自弁はあくまで建前に過ぎず，占領統治はやはり官による食糧調達で支えられていた。こうした原則と現実の乖離の背景には，如何なる事情があるのだろうか。

　思うにこれは，占領地の急激な拡大に秦の制度が対応しきれていない証であろう。岳麓簡には，更戍制度の基本原則とおぼしい次の規定が見える。

●戍律曰，戍者月更。君子守官四旬以上爲除戍一更。遣戍，同居毋並行。不從律，貲二甲。戍在署，父母・妻死，遣歸葬。告縣，縣令拾（給）日。

（岳麓〔肆〕184〜185）

●戍律にこうある「戍卒の任に就く者は一ヶ月ごとに輪番交代する。君子[34]は40日以上にわたり官吏の代行を務めたなら，戍卒としての輪番勤務の一回分を免除する。戍卒を派遣するにあたり，同居する者が同時に送られることはない。律に従わなければ，貲二甲。戍卒が部署にいて，父母・妻が死んだならば，葬儀に帰らせる。帰郷した先の県に告げ，県が不在期間分の労役日数を充足させる[35]。…」

　戍卒としての勤務が一ヶ月交代であること，またそうした短い任期であっても，期間中に近親が死ねば帰郷が許されたことは，居所と任地との間の距離がせいぜい数日の行程であったと考えねば理解できない。これは明らかに，秦の領土が拡大する以前の，比較的狭隘な領土を前提とした兵制であり，食糧自弁の原則もまた，同じであったに違いない。任期一ヶ月で，配置先が故郷からそう遠くなければ，自弁も難しくなかったであろう。

　だが秦の領土が飛躍的に拡大したとき，この規定により更戍を徴発し，新占領地を維持するのはとうてい不可能である。さまざまな制度の見直しが必要であり，たとえば遷陵県に送り込まれた更戍が一ヶ月の勤務だけで帰郷したとは思えず，任期は延長されていたであろう。一方で，食糧自弁の原則は見直されなかった。たとえ自弁が事実上不可能であっても，自弁できなければ貸与し，貸与分に応じて任期を延長するというやり方で押し通そうとしたわけである。

　確かに，食糧が低コストで，安定して入手できるならば，任期の延長で対応できたかもしれない。しかし遷陵県のような辺境の地では，それは期待しがたい。一日分の食糧を入手するコストが高く，一日分の労役で埋め合わせできなければ，この方法は最初から絵に描いた餅となる。結局のところ秦は，食糧自弁の原則を引きずり，遠隔地の軍事支配を支えうる兵站制度を十分に確立しないまま，征服から占領統治へ踏み出していったと言わざるを得ない。秦の統一が早々に破綻した一因は，こうした兵站制度の未熟さにも潜んでいたのではあるまいか。

---

34)「君子」が如何なる身分の者かははっきりしないが，官嗇夫が欠員になっている時には「君子」か令史がそれを代行（「守官」）した。
　官嗇夫節（即）不存，令君子母（無）害者若令史守官，母令官佐・史守。　置吏律（秦律十八種161）
35) 二年律令157にみえる「給逋事――逃れた徭役負担を充足させる――」は，岳麓〔肆〕92では「拾逋事」と書かれ，「給」と「拾」は通用する。葬儀参列のために不在であった日数分を何らかのかたちで埋め合わせさせるのが「給日」であろう。

II　論考篇

おわりに

　本章は穀物支給簡の分析から，一部の戍卒への支給があくまで貸与であったことに注目し，兵士は食糧を自弁する建前であったことを確かめ，最後は秦の兵站制度の未熟さに説き及んだ。ただし実のところ，遷陵県が如何に穀物を調達したのか，現時点ではほとんど何も分かっていない。未公開の里耶秦簡が発表され，戍卒や刑徒を動員した現地での食糧生産や，外部からの漕運に関する知見が充実し，食糧獲得の手段とその「コスト」をより具体的に論じうるようになった時，上の仮説はその妥当性が再吟味されることになろう。再検討のなかで引き続き焦点となるのは，食糧自弁を前提とした制度が如何にして変容したのか――あるいは変容しなかったのか――という問題であるのは間違いない。

　秦軍の兵士が必要物資を自弁したことは，かねてから断片的には知られていた。睡虎地4号秦墓から出土した二本の木牘（6号・11号木簡）は，始皇24年（前223）ごろに戦地から故郷の家族に送られた兵士の手紙である[36]が，そこには銭と夏服を送って欲しいとの頼みが切々とつづられている。楚を滅ぼす遠征軍に参加していた兵士たちも，衣服を自弁せねばならなかった。同時に銭を無心しているのは，食糧を購入するためだったのだろうか。

　これに対し，居延・敦煌漢簡から知られる前漢後半期以降の辺防制度のなかでは，一般の戍卒は食糧を官から支給されていた。彼らの武器も貸与品で，衣服一式の支給も受けた［鷹取1997］。これまで，ともすれば当然のことのように受け止められてきた食糧・装備の官給制度が，実は新たに整備されたものであったとすれば，それは何時，どのような経緯をたどって実現したのか。残念ながら手がかりは多くないものの，今後さらに検討を深めてゆく必要があろう。

【史料略号】

『里耶』：湖南省文物考古研究所『里耶秦簡』〔壹〕（文物出版社，2012）

『校釈』：陳偉（主編）『里耶秦簡牘校釈』〔第一巻〕（武漢大学出版社，2012）

岳麓〔壹〕：朱漢民・陳松長（主編）『岳麓書院蔵秦簡（壹）』（上海辞書出版社，2010）

　36）釈文は雲夢睡虎地秦墓編写組1981，25〜26頁。

岳麓〔肆〕：陳松長（主編）『岳麓書院蔵秦簡（肆）』（上海世紀出版股份有限公司・上海辞書出版社，2015）

【引用文献表】

大川俊隆・籾山明・張春龍 2013 「里耶秦簡中の刻歯簡と『数』中の未解読簡」『大阪産業大学論集（人文・社会科学編）』18 号

佐原康夫 1991 「居延漢簡に見える物資の輸送について」『東洋史研究』50-1

中国古算書研究会 2016 『岳麓書院蔵秦簡『数』訳注』（朋友書店）

鷹取祐司 1997 「漢代戍卒の徴発と就役地への移動」『古代文化』49-10

土口史記 2015 「秦代の令史と曹」『東方学報』京都第 90 冊

冨谷　至 2010 『文書行政の漢帝国』（名古屋大学出版会）

宮宅　潔 2011 『中国古代刑制史の研究』京都大学学術出版会

宮宅　潔 2012 「漢代官僚組織の最下層──「官」と「民」のはざま」『東方学報』京都 87

宮宅　潔 2013 「秦の戦役史と遠征軍の構成──昭襄王期から秦王政まで」，宮宅潔（編）『中国古代軍事制度の総合的研究』科研費報告書（基盤 B）

宮宅　潔 2016 「秦代遷陵県志初稿──里耶秦簡より見た秦の占領支配と駐屯軍」『東洋史研究』75-1

趙岩 2015 「里耶秦簡"出糧券"校読（五則)」『簡帛研究二〇一五・秋冬巻』（広西師範大学出版社）

何有祖 2012 「里耶秦簡牘綴合（七）」簡帛網 2012 年 6 月 25 日

黄浩波 2015 「《里耶秦簡（壹）》所見稟食記録」『簡帛』第 11 輯

黄浩波 2016 「里耶秦簡牘所見"計"文書及相関問題研究」『簡帛研究二〇一六・春夏巻』（広西師範大学出版社）

平暁婧・蔡万進 2015 「里耶秦簡所見秦的出糧方式」『魯東大学学報（哲社版）』2015 年第 4 期

雲夢睡虎地秦墓編写組 1981 『雲夢睡虎地秦墓』（文物出版社）

朱徳貴 2013 「秦簡所見"更戍"和"屯戍"制度新解」『蘭州学刊』2013 年第 11 期

表3-1 穀物支給簡一覧

簡番号	書式		釈文	残欠状況	倉庫名	穀物種	支給量	日食／月食日	年	月	日	大／小	支給主体	畜夫	佐	史	吏人	支給方法	支給対象	人数／日数	月食	日割り	監督者	筆写責任者
6-0012	第1類	○	五石三斗泰半	下欠	一		五石三斗泰半		35	5	?											一斗 1/6升で322日		
8-0007	第1類	○	正斗五	下欠	一	粟米	五斗		31	9	2	大	倉									4 1/6升で12日分、1/6斗で30日	令史尚	
8-0045 +8-270	第1類	○	四	完形	一	稲	四(斗)	日食(ア)	31	5	11		倉	是	感	□		出粟	卒・監・佐		四月三日	4 1/6升で30日	令史尚	感
8-0056	第2類	○	二石	下欠	偈偈	稲	二石	月食(ア)	31	10	1	大	倉		富		援	出粟	范…					
8-0081	第2類			上欠											富			出粟	屯戌			4と1/6		得
8-0125	第1類			上欠				日食(イ)					同倉?	守配								4升		
8-0211	第1類	○	五斗	下欠	一	稲	五斗	月食(ウ)	31	9	11	大	倉	是	感		堂	出粟	隷臣(嬰児?)			4 1/6升で12日分、1/6斗で30日分	令史尚	得
8-0212 +426 +1634	第1類		一石九斗三升	一石九斗三升・完形	偈偈	粟米	一石九斗五升六分五升	日食(イ)	31	1	4	小	同空	守増	得		一	出以食目	卒・小城目	47人×1日		4 1/6升で12日分	令史□	得
8-0216 +351 +525	第1類		四斗八升少半半升	四斗八升少半半升		稲	四斗八升少半半升	日食(イ)	30	9	14		同空	守兹	得		一	出粟	卒・小城目	52人×1日		4と1/6升	令史尚	得
8-0217	第1類	○	四斗八升少半升	完形	一	稲	四斗八升少半升	月食(ウ)	31	8	22	小	倉	是	感		堂	出粟	隷臣嬰児	1人?2人?	六月食	一斗 1/6升×29日 重文は歯字刻に重刻歯に従う?	令史畢	感
8-0275	第1類	○	一石九斗少半斗	一石九斗少半斗	一	稲	一石九斗少半斗	月食(ア)	31	8	1	小	倉					出以食目	卒・小城目			一斗 1/6升		
8-0337	第1類			上下欠					3				同空	守武	得			出粟					令史尹	感
8-0448 +1360	第1類			上欠。下もえ?	偈偈								倉	守増	感			出以食目	使小隷臣				令史尹	得
8-0474 +2075	第1類	○	一石八斗七升半升	一石八斗七升半升・下欠	偈偈	粟米	一石八斗七升半升	日食(イ)	31	1	16		同空	守武	得		□	出□				4 1/6升で45日分	令史尹	

整理番号	類型	残存寸法	完形	觚	内容	復元寸法	月日食	數	倉	守	字	出	隸妾等	人數	稟量	令史	字	倉佐
8-0511	第5類?	三	下欠	一	粟米	四石	日食(イ)?	35:8	大倉	守武	感	出粟	大隸妾		4 1/6升で6日分	令史尚	過	
8-0596	第5類?	二斗半斗?	下欠	一		十石	月食?	31:3	大倉	武	敦	出貸	罰戍					
8-0606	第1類	二斗半斗	上下欠		粟米	(二斗半斗?)	月食(イ)	31:3	小發弩	釋	財史過-	出粟	大隸妾			令史兼		
8-0760	第1類	一石二斗	完形		粟米	一石二斗九斗半斗	月食(ア)	33:10·14	大倉	起	感	出粟	大隸妾		曦?	令史朝	過	
8-0761	第1類	一石九斗半斗	完形	觚衛	粟米	一石九斗少半斗	月食(イ)	31:19	大倉	守牧	王	出粟	賞貸(＝居貸?)土五			令史玗	王	
8-0762	第1類	一石二斗半斗	完形		粟米	一石二斗半斗	月食(ア)	31:12·15	大倉	守紀	感	出粟	大隸妾			令史屈	感	
8-0763	第1類	一石二斗半斗	完形	觚衛	粟米	一石二斗半斗	月食(イ)	31:1	田官	守級	部	出粟	大隸妾			令史屈	鄙	
8-0764	第1類	一石九斗半斗	完形		粟米	一石九斗少半斗	月食(ア)	31:3	倉	守武	感	出□	罰戍			令史逕	感	
8-0766	第1類	三	完形	觚衛	粟米	一石(少)半斗	月食(イ)	31:11	田官	貳春鄕守氏夫	感	出粟	隸妾	7人		令史玗		
8-0781 +8-1102	第1類	三	上下欠?	觚衛	粟米	三?		31:6	大倉	守□		出貸	更戍					
8-0800	第1類	一石二斗半斗	下欠	觚衛	粟米	二石	月食(イ)	31:9	小	守澤	骨	出粟	過戍			令史尚		
8-0816	第2類	三	完形	觚衛	粟米	四石五斗	月食(ア)	31:10·30	大倉	守紀	□				435日分? 4と1/6升で108日分? 696日			
8-0821 +8-1584	第1類	四石五斗	完形	宁衛	粟	二十八石		35:7·8	倉		骨	出粟						
8-0836 +8-1779	第1類	二十八石	下欠		粟米	二十八石		35:1	倉	守□	富	出貸						
8-0839 +8-901 +8-926	第1類		上下欠						倉?	守澤		出粟	更戍			令史域		
8-0850	第1類		上下欠															
8-0899	第1類		上下欠					月食?	35:17	倉?								
8-0902	第1類		下欠							守紀		出貸	過戍					
8-0909	第5類?	四石九斗半斗	上下欠		粟米	四石九斗少半斗	月食?	35:5?	倉?			出貸	更戍?（「城」父)なら更戍）		九月食	令史歇		倉元?(35年 倉佐)
8-0915	第2類?	四石九斗少半斗	下欠		粟米							□貸	過戍					
8-0924	第5類?	五斗	下欠		粟米	五斗	月食?	35:7		守紀					2/3斗で74日分			

簡番号	書式	割書	残欠状況	倉庫名	穀物種	支給量	日食／月食（イ）	支給年月日	支給主体	嗇夫・守尚	佐・史	稟人 小	支給方法	支給対象	人数／日数	月食	日割り	監督者	筆写責任者
8-0925＋ 8-2195	○第1類	二石六斗二斗半升	完形	一	粟米	一石六斗二斗半升	日食（イ）	31 1 29	啓陵郷 守尚		取		出粟	大隸妾	？人日分 39	正月食、積州九升と実際には正月の三日日分くらい？	4斗と1/6升	令史晉	
8-0941	第5類？		下欠		粟	少半升		35											
8-0955	○第1類	一斗	上下欠		粟米	一斗		34 9											
8-0956	○第1類	二斗	上下欠？		粟米	二斗		33 4											
8-0960	第2類		下欠。左□□欠？	□□	粟米	八升少半升													
8-0980	第1類		上（？）欠				月食？			忠			出粟	更戌	1人？	八月九月			
8-1000	第1類		上欠						田官？（隸人名より）		忠		出粟	更戌	1人				
8-1014	第1類		上欠				日食				徳？		出粟	居貲	5月の7日分				缺
8-1024	第1類		上下欠					1 大	啓陵郷 守尚		忠		出粟	更戌				令史閻	
8-1029	第5類		上下欠								一		出粟	令史				令史幵	
8-1031	第1類		上下欠						倉		感	當	出粟	適戌				令史幵	
8-1037	第1類		上下欠					8	（倉）		感	當	□粟	令史	4日？			（令）史尚	
8-1046	第1類		上下欠							起									
8-1059	第1類		上下欠						倉	益	感	當	出粟	繇佐				令史幵	
8-1063	第1類		上下欠						倉		感		（粟？）	令史					感
8-1066	第1類		下欠				月食（ア）	31 12	（倉）							十一月食		令史閻	
8-1081	○第3類	二石	下欠	徑倉	粟米	二石		32 8 1	倉	盍							2/3斗と7日分		
8-1088	○第1類	四斗六升	上下欠		粲	四斗六升													
8-1094	第5類？		上下欠				月食？		倉？（狗は倉史）				出粟	更以卒戌	1人			[劇史□出]	狗
8-1101	第5類		上下欠						啓陵郷 守尚	見			出以貲						
8-1109	第2類？		上下欠						司空	色			出粟	發弩					
8-1115	第5類		下欠？				月食？		倉	見			出以貲	更戌		九月食	4斗と1/6升		
8-1134	第5類？	？	上欠	□？	□？			33 3 19			蒲								
8-1135	第5類	三百	上下欠					31 8 21	倉		午		出粟					令史園	
8-1153＋ 8-1342	第5類	二石	上欠？	□？					倉		感		出以粟	未小隸臣				令史□	
8-1159	○第1類	二石	下欠	□？	粟米	二石	月食（ア）	35 9 小					出以粟	未小隸臣				令史□	感

文書番号	分類	○	数量	状態	会	穀物	数量2	注記	日・数	倉・郷	人名	字	出挙	対象	人数	月	量・日数	令史	字
8-1167 + 1392	第1類	○	十三石七斗	下欠	—	栗米	十三石八斗	月食?	35 4	2大倉	衛					三月四月	2/3斗で(30×4+)207日分 480日分?	令☑	感
8-1173 +	第5類			上下欠	—	栗米	二十石												
8-1420	第1類		二十石	上欠	—	栗米	二石		36 11 7									300日分 480日分?	☑尚	感
8-1177	第1類	○	二石	上欠	—	栗米	三石十八斗(下欠)	月食(ア)		(倉)	(食)								感
8-1189	第1類	○	三石十三石(下欠)	下欠	—	栗米	三石十八斗	月食?											
8-1205	第5類	○	九斗四升泰	下欠	—	栗米							出栗	大隷妾					御
8-1238	第1類	○	三石七斗	完形	傭會	栗米	三石七斗少半升	月食(イ)	31 12	1大倉	紀	感	出栗	郷夫	3人×29日	10,11,12月	升が斗の誤記なら、2/3斗で56日分	令史卅	感
8-1239 + 1334	第1類	○	三石七斗	下欠	—	栗米	半斗	月食(ウ)	31 1	小啓陵郷	守尚	取	出栗	冗作大女		七月		令史卅	
8-1241	第1類	○	一石	下欠	運會	栗米	一石二斗半斗	月食(イ)	31			☑	出栗				一日1/6斗×87日		
8-1257	第1類	○	一石二斗半斗	下欠	—	栗米	三斗	日食?	31	倉	守言	☑					一日1/6斗×18日	令☑	
8-1268	第1類	○	三斗	下欠	—	栗米	三斗		35 7 18						2人		4と1/6升	令史卅	
8-1276	第2類	○	二	上下欠	傭會	栗米	二(石?)	□月食(ア)	1	田官	守敬	王	出栗	居貲				☑史逑	王
8-1321 + 1324 + 1328	第1類	○	八	下欠	—	栗米	八升少半升	日食(イ)	31 4 9	貳春郷	守氏夫	吾	出食	春・白粲	2人×1人日分?		4と1/6升で180日	令史逑	吾
8-1335	第2類		八	下欠	—	栗米	七石五斗	月食(イ)	31 7	大倉	守氏夫	☑			6人×30日		4 1/6升で180日	令史逑	☑
8-1336	第1類	○	七石	下欠	—	稲	一石二斗八升	月食(ウ)	31	大倉	是	感	出栗	還陵亦			4 1/6升 180日	令史尚	感
8-1345 + 2245	第1類	○	一石二斗四升	完形	—	稲	月食(エ)		31 5	4大倉	是	郶	出栗			四月五月	4 1/6升で59日分?で1日2	令史尚	
8-1406	第5類		?	上下欠	—	栗米	月食(ウ)		31 5	田官	守敬	☑	☑貪	更戍				令史逑	☑
8-1505	第5類?		?	上下欠	—	栗米	月食(イ)		31 5 22	大倉	守敬							令史逑	
8-1507	第2類		五斗	完形	—	栗米	五斗										2と1/6升	令史尚	
8-1540	第1類	○	三石	完形	肉會	栗米	二石	月食(ウ)	31 10	大倉	是	感	出栗	隷妾嬰児	1人?2			令史固	感
8-1545	第2類	○	三石泰半	完形	—	栗米	二石	月食(ア)	31 7	大倉	守紀	富	出食	屯戍	1人?		一日1/6斗×30日	令史固	感
8-1550	第1類	○	三石泰半斗	完形	—	稲	三石泰半斗	日食(ア)	31 7 29	大啓陵郷	守壹	取	出栗	佐蒱・銀	2人		7月の23日分 2/3斗	令史卅	取

Ⅱ 論考篇

簡番号	書式	刻齒	残欠状況	倉庫名	穀物種	支給量	日食／月食	支給年月日	支給主体	嗇夫	佐・史	稟人	支給方法	支給対象	人数／日数	月食	日割り	監督者	筆写責任者
8-1551	第1類	○ 二斗	完形	—	粟米	二斗	日食？	27 12 21	倉	武	辰	陵	出以稟	小隸臣益	1人		2/3斗で三日分・1/6斗で12日分	令史戎夫	
8-1557	第2類	○	完形	—	粟米	一石二斗六分升四	月食（イ）	31 4 6小	武春郷	武	吾	藍	稟	隸妾糜	1人×29日？		4と1/6升？		王
8-1574＋8-1787	第1類	○ 一石八斗秦半	完形	傃廥	粟米	一石八斗秦半	日食（イ）	31 7 23	田官	守氏夫	王	箸	出稟	屯戍	2人×1六月食	六月食	2/3斗な斗一石四分ら14日分×2人	令史逐	
8-1576	第4類	○ 八升	下欠	—	粟米	八升	日食（イ）	31 3 21	武春郷	守氏夫	王	—	出～食	春など	2人×1月分		？	令史福	
8-1580	第1類	○	上欠	—	—	—	？	31 ? 1 ?	倉	守武	感	援	出稟	使小隸臣蕃	2人？		？	令史斤	感
8-1590	第1類	○ 一石二斗半斗	下欠	丙廥	粟米	一石二斗半斗	月食（イ）	31 12 □大	武春郷	守氏夫	口				1人				
8-1595	第2類	○ 一石五斗	下欠	—	粟米	一石五斗		31 1 大	武春郷	守氏夫	吾	藍					4 1/6升で36日・1/6斗で90日分		
8-1635	第5類	○ 二石	下欠	乙廥	粟米	二石	月食（イ）	34 8 13	同空	守芸	王						45日分？		
8-1647	第3類	○ 三石少半斗	下欠	—	粟米	三石少半斗	日食（イ）	30 6 25	同空	守芸	感						72日分？8		
8-1660＋8-1827	第1類	○ 一石	下欠	丙廥	粟米	一石	月食（ア）	33 9 大	大倉	租	襄	藍					5日分？日分？		
8-1690	第2類	○ 二石	下欠	—	粟米	三斗少半斗	日食（ア）	29 3 小	倉	是	翼		出稟	屯戍？			2/3斗で15日分・4 1/6升で24日分・1/6斗で60日		
8-1710	第5類	○	上下欠	—	—	—			（啓？）郷	夫	—	婢		屯戍？					
8-1739	第2類	○ 二石	下欠	傃廥	粟米	二石	月食（ア）	31 10 大	倉	守起	富		出稟	屯戍？				令史尚	
8-1748	第5類	○ 一石九斗	下欠	—	粟米	一石九斗半斗	月食（ア）	35 7 小											
8-1762	第5類？	○ 十二石三少半斗	下欠	—	粟米	十二石三少半斗		35											
8-1793	第1類	○ 四石四匹斗少半斗	上下欠	—	粟米	（四石）四斗少半斗		32 3											
8-1794	第1類	○ 一石二斗半斗	下欠	丙廥	稲	一石二斗半斗	月食（イ）	31 7 15大	大倉	是	感								
8-1809	第1類	○ 一石二斗半斗	上欠	—	稲		月食？			是	感					三月四月食			脣

番号	類	容量（○）	形態	米種	数量	月食？	月日	啓陵郷・守増	盗	小	出棄	大隸妾・徒	人数	十二月食	令史逮	盗
8-1839	第1類		上次					司空？	得？		出棄	城旦創等	52人×1日	4と升 1/6		得
8-1894	第1類		上次													
8-1905	第1類	○九斗六升少半升	下次	稻	一石六升半升	月食（ア）？	31 後9									
8-2194	第1類		下次	—	三斗秦半斗	日食（ア）？	32 3 17	貳（春郷？）						2/3斗で4日分		
8-2195	第1類		上下次	粟米				尚	取	小	出賁	大隸妾			令史气	
8-2233	第1類	○二石	上次	—	一石九斗少半斗			（啓陵郷）		忠	出賁	士伍戍［里父？］［城父？］陽里の人				
8-2235	第1類	○三石七斗少半斗	完形	粟米		月食（ア）	3？				出棄					
8-2246	第1類	○四石	完形	糜舗		月食（ア）	31 7 1	大田官 守敫	正	煙	出棄	罰戍	2人		令史逮	正
8-2247	第5類	○三石七斗少半斗	完形	—		日食（ア）	32 8 18	武春郷 守福	敢	枦	出以棄	緣臣周	1人	十月、六月三十六 2/3斗で56日分	令史棄	敢
8-2249	第1類	○一石二斗半斗	完形	糜舗		月食（イ）	31 2 7	大倉 守武	感	堂	出棄	隸妾援	1人		令史矸	感
9-0762	第1類	○一石二斗少半斗	完形	糜舗		月食（ア）	31 1 3	小田官 守敢	王	顥	出棄	屯戍	1人		令史褊	王

第4章
....
陳　偉

Chen Wei

秦代遷陵県の「庫」に関する初歩的考察

　戦国・秦漢時代の「庫」に関する伝世文献中の資料は非常に少ない。だが新鄭鄭韓故城における兵器の窖蔵と，雲夢睡虎地秦簡の相次ぐ発見が[1]，研究者の関心をこの問題に引きつけた。新鄭の兵器が発表された後，まず黄盛璋が立て続けに論文を発表した。戦国韓及び三晋の庫についての先駆的な研究である[2]。雲夢秦簡の公表後，裘錫圭は庫の機能，官吏の設置，及びそこで働く者の身分等の問題を詳細に論じた[3]。また佐原康夫は秦と三晋の中央より郡県に至る庫について比較分析を進めた[4]。そして尹湾漢簡の出土後，李均明は長安の武庫遺址と西北漢簡資料とを絡めて，尹湾の「武庫永始四年兵車器集簿」に対して専門的な考察を加えた[5]。

　里耶秦簡中には，比較的多くの遷陵県の庫に関する記載が存在する。試みにこれらの資料を整理し，それによって秦の遷陵県の庫について，より体系的な理解

---

1) 郝本性「新鄭"鄭韓故城"発現一批戦国銅兵器」『文物』1972年第10期。睡虎地秦墓竹簡整理小組『睡虎地秦墓竹簡』（文物出版社，1977（線装本），1978（平装本），1990（精装本））。

2) 黄茂琳（黄盛璋）「新鄭出土戦国兵器中的一些問題」『考古』1973年第6期。黄盛璋「試論三晋兵器的国別和年代及其相関問題」『考古学報』1974年第1期。黄盛璋「秦兵器分国，断代与有関制度研究」『古文字研究』第21輯（中華書局，2001）。前の二篇の論文は氏の『歴史地理与考古論叢』（斉魯書社，1982）に収められる。第一篇は収録時に加筆訂正されている。

3) 裘錫圭「嗇夫初探」『雲夢秦簡研究』（中華書局，1981）。『古代文史研究新探』（江蘇古籍出版社，1992）収録時にいくつかの按語が付け加えられている。

4) 佐原康夫「戦国時代の府・庫について」（『東洋史研究』第43巻第1号，1984）。

5) 李均明「尹湾漢墓出土"武庫永始四年兵車器集簿"初探」『尹湾漢墓簡牘綜論』（科学出版社，1999）。

を得たい。

1 ●職　掌

『説文』には「庫，兵車の蔵なり」とある。『急就篇』巻二には「墼壘廥廄庫東箱」とあり，顔師古注に「庫，兵車の蔵する所なり」とある。兵甲と軍車の保管が，まさに遷陵県の庫の主要な機能に違いない。里耶簡 8-493 には「金布計録」が記され，「庫兵計・車計・工用計・工用器計・少内器計・金銭計。凡六計」とある。「六計」のうち，前の四計は全て庫について述べている。兵・車が第一・第二に挙げられ，その二者が庫の中で突出した地位を有していたことは明白である。

庫に保管された「兵」とは，兵器と甲冑のいずれをも含む。このことは里耶 8-653，8-458 簡中に明確に見ることができる[6]。

元年八月庚午朔朔日，遷陵守丞固□□之。守府書曰，上真見兵，會九月朔日守府。●今□□書者一牒。敢言之。/九月己亥朔己酉，遷陵守□□　　　　　　(8-653)

敢言之。寫重。敢言之。/贛手。☑　　贛□　　　　　　　　　　　　　　(8-653 背)

遷陵庫真見兵。

甲三百卌九。

甲宛廿一。

鞮瞀卅九。

胄廿八。

弩二百五十一。

臂九十七。

弦千八百一。

矢四萬九百□。

───────────

6) 本文で引用する里耶第五，六，八層の釈文は，『里耶秦簡〔壹〕』(文物出版社，2012)，『里耶秦簡牘校釈』第一巻 (武漢大学出版社，2012。以ト『校釈』と称する) に拠る。8-653 簡「寫重敢言」の四字はもともと未釈であった。何有祖「読里耶秦簡札記 (二)」簡帛網 2015 年 6 月 23 日 (http://www.bsm.org.cn/show_article.php?id=2265) 参照。この文書はかつて元年八月庚午朔朔日に一度上申された。おそらく未だ送達が確認されなかったので，九月己酉に書き写して再度発送されたのであろう。8-458 "胄十八" 中の「十」は，原釈では「廿」であった。9-29 によって釈を改める (鄭曙斌・張春龍・宋少華・黄朴華『湖南出土簡牘選編』(岳麓書社，2013，101 頁)。

戟（戟）二百五十一。 (8-458)

8-458 簡の第 1 欄第 1 列の「真見兵」の三字を整理者は未だ釈していない。『校釈』では「真」の字を釈出している。李均明は「真見」の 2 字を釈出している[7]。図版を詳細に見れば，「見」字の下，「胄」字（第 2 欄第 1 列の冒頭の字）の上に，なお 1 字があり，その字の下部の「廾」形が概ねわかる。8-653 簡と対照すれば，「兵」の字であることがわかる。8-653，8-458 の内容は関連しており，筆跡も似通っている。後者はつまり前者の述べる「今□□書者一牒」であるに違いない[8]。すなわち 8-653・8-458 は一連の冊書であり，前者は上申書（送り状）で後者は上申した簿籍である[9]。

『淮南子』俶真の高誘注に「真，実なり」とある。李均明はこれによって，真見とは実見を指し，実物と照合した後に確定することだとする[10]。だが思うに，里耶秦簡で統計データに用いる「見」には，いずれも現有する，現存するという意味がある。たとえば，8-175 簡「上見輜軨軺乗車」（現有の輜軨車・軺・乗車を報告せよ），8-2004 簡「疏書廿八年以盡卅三年見戸數牘北（背）」（28 年より 33 年までの現有戸数を簡牘の背面に箇条書きにする），8-560 簡「用錢八萬，母見錢」（支出する銭 8 万，現有の銭なし），8-1137 簡「吏凡百四人，缺卅五人，今見五十人」（吏は総計 104 人，欠員 35 人，今現在の吏 50 人）などである。「真見兵」とは，本当に，確実に現存する兵器を指すに違いない[11]。

---

7) 李均明「里耶秦簡"真見兵"解」（『出土文献研究』第 11 輯，2012）。

8) 後文に引く 8-175 と比較すると，この原文は思うに「今上應書者一牒」であろう。

9) 上申書と簿籍の関係については，永田英正『居延漢簡研究』（広西師範大学出版社，2007，266 頁）及び侯旭東「西北所出漢代簿籍冊書簡的排列与復原—従東漢永元兵物簿説起」『史学集刊』2014 年第 1 期を参照。前掲李均明の論文がすでに，8-458 簡が兵器の統計帳簿つまり「真見兵」簿であり，8-653 簡が"真見兵"簿の上申書であることを指摘する。このほか『湖南出土簡牘選編』で公表された 9-29 簡，9-2045＋9-2147 簡は，記された兵器及びその数からみると，8-458 簡，8-653 簡と関係があるに違いない。残欠がかなり多いことから，今のところ詳論し難い。9-2045＋9-2147 簡は綴合することができる。游逸飛・陳弘音「里耶秦簡博物館蔵第九層簡牘釈文校釈」簡帛網 2013 年 12 月 22 日（http://www.bsm.org.cn）参照。

10) 前掲李均明氏論文を参照。

11) 岳麓書院蔵秦奏讞類文献案例六簡 97（0151/0140）に記す「廿一年庫計，劾繆（謬）弩百」を参照されたい。朱漢民・陳松長主編『岳麓書院蔵秦簡〔三〕』（上海辞書出版社，2013）146 頁参照。

II 論考篇

8-458 簡の記載では，概ね兵器は甲冑・弩矢・戟の三種に分けられる。尹湾漢簡の「武庫永始四年兵車器集簿」記載の東海郡武庫収蔵の兵器と比較すると，種類・数においてはるかに少ないが，列挙方式と種別には類似点がある[12]。8-458簡に記載されているのは，当時の遷陵庫にあった兵器の全てであろう。里耶秦簡中に，その他のいくつかの兵器の統計資料がある。たとえば9-285簡「金矛二百六十四，有矜（矜）」，9-1356簡「金矛刃一百六十五」である[13]。これらが遷陵庫に所蔵されていたものか否かについては，なお定かでない。

保管の他，遷陵庫は兵器の維持保守と，その調達に責任を負った。8-686 + 8-973簡「廿九年八月乙酉庫守悍作徒簿」には，「城旦二人繕甲」とある。甲衣を修理するあるいは保守点検することに違いない。雲夢睡虎地秦簡「秦律雑抄」簡15に「稟卒兵，不完善（繕），丞，庫嗇夫，吏貲二甲，灋（廢）」（卒に兵器を支給するのに品質がよくなければ，丞，庫嗇夫，吏は貲二甲とし，罷免する）とある。県の庫が収蔵兵器の保守点検に責任を負ったことを明示している[14]。

兵器を調達する文書もまた存在している。たとえば以下の文書がある。

廿七年三月丙午朔己酉，庫後敢言之。兵當輸内史，在貳春□□□□五石一鈞七斤，度用船六丈以上者四棧（艘）。謁令司空遣吏・船徒取。敢言之。　　　　　　(8-1510)

始皇27年（前220）3月30日，庫嗇夫の後が申し上げます。兵器の内史に移送すべきものは，貳春郷にあって…五石一鈞七斤，六丈以上の船四艘が必要と見積もります。司空に吏と船徒を派遣して受け取らせてください。以上，申し上げます。

遷陵已計：卅四年餘見弩臂百六十九。

●凡百六十九。

出弩臂四輸益陽。

出弩臂三輸臨沅。

---

12) 連雲港市博物館・東海県博物館・中国社会科学院簡帛研究中心・中国文物研究所『尹湾漢墓簡牘』（中華書局，1997），17～18（図版），103～118（釈文）頁。李均明「尹湾漢墓出土"武庫永始四年兵車器集簿"初探」（『尹湾漢墓簡牘綜論』，科学出版社，1999）。

13)『湖南出土簡牘選編』を参照。

14) 裘錫圭「嗇夫初探」において「秦律雑抄」のこの条にある丞とは当然県丞を指し，庫嗇夫とはつまり「效律」が述べる都庫嗇夫に違いないと指摘する。従うべきであろう。

90

●凡出七。

今九月見弩臂百六十二。　　　　　　　　　　　　　　　　　　　　　　（8-151）

遷陵で集計済み：34 年（前 213）の現有の弩臂 169。合計 169。弩臂 4 を支出し益陽に移送。弩臂 3 を支出し臨沅に移送。合計支出 7。今 9 月の現有の弩臂は 162。

8-1510 簡では，貳春郷で保管されていた兵器が内史に運搬される際，庫嗇夫がその責任を負ったことを示す。簡中の数字は欠けてしまっているが，その運搬に六丈以上の船四艘を徴発する必要があり，その総量はかなり多い。16-5・16-6 簡は 27 年 2 月庚寅に洞庭守の礼が属県に送った文書である。その中で「今洞庭兵輸内史，及巴・南郡・蒼梧輸甲兵，當傳者多」とある[15]。時期が近く，あるいは 8-1510 簡と関係するものであろう。

8-151 簡中の臨沅というのは，洞庭郡の属県である[16]。益陽県もまた当時洞庭郡に所属した可能性がある[17]。そうであるならば，この文書の内容は洞庭郡内の兵器徴発に関するものである。しかしその数は多くない[18]。

秦代の県庫が兵器を製造したか否かについては，研究者の見解は一致せず，遷陵庫の兵器製造についても直接的な証拠に欠けている。貳春郷から大量の兵器が移送されたことは，当地で兵器が製作された間接的な証明とみなせよう。だが始皇 27 年は，秦が現在の湖南一帯を占領した約 2 年後にあたる[19]。おそらく，秦

---

15) 湖南省文物考古研究所・湘西土家族自治州文物処・龍山県文物管理所「湖南龍山里耶戦国—秦代古城一号井発掘簡報」（『文物』2003 年第 1 期），湖南省文物考古研究所『里耶発掘報告』（岳麓書社，2006），192～194 頁。この簡文を整理者は以下のように読む。「今洞庭兵輸内史及巴・南郡・蒼梧，輸甲兵當傳者多節傳之」。陳偉「秦蒼梧，洞庭二郡芻論」『歴史研究』2003 年第 5 期では読みを改める。8-1510 簡と対比すると，読みを改めた方が良い。

16) 里耶 9-712 簡では以下のように記されている。「六月壬午朔戊戌，洞庭叚（假）守繇下□：聽書從事。臨沅下索：門淺・零陽・上衍，各以道次傳。別書臨沅下洞庭都水，蓬下鐵官。皆以郵行」。これは臨沅が洞庭の属県であるという直接の証拠である。

17) 羅仕杰「里耶秦簡地理問題初探」（『簡牘学報』第 19 期，2006）参照。

18) 10-1170 簡「卅四年十二月倉徒簿最」では「女十六人輸服（箙）弓」と記載する。これが 8-151 簡の記す同年に遷陵が弩臂を出して益陽・臨沅に輸送したことと関係があるのか否かについては，今後の研究を待ちたい。

19) 8-1450 簡に「冗佐八歳上造陽陵西就日駬，廿五年二月辛巳初視事上衍」とある。始皇 25 年（前 222）2 月に上衍にはすでに県が設置されていたことを明示する。8-755 簡より 8-759 簡までには，34 年 6 月時点で「蒼梧爲郡九歳」と記されている。蒼梧に郡が設置されたのは始皇 25 年に違いない。

軍が占領の際に多くの兵器を持ち込み，27年に当地の形勢が安定したため，もしくはその他の原因により内史に運んだという可能性も排除できない。

このほか，庫による「工用」の受け取り・購入が9-1138簡に見える[20]。

> 卅七年遷陵庫工用計。受其貮春鄉鬃☑
> 桼（漆）三升，升飲水十一升，乾重八。☑

> 37年（前210）の遷陵庫の工用計。貮春鄉の漆（？）…を受け取る。漆三升，升（？）飲水十一升，稀釈する前の重さ八…

8-1555簡には庫佐・冗佐が「爲縣買工用」（県のために工用を買う）とある。9-1138簡に拠ると，「工用」とは概ね「工」の使用材料を指し，漆のほか，その他の材料を含むものに違いない。これらの材料は，兵器・車器の製造に用いられる上に，またその補修や保守点検にも用いられたであろう。

裘錫圭は，秦県の庫は兵器，車器及びその他の器物を生産したとする[21]。一方，黄盛璋・佐原康夫は，秦の庫はただ兵器を収蔵するだけで，地方で兵器を製造するのは県の工室だったとする。確かに秦の青銅器銘文には庫嗇夫の名が記されたもの（十七年丞相啓狀戈・廿二年臨汾守暐戈）もあるが，これは当地で三晋旧制が踏襲されていたのだという[22]。董珊は更に，二つの戈に見える合陽庫・臨汾庫はただ兵器の分配と修繕に責任を負うだけで，鋳造の権限を有するわけではないとする[23]。現有の里耶秦簡を用いても，なおこの問題の解決することはできない。

兵器のほか，遷陵庫は車の保管や部品の製造にも当たったらしい。8-686＋8-973簡「廿九年八月乙酉庫守悍作徒簿」には「城旦一人約車：登。丈城旦一人約車：缶」と記されている。『戦国策』秦策一の「陳軫楚を去りて秦に之く」章では「請うらくは子の為に車を約せん」とあり，鮑彪注に「約，具うなり」とある。従って約車とは車駕を準備することである。8-175簡には以下のようにあ

---

20) 資料は『湖南出土簡牘選編』に見える。
21) 裘錫圭「嗇夫初探」（前掲書，注3）。
22) 黄盛璋「秦兵器制度及其発展，変遷新考（提要）」（『秦文化論叢』第3輯，1994）。黄盛璋「秦兵器分国，断代与有関制度研究」。佐原康夫「戦国時代の府・庫について」。
23) 董珊『戦国題銘与工官制度』博士学位論文，北京大学2002年5月，217，242頁。

る。

　　☐☐敢言之。令曰上見輼輬軺乗車及

　　☐守府，今上當令者一楪，它毋　　　　　　　　　　　　　　（8-175）

　　☐☐恒會正月七月朔日廷。

　　☐佐午行。　　午手。　　　　　　　　　　　　　　　　　（8-175 背）

　…が申し上げます。現有の輼輬車・軺・乗車及び…を太守府に奏上せよとのご指
　示がありました。今それに該当するもの一楪を奏上いたします。ほかに…ござい
　ません。…常に正月・七月の朔日までに県廷に……致します。佐の午が参ります。
　…午手。

　呉方基はこの記事を 10-1170 簡「卅四年十二月倉徒簿最」中の「庫佐午」と結び
つけて，以下のように考える。8-175 簡の「佐午」もまた「庫佐午」であり，
よって 8-175 簡は庫が乗車を管理する例証である，と[24]。

　8-1069 + 8-1434 + 8-1520 簡「卅二年五月庚子庫武作徒簿」には「其十二人
爲輿」とある。「輿」は整理者の釈読で，『校釈』は釈字を「黄」に改めた。注釈
では「『玉篇』草部に「酒の美なり」とあり，ここもあるいは仮借で「輿」かも
しれない」と説明する。思うに，睡虎地秦簡日書乙種簡 90 にある「輿鬼」の
「輿」字は，「車」の部分が大きく変形し，その上部は中部より離れて「屮」の形
に類似している。下部は省略され，中部は「田」に近い。これと対比すると，
8-1069 + 8-1434 + 8-1520 簡中の当該字は「輿」である可能性が高い[25]。「爲
輿」とはすなわち車両を製作することである。

　8-686 + 8-973 簡には「城旦一人，治輪☐☐」とある。「治」の下の字は「輪」
である可能性がある。治輪とは車輪を製作することであろう。

　遷陵庫に関係のある史料のなかでは，「出賣祠宮餘徹」の解釈が難しい[26]。張
春龍が最初にこれらの資料を公にし[27]，『里耶秦簡〔壹〕』で第 8 層より出土した

24）呉方基「論秦代金布的隷属及其性質」（『古代文明』2015 年第 2 期）。

25）何有祖「読里耶秦簡札記（四）」（簡帛網 2015 年 7 月 8 日）を参照。

26）睡虎地秦簡「法律答問」簡 27 に「可（何）謂‘祠未闋’。置豆俎鬼前未徹乃爲
‘未闋’」とある。徹について，整理者は「撤下」（取り除く）と訳す。余徹とは，祭
祀の際のお供えのお下がりを指す。

27）張春龍「里耶秦簡祠先農，祠宮和祠堤校券」（『簡帛』第 2 輯，2007）。

関連簡の図版と修訂を経た釈文が公表された[28]。『校釈』はそのうちの何本かを綴合し，完全に近い三本の簡に復元した。尹在碩・雷海龍・張馳がさらに他の一本を綴合した[29]。すなわち以下の諸簡である。

卅五年六月戊午朔己巳，庫建，佐般出賣祠窖餘徹酒二斗八升于□☑
率之，斗二錢。令史歙監。☑　　　　　　　　　（8-907 + 8-923 + 8-1422）

35年（前212）6月12日，庫の建・佐の般が「祠窖」で余って下げられた酒二斗八升を…で販売し，…計算すると，斗ごとに二錢。令史の歙が立ち会う。（以下，訳文省略）

卅五年六月戊午朔己巳，庫建，佐般出賣祠窖□□□一胸于隷臣徐所，取錢一。
令史歙監。　般手。　　　　　　　　　　　　　（8-1002 + 8-1091）
卅五年六月戊午朔己巳，庫建，佐般出賣祠窖餘徹脯一胸于□□□所，取錢一。
令史歙監。　般手。　　　　　　　　　　　　　（8-1055 + 8-1579）
卅五年六月戊午朔己巳，庫建，佐般出賣祠窖餘徹食四斗半斗于隷臣徐所，取錢五。
　　　　　　　　　　　　　　　　　（8-1162 + 8-1289 + 8-1709）

彭浩が指摘したとおり，「祠窖」の記録は全て始皇35年6月己巳のものである。祭祀のお下がりの販売に責任を負うのには均しく「庫建」であった[30]。始皇32年3月丙申に，倉嗇夫が先農を祀り，そのお下がりの酒食を販売したという記録もある[31]。彭浩は，倉は食糧だけでなく他の物品を管理し，先農を祀る簡から

28）庫建の「建」について，張春龍は以前「律」と釈していた。『里耶秦簡〔壹〕』で釈読を改めている。張春龍「里耶秦簡祠先農，祠窖和祠堤校券」では祠窖校券は第8層に集中すると指摘している。しかし彼が列挙している7-39簡，16-786簡もまた同類の記載に属する。

29）『校釈』はすでに8-1162簡が「疑うらくは8-1289簡と綴合する」と指摘している。雷海龍「里耶秦簡試綴五則」（簡帛網2014年3月15日）が実証している。張馳「里耶秦簡券類文書綴合三則」（簡帛網2015年7月31日）もまた8-1709簡が綴合すべきことを指摘している。尹在碩「里耶秦簡所見秦代県廷祭祀」（『中国学報』第71輯，2015）もまたこの三片が綴合すべきことを指摘している。

30）彭浩「読里耶秦簡"校券"補記」（『里耶古城・秦簡与秦文化研究——中国里耶古城・秦簡与秦文化国際学術研討会論文集』，科学出版社，2009）。「庫建」の「建」について，彭論文では張春龍論文が「律」と釈読したことを踏襲している。

31）前掲張春龍論文を参照。

は，倉が祭祀に用いる羜（母羊），塩などを支給し，お下がりの販売にも責任を負っていたことが分かるとする。一方，睡虎地秦簡によれば「庫」はあくまで兵器を管理し，庫建・佐般が「祠窨」のお下がりを販売するのは臨時の措置で，庫の職能に変化が発生したわけではないという[32]。

これに対し，次のようにも考えられよう。すなわち倉と庫がそれぞれ，自らの部署と関係する神霊を祭祀しているのではないか，と。『周礼』にそれを示唆する記事がある。春官・亀人に「上春に亀を釁り，先卜を祭祀す」とあり，鄭玄注に「先卜，始めて卜筮を用いし者たり」とある。また夏官・司爟には「凡そ祭祀，則ち爟を祭る」とあり，鄭玄注に「其の明を為すの功に報い，礼，爨を祭るが如し」とある。賈公彦疏に「爨を祭るとは，老婦を祭るなり，則ち此の爟を祭るは先に出火するの人を祭るを謂う」とある。さらに夏官・校人に「春に馬祖を祭り，駒を執る。夏に先牧を祭り，馬を頒かち，特を攻む。秋に馬社を祭り，僕を臧す。冬に馬歩を祭り，馬を献じ，馭夫に講ず」とある。鄭玄注に，「馬祖，天駟なり」，「先牧，始めて馬を養う者，其の人未だ聞かず」，「馬社，始めて馬に乗りし者たり」，「馬歩，神にして災を為し馬を害する者たり」とある。先農の神について，伝世文献は多くを語らない[33]。だが江陵周家台秦簡「先農」には先農を祭り，「先農笱（苟）令某禾多一邑，先農恒先泰父食」とある。従って先農は豊作を加護する神である。これは倉が食糧を保管するのと関係しよう。庫が祀る対象である窨については，すでにいくつかの指摘があるが[34]，先農と同様の視角からの考察も可能であろう[35]。その意味では，庫が祭祀を行い，お下がりを販売するのは，ただ単に副次的なことである。これによって，庫が祭祀と財物管理において，特別な責任を有していたと考えるべきではない[36]。

---

32) 前掲の彭浩論文を参照。

33) 田旭東「従里耶秦簡"祠先農"的秦的祭祀活動」（『里耶古城・秦簡与秦文化研究――中国里耶古城・秦簡与秦文化国際学術研討会論文集』，科学出版社，2009）を参照。

34) 前掲の張春龍論文では「窨」は或いは「窖」に通じ，地窖或いは地穴の意ではないかと推測する。前掲彭浩論文では「岸」と読む可能性を提示し，水辺の高地を指すと考える。

35) 16-786簡に"庫祠賣徹錢"と記されている。張春龍氏はほかに一神を祀ると考えている。だがやはり祠窨を指すとすべきであろう。『後漢書』に「敕嚴過武庫，祭蚩尤」とあり，漢代に蚩尤を祭るのは武庫と特に関係があることを意味しているようである。

2●吏　員

　睡虎地秦簡「秦律雑抄」簡 15 に「稟卒兵，不完善（繕），丞・庫嗇夫・吏貲二甲，法（廢）」（卒に兵器を支給するのに品質がよくなければ，丞・庫嗇夫・吏は貲二甲とし，罷免する）とある。裘錫圭は，この庫嗇夫とは「効律」に見える都庫嗇夫のことで，全県の庫の主管者であるとする。また「女陰侯木笥鑰」等の器物の銘文「女陰庫己」の「庫」は「庫嗇夫」の省略で，唾壺及び銅鼎の銘文「女陰庫守欣」も「女陰庫守嗇夫」の省略とされる。さらに裘は，居延簡の「庫佐」（『甲』2252）を庫嗇夫の佐とする[37]。

　県庫嗇夫の省略表現は，次の二件の秦兵器にも見える[38]。

　　　十七年，丞相啓狀造。合陽嘉・丞兼・庫脾・工邪。合陽。《十七年丞相啓狀戈》
　　　廿二年，臨汾守暉・庫係・工歆造。《廿二年臨汾守暉戈》

1978 年発表の彭適凡論文は廿二年臨汾守暉戈を論じて次のようにいう。「守」とは臨汾郡郡守，「庫」は武庫の略称で武器の鋳造兼収蔵所を指しており，「係」は地名であろう，と。数年後，彭は旧作を改訂し，「臨汾守」とはやはり河東郡守で，河東郡守が安邑・汾城を行き来し，汾城で兵器生産を指揮・監督してさえいたので，この仮称が現れたとする。さらに「庫」は臨汾に設けられた，兵器の鋳造と収蔵を兼ねる場所で，「係」とは「庫」の責任者の名であろうという[39]。

　「嗇夫初探」が最初に発表されたとき，裘錫圭は汝陰庫諸器中の「庫某」の「庫」が，庫嗇夫の省略であると指摘するのと同時に，廿二年臨汾守暉戈の「庫係」の「係」を「轂城旦舂」の「轂」と読み，下文と接続させて，庫中の労働者と説明した。1992 年，この論文が『古代文史研究新探』に収録された時，次の

36）裘錫圭「嗇夫初探」で以下のように指摘されている。漢代の史料からみると，庫はなお銭・財物を管理していた。居延簡に「元壽六月受庫銭財物出入薄」とあり，なお居延庫より俸銭を受け取ったことを述べる自証爰書が存在する。史書内でもまた常に庫銭に言及している。秦代の庫がこのようであったか否かはわからないとする。

37）裘錫圭「嗇夫初探」（前掲書，注 3）。

38）江西省博物館・遂川県文化館（彭適凡・劉詩中・梁德光執筆）「記江西遂川出土的幾件秦代銅兵器」（『考古』1978 年第 1 期）。田鳳嶺・陳雍「新発現的"十七年丞相啓狀"戈」（『文物』1986 年第 3 期）。

39）彭適凡「遂川出土秦戈銘文考釈」（『江西歴史文物』1980 年第 3 期）。

ような按語が附された。李家浩と江村治樹はいずれも「庫」が庫嗇夫或いはその他の庫吏の省略された呼称であり，「係」は人名であると考えており，もとの解釈は恐らく確かではない，と[40]。

1986年，十七年丞相啓状戈が発表された時に田鳳嶺・陳雍は，合陽は秦内史の県名で，本器と廿二年臨汾守暉戈の「庫」は均しく庫嗇夫の略称であり，その後に庫嗇夫の名が続くとした[41]。その後1999年に李学勤は，廿二年臨汾守暉戈の「庫係」は庫嗇夫係の略称で，「臨汾守暉」は臨汾県守令の暉の略称であると論じた[42]。

張家山漢簡・岳麓書院蔵秦簡・里耶秦簡が続々と発表された後，秦の県級の官員に「守」が存在することは更に多くの資料的論拠を得た[43]。そして「庫某」は里耶秦簡中に何度も現れ，県庫嗇夫の略称であることが実証されている。

現有の資料中では，以下の三名が歴代の遷陵庫嗇夫に就任している（在職の先後によって配列し，括弧中はその簡号である）：

庫後 始皇27年3月（8-1510）

庫武 始皇31年6月（8-173），32年5月（8-1069 + 8-1434 + 8-1520），32年□月（8-26 + 8-752），34年12月（10-1170）[44]

庫建 始皇35年2月（8-562 + 8-1820 + 8-795）[45]，6月（8-405，8-907 + 8-923 + 8-1422，8-993，8-1002 + 8-1091，8-1055 + 8-1579，8-1289）

7-67 + 9-631簡「遷陵吏志」に「官嗇夫十人」と記す[46]。庫嗇夫はその一人に

---

40) 裘錫圭『古代文史研究新探』（江蘇古籍出版社，1992）465頁。『裘錫圭学術文集』第五巻（復旦大学出版社，2012）の「嗇夫初探」（72頁）は，『古代文史研究新探』のものが収められている。

41) 田鳳嶺・陳雍「新発現的"十七年丞相啓状"戈」（前掲書，注38）。

42) 李学勤「〈奏讞書〉与秦漢銘文中的職官省称」（『中国古代法律文献研究』第1輯，1999）。

43) 張家山漢簡「奏讞書」案例一八に「攸守媱」とあり，岳麓書院蔵秦奏讞類文献案例一，二に「州陵守綰」とあり，里耶秦簡8-1516簡に「遷陵守祿」・「沮守瘳」・「沮守周」とある。陳偉「秦蒼梧，洞庭二郡芻論」（『歴史研究』2003年第5期），陳偉「"州陵"与"江胡"——岳麓書院蔵秦簡中的両個地名小考」（『中国歴史地理論叢』2009年第1期）を参照。

44) 10-1170簡は『湖南出土簡牘選編』を参照。

45) 綴合は何有祖「里耶秦簡牘綴合（二）」（簡帛網2012年5月14日）を参照。

46) 資料は『湖南出土簡牘選編』を，綴合は何有祖「新見里耶秦簡牘資料選校（一）」

違いない。庫にはまた「守」が設けられた。たとえば以下の通りである。

　　庫守悍 始皇 29 年 4 月（8-1514），8 月（8-686 + 8-973）
　　庫守遂 年月不明（8-849）

庫守は県守と同様に，庫嗇夫が官署に不在の際に嗇夫の職を代行する者であろ
う。8-686 + 8-973 簡は「廿九年八月乙酉庫守悍作徒簿」である。8-1069 +
8-1434 + 8-1520 簡「卅二年五月庚子庫武作徒簿」と対比すると，好都合にも庫
守が庫嗇夫の職務を執行していることがわかる。8-1514 簡において庫守悍が県
廷に向けて御史令を執行したことを報告しているのも，また同様の意味を持つ。
　　遷陵県庫に佐がいたことを示す記録はなお多い。たとえば以下の通りである。

　　佐處 始皇 31 年 6 月（8-173）
　　佐横 始皇 32 年□月（8-26 + 8-752）
　　佐午 始皇 34 年 12 月（10-1170）[47]
　　佐般 始皇 35 年 6 月（8-845，8-907 + 8-923 + 8-1422，8-993，8-1002 + 8-1091，
　　8-1055 + 8-1579）
　　冗佐王援 年月不明（8-1555）

　　7-67 + 9-631 簡「遷陵吏志」に「官佐五十三人」と記されており，その中に
は庫佐の定員も含まれているに違いない。官佐 53 人というのは，官嗇夫 10 人の
5 倍以上である。「秦律十八種」金布律簡 72-75 に「都官有秩吏及離官嗇夫，養
各一人，其佐・史與共養。十人，車牛一兩（輛），見牛者一人。都官之佐・史冗
者，十人，養一人。十五人，車牛一兩（輛），見牛者一人。不盈十人者，各與其
官長共養・車牛，都官佐・史不盈十五人者，七人以上鼠（予）車牛・僕，不盈七
人者，三人以上鼠（予）養一人。小官母（無）嗇夫者，以此鼠（予）僕・車牛」
（都官の有秩吏及び離官の嗇夫には，1 人ごとに炊事係 1 人を支給する。その佐と史とは
ともに炊事係を共用する。10 人ごとに牛車 1 輛，牛の世話人 1 人を支給する。都官の冗佐，
冗史は 10 人ごとに炊事係 1 人を支給する。15 人ごとに牛車 1 輛，牛の世話人 1 人を支給
する。10 人に満たない場合は，各自その官長と炊事係・牛車を共用する。都官の佐・史が
15 人に満たない場合，7 人以上ならば車牛・僕を支給し，7 人に満たない場合，3 人以上な

（簡帛網 2014 年 9 月 1 日）を参照。
47）『湖南出土簡牘選編』（前掲，注 6）。

らば炊事係1人を支給する。小さな官署で嗇夫を設置していない場合はこれを基準にして僕・車牛を支給する）とある。これもまた県下の諸官中に，数多くの佐・史が存在している状況を明示している。遷陵庫佐の定員は，概ね1人よりも多いに違いない。現有の資料では，2名及びさらに多くの庫佐が同時に出現する事例はなお見られないが，欠員・出張，或いは資料の欠落に因るのかもしれない。

　遷陵庫の内部における作業分担と構造について，2件の注目するに値する文書が存在する。以下の通りである。

　　□辛酉，倉守擇付庫建，車曹佐般受券。

　　□　　𩵋手。（8-405）

　　□□鈕二。　　卅五年二月庚寅朔朔日，倉守擇付庫建，車曹□[48]（8-562 + 8-1820 + 8-795)

『校釈』では8-405簡の「車曹」の前に読点を打ち，8-562 + 8-1820 + 8-795簡の「車曹」の前後に句点を打っている[49]。王彦輝は，8-405簡は「倉守擇付庫建車，曹佐般受券」と読むべきであり，「曹」とは庫曹を指し，間接的に遷陵庫もまた「曹」と称することを証明しているとする[50]。魯家亮は8-405簡「車曹」の前後にいずれも句点を打ち，以下のように考える。多くの「出賣祠宮餘徹」の記録からして佐般は庫建の属吏で，8-405簡では倉が庫に物資を支給し，庫嗇夫の属吏が券を受領していることになる。そして2箇所の「車曹」は遷陵県中の列曹の一つであり，その事務は或いは車と関係があるかもしれない，と[51]。里耶秦簡を整理した最近の研究によると，遷陵県の官署は県下の諸官と廷中の諸曹に二分でき，前者は事務を主管し，後者は主に県廷で諸官を管理していたとされる[52]。

---

48) 釈文・綴合については何有祖「里耶秦簡牘綴合（二）」（簡帛網2012年5月14日）参照。

49) 『校釈』では未だ8-795簡を綴合していない。

50) 王彦輝「〈里耶秦簡〉（壹）所見秦代県郷機構設置問題蠡測」（『古代文明』2012年第4期）。

51) 魯家亮「読里耶秦簡札記（三則）」（『秦簡牘研究国際学術研討会』，湖南大学岳麓書院・北京大学出土文献研究所，2014）。

52) 土口史記「戦国，秦代的県——以県廷与“官”之関係為中心的考察」（『法律史訳評』2013巻，2014），郭洪伯「稗官与諸曹——秦漢基層機構的部分設置」（『簡帛研究2013』，2014），孫聞博「秦県的列曹与諸官——従〈洪範五行伝〉一則佚文説起」（簡帛網2014年9月17日）参照。

この体系の中で，庫は諸官に属し，県廷中で庫を管理したのは金布曹であった[53]。この視角より考えれば，「車曹」を「車」と「曹」に分断して「曹」が庫曹を指すとするのや，あるいは「車曹」を県廷中の列曹の一つと見るのは，いずれも成り立ちがたい[54]。なお魯家亮論文は 8-769 簡に言及し，その末尾に「戸曹」の 2 字があるのは，文書が県廷に到着した後，さらに分曹が処理したことと関係するかもしれないとする。そのうえで 8-405 簡と 8-562 + 8-795 + 8-1820 簡に「車曹」が出現するのも，類似の状況に属すと推測する。だが 8-769 簡の「戸曹」は文書正文の後に位置し，さらにその前に墨点が付けられている。一方 8-405 簡の「車曹」二字は文中に位置し，墨点を用いておらず，両者には明確な差異がある。魯家亮論文はさらに類例を一つ挙げる。

☑甲辰，倉守言付司空俱，俱受券及行。
☑觷手。（8-898 + 8-972）
…甲辰，倉守薔夫の言が司空の俱に渡す。俱が券を受け取り，持って行った。…
觷手。

この簡と 8-405 簡とを結びつけるなら，倉官が庫や司空に物品を支給する際，庫薔夫・司空薔夫が自ら「受券」しても部下が「受券」してもいいことになり，両者は手続きとして似通っており，同じ結果をもたらすものに違いない。この 8-898 + 8-972 簡は実のところ，8-405 簡中の「佐般受券」と「倉守擇付庫建」が密切に関係し，その間に他の内容を挿入すべきでないことを示している。総合的に考えると，確かに 8-405 簡で「車曹」は下文との間隔がやや大きい（上文との間隔は実際には決して突出していない）が，それは決して「車」・「曹」を分断する

53）呉方基「論秦代金布的隷属及其性質」（『古代文明』2015 年第 2 期）を参照。里耶 8-493 簡は金布曹が庫の兵・車・工用・工用器の計を掌握し，庫における車を内に含む全ての業務を包括していたことを明示する。

54）魯家亮論文がすでに 8-493 簡「金布計録」の意味をはっきり述べている。なお説明すべきことは，この 2 件の文書が所謂「付券」に属することである。その書式は概ね 8-562 + 8-1820 + 8-795・8-29 + 8-271・8-561・8-1170 + 8-1179 + 8-2078 及び 8-1544 等の簡が示すとおりであり，給付する物が前にあり，その後に時間・給付者「付」受者と並ぶ。よって 8-405 簡中の「車」は給付する物ではないはずで，その後ろで断読するという可能性は排除すべきである。「付券」は 8-1525 簡に見える。張春龍・大川俊隆・籾山明「里耶秦簡刻歯簡研究──兼論岳麓秦簡〈数〉中的未解読簡」（『文物』2015 年第 3 期）参照。

理解や，その他の解釈の論拠にはならない。「車曹」とは庫中の車務を分掌する者を指す可能性が高く，8-405簡では佐般の前に冠せられ，その職責を標示しているに違いない。8-562＋8-1820＋8-795簡は上下がどちらも欠けており，「車曹」の後には或いは関係する文字があったのかもしれない。

　秦代の県の諸官の間では，往々にして更なる分業が存在した。里耶9-1～9-12簡は概ね一連のものであり，陽陵県が洞庭戍卒の貲・贖銭を取り立てるという内容をもつ。その中の9-1簡正面には以下のように記されている。

> 卅三年四月辛丑朔丙午，司空騰敢言之。陽陵宜居士五（伍）母死有貲餘錢八千六十四。母死戍洞庭郡，不智（知）何縣署。●今爲錢校券一上，謁言洞庭尉，令母死署所縣責，以受陽陵司空，【司空】不名計。問何縣官計・年爲報。已訾其家，家貧弗能入，乃移戍所。報署主責發。敢言之。
> 四月己酉，陽陵守丞厨敢言之。寫上，謁報，報署金布發。敢言之。/儻手。(9-1)

始皇33年（前214）4月6日司空騰が申し上げます。陽陵県の士伍の母死には貲の残り八千六十四銭がある。母死は洞庭郡で戍卒となっているが，どの県に所属しているのかわかりません。今の銭の校券一件を作成し送付いたします。洞庭尉にお伝え下さい。母死の所属する県に取り立てさせ，陽陵司空に送ってください。司空は計に名をつけておりません。どの県官の計・年かをご回報ください。すでにその家の資産調査をし，家は貧乏で納入することができません。そこで戍所に移します。回報に当たっては取り立て担当者宛とご明記ください。以上申し上げます。4月9日，陽陵守丞の厨が申し上げます。書き写し奏上いたします。ご回報下さい。回報にあたりまして金布宛とご明記ください。以上申し上げます。儻手。

この文書は二つに分けられる。第1段階は陽陵司空嗇夫の騰が陽陵県廷に送達した文書である。「報署主責發」とは，陽陵県廷による返信時に，司空官署中の貲贖銭回収に責任を持つ吏員が受け取り，開封すべきことを明記するよう求めたものである[55]。第2段階は陽陵守丞の厨が洞庭尉に送達した文書である。「報署金布發」とは，洞庭尉による返信時に，陽陵県廷中の金布曹が受け取るべきことを

---

55) 李学勤「初読里耶秦簡」（『文物』2003年第1期），里耶秦簡講読会「里耶秦簡釈注」（『中国出土資料研究』第8輯，2004），青木俊介「里耶秦簡に見える県の部局組織について」（『中国出土資料研究』第9輯，2005）を参照。

明記するよう求めたものである。このことは陽陵司空中に賞贖銭回収を職責とする官吏が存在していたことを示す。里耶8-63簡・8-135簡からも，遷陵県で司空が銭物の回収に責任を負っていたことがわかる[56]。里耶の徒簿によれば，隷臣妾は倉により管理されるが，隷臣妾で居貲する（労働で貲を償う）者は，司空に引き渡される[57]。司空の「主責」とも関係があるに違いない。これにより陽陵司空中に「主責」の職があった背景をよく理解でき，あわせて遷陵も同様であったものと推測できる。8-1548簡がこれと類似し，そこには「貳春郷主鬃發」と記される。この簡は文書の宛名簡であり，記されているのは文書の受け取り手である。これにより，貳春郷に漆の管理を担当する者がいたことが知られる。秦漢律令には往々にして県下諸官の「吏主者」の責任を追及する部分があり，こうした作業分担が普遍的に行われていたことを示す。そしてこうした各部署の内部での職務区分は，諸官の間での作業分担に通底する。9-1簡中で，陽陵県下の司空が司空内の「主責」への回報を求めていることと，陽陵県が県の「金布」への回報を要求していることとは互いに呼応しており，我々に以上のような推測を抱かせる。

　その他の面では，秦簡中の「曹」は決して特定の官署の呼称ではない。里耶秦簡中では，遷陵県に「吏曹」・「戸曹」・「司空曹」・「倉曹」があり（8-241，8-263，8-269，8-481），洞庭郡に「中曹」・「兵曹」がある（8-61＋8-293＋8-2012，9-712）。加えて睡虎地秦簡「秦律雑抄」簡17-18に「省殿，賞工師一甲，丞及曹長一盾，徒絡組廿給」（生産品の品質調査で最下等になれば，工師に賞一甲，丞及び曹長に賞一盾，徒に絡組〔鎧の札をつなげる紐〕二十を納入させる）とある。整理小組注は「曹長とは，簡文によれば工匠中の班長であるに違いない」と述べる。「法律答問」簡199に「可（何）謂逮卒。有大繇（徭）而曹鬥相趣，是謂逮卒」（「逮卒」とは何か。大規模な徭役があって仲間を集めて暴力行為に及ぶのを「逮卒」という）とある。整理小組注は「曹鬥とは，両群に分かれて互いに殴り合うことである」とする。県下諸官の内部で何らかの事務を分掌する役人が，時に「曹」と称されたのかもしれない。

56）張燕蕊「里耶秦簡債務文書初探」（『簡帛研究2012』，2013）を参照。

57）たとえば8-145＋9-2289簡「卅二年十月乙亥司空守圂徒作簿」に「隷臣居貲五人」・「隷妾居貲十一人」と記されている。沈剛「〈里耶秦簡〉（壹）所見作徒管理問題探討」（『史学月刊』2015年第2期）を参照。

以上の，遷陵県庫の機能についての分析に基づけば，庫佐の中には兵器を分掌する者もいたに違いない。

3 ●徒　隷

郝本性・呉栄曽はいずれも秦の官府工房で大量に徒隷が使用された問題について論じた[58]。裘錫圭はさらに以下のように指摘した。秦律で「爲工」とされた隷臣・城旦等の刑徒は，工官に移されるのを除けば，一部分は郡庫・県庫に送られ，庫の労働力は罪人・刑徒・官奴などを主とする可能性が極めて高い，と[59]。里耶秦簡により，これらの推測には確実で具体的な根拠が与えられる。

既発表の資料には，4件のほとんど残欠のない，典型的な文書がある[60]。

廿九年八月乙酉，庫守悍作徒薄（簿）。受司空城旦四人，丈城旦一人，春五人，受倉隷臣一人。●凡十一人。

城旦二人繕甲□□。

城旦一人治輪□□。

城旦一人約車：登。

丈城旦一人約車：缶。

隷臣一人門：負解。

春三人級：姱・□・娃。

廿廿年上之☒　　　　　　　　　　　　　　　　　　　　　　（8-686 + 8-973）

八月乙酉，庫守悍敢言之。疏書作徒薄（簿）牒北（背）上，敢言之。逐手。

乙酉旦，隷臣負解行廷。　　　　　　　　　　　　　　　（8-686背 + 8-973背）

卅二年五月丙子朔庚子，庫武作徒薄。受司空城旦九人，鬼薪 ・人，春三人：受倉隷臣二人。●凡十五人。

---

58) 郝本性「新鄭“鄭韓故城”発現一批戦国銅兵器」，呉栄曽「秦的官府手工業」（『雲夢秦簡研究』，中華書局，1981）。

59) 裘錫圭「嗇夫初探」（前掲書，注3）。

60) 9-2294 簡・10-1170 簡については，『湖南出土簡牘選編』参照。9-2294 簡と8-145 簡の綴合については，魯家亮「新見里耶秦簡牘資料選校（二）」（簡帛網 2014 年9 月 3 日）を参照。

103●

其十二人為輿：獎・慶忌・愁・愁・船・何・取・交・頡・徐・娃・聚。

一人紙：竄。

二人捕羽：亥・羅。　　　　　　　　　　　(8-1069 + 8-1434 + 8-1520)

卅四年十二月，倉徒薄（簿）取（最）。

大隸臣積九百九十人。

小隸臣積五百一十人。

大隸妾積二千八百七十六。

凡積四千三百七十六。

其男四百廿人吏養。

男廿六人與庫武上省。

……

男卅四人庫工。

……

女卅人與庫佐午取黍。

……

女卅人付庫。　　　　　　　　　　　　　　　　(10-1170)

卅二年十月己酉朔乙亥，司空守圈徒作薄（簿）。

城旦司寇一人。

鬼薪廿人。

城旦八十七人。

仗城旦九人。

隸臣轂（繫）城旦三人。

隸臣居貲五人。

●凡百廿五人。

其五人付貳春。

……

二人付庫。

……

隸妾轂（繫）春八人。

隸妾居貲十一人。

受倉隷妾七人。

●凡八十七人。

……

二人付庫。

……

(8-145 + 9-2294)

この４件の文書は，前の２件が庫の長官（嗇夫）の作徒簿で，それぞれ庫守悍・庫武が司空より受け取った城旦舂と倉より受け取った隷臣の数，及びこれら徒隷が具体的に服した労務を記している。後の二件が倉と司空の長官の徒簿である。当該官署で直接に割り振った役務内容のほか，庫を含む諸官に徒隷を提供したことを記しており，ちょうど前の２件の文書と対になっている[61]。

庫の長官の作徒簿には，各種の労務に従事する人数と名が詳細に列挙されており，庫における徒隷の労働実態を示している。また倉の徒簿にみえる，庫と関係のある記述が注目に値する。第１に「男卌四人庫工」と「女卅人付庫」が並列されていることである（司空徒簿では男女の徒隷に対して均しく「付庫」に作る）。第２に「男廿六人與庫武上省」・「女卅人與庫佐午取桼」が上述の「庫工」・「付庫」と並列されていることである。我々は或いは以下のように推測できよう。庫吏と「上省」・「取漆」するというのは，いずれも庫外での役務のはずで，倉から庫に派遣された徒隷や別に派遣された他の徒隷に，庫が改めて独自に割り振った役務とは異なる。そして派遣されて庫に至った徒隷には，工匠の任に就く者と雑務を担当する者の違いがある，と[62]。

倉と司空により臨時に派遣される徒隷のほかに，庫にはさらに「官徒」が存在していた。8-1514簡には以下のように記されている。

廿九年四月甲子朔辛巳，庫守悍敢言之。御史令曰，各弟（第）官徒丁鄰☒
勳者爲甲，次爲乙，次爲丙，各以其事勳（劇）易次之。●令曰各以□☒
上。●今牒書當令者三牒，署弟（第）上。敢言之。☒

---

61) その中で 10-1170 簡「卅四年十二月倉徒簿最」は１ヶ月のデータの総合である。「最」の含義については，胡平生「也説“作徒簿及最”」（簡帛網 2014 年 5 月 31 日）を参照。その他に注意を要するのは，司空と倉もまた往々にして互いに徒隷を授受していることである。これは何らかの特別な原因に由来する可能性がある。

62)「秦律十八種」簡 113 に「隷臣有巧可以爲工者，勿以爲人僕・養」とあり，参照すべきである。

始皇29年（前218）4月18日，庫守嗇夫の悍が申し上げます。御史令に各おの官府の徒や丁の年…。…激務の者は甲とし，次は乙とし，次は丙とし，各自その仕事の難易をもって序列をつけよとあります。●令に各自……で奏上せよとあります。●いま令に該当する者を三枚の簡に記し，等級をつけて奏上いたします。以上申し上げます。

　もし「官徒」が倉や司空から臨時に派遣されてきたのならば，おそらく倉や司空が統計をとるはずで，庫がそれを担当しはしないだろう[63]。よってここの「官徒」は庫の所属である可能性が高い。或いは庫が比較的長期にわたり管理する刑徒だったのであろう。「牒書當令者三牒」とあるからには，たとえ牒ごとに1人を記したとしても，3人にはなるはずである。しかし，すでに発表された里耶秦簡中では，庫に固有の官徒について他の資料を見つけることができない。8-686＋8-973簡背面には「乙酉旦，隷臣負解行廷」（乙酉旦に隷臣の負解が県廷に行く）と記されている。その正面には「受倉隷臣一人」・「隷臣一人門：負解」とある。正面に記された「解」字を整理者は釈しておらず，『校釈』では「劇」と釈している。こうした状況の下で文書を庫から県廷に送達する者は，その日に庫が倉から受け取った隷臣以外の，その他の人間のはずである。しかし字形の輪郭を観察すると，この字もまた「解」と釈すべきである。県廷に文書を送達した「負解」は，実は倉から派遣され，庫によって門番とされた者と同一人であり，庫自身が所有していた官徒と理解することはできない。庫の官徒の来源及びその庫中における活動について，現時点ではなお考証に利用できる資料が欠けている。

4 ●関連問題

　廿二年臨汾守暉戈の「庫」を，ある研究者は「武庫」の略称と考える[64]。だが十七年丞相啓状戈では合陽の「庫」とされ，「武庫」ではない。里耶秦簡に頻見する遷陵県の「庫」も，今のところ「武庫」と称される例はない。岳麓書院蔵秦奏讞類文献の案例六簡097（0151/0140）に見える，江陵丞の暨による八劾の一つに「廿一年庫計，劾繆（謬）弩百」とある[65]。ここでもまた「武庫」とされてい

　63）官徒はなお8-16簡・8-769簡に見える。記載の「官徒」が8-1514簡の「官徒」と同一か否かについては，なお明確でない。
　64）江西省博物館・遂川県文化館「記江西遂川出土的幾件秦代銅兵器」。王輝・王偉『秦出土文献編年訂補』（三秦出版社，2014），133頁。

ない。睡虎地秦簡の,「効律」簡 52 と「秦律雑抄」簡 15 では県庫嗇夫を「庫嗇夫」と称し,「武庫嗇夫」としていない。要するに, 秦の県庫は職掌では郡の武庫に相当するが, その呼称は「庫」であって「武庫」ではないといえる。

睡虎地秦簡「秦律十八種」内史雑 195-196 には「有實官高其垣牆。它垣屬焉者, 獨高其置嗇廥及倉茅蓋者, 令人勿紤（近）。舍非其官人殹（也）, 母敢舍焉。善宿衛, 閉門輒靡其旁火, 慎守唯敬（儆）。有不從令而亡, 有敗, 失火, 官吏有重皋（罪）, 大嗇夫・丞任之」（財物を管理する官署があれば牆垣を高くする。その垣牆が他の牆垣と連接する場合は, 穀物のある貯蔵所と茅で掩われた穀倉の垣根だけを高くする。人を近寄らせてはいけない。宿舎では, 官人でなければ宿泊させてはならない。厳重に監視し, 門を閉じる度に附近の火を消し, 謹んで厳かに警備せよ。法令に違反し遺失・損壊あるいは失火があれば, 官吏は重罪であり, 大嗇夫・丞もまた罪を負う）とある[66]。『岳麓書院蔵秦簡〔肆〕』簡 175-176 にはこれと関連して「●内史雑律曰, 黔首室・侍（寺）舍有與廥・倉・庫實官補屬者, 絶之, 母下六丈。它垣屬焉者, 獨高其侍。不從律者, 貲二甲」（●内史雑律に, 一般人の家や官舎が貯蔵所・穀倉・庫などの財物を管理する官署と連接する場合, 間を空けて, 隙間を六丈以下にしてはいけない。これが他の牆垣に連接する場合, その官舎の垣根のみを高くする。律に従わない場合は, 貲二甲）とある[67]。寺舍とは官舎のことで, また張家山漢簡「二年律令」4-5 にも見える。補屬とは連接するという意味である[68]。「秦律十八種」内史雑195-196 では「它垣屬焉者, 獨高其置嗇廥及倉茅蓋者, 令人勿紤（近）」とされる

---

65) 朱漢民・陳松長主編『岳麓書院蔵秦簡〔三〕』（前掲, 注 11）146 頁。本案例中の暨とは, 案例三中の江陵丞暨のことに違いない。同書 149 頁注釈 1 参照。

66)「舍非其官人殹」の「舍」について, 整理小組の釈文では上に接続させて読んでいる。筆者は改めて下に接続させて読み, この「舍」は名詞であり, 官人の宿舎を指すと考える。後に出てくる「舍」は動詞であり, 停止する或いは宿泊することを指す。陳偉「雲夢睡虎地秦簡〈秦律十八種〉校読五則」（『簡帛』第 8 輯, 2013）を参照。

67) 陳松長「岳麓書院所蔵秦簡綜述」（『文物』2009 年第 3 期）。陳松長主編『岳麓書院蔵秦簡〔肆〕』（上海辞書出版社, 2015）, 126 頁。侍について, 整理者の注釈では,「疑うらくは置の借字であろう」とする。恐らくは「庤」と読むべきであろう。『説文』に「儲置屋下也」とあり,『玉篇』に「儲也」とある。

68)『史記』六国年表に「補龐, 城籍姑」とあり, 索隠では「補者, 修也, 謂修龐而城籍姑也」とある。「秦律雑抄」簡 40 に「戍者城及補城, 令姑（婣）堵一歳」とある。補屬とは以前には未だ連接していなかったものの, 修繕後に連なったということを指すのであろう。

が，岳麓簡 175-176 では，実官と連接する民宅・官舎を一律に取り除き，六丈以上の隙間を保つことが要求されており，規定は更に厳格になったようである。このように秦代の県の庫は，他の建物から比較的独立しており，高い牆壁を有していたに違いない。

また『岳麓書院蔵秦簡〔肆〕』で公表された内史雑律 169-170 の内容は，以前には見られなかったもので，「●内史襍律曰，芻稾廥・倉・庫實官積，垣高毋下丈四尺。它廧（牆）財（裁）爲候，晦令人宿，候二人。備火，財（裁）爲池□水官中，不可爲池者財（裁）爲池官旁」（●内史襍律に，芻稾の貯蔵所・穀倉・庫などの財物関連の官署は，牆垣の高さが一丈四尺を下回ってはならない。他の牆垣は状況を勘案して見張り台とし，夜には人を当直させ，見張り台ごとに 2 人とする。火を警戒し，状況を勘案して池……水を官中に作る。池とすることができない場合は，状況を勘案して池を官の旁らに作る）とある。「它」を整理者は「瓦」に釈し，はじめの「池」を釈していない。後の 2 つの「官」の字は，原釈文は「宮」とする。字釈を改め，あわせて句読を調整すると[69]，この律文が廥・倉・庫等の官府における夜間守衛と防火設計に対する規定であることが，非常に明確になる。

「秦律十八種」簡 162 に「實官佐・史柀免，徙，官嗇夫必與去者效代者」（財物関連の官署の佐・史が免職・異動したら，官嗇夫は必ず離任者とともに点検し，新任者に引き継ぐ）とある。整理小組は『国語』晋語注を引用し「実，穀なり」とする。思うに，岳麓簡の 2 条の「内史雑律」を見ると，廥・倉・庫は均しく実官に属するに違いない。『左伝』文公十八年に「聚斂積實」とあり，杜預注に「実，財なり」とある。『淮南子』精神には「名実入らず」とあり，高誘注に「実，幣帛貨財の実」とある。また『国語』晋語八に「吾に卿の名有りて，其の実無し」とあり，韋昭注に「実，財なり」とある。秦の「実官」とは，「実」が財貨というかなり広義の意味を持つことに基づくようである。

秦代の県廷は属下諸官の官署と同じ場所に置かれたのではなく，両者は離れた場所に存在した[70]。その例証として，以下の文書には非常に重要である[71]。

69）陳偉「岳麓秦簡肆校商（貳）」（簡帛網 2016 年 3 月 28 日），簡帛網簡帛論壇「〈岳麓書院蔵秦簡〔肆〕〉初読」第 4 層「落葉掃秋風」（雷海龍氏のユーザーネーム）による 2016 年 3 月 23 日付コメントを参照。"晦令人宿，候二人"の句読は，黄浩波氏が電子メール中で提出した意見を採用した。

70）青木俊介「里耶秦簡に見える県の部局組織について」。

71）吏は，原釈では「史」となっていた，楊先雲が釈を改めた。同「里耶秦簡識字三

卅一年六月壬午朔庚戌，庫武敢言之。廷書曰令吏操律令詣廷雠，署書到，吏起時。
有追。●今以庚戌遺佐處雠。敢言之。 (8-173)
七月壬子日中，佐處以來。/端發。　處手。 (8-173背)

始皇31年（前216）6月29日，庫嗇夫の武が申し上げます。県廷の書に，吏に律
令を持って県廷で校勘させ，この文書の到着と吏の出発の日時を記せ，とありま
す。再度の命令あり。●いま庚戌の日に佐の処を派遣し校勘させます。以上申し
上げます。7月壬子の日中に佐の処が持ってきた。端が開封。処手

佐の処は6月庚戌に庫嗇夫に派遣され，県廷で律令を校勘すべく，7月壬子（2
日後）に県廷に到着した。あれこれの原因により，文書に記された日付と実際に
発送された日付は必ずしも完全に同じではなく，記されている発送から到達に至
るまでの時間も額面通り理解すべきではない[72]。しかし8-173簡に現れる佐の処
は，文書の書記者・配達者である上に，さらに文書の内容と関連する中心人物で
ある。また，県廷の文書が明確に「署書到，吏起時」と要求していたことが述べ
られ，すぐ後で「今以庚戌遺佐處雠」と明記されている。佐の処が庚戌の日に出
発して県廷に向かったというのは，まず間違いないだろう。つまりこのとき佐の
処が庫から県廷に至るまで，少なくとも1日半以上の時間をかけているのであ
る。すでに発表された材料には，庫から県廷に文書が至るまでの所要時間につい
て参考にすべき簡がなおいくつかあり，半日以内（8-1069 + 8-1434 + 8-1520），1
日以内（8-1510），2日以内（8-1514）などの諸例がある。これらの中で要した時
間が比較的長いケースには，あるいは何らかの原因があったのかもしれない。た
とえば天気が悪かった，道中が順調でなかったなどである。要した時間が最も短
い8-1069 + 8-1434 + 8-1520簡から見れば，庫と県廷の距離はさほど遠くない
に違いない[73]。

（翻訳：野口　優）

則」簡帛網2014年2月27日を参照のこと。

72）土口史記「戦国，秦代的県——以県廷与"官"之関係為中心的考察」（前掲書，
注52）がすでにこの問題を指摘する。

73）本章は2015年9月9〜10日に韓国・ソウル大学で開催された「中国古代軍事与
多民族社会」国際学術研討会上ではじめて発表し，評論人の尹在碩教授と会に参加し
た多くの友人より教示を受けた。謹んで謝意を表する。2016年11月24〜25日に新た
に発表された資料を併せて，さらなる修訂を行った。

第5章

....

エノ・ギーレ

Giele, Enno

漢代西北辺境防備軍の社会構造
——出土史料の分析に基づく方法論的考察

はじめに——典籍史料から[1]

　文帝11年（前169），皇帝に閲見した晁錯は，西北辺境の現状を打開すべく熱心な嘆願を行った。彼はまず，秦代の「罪人を移住させて辺境を充たす（徙適（謫）実辺）」という政策を俎上に載せた。

> 秦之戍卒不能其水土，戍者死於邊，輸者僨於道。秦民見行，如往棄市，因以謫發之，名曰「謫戍」。先發吏有謫及贅壻・賈人，後以嘗有市籍者，又後以大父母・父母嘗有市籍者，後入閭，取其左。　　　　　　　　（『漢書』晁錯伝）
>
> 秦の戍卒は辺境の風土に耐えられず，辺防兵は辺境で死に，輜重兵は道中で仆れました。出征する者への秦の民の眼差しは刑場に行く者を見るようで，また謫が有る者を徴発したので，これを「謫戍」と名づけました。まず前科の有る官吏・贅壻（いりむこ）・商人を徴発し，その後はかつて商人の戸籍であった者を，さらにその後は祖父母・父母がかつて商人の戸籍であった者を，そして里の門をくぐり，その左側に住む者を徴発しました。

続いて彼は，漢代の状況を以下のように要約した。

---

1) ここで述べる内容は，管東貴「漢代的屯田与開辺」（『中央研究院歴史語言研究所集刊』45-1，1973）のなかで簡略に，しかしかなり細部に至るまで叙述されており，筆者もこれを参照した。

111

> 今使胡人數處轉牧行獵於塞下，或當燕代，或當上郡・北地・隴西，以候備塞之卒，卒少則入。 (同)

いまは胡人に長城近辺のあちこちで放牧し猟を行わせており，ある者は燕や代に，ある者は上郡・北地・隴西に居り，長城防備の卒の様子をうかがって，兵士が少なければ侵入してきます。

最後に，現状を改善するための壮大な計画が示され，それはいくぶん秦の方策に似ていた。

> 令遠方之卒守塞，一歳而更，不知胡人之能，不如選常居者，家室田作，且以備之。…乃募辠人及免徒復作令居之。不足，募以丁奴婢贖辠及輸奴婢欲以拜爵者。不足，乃募民之欲往者。 (同)

遠方から来た兵士に長城を守らせても，一年で交代させるのでは，胡人の能力を知ることができず，常駐する者を選抜し，家を構えて耕作させつつ，敵に備えるのには及びません。…そこで罪人や赦免された刑徒・復作を募集して辺境に住まわせましょう。数が足らなければ，成人の奴婢を差し出して罪を贖う者や爵位を買おうとする者を募集しましょう。それでも足らなければ，移住を希望する一般人を募りましょう。

そして彼は次のように請け合い，その力強い提言を締めくくった。

> 此與東方之戎（戌）卒不習地勢而心畏胡者，功相萬也。 (同)

このやり方なら，地方の情勢に慣れておらず，心中で北方民族を恐れている東方の戍卒よりも，万倍の効果があります。

このとき晁錯の提案した戦略は実現しなかった。だが彼の明敏な分析は忘れられず，漢帝国がかつてない領土の拡張へと乗り出したとき，新制度の青写真として後世の人に利用された。拡大し続ける境界線を如何に防衛するのかという問題は，領土の拡張につれて深刻さを増す一方だったからである。

元朔2年（前127），雲中から隴西に至るオルドス地帯（黄河河曲地域）——一度は秦の領土となったものの，匈奴に奪い返されていた——が，衛青の遠征により取り戻された。オルドスの西北角には朔方郡が設けられ，主父偃の提案に従

い，灌漑の拡大により領土としてしっかりと確保された。

> 朔方地肥饒，外阻河，蒙恬城之，以逐匈奴，内省轉輸戍漕，廣中國，滅胡之本也。
> （『史記』主父偃列伝）

> 朔方は地味が肥え，北は黄河を境界とし，蒙恬はここに城壁を築き，匈奴を駆逐
> し，国内からの物資輸送や兵士の移送を削減し，中国の領土を広げ，匈奴を滅ぼ
> す基礎とした。

これに続き，漢は10万人の移住者を募り，彼らを朔方に送った[2]。二年後，隣
接する西河郡が同じような条件の下で設置され，集まりすぎた移住者をそこに定
住させた。

　元狩2（前121）～4（前119）年，霍去病が隴西から出撃して渾邪王と休屠王を
攻略し，彼らを敗走させて甘粛走廊を奪い取ると[3]，オルドスの西に金城郡・武
威郡・酒泉郡が置かれ，同じ頃中国東方で起こった山東の大洪水[4]で生じた70
万人の流民をそこに定住させた。興味深いことに，これら流民の一部は中国東南
の会稽郡にも送られた。

> （元狩）四年冬，有司言關東貧民徒隴西・北地・西河・上郡・会稽凡七十二萬五千
> 口[5]。
> （『漢書』武帝紀）

> 元狩4年（前119）冬，関係官吏が言うには，関東の貧民で隴西・北地・西河・上
> 郡・会稽に移住した者は，総計72万5,000人に上る。

そして元鼎6年（前111）（史料によっては太初元年（前104）），匈奴が甘粛走廊全体
から完全に撤退したことが察知されると，武威と酒泉が分割されて張掖郡と敦煌

---

2) 募民徒朔方十萬口。（『漢書』武帝紀）
3) 遠征軍が通過した，「居延」や「祁連山」といった地名については，陳秀実「漢将
霍去病出北地行軍路線考」（『西北師大学報（社科版）』35，1998）参照。これらの場
所は，後に同じ名前で知られるようになった所よりもずっと東に位置した。
4) 『史記』巻123，『漢書』巻96上，『史記』平準書，『漢書』食貨志下。
5) 『史記』匈奴列伝および『漢書』匈奴伝によると，漢が黄河を越えてその西・北岸
に入植し始めた前119年以降，朔方と令居との間の北辺地帯に「5，6万人の官吏と兵
士」が配置された。この数が，関東からの70万人以上の貧民に付け加えられねばな
るまい。

郡が設けられ，さらに 60 万人の開拓民と兵士が，新占領地に流入した[6]。また元封 3 年（前 108）には，玉門関にまで至る烽火台の列が建造された。

そしてついに，太初 3 年（前 102）に屯田部隊が休屠県と居延県に置かれた。その生命線として羌谷河・疏勒河，さらにその他の水系がここを通過し，また石羊河・黒水がほぼ直角に分岐して，最後は北方の湖に流れ込んでいた。こうした環境のおかげでここに灌漑を設置することができ，それは元来，よりよい兵站，特に玉門関を越えてタクラマカン砂漠へと進軍していく，悪名高いフェルガナ遠征の軍勢に食糧を供給するために計画されたものだった。

1 ●研究上の課題と関連する問題

繰り返し採用された，大規模な移民を送り込んで新たに獲得された北部・西北辺境地域を「充たす」という政策は，軍事的に有効であったかどうかはともかく，社会的，文化的，そして言語的にも重要な影響を残したにちがいない。とりわけ，上に示した数字がほぼ正しいなら，元朔 4（前 125）〜太初 3（前 102）年の間だけでも，約 150 万人が東部沿海地域や中央平原から数千キロを越えて，まったく異なる環境の下に移されたことになる。当時，登録納税者は最大で 5000 万〜6000 万人だったのだから，その効果ははっきりと感じ取れたことだろう。

これらの移民の規模と性質——上述したように洪水の被災民が多い——を考慮するなら，これは一時的な方策であり，東方出身であるという移住者のアイデンティティは，忘れられはしないにせよ，時間とともにいくらか薄れていったと思われる。しかし興味深いことに，戍卒は東中国の人間であるというイメージが根強いままだったようで，たとえば高村武幸は，昭帝（在位：前 86〜前 74）や元帝（在位：前 48〜前 33）時期の史料に基づいて，そのことを論じている[7]。

　　今山東之戎馬甲士戍邊郡者，絶殊遼遠，身在胡越，心懷老母[8]。（『塩鉄論』備胡）

6) 遣浮沮將軍公孫賀出九原，匈奴將軍趙破奴出令居，皆兩千餘里，不見虜而還。迺分武威・酒泉地置張掖・敦煌，徙民以實之。（『漢書』武帝紀）
數萬人渡河築令居，初置張掖，酒泉（／敦煌？）。而上郡・朔方・西河・河西，開田官，斥塞卒六十萬人戍田之。（『史記』平準書）
7) 高村武幸『漢代の地方官吏と地域社会』（汲古書院，2008）。
8) これはあらゆる蛮夷についての一般的な言及であり，そのことはこの発言が目の前の問題に対応しようとするものではなく，あくまで文学的な修辞表現であることを示している。

いま山東の兵馬や兵士で辺郡の防備に就く者は，はるか遠く離ればなれになり，その身は北や南の異民族の地にあって，心は老いた母を思っている。

又諸官奴婢十萬餘人戯遊亡事，税良民以給之，歳費五六鉅萬。宜免為庶人，廩食，令代關東戍卒，乘北邊亭塞候望。（『漢書』貢禹伝）

さらに諸官府の奴婢十万余人は仕事もなく遊んでおり，良民から税金をとりたててこれを養い，その額は年に五，六億銭に及ぶ。赦免して庶人とし，食料を支給し，関東の戍卒に代わって北辺のとりでに勤務して見張りをさせるべきです。

これらの史料はいずれも，西北の諸郡に限らず，広く北方の辺境一帯について述べたものにすぎない。しかし注目すべきは，オルドスを再び手に入れ，西北辺境に諸郡を設置してからほぼ100年が経ち，秦が同様の戦略を採用し——そして失敗し——てからだと約2世紀後であるにも拘わらず，「東から」やって来た，みじめで，やる気のない，まるで適性に欠けた戍卒たちが北辺で苦しんでいるというイメージが変化せず，繰り返されているという点である。

　何故だろう？　このイメージの背後にはどのような社会的現実があるのだろう？　新しい環境の下でも，戍卒は本当に「よそ者」意識を持ち続けていたのか？　それともこれは歴史記述者の想像に過ぎないのだろうか？　戍卒の地位はどのようなものだったのか？　上に引いた史料は，恒久的に辺境に移された入植者——ほとんどが経済難民——について述べる。だが一方で，一年以内の任期で徴集された兵士，刑徒，身分の低い，ないしは単に運の悪い自由民，無理矢理従軍させられた奴隷にも言及がなされている。それらの，恒久的に辺境に暮らすわけではない人々も辺境社会の一部だとすれば，その割合はどれくらいだろう？　彼らはどこから，いかにして徴用されたのか？　実際のところ，どれくらいのあいだ辺境で暮らしたのか？　どのような状況で辺境を離れ，どこに向かったのか？　帰郷した？　それとも他所に行った？　そしてどの程度，「北」辺にいる「東中国」の戍卒というイメージに影響を及ぼしたのだろう？

　これらの疑問に答えることが，徐々に可能となっている。20世紀にエチナ河と疏勒河流域の辺境要塞遺跡で出土した数万枚にのぼる文書，つまり居延・肩水・敦煌漢簡の発見とその後の分析を通じて，少なくとも西北地域の，漢の三つの辺郡（張掖・酒泉・敦煌）が設置されてから2世紀の間については，それが可能

である。だがこの史料に目を向ける前に，漢帝国の軍事組織と，分析のための理論的な土台について，いくつか述べておかねばなるまい。

2 ●理論上の土台と軍事制度

とりわけ過酷な気象条件，さらには地形的・軍事的・社会経済的条件（後述）のために，漢帝国の他の地域と比べて，中国西北地域での生活がまったく別物であったのは言うまでもない。一方で，辺境社会は軍隊によって支配されており，その構成員である個々人や人間集団を駐屯軍が後背地の社会と継続して交換することを通じて，ある種の「循環ヒーター」として，すなわち社会・文化に変化をもたらす存在として組織的に機能していたと考えられる。かかる辺境の状況を見過ごすことはできまい。おそらくそうした状況のために，実のところ辺境地帯はあらゆる地域の特徴が最もよく現れている場所の一つであり，いわば漢代の日常生活や基層文化全体を映し出し，同時にそれに大きな影響を与えた小宇宙であった。

こうした発想による取り組みや研究への応用は，識字力の獲得とその広がり[9]に関連して，理論上の問題としてすでに指摘されており，もしそれが正しいとすれば，その他の社会的・軍事的現象とも深く結びつくことは間違いない。だが，辺境に暮らす人々の出自が帝国内地の現象一般を代表しているという着想が，以下の前提に依拠していることを忘れてはならない。すなわち

a) 西北辺境の防衛システムは，内地の軍事組織の延長であり，程度の差こそあれ類似する原理に則って行われていた。

b) 普遍的な徴兵制度により，中国全土——少なくともその多くの地域——から徴発された兵士は，居延や敦煌といった辺地で任期を過ごし，それから故郷に帰り，以前から属していた社会組織に再び加わった。

最初の点は問題をはらんでいる。漢帝国内地の軍事制度についてあまり多くのことが分かっていないからである[10]。しかし紀元前1世紀が始まる少し前の武帝

---

9) たとえば邢義田「漢代辺塞吏卒的軍中教育——読《居延新簡》札記之三」（『大陸雑誌』87-3，1993），エノ・ギーレ「古代の識字能力を如何に判定するのか——漢代行政文書の事例研究」（高田時雄編『漢字文化三千年』，臨川書店，2009）は，軍隊内の教育を通じた，識字力の広がりについて論じる。

10) 秦代については，近年湖北省・湖南省で発見された史料のおかげで，こうした状況が徐々に変化している。

の時代に，数百年でないにせよ数十年の建造期間を経て万里の長城が西北地域に拡張されてゆくと，機動性に富む敵への攻撃や防御戦が北辺一帯で展開されたことはよく知られている。このことは，序に引用した史料によって裏付けられる。そこに「北方および南方の蛮夷」とあることや，流民の移送先として会稽郡も挙げられていることからして，他の地域で使われたのと同じ制度設計が，西北地域に軍を進めるときにも——少なくとも制度的には——用いられたのであろう。また帝国の内地では，皇帝と諸侯との抗争の記憶が人々の脳裏になお鮮明に残っていたことだろう。その際にも国境を閉ざし，関所を設ける必要があり，それは西北辺境の状況と極めて似通っていた。とはいえ漢帝国にとって匈奴は最大の脅威だったので，北方および西北方はかなり例外的であったとも考えられる。

　軍事的な状況の他，地理的・気候的・社会経済的状況にもふれておこう。居延や敦煌の辺境地帯は，政治の中心である長安からは南方の新占領地と同じくらい遠く離れ，東方の沿海地域からはさらに離れていた。また長城沿いの他地域より，ずっと乾燥していたことも忘れてはならない。それゆえに，ここでは人口がまばらだったはずである。にもかかわらず武威・張掖・酒泉・敦煌郡が設けられ，長期にわたり存続したのは，この地域に屯田兵による農耕地が広がっていた証拠である。このことは出土文書からもはっきり分かり，おそらく他の地域の漢の軍隊には当てはまらないだろう[11]。

　一方，第二の点についてはほぼ異論がなかろう。少なくとも秦・前漢時代には普遍的な徴兵制度が確かに行われていた。この制度は，辺境の要塞に配置される兵員の大半を供給しただけではなかった。中央政府により派遣され，一人か数人の将軍が指揮する遠征軍もまた，同様に兵役義務に服する人員から構成されていた[12]。この状況が，後漢時代の職業的歩兵軍の登場で変化したのは，ルイスなどが指摘する通りである[13]。ただし，普遍的徴兵制度がどの程度まで消滅したのかをめぐっては異論もある[14]。また前漢時代にも職業的な軍隊がまったく存在しな

---

11)「屯田」は他の時代，他の地域にも見られるが，その性質はそれぞれかなり異なる。劉光華『漢代西北屯田研究』（蘭州大学出版社，1988）参照。

12) 黄今言『秦漢軍制史論』（江西人民出版社，1993），152頁。

13) Mark Edward Lewis, "The Han Abolition of Universal Military Service", Hans van de Ven (ed.), *Warfare in Chinese History*, Leiden: Brill, 2000。

14) たとえばハンス・ビーレンシュタインは異なる結論を示す（*The Cambridge History of China*, vol. 1, p. 512）。彼は「徴兵制度は後漢になっても行われた」とする。

かったわけでもない。特に騎兵や他の専門兵，あるいは精鋭部隊の者たちはより職業的な色彩を帯び，生涯その任にあったことだろう[15]。

　総じて言えば，古代中華帝国の軍隊構造は，徴集兵か職業的な募兵かのいずれかであったとは限らないし，その二つが合わさったものでもない。刑徒，傭兵，異民族の補充兵，パートタイムの農民兵などもいたことが論証されている。また，少なくとも典籍史料によると，秦および前漢初期の軍隊の大部分の兵士は，18（あるいは15）歳から56歳まで毎年服すべき徭役の一部として徴兵された者であった。したがって，最初に徴発された時に二年間連続して服役する（一年は郷里で訓練を受け，もう一年は衛士として勤務）のを除けば，それ以外の労役義務——兵役を含む——は毎年一ヶ月間のみ，一時的に徴集兵に復帰することによって満たされたことになる。換言すれば，漢軍の大部分はよく訓練された正規兵からなる常備軍ではなく，民兵的な性質を帯びていた。

　西北辺境出土簡から知られる軍事組織が，職業軍人ではなく徴集兵から構成されていることは，兵士が通常は一般市民としてのアイデンティティ（たとえば本籍地）に従って登録されている点からも明らかである。これに対して，たとえば帝政ローマ軍（共和政ではない！）の兵士たちの墓石には，彼らの軍人としてのアイデンティティが刻まれていた[16]。

　いうまでもなく西北辺境の軍勢のすべてが，一ヶ月の間だけそこに赴き，任務に就き，帰還した民兵から構成されていたわけではなかった。むしろ辺境で勤務する者はいずれも地元の人間か，継続的な服役期間の二年目にある者であったに

---

15) これに加えて，本書所収の鷹取論文が注目するとおり，兵役に就くのを望まない人間により雇用された兵もいた。

16) 同じく徴集兵の軍隊から職業軍人の軍隊へと変化した古代ローマ軍と漢の軍隊とを比較し，共通点・相違点を見いだすのは興味深い作業である。ケピーはいう「非常に多くの男性が従軍したにも拘わらず，共和政期には石碑によって兵士だったことが分かる例はとても少ない。…アウグストゥスの時代になると，我々が標準的な書式だとみなすものへの変化が認められ，彼の治世の終わり頃までにかなり固定化する。その時期までに，兵士たちがすぐに家族・故郷，時には植民地へと帰還する短期的な軍隊から，人生の半分を兵士として過ごす長期任務の軍隊への移行が完成したのだ」と（Lawrence Keppie, "'Having been a soldier'. The commemoration of military service on funerary monuments of the early Roman empire"（J.J. Wilkes, ed.: *Documenting the Roman Army. Essays in Honour of Margaret Roxan*, University of London, 2003: 31-53），引用は pp.31-32）。

118

違いない。ただし，これに加えて忘れてはならないのは，典籍史料が帝国全体で
行われた厳格な制度とする内容は，実際には遵守されず，むしろ地域の事情にあ
わせて施行されていたことである[17]。

　さて我々は今，西北辺境に駐屯した男たち（さらには女たち！）の出身地を特定
できる，膨大な一次史料を手にしている。そこにいた兵士・官吏・民間人がどこ
の出身で，任期を終えた後にどこに帰還するのかは，非常に重要な問題である。
その問いに答えることは突き詰めていえば，漢帝国がどうやって，そしてどの程
度ひとつの社会として一体化し，その構成員が国内を頻繁に行き交っていたのか
について，具体的かつ統計学的な論拠のある復原図を描くための，最善の方法だ
からである。詳細な情報をかくも豊富にもたらしてくれる一次史料は，他のどの
地域についても，そしてあらゆる他の古代帝国についても存在しない。

　しかしより狭い，専門的かつ高度に論理的なレベルでは，西北辺境で出土した
木簡の史料的価値が立証されねばならない。それらの兵士・官吏・民間人が長距
離を動き回ったことが確実であってはじめて，その記録が当時の中国社会と軍隊
全体を代表しているといえる。換言すれば，我々はこれらの史料を通じて古代帝
国のほんの一部分をのぞき見ているだけなのである。もしも我々が知りうること
が非常に局地的な現象であるとしたら，他の多くの地域での状況を推測する手段
はもはや存在しない。だがもしそれが，我々が直接は見ることのできない他地域
からやって来る大量の人の流れの，そしてそれら地域との人の行き来で騒がし
く，活気に満ちた社会の姿の一つであるなら，見えない部分の状況は，見える部
分のそれと似ていると見てよかろう。

3 ●徴兵の仕組み

　鷹取祐司は簡牘史料を用い，毎年の徴兵と内郡から西北辺境への兵員輸送とが
どのように行われたのかについて，以下のように主張した。それは6つの段階か
ら成る。

---

17) 多くの研究者が指摘してきたとおり，戍卒がその持ち場まで1000キロ以上を移
　動せねばならず，面倒を見なければならない家族も同行していたとしたら，一年間と
　いう服役期間はあまりにも短すぎ，実際にはより長期にわたり服役したのだろう。た
　とえばMichael Loewe, *Records of Han Administration*, vol. 1, Cambridge UP, 1967, pp.
　80–83参照。

1) 新規の徴集兵（通常の戍卒と，特に農業に従事する田卒）は毎年県，ないし
はその下級機関の官吏によって徴発される。おそらくそれは戸籍が県に保
管されていたためである。服役する順番に当たるのが誰なのかを知り，関
連する事項をチェックするには戸籍が必要であった。

2) いったん徴発されると，300人ほどの兵士と県の責任者は30台ほどの
車[18]（車ごとに一名の御者（「車父」）が置かれる）に乗って，それぞれの郡治
に送られた。

3) そこで彼らは食糧と衣服を受け取ったが，武器はまだ支給されなかった。
地方にあまりにも多くの武器を置いておくのは危険すぎると，中央政府が
考えていたのは明らかである。

4) 集合した軍勢はそこから西北へと向かい，県の責任者および1名ないし
は数名の郡の上級官とともに武威郡姑臧県にある大規模な中央政府の武器
庫[19]へと送られた。そこは甘粛走廊の入り口にあたる場所だった。

5) そこで彼らは武器を受け取り，彼らが服役する予定の郡，たとえば敦煌
郡から来た上級官吏に迎えられた。

6) その官吏は彼らに付き添って目的地に向かい，4月の最初の日より前に
到着せねばならなかった。すでに一年間そこに駐屯していた軍勢と，その
日に交代せねばならなかったからである[20]。

ただし，敦煌近傍の懸泉置遺跡で見つかった簡牘[21]は，こうした業務に別のや
り方があったことを物語り，特に兵員の引率者についてはやや異なる場合もあっ
たことを示している。

神爵四年十一月癸未，丞相史李尊送獲（護）神爵六年戍卒。河東・南陽・穎川・
上黨・東郡・濟陰・魏郡・淮陽國詣敦煌郡・酒泉郡。因迎罷卒，送致河東・南陽・

---

18) おそらく食糧移送用だろう。兵士自身は歩かねばならなかったと考えられる。
19) 尹湾漢簡に見える巨大な武器庫と比較対照のこと。李斌「従尹湾《武庫永始四年
兵車器集簿》看漢代兵種構成」（『中国歴史文物』2002-5）参照。
20) 鷹取祐司「漢代戍卒の徴発と就役地への移動」（『古代文化』49-10，1997）参照。
高村武幸は鷹取の所説を引用する一方で，徴集兵に家族は付き従わなかったとする。
たとえ家族を伴わなくとも，移送される兵士の集団がいかに巨大で，複雑であったか
を考えれば，妥当な推論であろう。
21) 胡平生・張徳芳『敦煌懸泉漢簡釈粋』（上海古籍出版社，2001）から引用したが，
句点は一部変更した。

潁川・東郡・魏郡・淮陽國，并督死卒傳槗（槗）。爲駕一封詔傳。御史大夫望之謂高陵，以次爲駕，當舍傳舍，如律令[22]。 (DXI0309 ③:237)

神爵4年（前58）11月癸未（23日），丞相史の李尊が神爵6年分の戍卒を護送する。河東・南陽・潁川・上党・東郡・済陰・魏郡・淮陽国から敦煌郡・酒泉郡に向かう。同時に任期の終わった兵卒を受け取り，河東・南陽・潁川・東郡・魏郡・淮陽国に送り，あわせて死亡した兵卒の棺桶を輸送するのを監督する。一封の詔伝を支給されたい。御史大夫の望之が高陵県に伝え，順次駅伝を利用し，駅伝の宿舎に泊まれるようにすること，規定のとおりにせよ。

この文書の釈読と解釈が正しいなら，ここから読み取れる事実は，あらゆるプロセスに中央政府が関与したことを示している。またこの文書は明らかに高陵県宛てのものなので，それを帯びた李尊は長安から河東郡のある東北方向へ移動したと推測される。高陵県は長安の北東に位置する県だからである[23]。従って，中央行政機構の最高官府の一員である相応の高官[24]が，数千にのぼるであろう兵員[25]を集めるために自ら八つの郡を巡り，それからおそらく再び首都長安を抜け，彼らを西北最末端の二つの郡に連れて行った後，こんどは同じく数千にのぼるであ

---

22) この文書は，送り手である御史大夫の名前が末尾にしか現れないという点で，やや特異な書式を持つ。丞相史のような高位の官吏が自ら軍勢を任地まで送っているのも奇妙であるし，また八つの郡名を挙げる部分も文法的に不自然である。この史料を土台にしてさらなる議論を展開させる前に，木簡の現物ないしはその写真を検討する必要がある。

23) 『敦煌懸泉漢簡釈粋』は高陵県が長安の北西にあったとするが，誤りである。長安から北西に向かうルートは，郵亭・駅伝施設を列挙したいくつかの出土史料を通じて，その詳細がかなり知られているが，高陵はその中に見えない。紀安諾（エノ・ギーレ）「居延・敦煌漢簡対復原漢代行政地理的価値」（『二〇〇七中国簡帛学国際論壇文集』，国立台湾大学，2011）参照。もちろん，まず兵士たちが各自で高陵県に集合し，李尊はそこに行ってその軍勢を受け取り，西北地域に引き連れていったのだという可能性もある。そうなると李尊の移動距離は約半分になる。それでもなお，移動距離と彼の使命はかなりのものだったといえるだろう。

24) 『漢旧儀』によると，武帝期までは丞相府に362ないしは382名の属吏がおり，そのうち丞相史は20名で，その部署では最も高い，あるいはそれに次ぐ地位にあった。大庭脩（監訳）『『漢書』百官公卿表訳注』（朋友書店，2014）参照。

25) 鷹取説に依拠し，かつ李尊が率いたのが一郡につき一つの県からの兵士であるとしたら，徴集された兵士は最小で2,400人（300人×8）となる。もちろん，このような制限はなく，実際の規模はさらにずっと大きかった可能性が高い。

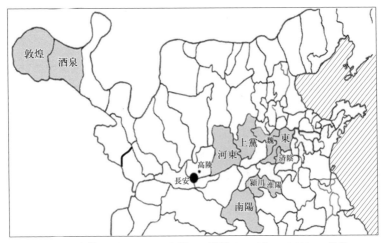

図 5-1　李尊がたどったルート沿いの諸郡（兵を徴集したと思われる場所）

ろう任務を終えた兵士たちと，戦死した兵士の遺体とを家族の許に送り届けるべく，ほぼ同じ郡へととって返したことになる．こうして旅をした行程は軽々と 5,000km[26] を超えたであろう．この場合，史料によると旅の前半だけで一年半ほどの時間が割かれており――前 58 年 11 月に関東の八郡への旅が始まってから，おそらく前 56 年 4 月，敦煌にその年の新兵を送り届けるまで――，それは決して短いものではなかった．

　だがたった一つの史料に依拠して，この問題についてさらに多くを語るのは難しい．釈読の信頼性という一般的な問題だけでなく，さらに多くの点が謎のままである．たとえば，なぜこれら関東の八つの郡（帰還の時には六つの郡）に限って徴兵が行われたのだろうか？　これらは全体でひとまとまりの地域を形成するものですらない（図5-1）．より多く存在していただろう他郡の徴集兵はどうなったのか？　何ヶ月にもおよぶ移動中に，徴集された兵員の巨大な集団に食糧や宿泊場所を与えたのは誰で，それはどのようにして行われたのか？　述べたような事業のスケールからして，中央政府がこの一団の動きを仔細に監督しようとした理由はほとんど自明であろうが，想定される段取りはかなり非効率的で，不安定であるという印象を受ける．

---

26) グーグルマップによると，現代の道路を利用して敦煌から西安を経て山東省の済南までゆくと，ほぼ 2,700km になる．

現時点では，これらの疑問すべてに答えることはできない。だが次の疑問には答えられるかもしれない：酒泉郡と敦煌郡の徴集兵は常にこれらの郡から来たのだろうか？ もしそうでなければ，どこから来たのだろう？ 張掖郡――その北端部分である居延と肩水については豊富な史料がある――の場合はどうだろう？ これらの疑問に検討の焦点をあてよう。

4 ●研 究 状 況

漢の軍隊の社会的構成，特に徴集兵の出身地を知るために西北地域で出土した行政文書を分析しようというアイディアは，新しいものではない。1950 年代，すでに何人かの研究者がこのテーマについて論考を発表している。この議論に最も新しい，かつ最も注意深い補訂を加えた高村武幸は，内郡から西北地域にやって来た戍卒・田卒たちが関東の出身であったことを論じた者として，西村元佑[27]と労榦[28]の名を挙げている［高村 2008，380 頁および 407 頁注 2］。彼らの研究は，基本的に先に引用した典籍史料に基づき，それを補強するさらなる証拠は示されなかった。高村はまた，西北地域の駐屯軍が主として内郡の特定地域のみから新兵を獲得していたことを推測した初期の研究者として，陳直[29]にも言及する［高村 2008，392 頁および 410 頁注 20］。この見解を高村自身がさらに展開させている。

高村は言及しないが，西北地域の特定の場所に暮らす人間について，注目に値する統計資料を作成し，英語で発表した二人の研究者がいる。ヴォルフラム・エバーハート（Wolfram Eberhard）は漢簡と敦煌文書に基づく三連作のなかで，前 100 年頃から後 1000 年頃までの敦煌地区における兵士・一般人・地域エリートの出身地を分析した[30]。

エバーハートの研究では，結論の根拠となった個々の史料を突きとめることができない。彼はただ結論を要約し，敦煌漢簡のなかに「本籍が記された人物の姓名」を含む 398 件の事例を検出したと述べている［エバーハート 1956，147 頁］。彼の主たる目標は，これらを豪族の姓名と比較して，長期にわたる豪族の形成過程

---

27) 西村元佑「漢代の徭役制度」（『東洋史研究』12-5，1953）。

28) 労榦『労榦学術文集 甲編』（芸文印書館，1976）。

29) 陳直『居延漢簡研究』（天津古籍出版社，1986）。

30) Wolfram Eberhard "Notes on the Population of the Tun-huang Area", *Sinologica* 4:2. 1954, "The Origin of Commoners in Ancient Tun-huang", *Sinologica* 4:3. 1956, "The Leading Families of Ancient Tun-huang", *Sinologica* 4:4. 1959。

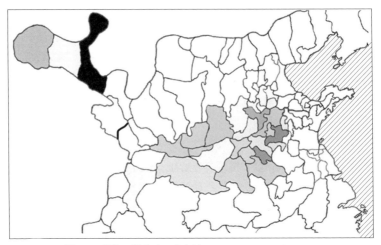

図 5-2　敦煌の徴集兵の出身地（[エバーハート 1954] に拠る）

を見いだそうとする点にあった。敦煌に関する限りでは、彼の発見した史料は高村のそれ（43件、ただし個々の文書の数 [高村 2008, 422 頁]）よりもずっと広範囲に及んでいる。また彼らの結論は、多くの徴集兵が北中国の平原地帯、すなわち関東地域の出身であったとする点で総じて一致している。敦煌にいる徴集兵のうち、隣郡の張掖出身者が群を抜いて多い（143 例）ことに彼が気づいていたのは興味深いが、それとほぼ同数の者が関東のいくつかの郡、すなわち最も目立つのが山陽郡（33 例）、それから淮陽国（30 例）、魏郡（23 例）、東郡（15 例）、河東郡（14 例）の出身であった。さらに首都圏出身も 12 例存在した。

　ちなみに、高村が示す敦煌の徴集兵の数はエバーハートと異なるが、両者は併存しうる。その大部分が、エバーハートの利用できなかった新史料（馬圏湾・酥油土・懸泉置出土簡）に拠るものだからである。表 5-1（後掲）として両者を合わせた数字を挙げておいた。

　1963 年、張春樹はハーバード大学に英文の学位論文を提出したが、そのテーマは西北地域で見つかったあらゆる漢簡を統計学的に精査することだった。多くの部分が書き換えられ、単著として出版されるまで 40 年以上を要したものの、居延地区の軍隊の社会的な構成について、我々に多くの情報をもたらしてくれている[31]。

　残念ながら、エバーハートと同様に、張は論拠とした個々の史料に言及せず、

サンプルを取り出した基礎史料についての彼の説明はかなり曖昧である[32]。また図表［Chang 2007, 54〜55頁。表5-2として後掲］とその分析のなかで現代の地名を用いているのも、いささか不便である。だがエチナ河流域と疏勒河流域、つまり居延と敦煌の両者を分析対象とし、現時点においてもその分析範囲は最も網羅的で、またその所見や解説は先行研究と矛盾せず、かつそれを補完している。

> 甘粛地域出身の人間が最も多く、全部で236名、つまり総計602名の39％を占めている。次が河南で160名以上、全体の27％超。山東は僅差の3位で、約70名、全体の9％である。…ほぼ42％にあたる計250名以上がいわゆる中原（漢代の「関東」地域にほぼ相当する。現在の河南省、山東省西部、山西省南部、河北省南部、江蘇省北西部、安徽省北西部）の出身である。［Chang 2007, 53頁, 56頁］

こうして確かめられた、西北地域に関東の人間が非常に多いという事実の背景として、張は（a）関東地域の人口過剰、（b）度重なる自然災害[33]、（c）高度に都市集中化した経済的繁栄とそれに伴う高い犯罪率、（d）技術・産業の発達、を挙げ、それらのいずれもが「人口圧を減らし、災害時に居場所を失った人々を定住させる手段として、辺境に移民を送り込む政策」を中央政府が採用したり、「辺境に殖民し、そこを発展させるために犯罪者を活用」したりすることに繋がったのだとする。その一方で、「田卒のほぼ90％を占める」中原出身者とともに「中原から伝来した農業技術・産業技術は、辺境地域を発展させ強化する、重要な手段となった」という［Chang 2007, 56〜57頁］。

確かに、高い人口密度（図5-3参照）は考慮されるべき重要な要素ではあるが、

---

31) Chun-shu Chang, *The Rise of the Chinese Empire*, Volume 2, *Frontier, Immigration, and Empire in Han China, 130B.C.–A.D.157*, Ann Arbor: University of Michigan Press, 2007。また学位論文の第4章は、次の論文として発表されている。"The Han Colonists and Their Settlements on the Chü-yen Frontier", *Tsing Hua Journal of Chinese Studies*, n.s.5:2.1966。

32) 張が述べるところによると、彼の表は「居延・敦煌、さらには関連する他の地域で発見されたあらゆる文書中の、個人についての記録や名簿に基本的に依拠している。ある地域の出身者の数に関する一般的な記録、つまりその人名が特定できない記録を利用する場合は、特別な努力を払って、重複することがないようにした。同様の趣旨から、地名が同定できない事例も排除した。総計50例を超える騎士の事例も除外してある。…」(Chang2007, 53頁)

33) この点については［高村2008, 398頁］を参照のこと。

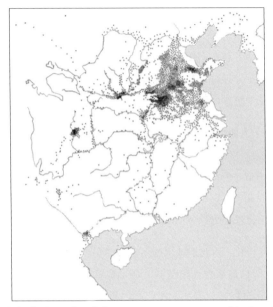

図 5-3　西暦 2 年ごろの人口密度（ハンス・ビーレンシュタイン『漢王朝の再興 3』より）

この現象を十分に説明しうるとはいえない。なぜなら，出身地のデータと人口密度とを比較すれば分かるとおり，中原東部の沿海部は，その西部と同様に人口密度が高いものの，西北地方への移民をまったく送り出していないからである。張説のもう一つの欠点は，秦から始まり，漢代にも継承された二つの異なる方策を混同していることである。刑徒で「辺境を充たし」たり，同じ目的のために自発的ないしは強制的な移民を大量に組織したりするのと，防衛の任に就く徴集兵を毎年徴用するのとは，まったく別物である。

　居延漢簡（そして少量の肩水金関簡）を用いた高村武幸による最新の研究は，エバーハートや張の業績を参照してはいないが，戍卒・田卒の出身地がはっきり記された文書のみに厳密に焦点を絞ることで，上述の落とし穴にはまるのをほぼ免れている[34]。総じて，統計的な分析がはらむ方法論上の問題を高村は十分に認識している。特に彼は，遺跡の同じトレンチから発見された紀年簡を参照して，

34）［高村 2008，383 頁］。付表には「車父」を務めた兵士も挙げられている。高村は，「河渠卒」などのその他の「卒」とともに，車父を「戍卒」の範疇に含めて計算している。384 頁の表 1 につけられた解説を参照。

個々の木簡を特定の皇帝の在位時期に比定しようとしている。299の事例のうち，それ自体に紀年が書かれている簡が8例しかないことに鑑みれば，これは興味深く，かつ革新的なやり方であるといってよく，彼はその目的のために永田英正による遺跡内各区画の年代比定案を利用している[35]。

　異なる時代の移民を互いに区別することは，間違いなく考慮すべき重要な点である。特定の地名がある時期に変更されたことが分かっている場合，年代の上限（ないしは下限）を知りうることもある。高村はこうした方法を用い，たとえば田卒はかなり早い時期に見られるもので，一方で後代になると西北地域出身の者——高村はこれを内地から来た徴集兵と厳密に区別する——が増えることを推測している[36]。

　高村は，永田やその他の研究者が用いた文書分類の枠組みを借用し，付録の表に挙げられる個々の史料の，大半をそれに当てはめている。彼が用いた枠組みは以下の通り。

- 二種類の個人記録（「名籍」）。一つ（Aタイプ）はその部隊について述べたものとおぼしく，通常「戍卒」に始まり，郡名・県名・里名・名前が続き，個々の兵士の爵位と年齢が記されることもある。もう一つ（Bタイプ）はある兵士が，しばしば同じ出身地の他人を雇用した（「庸同県…」）という記載を含んでいる[37]。
- 三種類の備品リスト（「被兵簿」）。
- 通過記録（「出入記録」）。関所で書かれた，ないしは関所で使うために作成されたもので，通過する人間と，もし居るならば同行者，ならびに持ち物が記録される[38]。

---

35) 392頁と393頁の間に挟まれた折り込みの図表において，この断代案を要約して示している。

36) ［高村2008，396頁］参照。また411頁注30では，他の研究者にも同様の指摘があることに言及している。

37) 永田英正『居延漢簡の研究』（同朋舎出版，1989），204頁および209頁。通常この書式は「卒の甲が同じ県出身の卒乙を雇用した」として現れる。甲が自らの兵役を肩代わりさせるために乙を雇ったという意味であるのは明らかである。従ってここでの分析には，甲ではなく乙のみが辺境で勤務する者の統計に加えられることになる。またこのことは，徴用されるべき兵士の数に，県ごとの割り当てがあったのを示している。謝桂華「漢簡和漢代的取庸代戍制度」（『漢晋簡牘論叢』，広西師範大学出版社，2014）および本書所収の鷹取論文参照。

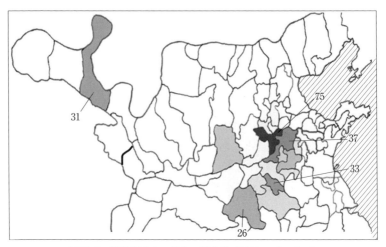

図 5-4　居延と肩水の兵士の出身地（［高村 2008］に拠る）

・病気の兵士たちのリスト（「病卒名籍」）。
・債務記録（「責名籍」）。
・文書の宛先と中身を記したラベル（「検」）。

さらに高村は，張と同じく，しかしよりはっきりと，同一簡に同じ郡国の出身者が（おそらくは個人名を挙げることなく）複数記載されていても，一つの例として統計に加えると述べている［高村 2008, 383 頁］。また高村は肩水金関で出土した簡を他の簡と区別する。そこに見える者たちは金関に駐屯した徴集兵ではなく，そこを通過した者に過ぎない可能性があるからである。かくして高村は 268 例の個人記録を集積する。そのうち 208 例が内郡から来た戍卒，60 例が内郡の田卒で，圧倒的多数が居延地域から出土し（169 例），肩水地域はずっと少ない（99 例）。肩水地域については 1930 年代に発見された旧簡中の肩水出土簡しか分析できなかったためである[39]。また付録の表④では，地元である張掖郡出身の戍卒

---

38) ローウェ［Loewe1967］が復原した冊書のうち，MD4（新兵についての一般的記録），MD18（武器の登記簿），UD2（戍卒の活動記録），UD3（騎士への備品支給記録），UD5 と TD8（通過記録），UD6（直接の報告書？），TD3（田卒への衣服支給リスト），X2（爵位授与の記録）は，関所の具体的な業務を知りうる良い例である。
39)「居延」旧簡には A32（肩水金関），A33（肩水候官），A35（肩水都尉府）から出土したものが含まれ，それは簡番号の前半の数字により弁別できる。これら三遺跡は互いに目視できる範囲にある。1970 年代に発見された肩水漢簡は 2012 年からようや

31 例が挙げられ，これで総計 299 例となる。彼の結論は後掲の表 5-3 でその概要をしめし，また左の図 5-4 にも図示しておいた。

しかし高村が挙げた主たる成果は，鷹取により論じられた徴兵のプロセスが実際には如何にして機能し，東方のごく限られた郡出身の兵士たちは如何にして西北地域に配置されたのかを，相互に結びつけて議論した点にある。彼の研究はこの問題をめぐって多くの仮説を用いており，厳密にいえば状況証拠以上のものは示されず，それらはなお証明不能であるものの，議論の対象とする価値はあろう。

たとえば，兵士たちを効率的に組織し，戦闘単位内での意思疎通を容易にするために，一つの県から徴発された新兵たちは就役地でも共に暮らし，西北地域における戦闘単位の多くが，同一の徴兵区域出身の新兵のみによって構成されていたと高村は考えている（393 頁）。さらに高村は，この推測を徴兵制度と結びつけ，ある年の辺境地域の特定の部署——たとえば候官——には，東方の一，二県出身の徴集兵しか存在しなかったと見ている（390～391 頁）。つまり，ある年には居延の甲渠候官にいるあらゆる徴集兵が魏郡内黄県の出身であるが，その翌年には東郡清県から来た新兵にすべて置き換えられる，という具合である。

高村はこの主張を補強すべく，甲渠候官で就役する兵士の主な出身地として史料に見える，東方の四つの郡に所属する県の数を勘定する。そしてそれが合計で 41 県となるので，41 年間はこの四郡の出身者がここに配属されたことになるとし，この年数を，兵士を長距離移動させる徴兵制度が反乱その他の理由で機能していなかったであろう期間を差し引いた候官の活動期間と合致させようとしているようだが，説得力に富むとは言い難い[40]。

中国東方のどの郡・県から辺境地帯に新兵を送り込むのかは，辺郡ごとに，あるいは部都尉ごとに異なったという推定をめぐって，高村は特定の郡と新兵の受入側との関係が慣例的に形成されただけでなく（その関係がいかにして形成され，どうして時代とともに変化したのかについては言及されないが），出身地と任地の間の距離も重要であったとする。敦煌郡のような帝国の西端にある部隊は，多くの場

く徐々に公表された。

40) 高村自身そこまで踏み込みはしないのだが，もしも彼が正しく，特定の出身県と特定の年とを結びつけることができるのなら，理論的に言って，実際に紀年が記されている簡よりもさらに多数の木簡について，その年代を知りうることになる。

合中原西部から来る新兵の目的地となり，兵士の移動距離は沿海部から送り込まれた場合よりも短く，そうすることで一定のバランスが取られていたというわけである。これに対し，関東の中部・東部出身の兵士は，西の果てではなく，張掖郡，あるいは上谷郡のような北部辺境地帯に送られたとされる[41]。

こうした仮説により説得力を持たせるには，間違いなくより多くの論拠が必要である。エバーハートと高村の結論を併せて検討してみても，それが立証されているとは言い難い。いずれにせよ，新発見の懸泉置漢簡を同様に分析せねばならないと高村が考えているのは，極めて正しい。あいにくこれらの史料はまだ出版されていないが，新出の肩水金関漢簡を精査することは可能となった。この史料を用いた具体的分析は本書に収められた第6章（鷹取）に譲り，ここにその方法論上の問題点を整理しておこう。

5 ●肩水金関漢簡から得られる情報と方法論上の問題点

肩水・居延・敦煌地区（これらの地域については十分な史料がある）に居住する，ないしはそこを通過する兵士をはじめとしたあらゆる人間について，その本籍の郡・県・里を税務登録のために記録した文書を，これから全面的に活用してゆかねばならない。そのうえで，そこから得られた情報を個々人の役職や社会的地位その他と対比せねばならない。ほとんどの史料が断片的で，我々の手にあるのは，当時存在していたであろう記録のほんの一部にすぎない。これらの材料を正確に理解するには，様々な種類の登記簿と，その史料としての限界について知っておくのが肝要であろう。たとえば通過記録は，その関所に駐屯していた人間について論じるための証拠にはならない。だが，関所（この場合は肩水金関）で発掘された史料がいずれも信用できない——高村はそう仄めかしている——かどうかは，議論の余地があろう。また，様々な地位呼称の正確な意味とその違いを追究する必要もあるだろう。たとえば「戍卒」「田卒」「河渠卒」「治渠卒」「省卒」「燧卒」などといった徴集兵の呼称や，さらには社会的地位を示すためにしばしば用いられ，事実上（『妻』などと同様に）兵士と同行する家族に含まれるものでもあった「従者」や「葆」などである[42]。

41）〔高村 2008，394 頁〕参照。現在の北京付近に位置する上谷郡への兵の派遣は，尹湾漢墓で発見された文書に見える。同 403 頁参照。

42）一方で，高村は妻や家族はいずれも地元出身であると推測している。

要約すれば，以下のような方法論上の問題が検討されねばならない。

1. データを集約するうえでの統計学的な手法は，その正確さについて誤った印象を与える。実のところデータは非常に断片的で，細心の注意を払った分析であっても，さほど意味のある数字は期待しえない。たとえば，一連の地名（郡・県・里名）はしばしば一部を欠いているので，欠落部分は推測せねばならない。しかし同じ里名，さらには時として同じ県名も複数存在し，また漢代のあらゆる地名を通覧できる完全なリストは存在しないので，推測が誤りを含んでいることもありえる。

　　一方，毎年の徴兵規模を正確に知るために個々人についての記載に依存してしまうのは方法論的に不可であるものの，この目的のためには，大きなグループが関所を通過したときの記録が役に立つだろう。さらにそれを，辺境の要塞の規模から推測される兵士の総需要数によって補強することができるかもしれない。

2. 現在のところ，データの年代幅は約100年間に及び，正確な年代比定が難しい。高村がより分かりやすい時間軸に沿って，政治状況の変化もふまえ，史料の年代をよりきめ細かく区分しようとしているのは非常に正しい。この目標を達成するために，表5-4（後掲）では地理的区分ごとのデータを示した。

3. 文書研究においては常にそうだが，分析に価値があるか否かは，釈読の正確さに事実上左右される。それこそが大量のデータを入力する上での基礎となるからである。さらに，一本一本の簡を組み合わせ，複数の簡から成る元の冊書を復原する作業を進めれば，断片を解読して年代を比定し，徴集兵の出身地を知るのに役立つかもしれない。だが一方で，断裂し，風化し，不正確に釈読された簡に書かれているため，出身地を特定するには利用可能な情報が不十分であるという大量のケース（その多くが一般人についてのもの）が常に存在するだろう。それでも，それらを統計に加え，我々が取り扱っているのが氷山の一角に過ぎないことを肝に銘じねばならない。

4. 史料が断片的な性質を帯びているということは，文書の釈読や解読のみならず，解釈にも同じことが当てはまる。換言すれば，たとえ文字がはっき

りと読み取れても，その意味を正確に理解できるとは限らないのである。時として郡と県の名前は一致するので（たとえば魏郡の魏県），断簡に書かれた「魏」がどちらの意味なのかは判断できない。同様に，ある人物の本籍についての情報と，勤務地についてのそれとを区別することも重要である。原史料，とりわけ名籍では，最初にくるのはほぼ例外なく勤務地名で，それに本籍地や地位についての記載が続き，名前，そして年齢やその他の身体的特徴が最後に記される。時折，その地名が本籍地名なのか勤務地名なのか，判断しがたいことがある。

5. 釈読，解読，そして解釈の不確かさのために，サンプルの抽出がややいい加減になってしまう。この研究を遂行するためには，少なくともある人物の本籍地についての情報と，その軍事的な地位に関する情報とを含む簡のみが集められることになる。その他の情報，たとえば個人名などは，重複を避けるために，ないしはごくたまにそのエスニシティを知る手がかりになるために利用される。

6. 簡に欠損がないならば，そこに書かれた特徴的な内容や丁寧に仕上げられていることなどから，文書の書式（ないしは手本）を見分けることはできる。だが習書と本物の文書とを区別するのは，必ずしも容易ではない。従って断片的な書式簡や習書が統計を歪める可能性もある。単純な誤記のある記録についても同じことが言え，それが誤記であることは証明しようがない[43]。

　しかしどんなに方法論上の問題があろうと，得られた統計から少なくとも一定の傾向が見て取れよう。さらに肩水金関遺跡は様々な地域から来た人間が通過する場所に位置するので，地域住民の社会的構造とその関係性について，知見を深めることができるに違いない[44]。そうした試みの一つが，第6章（鷹取）である。

---

43) たとえば EJT10:270。わずか14歳の人間が第八級の爵位を帯びている。

44) 肩水金関からは驚くべき分量の私信も発見されている。ほとんどが断片であるものの，独特の語彙から私信であると見極めるのは容易である。私信は公文書の郵送手段（その配送センターが関所に置かれたというのは，ありそうなことであるが）によってではなく，宛先がある方面へと向かう親戚・友人・知己によって運ばれたと考えられるので，このことは我々を驚かせるに十分である。Enno Giele, "Private Letter Manuscripts from Early Imperial China", Antje Richter (ed.), *A History of Chinese*

漢代西北辺境防備軍の社会構造　第5章

（翻訳：宮宅　潔）

Letters and Epistolary Culture, Leiden: Brill, 2015 参照。このことは今後も肩水金関簡を用いて検証されねばなるまい。いずれにせよこれらの手紙は，はるか昔の時代，数千とは言わないまでも，数百キロ離れた人たちの間で，個人的なコンタクトが成立していたことを示しているといってよい。

133

表5-1 敦煌の卒の出身地（[エバーハート1954]［高村2008］に拠る）

本籍地	卒の数（エバーハートに拠る）	郡の人口総計(1)に対する比率（%）	卒の総数(2)に対する比率（%）	高村による追加	合　計
敦　煌	19			＋5	24
張　掖	143				143
酒　泉	3			＋1	4
長　安	12	8.9	6.9		12
天　水	1				1
安　定	1				1
隴　西	1				1
金　城	1				1
河　東	14	5.0	6.9	＋3	17
上　党	2			＋1	3
趙　国	5	26.3	24.9		5
広　平	1				1
鉅　鹿	2				2
魏　郡	23				23
東　郡	15				15
河　内	2				2
新　都	2				2
青　和	3				3
東　平	5				5
河　南	10	53.2	56.7		10
淮陽(国?)	30				30
弘　農	2				2
頴　川	10			＋3	13
陳　留	6				6
汝　南	12				12
済陰(国?)	11			＋3	14
南　陽	11				11
梁　国	7				7
山　陽	33				33
南　郡	1	6.5	4.7		1
漢　中	8				8
広　漢	2				2
武　都	－			＋14	14
西郡？	－			＋1	1
	合計：398			＋31	429

＊エバーハートも参照した敦煌旧簡の事例は高村の総計から差し引いた。

(1)　表に見える郡の人口総数（敦煌・張掖・酒泉を除く）。

(2)　敦煌・張掖・酒泉出身の卒を除く。

漢代西北辺境防備軍の社会構造　第5章

表 5-2　西北地域の卒の出身地（[Chang 2007, 54・55 頁] を一部訂正）

現在の省 （総計）	本籍地	戍 卒	田 卒	官 吏	民 衆	吏民不名	合 計
甘粛 (235)	敦 煌	–	–	1	1	–	2
	酒 泉	–	–	–	2	–	2
	張 掖	77	1	74	68	8	228
	武 威	–	–	1	2	–	3
甘粛／寧夏	北 地	–	–	–	1	–	1
陝西 (26)	京兆尹	–	–	–	8	–	8
	右扶風	1	–	1	3	–	5
	左馮翊	1	–	–	3	–	4
	漢 中	–	–	1	7	1	9
山西 (16)	河 東	7	1	1	5	–	14
	上 党	1	–	–	1	–	2
河北 (11)	趙 国	4	–	–	1	1	6
	平干国	2	–	–	–	1	3
	鉅 鹿	2	–	–	–	–	2
河北／山東	東 郡	7	2	–	1	–	10
河南 (87)	河 内	–	–	–	5	–	5
	弘 農	–	–	–	1	–	1
	河 南	19	1	1	7	4	32
	淮陽郡	7	20	–	–	–	27
	淮陽国	1	–	–	2	–	4
	潁 川	6	–	1	3	–	10
	陳 留	6	–	–	2	–	8
河南／河北	魏 郡	51	3	–	8	–	62
河南／山東	昌邑国	6	19	–	5	5	35
河南／江蘇	梁 国	6	1	–	–	–	7
河南／安徽	汝 南	4	7	–	–	–	11
河南／湖北	南 陽	15	–	1	1	–	17
山東 (64)	済 陰	6	1	1	5	1	14
	済陰国	–	1	–	–	–	1
	東平国	–	–	–	1	–	1
	大 河	8	39	–	1	–	48
浙江／安徽 ／江蘇 (2)	沛	1	–	–	–	–	1
	丹 揚	–	–	–	–	1	1
湖北	南 郡	2	–	–	–	–	2
四川 (8)	蜀 郡	–	6	–	–	–	6
	犍 為	–	2	–	–	–	2
不明		–	1	1	1	6	9
合計	28 郡, 7 国	240	106	84	146	27	603

135

表 5-3　居延・肩水地区の卒の出身地 ［高村 2008］

本籍地	居延都尉府轄下		肩水都尉府轄下		合計
	戍　卒	田卒	戍卒	田卒	
魏　郡	70	3	–	2	75
東　郡	29	–	5	3	37
淮　陽	4	–	9	20	33
南　陽	26	–	–	–	26
昌邑国	–	–	3	14	17
（＝山陽郡）	2	–	–	–	2
河　東	15	–	2	–	17
汝　南	–	–	4	7	11
済　陰	1	–	7	3	11
穎　川	7	–	1	–	8
梁　国	1	–	6	–	7
大　河	–	–	–	6	6
陳　留	5	–	–	–	5
趙　国	–	–	3	–	3
鉅　鹿	–	–	2	–	2
河　内	2	–	–	–	2
上　党	1	–	–	–	1
河　南	1	–	–	1	2
南　郡	1	–	–	–	1
弘　農	1	–	–	–	1
平干国	–	–	–	1	1
小　　計	166	3	42	57	268
張　掖	31	–	–	–	31
合　　計	197	3	42	57	299

表 5-4　肩水地区の卒の出身地（概観）［ギーレ 2015］

本籍地と合計	千口（約）	戍 卒	田 卒	官 吏	騎 士	その他	合 計
1　京兆尹	700	1				12	13
2　左馮翊	900	1				2	3
3　右扶風	800			1		4	5
4　弘農郡	500					3	3
5　河東郡	1,000	3		河／治渠卒 7		5	15
6　太原郡	700			1			1
7　上党郡	300	3	3			3	9
8　河内郡	1,000			1		9	10
9　河南郡	1,700		3	1		28	32
10　東　郡	1,700	5	6			1	12
11　陳留郡	1,500		1	1			2
12　潁川郡	2,200	11	12			1	24
13　汝南郡	2,600	6					6
14　南陽郡	1,900	10				14	24
20　済陰郡	1,400	3		1		1	5
22　魏　郡	900	11	8	6		1	26
23　鉅鹿郡	800	11				2	13
32　斉　郡	600					4	4
54　金城郡	140					1	1
56　武威郡	76			1		1	2
57　張掖郡	88	10		35	21	74	140
䠜　得		5		17	10	31	63
昭　武		4		3	1	11	19
氐　池		1		1		4	6
屋　蘭				1	1	3	5
日　勒					4	2	6
驪　軒				1		2	3
居　延				12	5	21	38
58　酒泉郡	76			1		7	8
59　敦煌郡	38					2	2
60　安定郡	140					1	1
84　趙　国	300	11	6	4		1	22
85b　平干国			3				3
95　淮陽国	1,000	4				1	5
95a　淮陽郡		12	5			6	23
96　梁　国	100	21	5	2		2	30
97b　大河郡						1	1
不　明		1	3	3	4	70	81
合　計		124	55	66	25	256	526

第6章

....

鷹取祐司
Takatori Yuji

漢代長城警備体制の変容

はじめに

　漢代の長城警備については，『漢書』昭帝紀元鳳4年（前77）正月条に附せられた如淳注に具体的な記載がある。

> 天下の人皆戍辺三日に直る，亦た名づけて更と為す，律の所謂繇戍なり。丞相の
> 子と雖も亦た戍辺の調に在り。人人自ら行き三日戍るべからず，又た行く者当に
> 自ら戍ること三日たるべきも，往きて便ち還るべからず，因りて便ち住まること
> 一歳にして一たび更る。諸て行かざる者，銭三百を出して官に入れ，官以て戍る
> 者に給す，是れ過更と謂うなり[1]。

ここでは，天下の人々には3日間の長城警備の義務が本来はあるが，3日間だけ
の従事は現実的でないために，実際に就役する者は一年交替で勤務し，就役しな
い者は免役銭として300銭を官に納めて，それを実際に就役する者に支給した，
とある。この如淳注に見える所の，戍卒が一年交替であったことや，「天下人」
とあるように長城警備が辺郡民のみに課せられたものではなく内地の民も従事し
ていたことが，辺境出土漢簡によって確認された。さらに，漢簡の分析によっ
て，如淳注より詳細な長城警備の実態も明らかになっている。例えば，如淳注の
記載からは長城警備には漢帝国全ての地域の民が従事していたように理解される
が，居延・肩水地域[2]の長城警備について言えば，魏郡・東郡・淮陽郡・済陰郡

---

1) 天下人皆直戍邊三日，亦名爲更，律所謂繇戍也。雖丞相子亦在戍邊之調。不可人
人自行三日戍，又行者當自戍三日，不可往便還，因便住一歲一更。諸不行者，出錢三
百入官，官以給戍者，是謂過更也。

139

などの郡国に集中していたことが漢簡から明らかになっている[3]。さらに，居延地域の長城警備は前漢期を通してこれら郡国の出身者によって担当されたわけではなく，成帝期以降になると地元である張掖郡出身者が多くなったことが髙村武幸によって指摘されている[4]。

戍卒・田卒（以下「戍卒」と総称する）の出身地が成帝期以降変化したと考えられたのは，張掖郡出身戍卒の名籍簡が出土した区画から出土した紀年簡には成帝期以降のものが多いため，張掖郡出身戍卒の名籍簡も同時期のものと推定されたからである。この時，髙村が利用できなかった肩水金関址（A32, EJ）出土簡が，その後，全簡公表された[5]ので，髙村のこの指摘を肩水金関址出土簡を用いて検証する必要があろう。

その肩水金関址出土簡には，後掲簡 33〜37 のような，肩水金関の北に位置する烽燧に勤務する吏の家属に発給された「家属符」や同内容の「燧長符」「亭長符」が多く含まれている（以下，総称して「家属符」という）が，表 6-1 に見えるように，哀帝期の前 5〜1 年の事例数が突出して多い[6]。民間人用の通行証である伝は，宣帝期の前 55〜51 年を中心とする時期に比較的集中するものの，全期間にわたって事例が確認できることと比較すると，家属符の集中度合いが特異であることが明確に看取できよう。

家属符の事例が集中する哀帝期は，後述するように，居延・肩水地域を守る戍卒の大部分が地元の張掖郡出身者になったと考えられる時期に当たっており，これらには何らかの関連が予測されるのである。

---

2) 居延都尉府および肩水都尉府の管轄区域に当たる地域を本稿ではそれぞれ居延地域・肩水地域と表現する。

3) 西村元佑「漢代の徭役制度」（『東洋史研究』12-5, 1953 年）。また，本書第 5 章注 28・29 に引用された先行研究を参照。

4) 髙村武幸「前漢西北辺境と関東の戍卒——居延漢簡に見える兵士出身地の検討を通じて」（初出 2000 年。同『漢代の地方官吏と地域社会』汲古書院，2008 所収）。以下で言及する髙村の所説は全てこの論考に拠る。

5) 甘粛簡牘博物館（旧甘粛簡牘保護研究中心）・甘粛省文物考古研究所・甘粛省博物館・中国文化遺産研究院古文献研究室・中国社会科学院簡帛研究中心編『肩水金関漢簡』壹〜伍（中西書局，2011〜2016 年）

6) 家属符などの出土状況については，拙稿「肩水金関遺址出土の通行証」（拙編『古代中世東アジアの関所と交通制度』立命館大学，2017）参照。表 6-1 はこの拙稿 p. 284 の表 4 より抜粋した。

表 6-1　肩水金関址出土の家属符と伝の時期分布

年　代	前75~71	前70~66	前65~61	前60~56	前55~51	前50~46	前45~41	前40~36	前35~31	前30~26	前25~21	前20~16	前15~11	前10~6	前5~1	後1~5	6~10	11~15	16~20	21~25	26~30
家属符					2		3	3		1	1		1	2	14						
伝	1	4	4	5	8	5	2		1		1	1	2	3	4	3	2	2	1		1

　本章は，新たに公表された肩水金関漢簡を利用することで，成帝期以降，居延・肩水地域の戍卒の出身地が関東から張掖郡へと変化していった点を検証した上で，この変化の背景と変化後の長城警備体制の実相に就いて考察するものである[7]。なお，本章は，簡牘資料を用いた研究を方法論の面から取り上げた本書第5章での議論を承けた具体的実践研究でもある。

1 ●戍卒出身地の変化

（1）戍卒の出身地記載があり年代が確定できる簡の集成

　先述のように，髙村は張掖郡出身戍卒の名籍簡を同じ出土区画から出土した紀年簡に基づいて年代比定しているが，紀年がありかつ戍卒の出身地記載のある簡も存在する。額済納河流域と疏勒河流域の両方から出土した当該簡を集成したのが本稿末尾の別表 6-1 で，武帝征和 3 年（前 90）から王莽期（後 9~23）までの33 例が確認できる。そのうち，張掖郡出身戍卒の例は元帝初元 5 年（前 44）の 2 例と王莽期の 1 例のみで，残り 30 例は全て張掖郡以外の出身である。張掖郡以外の内地出身戍卒の例は，王莽期の 1 例を除いて成帝の陽朔 5 年（鴻嘉元年，前 20）以前のものばかりである上に，初元 5 年（前 44）と建始 2 年（前 31）の間の12 年間および陽朔 5 年（前 20）と王莽期の間の 30 余年間に事例が確認できない他は各事例相互の間隔が 10 年を超えないので，少なくとも，陽朔 5 年以前は居延・敦煌の長城警備に張掖郡以外の内地出身の戍卒が継続的に充当されていたと見なして良いだろう。

7）本稿で引用した簡牘の簡番号後ろの※番号は，懸泉置漢簡の出典および簡牘綴合の典拠で，当該文献は本稿末の一覧を参照。なお，1930 年代出土居延漢簡のうち，簡牘整理小組編『居延漢簡』壹~參（中央研究院歴史語言研究所，2014~2016 年）所載のものは，当該書の綴合に拠る。別表 6-3 については煩雑になるので簡牘綴合の典拠を附記していない。

(2) 肩水金関址出土戍卒簡の時期分布

　肩水金関址からは，戍卒の出身地記載のある簡（以下「戍卒簡」という）で紀年のないものも357例出土した（別表6-2）。全357例中，38例が次掲簡1のような張掖郡出身戍卒の例，319例が簡2のような張掖郡以外の郡国出身戍卒の例である。

簡1

　　戍卒觻得萬歳里爰忘得，年卅五　ノ　　　　　　　　　　　　（73EJT10:102）

簡2

　　戍卒南陽郡博士度里公乗張舜，年卅　長七尺二寸　ノ　　　　（73EJT10:103）

これら戍卒簡の出土区画（図6-1・図6-2参照[8]）毎の事例数と，当該区画から出土した紀年簡（別表6-3がその一覧）の五年毎の分布状況を併せて示したのが表6-2である。表6-2では，張掖郡出身の戍卒簡（表中の「戍卒：張掖郡」）が多い区

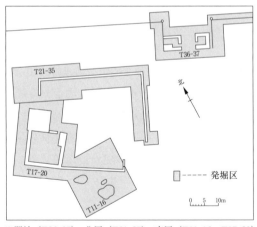

※関址（T36-37），北区（T21-35），南区（T11-16，T17-20）

図6-1　肩水金関址発掘区分布図

---

8) 図6-1は甘粛居延考古隊「居延漢代遺址的発掘和新出土的簡冊文物」(『文物』1978-1) p.13図一二，図6-2は同図一三。なお，T10は南塢墻外側の1930年代西北科学考査団のD・E発掘区に当たるようである (p.5)。T1～9の位置も同様にD・E発掘区と思われるが，明確な記載は無い。

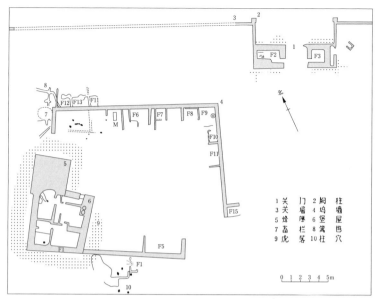

図 6-2　肩水金関址平面図

画を右から順に並べ，張掖郡出身の例を含まない区画は張掖郡以外の郡国出身の戍卒簡（表中の「戍卒：他郡国」）が多い順に左から並べた。さらに，先述のように，陽朔 5 年（前 20）以前は居延・敦煌の長城警備に張掖郡以外の内地出身の戍卒が継続的に充当されていたと考えられるので，表 6-2 では陽朔 5 年を含む枠の下限である前 16 年で線を引いた。

表 6-2 を見ると，張掖郡出身の戍卒簡を含む区画は概ね前 15 年以降の紀年簡も含んでいるのに対して，張掖郡出身の戍卒簡を含まない区画の多くが前 15 年以降の紀年簡を含まないという大まかな傾向が看取できる。

この中で特に注目されるのは EJF3 である。F3 は肩水金関の関門東側の部屋（図 6-2 参照）で，ここから出土した紀年簡全 48 例のうち 45 例が後 8〜19 年に集中している（表 6-2，別表 6-2 参照）ことから，F3 には肩水金関が放棄される直前の時期[9]に使用中の文書が保管されていたと考えられる。さらに，EJF3 出土の

---

9) 肩水金関址出土の紀年簡で最も時期が遅いのは次掲 73EJF2:10 の地皇 3 年（後 22）なので，肩水金関はこの直ぐ後に放棄されたのであろう。

●新始建國地皇上戊 3 年正月　二十六日顯德伯□☒　　　　　　　　（73EJF2:10）

143

表6-2　成田卒・騎士簡と紀年簡の区画別出土数（年代別部分が紀年簡の出土数）

年代＼出土区画	EPF22	EJT1	EJT30	EJT21	EJT9	EJT5	EJT11	EJT25	EJT26	EJT2	EJT4	EJT3	EJT22	EJT27	EJT6	EJT32	EJT28	EJT29	EJT31	EJT33	EJT11	EJT34	EJT35	EJT2	EJT7	EJT8	EJT14	EJT24	EJT10	EJT23	EJF3	EJT37	合計
～前81		1	1																														
前80～前76			3	3	1	1	2	1	6	3	1	1	2								1				2		1	4	6	1		2	
前75～前71	2	3	4	5	1	1	2	1	3	2	1	1	1				3	3	1	1				1	2		1	19	3	5	1	15	
前70～前66	3		9	6	1	2	2	1	2	3	1	1	1	2		1	2	3	4	1					2	2	1	1	3	3	3	16	
前65～前61				1	3						1	1				1	7	6		1					2		1	1	1	1		16	
前60～前56		1	1		8			1					1	3		1			2	1	2	2		2	2		1	1	7	3	1	16	
前55～前51			1	1	6		1	3	3				1	3	2	2				3	2				1		1	1	10	1	1	1	
前50～前46								1			1	1	1	3		1					1				1	2	1	1				3	
前45～前41			2	2									1		2							2						1	3			1	
前40～前36					1						3	1			3		2	4	4		1			1	3			1	2			3	
前35～前31	1		2					2				1		3	3	1	2		1						4				2			3	
前30～前26	1				1																											4	
前25～前21									2		2		1											1				1	2			
前20～前16				1																										2	5	
前15～前11										1	2												2		1		2	2	10		1	20	
前10～前6											5													1		1		11		9	1	39	
前5～前1			1		1						2	3																11		22	24	37	
1～5																												2			16	4	
6～10	1																							1						5			
11～15	1																																
16～20	3																																
21～25	16																																
26～30	47																																
31～35	10																																
36～	(1)																																
戌卒：他郡国	1	25	17	16	13	11	9	10	9	8	8	7	7	5	5	5	4	4	3	3	3	3	2	2	9	11	3	37	14	19	3	56	319
戌卒：張掖郡	1		5	2	1	2		1	1				1														2	2	4	4	11	14	38
庸	1	1			2			1																			4						20
営騎士	1																														58		62
県騎士		7									2			2															2	2	3	3	27
騎士（籍別不明）	7																														1	1	13

紀年簡で前16年以前のものはわずか1例だけなので，EJF3出土簡の殆どは前15年以降の時期と考えてよいだろう。そのEJF3から出土した張掖郡出身の戍卒簡は11例あるのに対して，他郡国出身の戍卒簡はわずか3例に留まっている。

　このEJF3と対照的なのがEJT10である。EJT10出土の紀年簡は32例全てが前26年以前のものなので，EJT10出土簡は概ね前26年以前の時期と考えられる。そのEJT10から出土した張掖郡出身の戍卒簡はわずか4例であるのに対して，他郡国出身の戍卒簡は14例もある。

　一方，張掖郡出身の戍卒簡を含まない区画に目を向けると，全22区画中14区画で前15年以降の紀年簡を含んでいない。その14区画のうち，EJT1は他郡国出身の戍卒簡を25例，EJT9は13例，EJT5は11例，EJT25は10例，EJT26は9例，EJT2は8例，EJT22は7例含んでいる。また，これらの区画と比しても多くの他郡国出身の戍卒簡を含むEJT30（17例）とEJT21（16例）でも，出土した紀年簡はそれぞれ1例を除き全て前16年以前のものである。それ故，これらの16区画から出土した他郡国出身の戍卒簡は前16年以前のものと見なして良いだろう。

　このように，他郡国出身の戍卒簡は出土するが張掖郡出身の戍卒簡は出土しない区画は，当該区画出土の紀年簡の殆どが前16年以前であるのに対して，張掖郡出身の戍卒簡が出土している区画は前15年以降の紀年簡を多く含んでいる。ここから，居延・肩水地域の戍卒は前16年以前は他郡国出身者が多かったが，前15年以降になるとその大部分が張掖郡出身の戍卒に代わるという変化を読み取ることができ，髙村の指摘の妥当性が確認できる。

　なお，髙村が集成した張掖郡出身戍卒の名籍簡は全て甲渠候官址（A8, EP）出土であったために，髙村は肩水都尉府管内に関しては内地出身戍卒から張掖郡出身戍卒への変化を明言してはいないが，張掖郡出身戍卒が肩水都尉府配下の燧に配属されている例が肩水金関址出土簡には確認できる。

簡3
　　安竟隧卒觻得歩利里士伍孔益壽☒　　　　　　　　　　　　　　　　（73EJT37:622）

簡4
　　禁姦隧戍卒觻得悉意里公乗王鳳，年五十，行書橐他界中，盡五年二月正月止
　　　　　　　　　　　　　　　　　　　　　　　　　（73EJT37:628 ＋ 658 ※1）

簡5

破適隧卒觻得萬年里公乘馬□宮，年廿三　見責府　同　十二月乙卯出入

(73EJT37:1082)

簡6

勇士隧卒昭武長壽里大夫戻普，年二十八　普弟當，年二十--　大車一兩
　　　　　　　　　　　　　　　　　　　　　　　　　　用牛一頭

(73EJF3:130)

簡7

肩水騂北亭卒觻得新成里公士李譚，年三□　　　　　　(73EJF3:467)

簡3～7で張掖郡内の県である觻得・昭武出身の戍卒が配属されている安竟隧・禁姦隧・破適隧・勇士隧・騂北亭はいずれも肩水都尉府所属の隧である[10]。簡3～5はEJT37出土なので年代の特定は難しいが，簡6の「二十」と簡7の「三

---

10) 騂北亭は簡7に「肩水騂北亭」とあり，禁姦隧は下掲73EJF3:78 + 623から，勇士隧は73EJT37:850から，それぞれ肩水都尉府所属とわかる。破適燧は73EJT7:24から肩水都尉府下の橐佗候官所属とわかる。安竟燧は562・7に望城燧と一緒に見えるが，その望城燧は73EJD:211に肩水候官所属とあるので，安竟燧も肩水候官所属である。

　□肩水禁姦隧長代王譚
　□二千四百七十六泉六分　　　　　　　　　　　　　　(73EJF3:78 + 623)

　肩水橐他候長勇士隧長□□孫宏　肩水□　　　　　　　(73EJT37:850)

　□卒黃宗ノ　通塱隧卒呂庇ノ□
　□卒任奴ノ　破適隧卒董輔ノ□□
　□卒樊抵ノ　右橐佗五人　　次□□　　　　　　　　　(73EJT7:24)

斥竟三人	濟陽	鄣卒周千秋		當井陳弘	●周萬印	陳時□
		□□				
安竟三人		當井周捐		華呆	周道	陳□□
望城二人	□成	●凡十二人先至	一石六斗	蘇時	畢尊	□
鄣卒田勝	望東	望城卒朱戒		黃鍔	周常	□
					●直隧	□

(562・7〔A33〕)

肩水望城隧長觻得步利里暴□　未得地節四年十月盡十一月積二月奉用錢千二百
　　　　　　　　　　……錢千二百……　　　　　　　(73EJD:211)

146

（十）」は王莽期特有の表記[11]なので，これら2簡は王莽期のものとわかる。従って，肩水地域の戍卒についても，甲渠候官管区と同様に前15年以降，他郡国出身者から張掖郡出身者に変化したと考えてよいだろう。

　前15年は成帝永始2年に当たるので，居延・肩水地域の長城警備は，成帝中期以降，張掖郡出身者の戍卒によって担われるようになったと考えられるが，内地からの戍卒供給が全く途絶えてしまったわけではない。

簡8

　　寒虜隧卒河東聞憙邑樓里樂欣，年三十三　　　　　　　　　　　　（73EJF3:35）

簡9

　　治溝卒庍丘中里上造靳陵，年三十〜　　　　☑　　　　　（73EJF3:465 + 500）

簡10

　　洒□□□申，第三燧戍卒新平郡苦縣奇里上造朱疑，見第五燧戍卒同郡縣始都里皇
　　＝□☑
　　袍所持鈹，即以疑所持胡桐木支，從後墨擊意項三下，以辜一旬内立死。案疑賊殺
　　＝人，甲辰病心腹□☑　　　　　　　　　　　　　　　　　　　　（EPF22:326）

簡8の「三十」と簡9の「三十」は王莽期特有の表記[12]，簡10の「新平郡」は王莽期に淮陽国を改称した郡名である[13]ことから，これらの簡が王莽期のものであることがわかる。簡8の樂欣は河東郡出身，簡9の靳陵は魏郡[14]出身，簡10の朱疑と皇某は新平郡（淮陽国）出身なので，王莽期にもこれらの郡国から戍卒が徴発されてきていたことが確認できる。簡8・9が出土したEJF3からは他郡国出身の戍卒簡がもう1例出土しているが，EJF3出土簡は前述のように前15年以降と考えられるし，前16年以前の紀年簡が出土していないEJT35からも1例ではあるが他郡国出身の戍卒簡が見つかっている（表6-2，別表6-2参照）。それ故，内地で戍卒を徴発し居延・肩水地域で長城警備に従事させることは，成帝中

---

11)　門田明「王莽簡の特徴」（冨谷至編『漢簡語彙考証』，岩波書店，2015年）

12)　門田明前掲「王莽簡の特徴」。

13)　『漢書』巻28下　地理志下「淮陽國，高帝十一年置。莽曰新平。」

14)　「庍」は「斥」に通じる（京都大学人文科学研究所簡牘研究班『漢簡語彙　中国古代木簡辞典』岩波書店，2015年，p.318「庍」）ので，庍丘は魏郡所属の斥丘県のことである。

『漢書』巻28上　地理志上「魏郡……縣十八……斥丘」

期以降も細々ながら継続されていたようである。

2 ●成帝中期以降における戍卒の出身地変化の背景

これまでの検証で，成帝期以降，居延・肩水地域の戍卒の出身地が関東から張掖郡に変化していったという髙村の指摘が妥当であることが確認できた。その理由について，髙村は，前漢後期の辺境情勢の安定化が多数の内郡戍卒を不要としたこと，元・成帝期には辺郡の開発が進んで戍卒を充足できるようになった一方，関東で頻発した天災・反乱で戍卒徴発に支障が生じ，辺郡民徴発が増加したことなどを指摘している。この指摘は概ね妥当とは思われるが，これらの理由は簡牘の記載から直接導き出されたものではない。そこで本節では，簡牘の記載から戍卒の出身地変化の背景を探ってみたい。

(1)「住一歳一更」制の動揺

冒頭に引用した如淳注に「住一歳一更」とあるように内地出身戍卒による長城警備の勤務は一年交代であったが，その交代時期は4月旦を原則としていた[15]。

簡 11

憲等，卒當以四月旦交代。故事候長將當罷卒詣官　　　　　　　　　（EPT65:37）

簡 12

令史音再拜言。令史ム寫罷卒籍。三月庚辰☒　　　　　　　　　　（EPT52:219）

簡 11 には「卒當以四月旦交代」と見えるが，「當」字が附せられていることから，これが原則であったことがわかる。簡 12 では，長城勤務の任期を終えて帰郷する戍卒である罷卒の名籍「罷卒籍」を 3 月に作成している。罷卒の名籍なので交代前の 3 月に作成されているのだろう。

しかし，戍卒の 4 月旦交代は必ずしも厳守されていたわけではなかった。

簡 13

狀。公乘氏池先定里，年卅六歲，姓樂氏，故北庫嗇夫。五鳳元年八月甲辰，以功

15) 拙稿「漢代戍卒の徴発と就役地への移動」（『古代文化』49-10，1997 年）pp. 26〜27。

```
　　＝次遷爲肩水士吏，以主塞吏卒爲職。☑
　戍卒趙國柏人希里馬安漢等五百六十四人，戍詣張掖，署肩水部。至□□到酒泉沙
　　＝頭隧，閲具簿□☑　　　　　　　　　　　　　　　　　　　　　　　　（正）
　酒五月丙辰，戍卒趙國柏人希里馬安漢戍詣張掖，署肩水部，行到沙頭隧，閲具簿
　　＝□□□□□□亡滿三☑
　甘露二年六月己未朔庚申，肩水士吏弘別迎三年戍卒……候。以律令從事□□□☑
　　　　　　　　　　　　　　　　　　　　　　　　　　　　（背）（73EJT28:63）
```

　これは迎えに行った新任戍卒を張掖まで引率してきた肩水士吏弘の挙劾文書である[16]。背面1行目に「去る5月丙辰（28日[17]）に，戍卒の趙国柏人県希里の馬安漢が長城警備に徴発され張掖郡までやって来て，肩水候官管区に配属され，移動して沙頭隧まで来て，具簿を検閲し□□□□□逃亡すること3（日）を過ぎ」とあるが，「亡滿三」は逃亡についての記載[18]なので，この簡は，肩水士吏弘が沙頭燧まで引率した戍卒の馬安漢が逃亡したことを挙劾したものなのだろう。「五月丙辰……署肩水部」とあることから，肩水候官へは5月28日頃に到着したことがわかる。

　罷卒に関する記録にも戍卒の交代時期を推測できるものがある。

簡14
　　三月十五日治罷卒簿府　三月十五日胥　　　　　　　　　　　　　　（EPT2:2）

簡15
　　☑永始三年五月甲寅，尉史詣府治罷卒☑　　　　　　　　　　　　　（EPT3:6）

簡16
　　候長觻得定國里公乘貟宗，年卅二　△　五月戊寅入　送罷卒府　六月庚戌☑
　　　　　　　　　　　　　　　　　　　　　　　　　　　　　（73EJT37:1078）

16）挙劾文書については，拙著『秦漢官文書の基礎的研究』（汲古書院，2015年）第三部「断獄の文書」参照。

17）具体的な日にちは，饒尚寬編著『春秋戦国秦漢朔閏表（公元前722～公元220年）』（商務印書館，2006年）の朔日干支に拠って算出した。以下同じ。

18）次の簡には「逃亡して3日を過ぎたのに告発する吏がいないままに5日以上になり」とある。

　☑十五日。令史宮移牛籍大守府，求樂，不得樂。吏毋告劾亡滿三日五日以上
　　　　　　　　　　　　　　　　　　　　　　　　　　　　（36・2〔A33〕）

簡17

初元三年六月甲申朔癸巳，尉史常敢言之。遣守士吏泠臨送罷卒大守府，與從者居
＝延富里徐宜馬

☑毋苛留止。如律令。敢言之。（EPT53:46）

簡14・簡15は罷卒名籍の作成に関する記録であるが，簡14では4月，簡15で
は5月に作成されている。簡12では3月に作成されているので，罷卒名籍は本
来，戍卒交代の前に作成されたのだろう。そうすると，簡14・簡15の例では，
戍卒の交代が4月末から5月にずれ込んでいることになろう。簡16は「送罷卒
府」とあるように罷卒を都尉府まで引率する候長の肩水金関通過記録で，「五月
戊寅」に肩水金関を太守府所在地の觻得県方面に向けて通過している[19]。居延県
から肩水金関までは8日以内で移動できる距離[20]なので，戍卒の交代は4月後半
から5月頃と推測される。簡17は罷卒を太守府まで引率する吏に発給された通
行証であるが，発給の日付が6月癸巳（10日）であることからすると，戍卒の交
代は5月末から6月初めだったのであろう。

　上掲の例では戍卒交代が6月までずれ込む場合もあったが，次の例では罷卒の
肩水金関通過や罷卒名籍の太守府送付がさらに遅れて8月になっている。

簡18

日勒守尉道人，將居延罷卒三百一十二人　　　☑
屋闌右尉千秋，將居延罷卒三百一十人　　　　☑
觻得守丞忠，將居延罷卒三百一十二人，八月丁酉☑

19）肩水金関通過記録の「入」は肩水金関を居延方面から觻得方面に南行通過したこ
とを示す。冨谷至『文書行政の漢帝国　木簡・竹簡の時代』（名古屋大学出版会，
2010年）p.310。
20）次の簡は，太守府に出張する吏に居延県丞が発給した通行証であるが，発給日が
6月甲辰（19日）で8日後の壬子（27日）に肩水金関を通過している。発給から出発
までに日数がかかっていれば，居延県から肩水金関までの移動日数は8日よりも短く
なる。

地節三年六月丙戌朔甲辰，尉史延年敢言之。遣佐廣，齎三老賜名籍，對大守府會。輒
＝車一乗・牛一□。與從者平里紀市俱。謁
移過所縣道河津關，毋苛留止。敢言之。
六月甲辰，居延丞延年移過所縣道河津關。毋苛留止。如律令。／掾延年・佐長世（正）
章曰居延丞印
六月壬子以來　（背）

（73EJT37:519）

漢代長城警備体制の変容　第6章

昭武左尉廣，將居延罷卒二百八十七人，八月☐
刪丹右尉長安，將居延罷卒三百一十一人　　☐
刪丹守尉賢，將居延罷卒三百六十九人，八月庚☐
昭武守丞安上，將居延罷卒三百一十人，八月庚☐☐　（正）
―――――――――――――五　　☐
――――――――――――――十　　☐　　　（背）　　　　（73EJT22:111）

簡19

元康二年八月丁卯朔甲申，昭武左尉廣爲郡將漕敢言。謹寫
罷卒名籍移。敢言之。　　　　　　　　　　（正）

佐安昌・亭長齊　　（背）（73EJT30:21＋87　※2）

簡18は，日勒県守尉の道人以下，張掖郡内の県長吏が「居延罷卒」を引率して
金関を通過した記録で，「八月」の日付が見える。引率長吏の一人である「昭武
左尉廣」は簡19にも見えているが，これらが同一人物ならば，簡18も元康2年
（前64）前後の時期と考えられる[21]。簡19は罷卒名籍を送付した際の送り状なの
で，戍卒の交代時期より後の可能性も無いではないが，簡17に「守士吏の沿臨
を遣わして罷卒を太守府まで引率させる」とあるように罷卒はまず張掖太守府に
引率され，そこから出身郡国の長吏に引率されて帰郷する[22]ので，罷卒名籍はそ
の引率引き継ぎの際の確認用なのであろう。そうであるならば，罷卒名籍の太守
府送付は罷卒の太守府到着より前と考えられよう。その結果，戍卒交代も8月頃
と考えられる[23]。

　このように，戍卒の交代時期は本来は4月旦だったと考えられるにも拘わら
ず，現実にはそれより4ヶ月も後の8月にずれ込むこともあった。次の簡は，任
期の終えた罷卒を迎えに行くために済陰郡句陽県の吏に発給された通行証である

21）この簡が出土したEJT22からは表6-2に見えるように前16年以前の紀年簡しか
出土していないことも，この簡が元康2年（前64）前後のものであることを支持す
る。なお，丁卯（干支番号4）朔だと同じ月に丁酉（同34）は無いので，簡18は元
康2年ではない。
22）制日下丞相御史。臣謹案，令日發卒戍田，縣侯國財令吏將，二千石官令長吏幷
　　＝將，至戍田所。罷卒還，諸將罷卒不與起居，免削爵☐　　　　（EPT51:15）
23）簡19には「爲郡將漕」とあるので，この罷卒は漕運に従事していた者かもしれ
ない。注34所掲303・15＋513・17では戍卒が涇渠の開鑿に動員されているので，
この漕運も戍卒の一部がそれを担当させられたと考えてよいだろう。そうであれば，
この罷卒も他の戍卒と同様の時期に交代したと考えてよいだろう。

151

が，その日付からも戍卒交代時期のずれ込みが傍証される。

簡20

> 陽朔五年三月甲申朔己亥，句陽長立移過所縣邑☐
> 爲國迎四年罷戍卒。當舍傳舍郵亭從者☐　　　　　　　　　（73EJT7:23）

引率されて帰郷する戍卒は「四年罷戍卒」とあるように陽朔4年（前20）の戍卒
なので，規定通りであれば陽朔5年3月末で任期が終了したはずである。ところ
が，この通行証は陽朔5年3月己亥（16日）に発給されている。済陰郡から居延
までの所要時間を示す史料は無いが，済陰郡よりは近いと思われる南陽郡宛県に
住む民間人が私用で居延に来た際の所要時間のわかる事例はある。

簡21

> 元康四年六月丁巳朔辛酉，都鄉有秩賢・佐安漢敢告尉史。宛☐☐
> 自言，爲家私使張掖界中。案母官獄徵事，當爲傳☐☐☐☐☐☐☐
> 尉史衆敢言之。謹寫移音・渠年爵如書。敢言之。☐
> 六月丁巳，宛守丞魯陽右尉光謹移過所縣邑侯國☐　　　　　（正）
>
> 印日魯陽右尉印
> 二月丙辰，盛音以來　　　　　　　　（背）　　　（73EJT31:34 + 20 ※3）

南陽郡宛県に住む盛音らが通行証を発給されたのが元康4年（前62）6月辛酉（5
日），肩水金関を通過したのが翌年の2月丙辰（4日）で8ヶ月かかっている[24]。

---

24) 簡21の他にも，下掲の73EJT9:92では長安から肩水金関まで11ヶ月弱（五鳳2
　年8月置閏），73EJT23:897では右扶風雍県から肩水金関まで10ヶ月弱かかっている。
　ただし，73EJT23:897は「五月己巳以來南」の記載から，73EJT9:92は背面の下線部
　が別筆であることから，両簡ともに背面の日付が居延に向かう往路ではなく，帰路で
　の肩水金関通過の日付である可能性もある。

　五鳳二年五月壬子朔乙亥，南鄉嗇夫武・佐宗敢言之。北陽曲里男子☐
　謹案，弘年廿二，母官獄徵事，當得取傳。里父老丁禹證。謁言廷，移過所☐☐
　六月庚寅，長安守右丞湯移過所縣邑。如律令。掾充・令史宗☐　　　　（止）
　三月壬辰，不弘以來
　章日長安右丞　三月壬辰　　　　　　　　　　　　　（背）（73EJT9:92）

　元壽二年七月丁卯朔辛卯，廣昌鄉嗇夫・𦶎佐宏敢言之。陽里男子任良自言，欲取傳，
　　＝爲家私使之武威
　・張掖郡中。謹案，良年五十八，更賦皆給，母官獄徵事，非亡人命者，當得取傳。
　　＝謁移過所河津關，母

民間人の移動と伝舎や郵亭を利用した吏の移動が同一速度であったとは考えられないが，簡20を携帯して罷卒を迎えに来た吏がたった半月で済陰郡から居延に到着することなどあり得ない[25]。仮に簡21の2/3の所要時間であったとしても5ヶ月はかかるので，句陽県吏の居延到着は交代時期の4月を大幅に超過する8月頃になる。

1ヶ月程度であれば何らかの理由による新任戍卒の延着と理解することもできようが，4ヶ月もの遅れとなると，4月旦交代がそもそも厳格に運用されていなかったと見るべきであろう。特に，簡20では4月旦には既に間に合わない時期に出発していることから，一年任期で4月旦に交代するという戍卒運用の枠組み自体が揺らいでいた可能性が考えられるのである。

ここまでは長城警備就役地への到着と任期満了後の帰還の時期を見てきたが，内地における戍卒の出発時期からも，戍卒の4月旦交代の枠組みは崩れていたと考えざるを得ない。次の簡22・簡23は共に魏郡黎陽県の吏が戍卒を居延に引率する際に発給された通行証，簡24は河東郡皮氏県の吏が戍卒を敦煌郡に引率する際に発給された通行証である。

苛留。如律令。
七月辛卯，雍令　・丞鳳移過所。如律令。
馬車一兩，用馬一匹，齒十二歳，牛車一兩，用牛二頭　　　／掾竝・守令史普（正）

雍丞之印　　　　　嗇夫賞白
　　　　　　　　　君門下
五月己巳以來南　　　　　　　　　　　　　　　　（背）（73EJT23:897）
25）次の簡は乘伝を利用した吏の通行証であるが，それでも長安から懸泉置までⅡ90DXT0115 ④:34 で 23 日間（六月辛丑が 25 日で，七月癸亥が 18 日），Ⅰ90DXT0112 ②:18 では 35 日間（五月壬子が 8 日で，六月丙戌が 13 日）もかかっている。

甘露四年六月辛丑
郎中馬倉使護敦煌郡塞外漕作倉穿渠
爲駕一乘傳，載從者一人。有請詔。　　　　外卅一　（上段）
御史大夫萬年下謂。以次爲駕。當舍傳舍從者。
如律令。　　七月癸亥食時西　　　　　　　（下段）（Ⅱ90DXT0115 ④:34 ※9）

建平四年五月壬子，御史中丞臣憲承
制，詔侍御史曰。敦煌玉門都尉忠之官。爲駕一乘傳，載從者。　　（上段）
御史大夫延下長安。承書，以次爲駕。
當舍傳舍。如律令。六月丙戌西　　　　　（下段）（Ⅰ90DXT0112 ②:18 ※10）

簡 22

陽朔五年正月乙酉朔庚戌，犂陽丞臨移過所。遣廚佐
閭昌，爲郡送遣戍卒張掖居延。當舍傳舍從者。如律令。　　（正）

犂陽丞印

　　　　　　　　　　　　　／掾譚・令史賞　　　　　（背）　　　（73EJT6:23）

簡 23

建始二年閏月己丑朔丙辰，犂陽守丞望移過所。遣都鄉佐陽成武，爲郡送戍卒張掖
　＝郡

居延。縣邑侯國門亭河津，母苛留。當舍傳舍從者。如律令。　　／守令史常
　　　　　　　　　　　　　　　　　　　　　　　　　　　　　（73EJF3:181）

簡 24

河平四年二月甲申朔癸卯，河東太守舒謂過所邑。遣皮氏佐司馬帶送卒敦煌郡。
舍傳舍從者。如律令。　　　　　　　　　（Ⅱ 90DXT0215 ②:40 ※ 4）

通行証の発給日は，魏郡黎陽県から居延に戍卒を引率する簡 22 が陽朔 5 年（前
20）正月庚戌（26 日），簡 23 は建始 2 年（前 31）閏月（正月後置）丙辰（28 日），河
東郡から敦煌まで引率する簡 24 は河平 4 年（前 25）2 月癸卯（20 日）である。戍
卒の交代時期である 4 月から逆算すると順に 3ヶ月前，3ヶ月前，2ヶ月前とな
り，出発時期は移動距離と概ね対応している。

　ところが，簡 22・簡 23 と同じ魏郡に所属する武安県尉が戍卒を張掖に引率す
る際の通行証である簡 25 の発給日付は五鳳 2 年（前 52）5 月辛巳（30 日）になっ
ているのである。

簡 25

五鳳二年五月壬子朔辛巳，武安左尉德調爲郡送戍田卒張掖郡。（正）
　　□□□印　　　　　　　　　　　　（背）（73EJT37:1099）

同じ魏郡からの戍卒引率でありながら，簡 25 の出発時期は簡 22・簡 23 とは 4ヶ
月も差があるうえに，通行証給付日付の 5 月 30 日は既に戍卒交代の 4 月を過ぎ
ているのである。4 月旦交代でありながら 5 月末に出発している事例が存在する
ことから，一年任期の 4 月交代という長城警備体制の枠組みそのものが崩れてい
たと考えざるを得ないのである[26]。

　　26) 簡 25 の「五月」が引率された戍卒が長城警備に就役すべき 4 月の前年の 5 月で

罷卒の帰郷が8月と思しき簡19は元康2年（前64），簡20は陽朔5年（前22），戍卒の内地出発が5月になっている簡25は五鳳2年（前56）であることから，戍卒の4月旦交代という枠組みは宣帝期から既に崩れ始めていたと考えられる。つまり，宣帝期以降，新任の戍卒が到着するまで，前任の戍卒が任期の1年を超えて長城警備を継続しなければならない状況が断続的に発生していたと推測されるのである。

(2)「庸」の拡大とその問題化

このような状況の中で，内地出身者に代わって張掖郡出身者が戍卒として勤務するようになる直接的なきっかけが，戍卒の「庸」の拡大であったと思われる。「庸」とは人を雇って自分の代わりに長城警備に従事させることで，集成した戍卒の名籍にも「庸」の事例が頻見される[27]。一例を挙げよう。

簡26

ある可能性も実は考えられる。次の簡は，神爵6年（五鳳2年　前56）の戍卒を敦煌・酒泉まで引率する丞相史に発給された通行証である。

神爵四年十一月癸未，丞相史李尊送獲神爵六年戍卒河東・南陽・潁川・上黨・東郡・濟陰・魏郡・淮陽國，詣敦煌郡・酒泉郡。因迎罷卒，送致河東・南陽・潁川・東郡・魏郡・淮陽國。並督死卒傳棨。爲駕一封軺傳。　御史大夫望之謂高陵。以次爲駕。當舍傳舍。如律令。　　　　　　　　　　　（Ⅰ91DXT0309 ③:237 ※10）

引率しているのは神爵6年の戍卒なので神爵6年4月に敦煌到着の予定と考えられるが，この通行証が発給されたのは神爵4年11月23日で到着予定の1年5ヶ月も前である。それ故，簡25の「五月」が就役すべき4月の前年の5月である可能性も考えられるわけである。ただし，戍卒の引率者が丞相史で，戍卒の地元も河東郡から淮陽国に至る広範囲に及んでいるため，この1年5ヶ月という期間は長安を出発してこれら郡国を廻り敦煌に到る全行程の所要時間である可能性も考えられる。
　現時点で簡25の「五月」が就役すべき年の5月か1年前の5月か判断する確実な材料は持ち合わせていないが，民間人の通行証である簡21では南陽郡から居延までの所要時間が8ヶ月で，済陰郡句陽県から居延に陽朔4年の罷卒を迎えに行く吏の通行証である簡20が戍卒の交代時期のわずか半月前の陽朔5年3月16日の発行であることを踏まえると，簡25の「五月」が交代11ヶ月前の5月とは考えにくい。それ故，簡25の「五月」は戍卒が就役すべき年の5月とひとまず考えておきたい。
27)「庸」については，謝桂華「漢簡和漢代的取庸代戍制度」（初出1989年，同『漢晋簡牘論叢』広西師範大学出版社，2014年所収）などがある。

Ⅱ　論考篇

戍卒梁國睢陽秩里不更丁姓，年廿四　庸同縣駝詔里不更廖亡生，年廿四☐

(73EJT1:81)

この例では，戍卒として徴発対象となった梁国睢陽県秩里の丁姓が同県駝詔里の廖亡生を個人的に雇って自分の代わりに長城警備に来させている[28]。この「庸」が，徴発対象となった者が個人的に雇った「庸」であることが次の簡27から確認できる。

簡27

☐廿四　　☐固里公士丁積年廿五，爲庸自代　　　(508・26 + 508・27〔A35〕)

「固里」の前の釈読不明字は「取」と思われる[29]ので，後半部分は「固里の公士丁積年廿五を取り，庸と為して自ら代らしむ」と解釈でき，「庸」が個人的に代理就役者を雇う行為であることがわかる。

　戍卒名籍などの中には，長城警備の徴発対象となった人物が他人を「庸」として雇った際の代価（庸銭）が記されている例もある。

簡28

張掖居延☐☐卒弘農郡陸渾河陽里大夫成更，年廿四　庸同縣陽里大夫趙勳，年廿
＝九。賈二萬九千　　　　　　　　　　　　　　　　　　(170・2〔A21〕)

28）黎明釗・馬增榮「漢簡簿籍再探：以『卒傅作名籍』爲例」（『中国文化研究所学報』53，2011年）は名籍の下段の人物が上段の人物を雇ったと考えている（p.54）。しかし，次掲の73EJT26:9では，「寧平駰里の上造の胡部年廿四を取りて庸と為す」とあるように，上段の人物が下段の人物を「庸」として雇っている。73EJT26:9とその次の73EJT29:100は共に田卒名籍で，雇った者と雇われた者の記載位置は同一であるはずなので，田卒名籍と同様の書式をもつ戍卒名籍も含めて，下段の者が上段の者に雇われて実際に就役していると考えるべきである。

田卒淮陽郡新平景里上造高千秋，年廿六　取寧平駰里上造胡部年廿四爲庸　ノ
(73EJT26:9)

田卒貝丘莊里大夫成常幸，年廿七　庸同縣厤期里大夫張收，年卅　長七尺☐
(73EJT29:100)

29）この簡と同じく「爲庸」と記される前注所掲の73EJT26:9は「取寧平駰里上造胡部年廿四爲庸」とあって「庸」とされた者の前に「取」字がきている。簡27の当該文字も「取」と釈読可能な字形である。謝桂華前掲「漢簡和漢代的取庸代戍制度」も「取」と釈す。

156

簡 29

中爲同縣不審里慶丑來庸，賈錢四千六百，戌詣居延。六月旦署乘甲渠第

(159・23〔A8〕)

同じ長城警備の代理就役であるにも拘わらず，簡 28 では代価が 29,000 銭，簡 29
では 4,600 銭となっている。もしも，代理就役者の手配を戌卒徴発を担当してい
る郡県が担当したのであれば，代価は地域差を考慮しても比較的近似の額になる
と思われるが，この 2 例では 7 倍もの差がある。戌卒は一年交代であるから，こ
の金額差が代理就役期間の違いによる差とは考えにくい。それにも拘わらず，こ
れほどの金額差が存在するのは，これらの「庸」が徴発対象となった者に個人的
に雇われたからであろう。

　別表 6-2 に挙げた張掖郡以外の郡国出身の戌卒簡では，全 319 例の 5.3% に当
たる 17 例に簡 28 のような「庸」の記載がある[30]が，次の簡では十人中の六人が
「庸」である。

簡 30

●右第十車十人　四人身
　　　　　　　　六庸

(73EJT26:51)

この簡に見える「第十車」とは戌卒が出身郡国から居延・敦煌に赴く際に組織し
た車両隊の車番号で，戌卒 10 人が 1 台の車に割り当てられていた[31]。簡 30 で
は，「身」と記される 4 人が長城警備に徴発された本人で，残る 6 人は「庸」と
あるように雇われて本人の代理として就役した者である。次の簡にも「六人庸」
とあるので，簡 30 の「庸」の割合が殊更特別なものではなかったことがわかる。

簡 31

☐六人庸　☐
☐人身　　☐

(73EJT37:584)

簡 30・簡 31 からすると，別表 6-2 の 5.3% よりも高い割合で「庸」が存在して

---

30) 別表 6-2 の戌卒の欄に「(庸)」と附記したもので，表 6-2 の「庸」が出土区画別
　の事例数である。なお，張掖郡出身戌卒の「庸」の事例は 73EJT24:147 ＋ 765 のみで
　ある。
31) 前掲拙稿「漢代戌卒の徴発と就役地への移動」p.31。

いた可能性も充分に考えられる。別表 6-2 の「庸」の事例は 1 例を除いて，簡 26 のように内地出身の戍卒のものなので，内地から戍卒が赴任してきていた前 16 年以前の時期[32]は，徴発対象となった者が他人を個人的に雇って代理就役させるという状況が相当に広く行われていたことが推測される。簡 28 も弘農郡出身の戍卒であるし，簡 29 も「戍詣居延」から内地出身の戍卒と思われる。

　このような代理就役が広く行われたのは，内地からの移動も含めると 3 年にも及ぶ可能性のある[33]長城警備への就役が忌避されたためであること贅言する迄もないだろう。加えて，前述のように，宣帝期以降，戍卒の 4 月旦交代という枠組みが崩れた結果，場合によっては 3 年を超えて帰郷できない戍卒が相当数に上った可能性もあろう。そのような状況であれば，簡 30・簡 31 で 6 割の者が就役を忌避しているのも不思議ではない。長城警備への就役がこれほどまでに忌避されていたならば，対価を受け取るとしても「庸」として代理就役することを希望する者もまた多くはなかっただろう。先に，簡 28 と簡 29 では庸銭に 7 倍もの差があることを指摘したが，簡 28 の 29,000 銭は代理就役者が徴発対象となった者の足元を見て庸銭を吊り上げた結果とも考えられる。そうであるならば，庸銭をそこまで吊り上げることができる程，代理就役する者がいなかったということになろう。

　内地で長城警備の徴発対象となった者が代理就役者を確保することが難しくなった結果，銭儲けとして代理就役する姦人が増え長城警備に支障を来すようになったため，代理就役者に払うべき庸銭を戍卒徴発を担当する県が預かって，それを居延などの長城警備の就役地に送付して，そこで在地の人間を「庸」として雇って長城警備に従事させるようになったと考えられるのである。その推測の根拠となるのが次の簡である。

簡 32

32）表 6-2 でも「庸」の事例を含む区画は，前 16 年以前の紀年簡が多く出土しており，「庸」の事例が前 16 年以前であることを支持する。EJT24（「庸」の事例 4 例）と EJT23（同 1 例）では前 15 年以降の紀年簡も多く含むが，前 16 年以前の紀年簡も相当数含んでおり，「庸」の事例が前 16 年以前であることを否定するものではない。

33）前掲簡 21 は民間人の私的行商のための通行証だが，そこでは南陽郡宛県から肩水金関まで 8 ヶ月かかっている。これを踏まえると，居住する内地から居延までの往復と 1 年間の勤務を含めた期間が 3 年に及ぶ可能性も十分に考えられよう。

錢入其縣，邊以見錢取庸。往者，姦黠民受錢爲庸，去署亡，犯法不已。事襍不可
　　＝長。諸庸卒不已，事　　　　　　　　　　　　　　　　　　　　　（73EJT37:1164）

「縣邊」という用例は漢簡には見られないので，冒頭部分は「錢入其縣，邊以見
錢取庸」と句読すべきであろう。そうすると「其縣」と「邊」との対比から，
「其縣」は戍卒が徴発される内地の県で，「邊」が居延などの長城警備の地を指す
ことになろう。従って，冒頭部分は「内地の県で徴収した錢を辺境に輸送して，
その錢によって辺境で庸を雇った」という意味に解釈される。そうであるなら
ば，「錢入其縣，邊以見錢取庸」は内地から戍卒が徴発されていた時期に当たる。

　簡32には続いて「以前は，姦黠の民が錢を受け取って庸となったが，勤務官
署から逃亡し，犯罪を犯すこと，後を絶たない。これはこれ以上野放しにできな
い。庸卒を止めなければ……」とあり，錢儲けのために「庸」となっている姦黠
民の勤務態度が劣悪なうえ犯罪行為もするため，今後これを放置せず，制限する
ことが検討されているようである。「錢入其縣，邊以見錢取庸」に対して「往者」
と言っていることから，この「往者」は「錢入其縣，邊以見錢取庸」以前，つま
り，内地で徴発対象となった者が他人を「庸」として雇って代理就役させていた
時期を指すと考えられよう。そうすると，内地で「庸」として雇われて長城警備
に従事した者の多くが姦黠の民で勤務態度が劣悪かつ犯罪行為もするために，内
地で代理就役者を雇うことを止め，徴発対象となった者から庸錢を徴集し，それ
によって長城地帯で「庸」を雇うようになったと考えられよう。

　前述の長城警備就役への忌避感を踏まえれば，庸錢を支払うことで長城警備へ
の就役を免れることが，ある意味，制度的に可能となった結果，内地から戍卒と
して居延・敦煌に赴き長城警備に従事する者は格段に減少したと推測される。か
くて，長城警備に必要な人数の戍卒を内地で確保することは困難となり，その結
果として，内郡出身戍卒から張掖郡出身戍卒への置き換えが進んでいったのだろ
う。

3 ●居延における長城警備体制の変容

　第1節で検討したように，成帝中期以降，内地出身者に代わって張掖郡出身者
が居延・肩水地域における長城警備を担うようになったと考えられる。その結
果，これまで内地の複数の郡国から供給されていた戍卒の相当数を張掖郡のみで

充当しなければならなくなったと思われる。本稿冒頭で述べた所の，哀帝期における家属符の集中出現はこのような変化を背景として発生したのではないだろうか。

(1) 居延地域の戍卒総数

長城警備体制変容の具体相を考察する前に，居延地域の長城警備に携わる戍卒の総数はどのくらいか確認しておこう。前掲簡 18 は，張掖郡内の県長吏が「居延罷卒」を引率して肩水金関を通過した際の記録であったが，この簡は肩水金関址出土で，「八月丁酉」「八月」「八月庚」という同一月の日付が見えることから，これらの罷卒は居延都尉府所属の戍卒で任期が満了して帰郷するため同じ年の 8 月に肩水金関を通過したものと思われる。前述のように，この簡は元康 2 年（前 64）前後の時期のものと考えられるが，前 16 年以前は内地から戍卒が徴発されて居延まで赴任していたと考えられるので，これらの罷卒も内地出身者と思われる。簡 18 に記される罷卒の合計は 2211 人であるが，この簡は残長 10cm 程度の断簡なので，残欠した下半分に同様の罷卒引率状況が記載されていた可能性が高い。この点を踏まえて，張掖郡に赴任した戍卒の総数をひとまず 2500 人程度と考えておこう[34]。

---

34) 本文所掲簡 13 および次の 2 簡も，居延地域で長城警備に従事する戍卒総数を考える手掛かりになる。

馬長吏。疑有吏卒民屯士亡者，具署郡縣里名姓年長物色所衣服齎操初亡年月日人數，
　＝白
報，與病已。●謹案，居延始元二年戍田卒千五百人，爲騂馬田官，穿涇渠。酒正月
　＝己酉，淮陽郡　　　　　　　　　　　　　　　　　　（303・15 ＋ 513・17〔A35〕）

梁國卒千九十五人戍張掖郡，會甘露三年六月朔日　　四□　　　　　　（73EJT25:86）

303・15 ＋ 513・17 の「居延始元二年戍田卒千五百人」から，昭帝の始元 2 年（前 85）には居延地域に 1500 人の戍卒がいたことがわかる。また，73EJT25:86 には甘露 3 年（前 51）の戍卒として梁国から 1095 人が張掖郡に赴任したとある。簡 13 には甘露 2 年 6 月の日付があるが，「迎三年戍卒」とあるので，趙国柏人県出身戍卒 564 人は甘露 3 年の戍卒と考えられ，73EJT25:86 と合わせると 1659 人となり，先の 303・15 ＋ 513・17 の 1500 人に近い数字となる。

簡 18 の合計人数は，303・15 ＋ 513・17 の 1500 人，73EJT25:86 と簡 13 の合計 1659 人よりも 600〜700 人多い。303・15 ＋ 513・17 には「爲騂馬田官穿涇渠」とあ

内地からの戍卒供給が減少した成帝中期以降は，この2500人程度を張掖郡で賄わなければならなくなったわけであるが，その張掖郡の人口は『漢書』地理志に拠れば戸数24,352，口数88,731である[35]。一戸から戍卒一人を供出し一年交替で担当したとすると，張掖郡民はおよそ十年毎に戍卒一人を各戸から供出しなければならない計算になる。これに対し，髙村の集計で多くの戍卒を送り出している上位5郡（魏郡・東郡・淮陽郡・南陽郡・昌邑国）の戸数合計は1,281,853[36]なので，この5郡だけで居延戍卒2500人を分担したとすると約500年に一度ですむ。張掖郡民だけで居延地域の戍卒を賄う場合の負担の重さは内郡とは天地ほどの差があると言わねばならない。それ故，従来通りの方法では，この人数の戍卒を張掖郡民だけで担当するのは相当に困難であったと思われる。では，この2500人程度の人員をどのようにして賄ったのだろうか。

(2) 吏卒家属の烽燧同居

本章冒頭で，肩水金関の北に位置する烽燧に勤務する吏の家属に発給された家属符が哀帝期（前7～1）に集中していると述べたが，それら家属符は吏が勤務す

るので，この1500人というのは，居延に赴任した戍卒のうち駅馬田官による水路掘鑿に動員された人数のみである可能性もあるし，甘露3年の戍卒については73EJT25:86の梁国と簡13の趙国柏人県以外の郡国から徴発されてきた戍卒もいた可能性もあるので，居延都尉府管内及び肩水都尉府管内の長城警備を担当した戍卒の総数はこれらのいずれの数よりも多かったと思われる。

35) 『漢書』巻28下 地理志下「張掖郡，故匈奴昆邪王地。武帝太初元年開。莽曰設屏。戸二萬四千三百五十二，口八萬八千七百三十一。」

36) 『漢書』巻28 地理志によると，各郡の戸数は次の通りである。

魏郡，高帝置。莽曰魏城。屬冀州。戸二十一萬二千八百四十九，口九十萬九千六百五十五。

東郡，秦置。莽曰治亭。屬兗州。戸四十萬一千二百九十七，口百六十五萬九千二十八。

淮陽國，高帝十一年置。莽曰新平。屬兗州。戸十三萬五千五百四十四，口九十八萬一千四百二十三。

南陽郡，秦置。莽曰前隊。屬荊州。戸三十五萬九千三百一十六，口一百九十四萬二千五十一。

山陽郡，故梁。景帝中六年別爲山陽國。武帝建元五年別爲郡。莽曰鉅野。屬兗州。戸十七萬二千八百四十七，口八十萬一千二百八十八。有鐵官。縣二十三，昌邑，武帝天漢四年更山陽爲昌邑國。

る烽燧に同居する家属用の通行証であったと考えられる[37]。それ故，多くの家属
符の事例が確認できる哀帝期には吏とその家属が吏の勤務する烽燧で同居するこ
とが広く行われていたことが推測される[38]。

　吏の家属符の中には，戍卒としての任務に堪えうる年齢になっている男子も見
える。

簡33

	妻大女昭武萬歳里張春，年卌二	
永光四年正月己酉	子大男輔，年十九歳	
橐他呑胡隧長張彭祖符	子小男廣宗，年十二歳	
	子小女女足，年九歳	
	輔妻南來，年十五歳	皆黑色　　　（29・2〔A32〕）

簡34

	子男臨，年十六
建平二年家屬符	子女召，年廿。子女青，年二歳
	子女驕，年十三
	子婦君陽，年廿三。子女君乗，年八。子男欽，年三歳
	（73EJT37:755）

簡35

	母居延㐬庭里徐都君，年五十	
	男弟虆得當富里張愔，年廿	車二兩
橐他候史氏池千金里張彭	男弟臨，年十八	用牛四頭
建平四年正月家屬符	女弟來侯，年廿五	馬三匹
	女弟驕，年十五	
	彭妻大女陽，年廿五	（73EJT37:1058）

簡36

	☑妻大女昭武宜春里辛遷，年廿七	車一兩
	☑子男詡，年九	牛二頭
	☑子小男薫，年七	
	☑子小男級，年二	

37）前掲拙稿「肩水金関遺址出土の通行証」pp.183〜195。

38）EPT68出土の挙劾文書にも，居延常安亭長とその子男が攻虜亭長および客民と共
　に燧の備品を奪って逃亡した建武6年（後30）の挙劾案件（EPT68:54〜76）が見え
　るが，この子男も父の常安亭長と亭に同居していたのであろう。

162

建平四年正月家屬符出入盡十二月

　　　　　　　　葆弟昭武宜春里辛昌，年廿四歲

　　　　　　　　　　　　　　　　　（73EJT37:177 ＋ 687 ※5）

簡37

　　　　　　　　　　妻大女鱳得富安里程昭，年廿八
　　　　　　　　　　子小女買，年八歲　　小奴滿
囊他中部候長程忠　　子小女遷，年三歲　　牛車一兩，用牛二頭
建平四年正月家屬出入盡十二月符　子小女來卿，年二歲　輻車一，用馬二匹
　　　　　　　　　　弟小男音，年十八
　　　　　　　　　　……　　（73EJT37:1528 ＋ 280 ＋ 1457 ※6）

簡33が元帝の前40年である他は，いずれも哀帝期のもので，家属符に記載される家属のうち下線を附した子や弟は長城警備業務を充分遂行できる年齢であろう。このような同居家属が長城警備関連業務に携わっている例も確認できる。

簡38

　　　　　　　校郵書表火肩水界中出入盡十二月　輻車一乘，用馬二匹●其一
　　　　　　　＝匹驪牡齒七歲
南部候長薛鳳　　子男鱳得安國里薛級，年十五　　　一馬駹牝齒八歲

　　　　　　　　　　　　　　　　　　　　　　（73EJT37:779）

簡39

　　　　　　　　　　妻大女君信，年卅五
關嗇夫居延金城里公乘李豐，卅八　子大女建，年十五　　　●送迎收責囊他界☑
　　　　　　　　　　子小女倩，年□　（73EJT37:1105 ＋ 1315 ※7）

簡40

　☑子小男良，年三　　收責囊他界中　　　　（73EJT37:166）

簡38では南部候長と一緒に15歳の子が郵書と表火の点検に肩水候官管内を巡回している。簡39も関嗇夫が囊他候官管内での債権回収に妻と娘を帯同しているようで，簡40も断簡ではあるが同様であろう。

　これらは吏の業務に家属を同行している例であるが，吏の家属だけで関連業務に従事していると思しき例もある。

簡 41

建平四年正月丁未朔癸丑，肩水候憲謂關嗇夫吏。據書葆妻子收責橐他界中，名縣
＝爵
里官除年姓如牒。書到，出入，盡十二月。如律令。 　　（73EJT37:1378 + 1134 ※8）

簡 41 では鄣候の葆と妻子が債権回収のために橐他候官管内に派遣されている。

このように，家属符が集中して見つかっている哀帝期には，烽燧に勤務する吏
が家属と同居し，中には，その家属が長城警備の業務に携わる場合もあった。こ
の烽燧での家属同居という状況は戍卒についても生じていた。

次の簡 42 などから，戍卒には烽燧に同居する家属がいて，その家属にも官か
ら穀物が支給されていたことが夙に指摘されている[39]。

簡 42

□戍卒家屬在署稟名籍　　　月小□ 　　　　　　　　　　　　（191・10〔A8〕）

次の簡は，「見署」「居署」「見在署」とあるように烽燧に同居する戍卒家属への
穀物支給簿である。

簡 43

	弟大男輔，年十九	
第四隧卒張覇	弟使男勳，年七	見署用穀七石八斗大
	妻大女至，年十九	（133・20〔A8〕）

簡 44

	●妻大女君憲，年廿四	皆居署廿九日	七月乙卯妻取
止北隧卒王誼	●子未使女女足，年五歲		卩
	●子小男益有，年一歲	用穀四石少	（EPT65:119）

簡 45

第卅一隧卒王敞	母大女□如，年六十二	見在署用穀二石九升少□
	子小男駿，年一	見在署用穀七斗六升少□

---

39) 米田賢次郎「漢代辺境兵士の給与について」（『東方学報　京都』25「創立二十五
周年紀年論文集」1954 年），森鹿三「居延出土の卒家属稟名籍について」（初出 1960
年，同『東洋学研究　居延漢簡篇』同朋舎，1975 年所収）など。なお，米田は戍卒の
家属は戍卒と同居していたわけではないとするが，「在署」「居署」「見署」の語より，
家属は「署」すなわち戍卒の勤務する烽燧に同居していたと考えるべきである。

妻大女如，年廿六　　　見在署用穀二石九升少□

（2000ES7SF1:11）

簡 46

　　　　　　　　　　　妻大女商弟，年廿八，用穀二石一斗六升大
　□驚虜隧卒徐□　　子未使男益有，年四，用穀一石六斗六升大
　　　　　　　　　　　子□□，年一，用穀一斗　　　　　　●凡用穀四石六□

（317・2〔A8〕）

簡 46 には「署」字が無いが，簡 45 と類似の書式であることから「署」にいる家属への穀物支給簿と考えてよいだろう。

　烽燧に同居し穀物を支給されている家属を持つ戍卒の出身が何処かは記載が無いため確認できないが，家属への穀物支給帳簿と記載形式が非常によく似た戍卒の家属名籍がある。

簡 47

　　　　　　　　　　　父大男長，年五十　　□
　甲渠三塊隧卒當遂里左豐　母大女堊，年卌八　□
　　　　　　　　　　　妻大女用，年廿二　　□　　　　　　（EPT65:478）

簡 48

　　　　　　　　　　　　父大男輔，年六十三～弟大男憲，年十七～
　鉼庭隧卒鳴沙里大夫范弘，年卌四
　　　　　　　　　　　　妻大女始，年十八△　　　　　（EPT65:145）

簡 49

　　　　　　　　　　　妻大女臨，年卌八
　□□□□當遂里士伍王惲，年卌五　子小男崇，年七
　　　　　　　　　　　子小男尊，年三　　　出入安　（EPT65:121）

簡 47～49 に県名は記載されていないが，當遂里・鳴沙里ともに，後述のように，居延県所属の里であることが確認できる。また，このように，里名の記載だけで県名が省略されるのは文書作成者にとって所属県が自明の場合である[40]。簡 47 には「甲渠三塊隧卒」とあるので甲渠候官所属の戍卒であることは明白だし，鉼庭燧も甲渠候官所属の燧である[41]。簡 49 も甲渠候官址（EP）出土なので，王惲

40）前掲拙稿「漢代戍卒の徴発と就役地への移動」p.30。

も甲渠候官所属の某燧戍卒であること間違いないだろう。そうするとこれらは全て甲渠候官所属の戍卒となるので，省略されている県名は地元の居延県と考えてよい。このように，簡43～46と記載形式が類似する簡47～49の戍卒は張掖郡出身者と考えられることから，戍卒家属へ穀物が支給されている簡43～46の戍卒も張掖郡出身と考えられよう[42]。

　その簡44～46の家属には1歳の子がいるが，内地で徴発された戍卒は数ヶ月かけてはるばる居延・肩水地域まで来て，原則1年の任期で帰郷するのだから，1歳の子がいるとは考えにくい。その一方で，家属に1歳の子がいる次掲簡50～52や，2歳の子がいる簡34・簡36・簡37は，いずれも張掖郡出身の吏の家属符なのである。

簡50

	妻大女觻得當富里成廔，年廿六	
	子小女侯，年一歳	
橐他通望隧長成襃	弟婦孟君，年十五	車二兩
建平三年五月家屬符	弟婦君始，年廿四	用牛二頭
	小女護惲，年二歳	馬一匹
	弟婦君給，年廿五	（73EJT3:89）

簡51

	隧長奉妻觻得常樂里大女葉中孫，年廿五歳	
初元四年正月癸酉	子小女憙，年五歳	
橐佗殄虜隧長符	子小男忠，年一歳	●皆黑色
	奉弟輔，年十七歳	
	奉弟婦婢，年十六歳	（73EJT30:62）

簡52

橐他置佐昭武便處里審長	妻大女至，年卅五	牛車一兩
建平二年家屬符	子小女侯，年四	用牛四頭
	子小男小奴，年一歳	（73EJT37:175）

このように，子の年齢からも家属へ穀物が支給されている戍卒は張掖郡出身者と

---

41)
　■□　觻得廏嗇夫樂子恩所貫買
　　　甲渠鉼庭隧卒克科毋尊布一匹　　　　　　　　　　　　（EPT51:329）

42) 前掲拙稿「漢代戍卒の徴発と就役地への移動」p.34。

考えるのが妥当であろう。

　自分の勤務する烽燧に家属と同居し，その家属にも官から穀物が支給されている戍卒が張掖郡出身であるということから，簡43～46は内地から戍卒の供給が減った成帝中期以降のものであると推測される。それを傍証するのが，次の簡である。

簡53

　　●第十七部建平五年十二月戍卒家屬當廩名籍　　　　（122・1 + 122・19〔A8〕）

簡54

　　☑壽二年十一月卒家屬　廩　名籍　　　　（正）

　　☑☐☐☐☐三家　用穀小石七百八十九石九斗九升　（背）　　（276・4〔A8〕）

簡55

　　●第廿三部建平三年七月家屬妻子居署省名籍　　　　　　（EPT40:18）

簡53・簡54はともに戍卒家属への穀物支給名籍の表題簡である。簡55には「卒」字はないが，家属居署名籍の類は戍卒の家属のものばかり[43]で，吏の家属に関する名籍は確認されていないことから，簡55も戍卒の家属に関する名籍と考えて良いだろう。これらの名籍に記された紀年は建平5年（前2），（元）寿2年（前1），建平3年（前4）で，全て前15年以降である。つまり，内地からの戍卒供給が減少し，代わって張掖郡出身者が戍卒として長城警備に従事するようになった時期において，張掖郡出身戍卒が烽燧へ赴任する際には家属を同伴して家属と共に生活するようになったと考えられるのである。

　烽燧に勤務する者が家族を同伴するという点は，先に見た吏も同様であった。では，内地出身の戍卒に代わって張掖郡出身の戍卒が長城警備を主に担うようになった成帝中期以降に，烽燧に勤務する吏卒が家属と同居するようになったのは

43）家属の居署在署に関する名籍は，簡53～55の他には簡42および次掲の例が見られるだけである。

　　☑卒家屬在署名籍　☑　　　　　　　　　　　　　（185・13〔A8〕）

　　●右卒家屬見署名籍　　用☑　　　　　　　　　（194・3 + 194・13〔A8〕）

　　☑年二月戍卒家屬居署名☑　　　　　　　　　　　（EPT65:134）

なぜなのだろうか。

(3) 戍卒の「庸」化と家属同居

　前節 (2) において，内地で長城警備の徴発対象となった者が個人的に代理就役者を確保することが難しくなり，その結果，代理就役者に払うべき庸銭を県が預かって，それを居延などの長城警備の就役地に送付して，そこで在地の人間を「庸」として雇って長城警備に従事させるようになったと考えられる，と述べた。成帝中期以降になると，内地出身者に代わって張掖郡出身者が戍卒として長城警備に従事するようになったが，その時期にも「庸」が行われていたことが次の簡からわかる。

簡 56

　　萬歳部居攝元年九月戍卒受庸錢名籍　　　　　　　　　　　　　　（EPT59:573）

　これは，庸銭を受領した戍卒の名籍につけられた楬で，居摂元年（後 6）の紀年がある。さらに，「萬歳部居攝元年九月」とあることから，戍卒への庸銭支給が候官によって組織的かつ定期的に行われたことが想定される[44]。組織的かつ定期的にという点から考えれば，張掖郡出身戍卒のかなりの部分が「庸」として雇われていたと推測される。つまり，戍卒の相当数が「庸」化したと考えられるのである。

　その「庸」化した戍卒は官によって募集されていたようである。

簡 57

　　建平五年十二月丙寅朔乙亥，誠北候長充□言□。官下詔□☑
　　☑……………… 募。謹募戍卒庸魏□等□□□□名□☑　（137・3 + 224・18〔A8〕）

---

44) 次掲の EPT3:2 は戍卒が居延・肩水地域に赴任する途中で行った貰売（掛け売り）をまとめた帳簿の表題簡で，簡 56 と同様に「某部某年某名籍」という記載形式を取る。この戍卒による貰売の集約と代金の回収は官によって組織的定期的に行われた（前掲拙著『秦漢官文書の基礎的研究』第四部第一章「漢代辺境における債権回収手続き」参照）。それ故，EPT3:2 と同様の記載形式の表題簡である簡 56 でまとめられる戍卒への庸銭支給も同様に官によって組織的定期的に行われたと考えられる。

　　第十七部甘露四年卒行道貰賣名籍　　　　　　　　　　　　　　（EPT3:2）

釈読不明字が多く正確な意味を読み取ることはできないが，建平5年（前2）に
詔書の命令に基づいて戍卒を「募」ったことが窺われる。そして，それに応募し
た戍卒を「庸」と呼んでいるのである。簡57に見える「戍卒庸魏□等」のうち
姓名に当たる「魏□等」を除いた「戍卒庸」という表記が次の簡にも見える。

簡58

　　戍卒庸昭武安漢□　　　　　　　　　　　　　　　　　　　（146・31〔A33〕）

簡58は肩水候官址（A33）出土なので，この戍卒は肩水候官所属であろうが，簡
57の詔書のような命令に基づいて募集されて「庸」として雇われた者で，簡56
のように毎月，庸銭を受け取って長城警備に従事していたのであろう。
　このように戍卒を「庸」として雇っていたということは，成帝中期以降，居
延・肩水地域の長城警備に従事する戍卒を張掖郡で賄わなければならなくなった
にも拘わらず，徭役としての徴発では必要な人数を確保することができず，「庸」
という形で戍卒を確保せざるを得なかったことを示唆する。その点を傍証するの
が次の簡である。

簡59

　　呑北隧卒居延陽里士伍蘇政，年廿八　□復爲庸，數通亡離署，不任候朢

　　　　　　　　　　　　　　　　　　　　　　　　　　　　　　　（EPT40:41）

この簡が出土したEPT40から出土した紀年簡10例[45]は成帝元延4年（前9）か
ら王莽地皇2年（後21）の範囲であるので，簡59の蘇政は簡57のような形で募
集された「庸」の戍卒だったのだろう。その蘇政は「□して復た庸と爲る」とあ
るように繰り返し「庸」となっている。本来，一年交替の戍卒の代わりとして雇
われた「庸」が，それにも拘わらず，複数年に亘って「庸」として長城警備に従
事しているのである。これは即ち「庸」として長期雇用されているということで
あり，実態として傭兵と変わらない雇用状況と言えよう。
　この点をより明確に示しているのが次の簡である。

簡60

　　□　　　戍卒居延昌里石恭，三年署居延代田亭，三年署武成隧，

───────────
45）永田英正「新居延漢簡の概観」（『東方学』85，1993）p.41の表2。

　　　　　　　　　　　　　　　　　　　　　　　　　　　二月丁丑自取

　　☑　　　五年因署受絮八斤

　　　　　　　　　　　　　　　　　　　　　　　　　　　　（EPT4:5）

「四」を「三」と書くのは王莽期特有の表記[46]なので，簡60は王莽期のものとわ
かる。ここに見える居延県出身の石恭は少なくとも3年から5年まで戍卒として
代田亭や武成燧で長城警備に従事している。石恭の肩書きは戍卒であるが，本
来，戍卒は一年任期であるので，3年にも亘る勤務が徭役としてのそれであった
とは考えにくい。そこで注目されるのが「受絮八斤」という記載である。ここで
石恭が受け取っている「絮」は，次の簡では吏の俸禄として支給されている。

簡61

　　第十八隊長田悍　　九月祿縣絮二斤十二兩　☑　　　　　（EPT6:81）

それ故，石恭が受け取っている「絮八斤」も俸禄の類だったと考えられよう。そ
うであれば，石恭は戍卒でありながら報酬を受け取っていた，つまり，石恭は戍
卒として雇われていたことになる。

　簡59の蘇政と簡60の石恭の例から，この時期には，居延地域の戍卒は徭役と
してではなく，雇われて長城警備に従事する傭兵のような存在になっていたと考
えられるのである[47]。「庸」として雇われた戍卒が，一年任期ではなく複数年に
亘って勤務し，勤務する烽燧に家属と同居し，その家属にまで官から食糧が支給
されていたのも，「庸」として雇われた戍卒がいわゆる傭兵のごとき存在であっ
たと考えれば違和感なく理解できよう。

（4）騎士の烽燧勤務

　内地からの戍卒供給が減少した成帝中期以降における長城警備体制の変化とし
ては，戍卒の「庸」化の他に，騎士の烽燧勤務が指摘できる。
　居延・肩水地域には騎士が配備されており，匈奴の侵入に対する迎撃部隊とし

　46）門田明前掲「王莽簡の特徴」
　47）戍卒の「庸」化を示す例として挙げた簡56〜61のうち，簡58が肩水候官址
　　（A33）出土である他は，全て甲渠候官址（A8，EP）出土であるため，ここで述べた
　　「庸」化は甲渠候官が所属する居延都尉府配下の戍卒については該当すると考えられ
　　るが，肩水都尉府配下の戍卒については現時点では確言できない。

て運用されていた[48]。

簡62

本始元年九月庚子，虜可九十騎入甲渠止北隧，略得卒一人，盜取官三石弩一，稾
＝矢十二，牛一，衣物去。城司馬宜昌將騎百八十二人，從都尉追。

(57・29〔A8〕)

騎を率いている城司馬が都尉府の属官で，「從都尉」とあることから，この騎は
都尉所属で都尉府に駐屯していたと思われる。簡62は甲渠候官址（A8，EP）出
土なので，182人の騎士は居延都尉所属なのであろう。肩水都尉所属の騎士もい
たようで，肩水都尉府址（A35）から騎士名籍が出土している。

簡63

觻得騎士利處里田嬰☐

(149・17 ＋ 511・32〔A35〕)

簡64

日勒騎士萬歲里孫守

(491・4〔A35〕)

簡65

番和騎士便里李都

(511・3〔A35〕)

簡66

氏池騎士新師里馬緱

(511・11〔A35〕)

これらの騎士は張掖郡内の県名が冠せられているので，県単位で招集された騎士
が都尉の元に配置されていたのであろう[49]。県名が冠せられたこれらの騎士を，
以下「県騎士」と呼ぶことにしたい。簡62の騎士も都尉所属なので，県騎士と
考えてよいだろう。県騎士の名籍は肩水候官址（A33）からも出土している[50]の

---

48) 騎士については，大庭脩「地湾出土の騎士簡冊」（同『漢簡研究』同朋舎出版，
1992年）参照。
49) 張掖郡内10県のうち，本文所掲の觻得・日勒・番和・氏池の他に，次掲のよう
に屋蘭と昭武の騎士は例があるが，刪丹・驪軒・顯美の騎士は確認できない。

屋蘭騎士滅胡里蘇乙　　☐

(73EJT4:9)

昭武騎士宜春里高明

(564・3〔A33〕)

50) 大庭脩前掲「地湾出土の騎士簡冊」にA33出土の騎士名籍が集成されている。

で，県騎士は居延・肩水両都尉府および肩水候官に駐屯していたと考えられる[51]。

県騎士に関連する簡で年代を特定できるものが少数だが見つかっている。

簡 67

居延騎士廣都里李宗，坐殺客子楊充，元鳳四年正月丁酉亡　　　　　（88・5〔A10〕）

簡 68

元鳳四年騎士死馬爰書　（正）

元鳳四年　　　　　爰書　（背）　　　　　　　　　　　　　　（491・11〔A35〕）

簡 69

騎士充□元平元年十月☒　　　　　　　　　　　　　　　　　　　（520・21〔A35〕）

簡 67・簡 68 の元鳳 4 年は昭帝の前 77 年，簡 69 の元平元年は同じく前 74 年に当たる。簡 67 には「居延騎士」とあるし，簡 68・簡 69 は肩水都尉府址（A35）出土なので，これら 3 簡の騎士はいずれも県騎士であろう。同じく県騎士と思われる簡 62 の本始元年も宣帝の前 73 年に当たるので，これら県騎士の例はいずれも昭帝末期から宣帝初期に当たるが，王莽期の県騎士名籍も出土している。

簡 70

張掖郡轢得騎士富安里黃立，年二十二，有方一
張掖郡轢得騎士定安里李戎，年三十五，六石具弩一
張掖郡……具弩一　　　　　　　　　　　　　　　　　　　　　　（73EJF3:446）

「廿」「卅」を「二十」「三十」と表記することから簡 70 は王莽期のものとわかる[52]。それ故，県騎士は昭帝末年から王莽期まで継続して運用されていたと考えてよいだろう。

騎士にはこの県騎士の他に，中営・左前・右前が冠せられる騎士（以下「営騎士」と称す）もいた。

簡 71

---

51) 都尉府および候官に騎士が駐屯していたことは，大庭脩前掲「地湾出土の騎士簡冊」で既に指摘されている（p.88）。
52) 門田明前掲「王莽簡の特徴」。

右前騎士關都里任憲　卩　左前騎士陽里張嚴　卩　中營右騎士中宿里鄭戎　卩

(73EJF3:3)

簡72

右前騎士中宿里刑戎　卩　左前騎士誠勞里馬護　卩　中營左騎士富里宋多　卩

(73EJF3:96)

県騎士は張掖郡内の各県から招集されていたが，営騎士は全員が居延県出身者で
あったと考えられる。簡71・簡72のような営騎士名籍にはいずれも県名の記載
が無いが，そこに記される里名のほぼ全てが居延県の里名として確認できるから
である。営騎士名籍は表6-2所載の肩水金関址（EJ）出土の61例，甲渠候官址
EPF22出土の1例の他にも8例[53]出土していて，これら全ての営騎士名籍に見
える36里のうち34里が居延県の里名として確認できる[54]。従って，営騎士は居
延県に本籍を持つ者によって構成された騎士と考えてよいだろう。

その営騎士はどこに所属していたのであろうか。次の2簡はこの点を考える手
掛かりになる。

簡73

右前騎士安國里史永　――　　　☒　　　(73EJF3:20)

簡74

☒□年十一月癸亥朔壬辰，居延守宰城倉守宰詡・守丞習移肩水金關。
遣騎士史永等百百二十人，以詔書持兵馬之西或。卒馬十二匹，名如牒。書到，出
＝入。如律令。　　　　　　　　　　　　　　　　　　　　　　　　　（正）
居延丞印
☒月三日入　　　　　　　　　　　　　　　　　　　兼掾永・守令史黨（背）

(73EJF3:184)

簡73は営騎士である史永の名籍で，同じ名が簡74にも見える。その簡74は，

53）EPT14:13，EPT27:19，EPT51:12，EPW:43および後掲の簡76・簡77・簡78・簡
80。
54）営騎士名籍に見える里名は，鉼庭里・広都里・関都里・陽里・中宿里・通沢里・
安楽里・鳴沙里・当遂里・広郡里・富里・遮虜里・安国里・平明里・孤山里・累山
里・万歳里・鳴沙里・三十井里・三泉里・昌里・誠勞里・襃里・千秋里・延年里・金
城里・白石里・全稽里・龍起里・長楽里・肩水里・輱汙里・利上里・平里・富田里・
仁里で，富田里と仁里を除く里は「居延某里」の形で漢簡中に確認できる。

馬を連れた騎士の通行許可を肩水金関に命じた通行証で[55]，編綴のための空格が
あること，正面と同筆の筆記者名が背面にあること，背面の封印印文などの記録
が正面と別筆であることから，肩水金関に送られてきた通行証の実物とわかる。
簡73・簡74は同じEJF3から出土している上に筆跡もよく似ていることから，
簡73は簡74に添附された「牒」の一枚なのであろう。簡73は営騎士の名籍な
ので，簡74は営騎士の肩水金関通過を命じた通行証ということになる。そこで
営騎士を派遣し，派遣した営騎士の通過を肩水金関に対して命じているのが居延
守宰（居延守令）であることから，営騎士は居延県に所属していたとひとまず考
えられよう。

　ところが，営騎士の名籍は都尉府に所属する甲渠候官や第四燧，第九燧，卅井
次東燧の遺址からも出土しているのである[56]。

簡75

　　中営左騎士鉼庭里蘇海　　　第廿八　　　　　　　　　　　　　（EPF22:653）

簡76

　　右前騎士嚴☒　　　　　　　　　　　　　　　　　　　　　　　（EPS4C:43）

簡77

　　左前騎士肩水里蓋寫　　　　　　　☒　　　　　　　　（2000ES9SF4:31）

簡78

　　中営右騎士安國里馮詡　　　　　　　　　　　　　　　　　　　　（ESC:75）

これらの出土地点は全て都尉府の統轄下にあった候官や烽燧である以上，そこに
名前の見えるこれら営騎士は都尉府配下と考えざるを得ない。先に，営騎士を居
延県所属と考えたのは騎士の肩水金関通過を命じた簡74の発信者が居延令であ

55）肩水金関址出土の通行証については，前掲拙稿「肩水金関遺址出土の通行証」参
　照。なお，この拙稿の中では簡74のように「書到出入」という文言のあるものを
　「書到出入通行証」と呼んでいるが，これは移動者が携帯するものではなく，発給者
　が関所に直接送付する通常の官文書である。この点，通行証と呼ぶのは誤解を招く恐
　れがあるが，ある人物の関所通過を許可するものという意味で通行証という表現を用
　いた。
56）簡75〜78の簡番号のEPは甲渠候官址（A8），EPS4は第四燧址（P1），ES9Sは
　第九燧址（T13），ESCは卅井候官次東燧址（T130）を示す。

るためだが，実は，簡74と同じ書式の通行証で都尉が発信している例は確認できない[57]。「當舍傳舍」の文言を含む通行証では都尉発信の例[58]が確認できることから，理由は不明ながら，簡74と同じ書式の通行証を都尉が発給することがそもそもなかったのであろう。居延県は居延都尉の直轄県であったと考えられる[59]ことを踏まえれば，簡74は都尉府の指示に基づいて居延令が発信したと理解することができるだろう。

このように，営騎士は居延県出身者によって構成された騎士で，居延都尉に所属していたと考えられるのであるが，前掲簡67の「居延騎士」も居延県出身の県騎士なので，営騎士と同じく居延都尉所属と考えられる。その結果，居延県出身で居延都尉に所属する騎士に居延騎士（県騎士）と営騎士の二つがあったということになるのであるが，では，二つの騎士はどのような関係だったのだろうか。それを考える手掛かりになるのが両者の出現時期である。

営騎士の肩水金関通過を命じた簡74は上端右側が欠けているため年号が確認できないが，発信者の官名が王莽期の県令長の呼称である「宰」[60]と表記されていることから王莽期のものとわかる。王莽期で11月が癸亥朔となるのは始建国2年（後10）なので，この年のものだろう。この他にも，営騎士の年代を推定できる簡がある。

簡79

　　右前騎士三十井里趙詡　卩☒　　　　　　　　　　　　　（73EJF3:26）

簡80

　　中營右騎士三十井里閻賞　　☒　　　　　　　　　　　　（EPT59:237）

両簡に里名として見える「三十」は先述のように王莽期特有の表記なので，これらの簡は王莽期と考えられる。これらの簡以外に営騎士の時代を特定できる簡は

57）前掲拙稿「肩水金関遺址出土の通行証」pp.268～273の表3。

58）元延四年九月己卯，居延都尉雲謂過所縣道津關。遣守屬李尊，移簿
　　□□。當舍傳舍從者。如律令。　　　　　　　　　　　（73EJT37:1500）

59）角谷常子「漢代居延における軍政系統と県との関わりについて」（『史林』76-1
　　1993）p.57。

60）『漢書』巻99中　王莽傳中　始建國元年條「改郡太守曰大尹，都尉曰太尉，縣令
　　長曰宰。」

175

確認できないが，表6-2に示したように，殆どの営騎士名籍は紀年簡が後8～19年に集中するEJF3から出土していることから，営騎士名籍は王莽期のものと考えてよいだろう。肩水金関址（A32, EJ）だけでなく甲渠候官址（A8, EP）からも王莽期の営騎士名籍である簡80が出土していることから，王莽期に居延地域において営騎士が運用されていたことは疑い無い。

　実は，営騎士の時期を推定できるのは上掲の例だけで，王莽期以前の時期の営騎士の存在は確認できない。逆に，営騎士と同じ居延県出身の居延騎士の名籍である簡67には元鳳4年（前77）の紀年が見えている。先述のように，県騎士自体は昭帝末年から王莽期にかけて継続して組織されていたことを踏まえると，居延県出身者によって構成される騎士は，当初，他の県騎士と同様に居延県で招集され居延騎士として居延都尉の配下におかれていたものが，王莽期以前のある時期に，中営左右・右前・左前に再編成されたと考えられるのである。

　この騎士は，簡62では匈奴追撃を，簡74では西域への馬匹移送を担当しているように，長城警備を担う戍卒とは異なる任務を本来担っていたと考えられる[61]。ところが，次の簡では騎士が烽燧に勤務している。

簡81

　　甲渠鄣候　　囗〔封泥匣内に「卽日壬申／餔後遣」〕　　　　　　　　（上段）

　　五月壬寅，府告甲渠鄣候。遣乘隧騎士王晏・王陽・王敵・趙康・王望　（下段A）

　　等五人，借人乘隧長徐業等自乘隧。日時在檢中。到課言。　　　　　（下段B）

　　　　　　　　　　　　　　　　　　　　　　　　　　　　　　（EPF22:473）

簡82

　　甲渠鄣候　　囗〔封泥匣内に「卽日癸酉／餔後遣」〕　　　　　　　　（上段）

　　四月壬戌，府告甲渠鄣候。遣乘隧第五隧騎士郭陽・第十八隧候騎士夏侯蒼

　　　　　　　　　　　　　　　　　　　　　　　　　　　　　　　　　（下段A）

---

61) 他にも，次掲の簡では烏孫昆弥の使者や労辺使者の送迎を騎士が担当している。

出鞞鞻各二，左部騎士高誼里。建平五年二月，送昆彌使者囗囗

　　　　　　　　　　　　　　　　　　　　（Ⅰ90DXT0114 ①:70　※10）

黄龍元年12月戊申朔　縣泉置丞祿移敦煌。敦煌騎士昌利里胡

賞等十人，送勞邊使者。稟馬食粟小石六石，爲大石三石六斗，茭七

石二鈞。今移名藉。書到，出入，迎簿入正月囗　（Ⅴ92DXT1311 ③:305　※11）

之官。日時在檢中。到課言。 （下段B）

（EPF22:474）

簡83

甲渠鄣候　囗〔封泥匣内に「己未下鋪遣」〕 （上段）

十一月己未，府告甲渠鄣候。遣新除第四隧長刑鳳之官。符到，令鳳乘第三，遣

（下段A）

騎士召戎詣殄北，乘鳳隧。遣鳳日時在檢中。到課言。 （下段B）

（EPF22:475）

簡84

囗驗問永，辭，今月十日壬寅，代騎士王敞乘隧　教教 （EPF22:526）

簡85

騎士徐戎，穀四石五斗，代戎乘第二隧候望。其九日壬申，詔受府遣，私留十一日

（EPF22:534）

簡86

●甲渠言，隧長趙永代騎士王敞囗
乘隧。穀少，永留十三日乙巳到官囗 （EPF22:586）

これらの簡は全て甲渠候官址 EPF22 出土である。表 6-2 に見えるように，EPF22 出土の紀年簡は 80 例中のほぼ全てが王莽期から建武初年に当たる後16〜35 年である。従って，簡 81 から簡 86 もその時期のものと考えられよう。それ故，これらの簡に見える騎士は県騎士ではなく営騎士であったと考えられる。そうすると，王莽期から建武初年にかけて，甲渠候官管内では営騎士が烽燧に勤務する場合もあったということになる[62]。

---

62) 肩水都尉府管内においても同じ状況であったことを示唆する簡がある。

□□長樂里□□　左前騎士，今居平樂隧 （73EJT29:31）

左前騎士が居た平樂燧は肩水候官所属の燧（後掲 43・23）なので，肩水都尉府管内でも営騎士が都尉配下の烽燧に勤務していたことがこの簡から想定される。ただし，この左前騎士の本籍と思われる長楽里は觻得県と氐池県の他にも居延県にも存在する（後掲 255・4，E.P.T52:403）ので，この左前騎士が肩水都尉所属の営騎士かどうかは確定できないし，この簡が出土した EJT29 からは前 51 年以前の紀年簡しか出土していないので，73EJT29:31 も前 51 年以前のものである可能性が高い。ひとまずここで

177

簡83では新任の第四燧長である刑鳳の第三燧勤務に伴って騎士召戎を刑鳳の前任の燧に移動させていることから，騎士召戎は第三燧で燧長を務めていたと考えられるし，同様に，簡86でも騎士王敵の代わりに燧長趙永が着任していることから，騎士王敵はそれまで燧長を務めていたと考えられる。それ故，これらの簡に見える営騎士は吏として烽燧に勤務していたことになろう。それはとりもなおさず，本来烽燧に勤務する吏の代わりを営騎士が務めていたということである[63]。

　以上の例から，王莽期から建武初年にかけて，居延都尉府管内においては，本来，迎撃部隊などとして運用されていた騎士が烽燧に勤務する吏の代替として烽燧に配置されていたことがわかる。このことは，長城警備に必要な人数の吏が確保できなかった[64]ということを意味する。先に，哀帝期には吏とその家属が吏の勤務する烽燧で同居することが広く行われていたことが推測されると述べたが，張掖郡出身戍卒の家属同伴の例を踏まえれば，吏の家属同伴も吏に対する処遇改善であって，処遇改善によって長城警備に従事する吏を確保しようとしたのであろう。

は事例の提示に留めておきたい。

肩水平樂隧長李駿　　□□　　　　　　　　　　　　　　　　　　（43・23〔A32〕）

第六隧長氏池長樂里徐更申　　　　　□　　　　　　　　　　　（255・4〔A33〕）

鑅得長樂里公士董得祿年卅　今除爲甲渠候□　　　　　　　　　（E.P.T52:403）

63) 王彦輝は，これらの烽燧勤務を辺郡騎士の本来的業務と考えているようである（王彦輝「論秦漢時期的正卒与材官騎士」『歴史研究』2015-4　p.67）。

64) 必要な人数の吏の確保が難しかった理由は明確にはできないが，下掲の185・29とEPT50:9の吏は忌引きで帰省したまま勤務地に戻っていないし，99ES16ST1:5からは吏がしばしば勝手に官署を離れていることが窺われる。これらの例から，民が進んで吏となっているようには思われないことも一因と考えられる。

□取寧，積六十二日不到官。移居延。亟遣。　●一事一封□　　（185・29〔A8〕）

重追，木中隧長徐忠，同産姉不幸死，寧日盡。移居延。一事一封　正月丙戌，尉史忠
　＝封　　　　　　　　　　　　　　　　　　　　　　　　　　　　　（EPT50:9）

●察數去署。吏・卒・候長三去署免之，候史・隧長五去免。輔廣士卒數去，徙署三十
　＝并關外　　　　　　　　　　　　　　　　　　　　　　　　　（99ES16ST1:5）

おわりに

　居延・肩水地域の長城警備の実態について，新たに公表された肩水金関漢簡を用いることで，従来の指摘を確認すると共に，幾つかの新知見を提示することができたように思う。

　居延・肩水地域の長城警備を担う戍卒は，魏郡・東郡・淮陽郡・南陽郡・昌邑国を始めとする内地から徴発されて来ていたが，成帝中期以降，地元の張掖郡出身の戍卒に置き換わっていった。張掖郡出身戍卒の勤務は，従来は甲渠候官管内でしか確認できていなかったが，肩水金関漢簡によって肩水都尉府管内においても内地出身戍卒から張掖郡出身戍卒へ置き換わっていったことが確認できた。

　このような変化の背景として，二つのことを指摘した。一つは，戍卒の一年交代の枠組みが崩れてゆき，場合によっては，後任の戍卒が到着するまで本来の任期である１年を超えて長城警備に従事しなければならない状況が発生していたこと。もう一つは，長城警備への就役が，居住する郡県との往復も含めると３年間にも及ぶ可能性もあるために忌避された結果，当初は，徴発対象となった者が個人的に代理就役者を雇って身代わりとしていたが，やがて，姦人による庸銭目当ての代理就役が問題化したため，戍卒を徴発する県が徴発対象となった者から代理就役者に支払うべき庸銭を預かり，それを辺境に輸送して，辺境で「庸」を雇って長城警備に従事させるようになったことである。

　長城警備就役に対する忌避が強いところに，庸銭を支払うことで長城警備への就役を免れることが，ある意味，制度的に可能となった結果，内地から戍卒として居延・敦煌に赴き長城警備に従事する者は格段に減少したと推測される。かくて，必要な人数の戍卒を内地で確保することが困難になったのであろう。

　このような状況を背景に，成帝中期以降，居延・肩水地域の長城警備が張掖郡民によって担われることになったと考えられる。その結果，それまで内地の複数の郡国で徴発された戍卒によって担われていた長城警備を，これ以降は張掖郡民だけで担わなければならなくなった。戍卒確保のために，徭役としての徴発に代わって，いわゆる傭兵制的な方法が取られたと考えられる。即ち，居延県民を戍卒として雇い複数年に亘って長城警備に従事させると共に，長城警備に従事する戍卒に勤務烽燧への家属同伴を許し，さらに，家属にも官から食糧を支給することで，数年にわたって継続して長城警備に従事させたと推測されるのである。

戍卒のそのような変化と連動して，烽燧に勤務する吏に対しても家属の同伴を認めるようになった。しかし，それでも必要な人数の吏が確保できなかったようで，王莽期から建武初年にかけて，騎士が吏の代わりとして烽燧に配備される状況も見られた。

その騎士も居延県民から充当された。居延県出身者で構成される居延騎士は，従来，都尉に属して迎撃部隊としての役割を果たしていたが，ある時期以降，中営左右・右前・左前の四部に再編成された。これまで居延騎士としてひとまとまりで扱われていた騎士が四部編成になったことから考えれば，居延県出身者によって構成される騎士の規模はこの再編成によって相当に拡大したことが推測される。

このように，内地からの戍卒供給が少なくなった成帝中期以降，居延県民は，戍卒として雇われて傭兵のごとく複数年にわたり長城警備に従事する者の他にも，騎士として動員される者も相当に増えたと推測されるのである。内地出身戍卒の穴を埋めるため，居延県民は総動員体制のような状況に置かれていたと言えよう。

肩水金関址出土紀年簡の下限は地皇3年（後22），甲渠候官址の房屋（EPF）出土のそれは建武8年（後32）[65]なので，肩水金関および甲渠候官はこの直ぐ後には放棄されたと思われる。ところが，A27から出土した永元兵釜礎簿（128・1）には永元7年（後95）の紀年が見え[66]，肩水金関や甲渠候官が放棄されたと思し

---

65) 注9所掲 73EJF2:10 と次簡。

建武八年十一月庚辰，守尉習以私印封叩頭死罪敢言之。…定……聖見　　（A）
　　　　　　　　　　　　　　　　　　　　　　　　　　　（E.P.F16:57）

なお，下の EPF22:722 に見える紀年を，甘粛省文物考古研究所・甘粛省博物館・中国文物研究所・中国社会科学院歴史研究所編『居延新簡　甲渠候官』（中華書局　1994）は「元和三年」と釈すが，図版を見ると「元和」の文字は右半分が欠けていて明確には確認できないので，表6-2および別表6-3では括弧を附して示した。

元和三年十一月壬申朔五日丙子，候官隳長裦☐
案屠孫聖蒙邊狗食☐　　　　　　　　　　　　　　　　　（E.P.F22:722）
66) 永元七年六月辛亥朔二日壬子，廣地南部候
　　長　　叩頭死罪敢言之。謹移四月盡六月見官兵釜
　　礎四時簿一編。叩頭死罪敢言之。　　　　　　　（128・1〔冊書末尾部分〕）

き時期よりさらに 60 年以上遅れるのである。本稿の考察の結果想定された居延県民総動員体制は，この年代差の問題を考える一つの手掛かりになるかもしれない。

【懸泉置漢簡の出典および簡牘綴合の典拠】

「(簡帛網)」と附記するものは，武漢大学簡帛研究中心「簡帛網 (http://www.bsm.org.cn/)」所載論文。

※1　謝坤「讀肩水金關漢簡札記 (五)」(簡帛網)

※2　伊強「《肩水金關漢簡 (参)》綴合五則」(簡帛網)

※3　何有祖「讀《肩水金關漢簡 (参)》札記 (一)」(簡帛網)

※4　張俊民「懸泉漢簡所見漢代複姓資料輯考──敦煌懸泉置出土漢簡所見人名綜述 (三)」(『秦漢研究』第二輯　2007)

※5　姚磊「《肩水金關漢簡 (肆)》綴合 (三十二)」(簡帛網)

※6　顔世鉉「《肩水金關漢簡》(肆) 綴合第9組」(簡帛網)，姚磊「《肩水金關漢簡 (肆)》綴合 (二十一)」(簡帛網)

※7　伊強「《肩水金關漢簡 (肆)》綴合 (四)」(簡帛網)

※8　姚磊「《肩水金關漢簡 (肆)》綴合 (三)」(簡帛網)

※9　郝樹声・張徳芳『懸泉漢簡研究』(甘粛人民出版社　2008)

※10　中国文物研究所胡平生・甘粛省文物考古研究所張徳芳『敦煌懸泉漢簡釈粹』(上海古籍出版社　2001)

※11　張俊民「懸泉漢簡 "置丞" 簡與漢代郵傳官吏制度演變」(『中國古中世史研究』第20輯　2009)

※12　何有祖「讀肩水金關漢簡札記 (四則)」(簡帛網)

※13　田炳炳「肩水金關漢簡綴合兩則」(簡帛網)

※14　姚磊「《肩水金關漢簡 (貳)》綴合 (四)」(簡帛網)

※15　姚磊「《肩水金關漢簡 (貳)》綴合 (五)」(簡帛網)

※16　姚磊「《肩水金關漢簡 (貳)》綴合 (六)」(簡帛網)

※17　姚磊「《肩水金關漢簡 (参)》綴合 (二)」(簡帛網)

※18　伊強「《肩水金關漢簡 (参)》綴合一則」」(簡帛網)

> また，甲渠候官遺址の房屋以外の探方からも，安帝の永初5年 (後111) の紀年のある簡 (EPT61:5) が見つかっている。

※19　姚磊「《肩水金關漢簡（肆）》綴合三則」」（簡帛岡）

※20　顔世鉉「《肩水金關漢簡》（肆）綴合第 3-4 組」（簡帛岡），姚磊「《肩水金關漢簡（肆）》73EJT37:554 + 559 補綴」（簡帛岡）

※21　謝坤「讀肩水金關漢簡札記（五）」（簡帛岡）

※22　姚磊「《肩水金關漢簡（肆）》綴合（八）」（簡帛岡）

※23　姚磊「《肩水金關漢簡（肆）》綴合（四）」（簡帛岡）

※24　何有祖「讀肩水金關漢簡札記（四則)」（簡帛岡）

※25　姚磊「《肩水金關漢簡（肆）》綴合（二十六)」（簡帛岡）

［附記］本稿脱稿後，鈴木直美「漢代フロンティア形成者のプロフィール――居延漢簡・肩水金関漢簡にみる卒の年齢に着目して」（髙村武幸編『周縁領域からみた秦漢帝国』六一書房，2017）を得た。戍卒簡の分析に関して共通する点も多い。併せて参照されたい。

別表6-1　戍卒の出身地記載があり、年代が確定できる簡一覧

西暦	年号	戍卒の出身地	釋文	簡番号	出土地
前90	征和三年	琅邪郡	□□烏琅邪郡將隴薢　征和三年十一月壬寅。具罷郡縣里名姓年長物色狀衣服籍模初亡年月人數。假　一封傳信。送迎戍田卒。盜賊失亡。外□百二十。	Ⅰ 90DXT0112④:3 ※9	懸泉置
前85	始元二年	淮陽郡	馬長卒。疑有吏卒民屯土吾。具署都鄉里名姓年長物色衣服官□瘜。●□矗棄。●臾䖪已。居延始元二年戍田卒千五百人。爲野馬田官。穿涇渠。淮陽郡	303・15＋513・17	A35
前71	本始三年	淮陽郡	張掖肩水城候官本始三年戍卒籍計□　坐従軍假田官□　已移文書在所□	293・7	A35
前69	本始五年	鉅鹿郡	戍卒鉅鹿郡廣阿襄里呂尚　本始五年正月庚午疾死	118・29	A33
前69	本始五年	平干國（廣平国）	田卒平干國廣嘯成里李賜　本始五年三月丁未。疾心腹支滿死　右農前茂則主	293・5	A35
前67	地節三年	東郡	戍卒東郡畔戍里軒亀　坐酒四月小不審日行造到屋闌界中。與戍卒胡何陽爭言闌。以劍擊　傷右手指二所。●地節三年八月己西軒亀擊　坐闌以劍擊傷戍卒同郡縣文里軒亀右脚一所	13・6	A33
前67	地節三年	東郡	地節三年八月辛卯斂繋	118・18	A33
前64	元康二年	東郡	元康二年五月己巳朔辛卯，武威除令安世別䙷治卒兵始城。救言之　迎卒受兵。讀掖駮特。與將校吏長丞相助。至䔥䔥所。　今東郡造到相侯國相力。白馬司空佐粢。特戍卒□	EPT53363	A8
前63	元康三年	上黨郡	□黨郡元康三年戍卒戎裹　□賈氏里里䌶□軍縣官衣　□裹	EPT53・79	A8
前63	元康三年	東郡	東郡白馬平武里董竟　三石具弩一　六石具弩一　元康三年三月　弩備一　愛矢銅鏃五十　闌闌冠各一　斬櫝一	EPT57・47	A8
前60	神爵二年	廣漢郡	神爵二年十月廿六日。廣漢郡都某里男子卲置寛資布泡一。皮牢杜忠知券□。古券二斗。（背）	T.VI.b.i.191／D1708	敦煌
前59	神爵三年	趙國	趙國廣阿神爵三年戍　正月貫付□□十。時在勞候史長平子仲・皮卒杜忠忠知券　直一千二斤□。楊□頷　麻　幸布復稻一頷　成少負責。戠郡守弖	乙附50	A35
前57	神爵五年	上黨郡	上黨郡神爵五年戍名籍（正）　上黨郡神爵五年戍名籍（背）	73EJT37:1448＋1197 ※12	A32
前56	神爵六年（五鳳二年）	河東・南陽・潁川・上黨・東・濟陰・魏郡・淮陽國 郡	神爵四年十一月癸未。丞相史本專送獲神將六年戊辰河東・南陽・潁川・上黨・東郡・濟陰・魏郡・淮陽國。爲駕一封韶傳。逆督死卒傳事。如律令。	Ⅰ 91DXT0309 ③:237 ※10	懸泉置
前56	五鳳二年	南陽郡	五鳳二年閏月己未朔丁未。平望士吏安世敢言之。受言。戍卒南陽郡山都西平里莊張友等四人。守縣中郡司馬馬丞不□□。守相幸遣往。不寘財物致牧畜吏見所。皆相除證任。它如爰書。救言之。	Ⅱ90DXT0314 ⑤:302 ※10	懸泉置
前56	五鳳二年	魏郡	出物故　三石具弩一完。愛矢銅鏃五十完。　五鳳二年五月壬子朔丙子□　負鞈一。蘭冠各一　兄小大五十五物	418・2	A1

王莽期		郡		本文	出典	分類
前56	五鳳二年	魏郡		五鳳二年五月五壬子朔辛巳、武安左尉徳調烏徳送戍田卒張掖郡（正）□□□印（背）	73EJT37:1099	A32
前56	五鳳二年	魏郡		五鳳二年六月壬午朔己丑、魏郡貝丘四望亭長寬調烏徳迎（正）（背）孝長寬	73EJT37:740	A32
前52	甘露二年	東郡		轉卒東郡武陽東吏里容廉、甘露二年七月□□病死	87-89DXC:10 ※10	懸泉置
前51	甘露三年	趙國		狀公乘氏池先定里、年卅六歳、姓樂氏、故以陳路壽、五鳳五年六十四人、皮諳張掖本郡、署肩水池。到酒泉沙頭隆、署肩水池。閭具簿□□（正）以律令事。□□□（背）	73EJT28:63	A32
前51	甘露三年	梁國		甘露二年六月乙未朔甲申、居延十九年五年五張掖本郡、曾甘露三年六月朔日 四□□	73EJT25:86	A32
前47	初元二年	淮陽國		初元二年正月、皮卒淮陽國陳莫勢里許諳舒、年卅一、皮卒淮陽國陳國頖夏容新、居卒博符	73EJT27:48	A32
前44	初元五年	張掖郡		鬱射城旦榖卒。坐臧榖人。完城旦五歳甲渠候官、甲渠塞延雚□甲（官牘一頭、統一兩） 初元五年八月庚辰、以詔書徙甲。故觚士、居鷺廣郡里忠、居卒鷺梅町、居延廣郡里□	227·8	A8
前44	初元五年	張掖郡		入戍卒懐得安國里毋封建國兩邪□ 初元五年九月壬未朔庚寅、令史宜受第廿四隆長福□延裏二百十里七十四步 錢二百卌 布值□	287·24	A8
前31	建始二年	梁國		建始二年七月丙戌朔丁亥、轎楊□佗里妻候君、實買沙頭戍卒梁陽下邑水順遺所、遺諳戍過所□	73EJT24:28	A32
前31	建始二年	魏郡		建始二年一月己丑朔丙辰、梨陽丞要里妻候君、梨陽丞要里戍卒之。故魏陽原城陽百里戍卒送皮卒張掖魏郡／令史常	73EJF3:181	A32
前27	河平二年	魏郡		河平四年二月甲申朔丙午、顧烏故放賦、盧莫、盧筆。犯訟論。會正月甲子敚。觸次續食、給法所脅骨得、調移遺所律闊、母／佐史	73EJT3:55	A32
前25	河平四年	河東郡		河平四年二月甲申朔乙卯、河東太守舒諳過所思、遺氏佐司馬帶送卒致惶郡、合傳令從者、如律令。／楼蘭・令史賣□	II 90DXT0215②:40 ※4	II 懸泉置 ※4
前25	河平四年	南陽郡		河平四年七月甲戌朔鎮、年廿四、河平四年移過所、遺野佐、河平四年正月乙酉朔庚戌、梨陽丞延移過所、當舍傳舍從者、如律令。（正）（背）	EPT52:44	A8
前20	陽朔五年	魏郡		陽朔五年正月□甲申朔己亥、陽朔送遺皮卒張掖梅郡、當舍傳舍從者、如律令。／楼蘭・令史賣□ 二月丁丑自取	73EJT6:23	A32
前20	陽朔五年	濟陰郡		陽朔二年三月甲申朔己亥、旬陽長公□□□、當舍傳舍過所縣名□ 三年署武成、三年署延代田卒、三月丁丑自取	73EJT7:23	A32
王莽期	（注2）	張掖郡		陽朔四年迎四卒罷皮卒□恭、五年因署緩受臺八斤	EPT4:5	A8
王莽期	（注3）	新平郡（旧淮陽郡）		胸所持緩、即以緩所持胡明緩本文、第三鷺戊卒新平郡苦縣居卒同郡里黽、見易驚撃意楽人、甲辰病心腹。	EPF22:326	A8

※注1 「神爵一年十月廿六日、隆相道長張仲」隆相道は王莽期とわかる。
※注2 「三」の表記より王莽期とわかる。
※注3 新平郡は淮陽郡から王莽期に改名された。即ち以緩所持胡明緩本名、第三鷺戊卒新平郡苦縣居卒同郡里黽、見易驚撃意楽人、甲辰病心腹。（T.VI.b.i:42A/D1601A）の「卒寛慰」「卒日新平」であることから王莽期とわかる。『漢書』卷28下地理志下「淮陽國」「廣漢郡什邡男子節覚意」が改めて置くことがわかる。

別表 6-2 戍卒・騎士簡の出土区画別簡番号一覧

出土区画	種別	出身地	簡番号（探方・房室内番号）	事例数
EPF22	戍卒	他郡国	326	1
	騎士		473（無）, 474（無）, 475（無）, 526（無）, 534（無）, 586（無）, 653, 839（無）	8
EJT1	戍卒	他郡国	5, 8, 9, 13, 19, 28, 31, 32, 73, 74, 75, 81（庸）, 100, 118, 130, 134, 135, 136, 137, 154, 157, 161, 167, 309, 311	25
	騎士		10（觻得）, 33（觻得）, 44（觻得）, 62（觻得）, 78（日勒）, 240（日勒）, 301（日勒）	7
EJT2	戍卒	他郡国	3, 4, 14, 43, 45, 59, 86, 87	8
	騎士		13（日勒）	1
EJT3	戍卒	他郡国	49, 50, 51, 95, 96, 97, 104	7
	騎士		7	1
EJT4	戍卒	他郡国	15, 24, 26, 59, 71, 153 *, 155, 194	8
	騎士		9（屋蘭）, 45（觻得）	2
EJT5	戍卒	他郡国	11, 14, 15, 18, 19, 34, 36（庸）, 39（庸）, 51, 53, 54	11
EJT6	戍卒	他郡国	48, 93（庸）, 100, 106, 150	5
EJT7	戍卒	他郡国	2, 6 *, 7, 33, 38, 41, 42（庸）, 96, 107	9
		張掖郡	151	1
EJT8	戍卒	他郡国	6, 7, 33, 40, 41, 48, 49, 73, 81, 89, 90	11
		張掖郡	95	1
	騎士		101（昭武）	1
EJT9	戍卒	他郡国	6, 27, 39, 45, 69, 81, 83, 90, 113, 116, 117, 196, 204	13
EJT10	戍卒	他郡国	14, 103, 108, 112, 122, 132 *, 183, 196 *, 227, 294, 298, 302, 333, 402 *	14
		張掖郡	102, 164 , 326, 401	4
	騎士		109（無）, 352（觻得）, 437（觻得）	3
EJT11	戍卒	他郡国	3	1
EJT14	戍卒	他郡国	6, 8, 17	3
		張掖郡	1	1
	騎士		39（屋蘭）	1
EJT21	戍卒	他郡国	95, 99, 107, 121, 323 + EJT23:174（庸）※ 13, 202, 248, 255, 260, 269, 329, 373（庸）, 419, 425, 430, 468	16
	騎士		21（觻得）	1
EJT22	戍卒	他郡国	16, 24, 80, 93, 98, 104, 135 *	7
EJT23	戍卒	他郡国	34, 145, 161, 163, 249, 250, 498 *, 532 *, 534, 568 + 846（庸）※ 14, 608 + 673 ※ 15, 657, 768, 790, 920, 921, 922, 939 + 1031 ※ 16, 1058	19
		張掖郡	20, 661, 681, 833	4
	騎士		373（觻得）, 384（觻得）, 735（昭武）, 778（昭武）	4
EJT24	戍卒	他郡国	21, 41, 117, 256, 261 *, 279, 392, 541（庸）, 542, 543, 578, 666, 668, 706, 709, 725, 750, 754, 760, 776, 811, 812, 836, 861, 864, 871 + 874 ※ 17, 881, 882, 889, 901, 935, 938, 947, 953, 966, 970（庸）, 990	37
		張掖郡	147 + 765（庸）※ 13, 891	2
	騎士		554（觻得）	1
EJT25	戍卒	他郡国	20, 83, 86, 89, 91, 133, 137, 146, 162, 164	10
EJT26	戍卒	他郡国	9（庸）, 34, 59 *, 129, 187, 217, 231, 276, 282 *	9
EJT27	戍卒	他郡国	21, 22, 26, 48 *, 112, 139	6
	騎士		83（觻得）, 102（觻得）	2
EJT28	戍卒	他郡国	6, 30, 31, 63	4
	騎士		43（無）, 50（觻得）	2
EJT29	戍卒	他郡国	71 *, 96, 100（庸）, 128	4
	騎士		31	1
EJT30	戍卒	他郡国	3, 8, 12（庸）, 13（庸）, 14, 15（庸）, 25, 102 *, 113, 117, 118, 135, 140 + 241 ※ 18, 184, 262, 264（庸）, 267（庸）	17
EJT31	戍卒	他郡国	26, 70, 93	3
EJT32	戍卒	他郡国	2, 54, 58, 67, 74	5
EJT33	戍卒	他郡国	52, 83, 84	3
EJT34	戍卒	他郡国	16	1
EJT35	戍卒	他郡国	40	1
EJT37	戍卒	他郡国	14, 76, 99, 126, 224, 231, 241, 241, 267 + 306 ※ 19, 368, 408, 452, 550, 562, 670, 679, 699, 738, 740, 750, 766, 767 *, 812, 829, 834, 849, 866, 870 *, 872 + 1206 ※ 23, 888, 900, 945, 970, 982, 987, 1005, 1011, 1110, 1111, 1197 + 1448 ※ 24, 1244, 1246, 1250, 1251 + 1328, 1258 + 1291, 1317, 1318, 1319, 1320, 1335, 1415, 1431, 1459, 1492, 1497	56
		張掖郡	113 + 631 * ※ 22, 118, 309, 554 + 559 + 611 + 904 ※ 20, 622 *, 628 + 658 * ※ 21, 889, 912, 1049, 1082 *, 1152, 1153, 1205, 1512	14
	騎士		286（觻得）, 984（觻得）, 1331（觻得）, 1362（無）	4
EJF1	戍卒	他郡国	117, 120 + 122 ※ 25	2
EJF2	騎士		42	1
EJF3	戍卒	他郡国	35 *, 276, 465 + 500	3
		張掖郡	128, 130 *, 215, 272, 346, 371, 393, 423, 462, 467 *, 538	11
	騎士		3, 4 + 11, 5, 6, 7 + 360, 8, 9, 10 + 271, 12, 13, 14, 15, 16, 17, 18 + 281, 19, 20, 21 + 30, 23, 24, 25 + 543, 26, 27, 28, 29, 31（無）, 32（無）, 33 + 415, 34, 47, 96, 97, 98, 99, 100, 148, 151, 184, 241, 280, 351, 358, 359, 361, 362, 363, 364 + 416, 365, 366, 367, 385, 387, 398, 399, 406, 413, 414, 446（觻得）, 506, 554, 556, 586	62

戍卒の＊は「某燧卒」「某亭卒」および「罷卒」,（庸）は「庸」の記載のあるもの.
騎士の（県名）は「某県騎士」,（無）は「騎士」のみ, 無記載は「中営騎士」「右前騎士」「左前騎士」

Ⅱ　論考篇

別表 6-3　戌卒簡出土探方から出土した紀年簡一覧

西暦	年号	簡番号（＊は年数を欠く簡で，元年に入れた）
前110	大初五年	73EJT4:107
前82	始元五年	73EJT21:422
前80	始元七年	73EJT21:112
前79	元鳳二年	73EJT21:160，73EJT22:84，73EJT26:16，17，220，73EJF1:31
前77	元鳳四年	73EJT10:311，73EJT26:13，239
前76	元鳳五年	73EJT10:150，73EJT10:200，203，295，341，73EJT21:129，73EJT22:67，73EJT26:183
前75	元鳳六年	73EJT10:65，209，328
前74	元平元年	73EJT21:101
前73	本始元年	73EJT1:222 ＊，73EJT5:108，73EJT22:31，73EJT23:797，73EJT24:244，73EJT26:213
前72	本始二年	73EJT1:125，73EJT21:47，64，235，73EJT24:534，945，73EJT25:80，73EJT26:111
前71	本始三年	73EJT24:97，73EJT26:259 + 155
前70	本始四年	73EJT3:57，73EJT9:96，73EJT21:123，137，305，73EJT24:262
前69	地節元年	73EJT1:224 ＊，73EJT2:56，73EJT4:207，73EJT23:385，73EJT24:252，818 ＊，895，73EJT25:32
前68	地節二年	73EJT1:124，156，174，292，73EJT2:1，96，73EJT14:21，73EJT21:110，73EJT24:532，723，759，876，73EJT25:7，73EJT26:42，73EJT28:12
前67	地節三年	73EJT1: 4，126，73EJT24:101 + 116，251，267，269，828，872，73EJT27: 52，73EJT28: 53，73EJT30: 43，68，108，73EJT37:519，73EJF2:2
前66	地節四年	73EJT1: 138，73EJT21: 469，73EJT23: 71，620，73EJT24: 566，748，786，809，944，73EJT26: 268 + 264 + 266，73EJT28:46，73EJT30:110，73EJT31:80，73EJT37:156
前65	元康元年	73EJT7:132，73EJT21:1，42，271，73EJT24:705，73EJT25:15，73EJT27:28，73EJT29:92，73EJT30:33，240
前64	元康二年	73EJT3:98，73EJT21:43，73EJT22:116，73EJT23:3，930，73EJT28:40，73EJT29:108，73EJT30:6，17，21，42 + 69，48，264，73EJT31:45，73EJT37:873，876，931
前63	元康三年	73EJT5: 3，73EJT9: 266，73EJT21: 127，138，73EJT23: 380，389，73EJT30: 41，73EJT31: 60，73EJT37: 28，70，180，369，666，773，1025
前62	元康四年	73EJT28:4，73EJT31:20，57，73EJT37:776，1504
前61	神爵元年	73EJT7:70，73EJT23:952，73EJT29:103，73EJT37:719，739，1534
前60	神爵二年	73EJT3:113，73EJT4:100，73EJT22:25，73EJT23:480，1018，73EJT37:871，1529
前59	神爵三年	73EJT37:112，1379
前58	神爵四年	73EJT5:22，73EJT29:11，73EJT37:520，728，910
前57	五鳳元年	73EJT2: 44，73EJT4: 144，73EJT5: 49，73EJT8: 8，73EJT9: 311，73EJT10: 312，73EJT26: 224，73EJT37: 521，522，1100，1380，1448
前56	五鳳二年	73EJT4:103，73EJT9:92，108，73EJT21:281，73EJT22:34，73EJT23:941，73EJT24:35，73EJT28:86，73EJT37: 49，523，740，1099
前55	五鳳三年	73EJT6: 17，73EJT14: 12，73EJT26: 88，73EJT29: 107，73EJT32: 43，73EJT34: 6，73EJT37: 524，732，1075，1149，1339，1535
前54	五鳳四年	73EJT9:87，104，73EJT21:348，73EJT23:772，73EJT37:202，272，782，1062，1076，1184，1376，1533
前53	甘露元年	73EJT7:165 ＊，208，73EJT9:29，73EJT10:116，335，441，73EJT27:89 ＊，73EJT37:96，1063
前52	甘露二年	73EJT1: 1，73EJT6: 169，73EJT9: 11，19，357，73EJT10: 61，232，313，355，73EJT27: 71，79，73EJT28: 34，63，73EJT29:14，62，63，97，115，73EJT34:1
前51	甘露三年	73EJT6:38，73EJT9:34，384，73EJT24:92，73EJT25:6，73EJT28:13，16，18，22，55，73EJT33:54
前50	甘露四年	73EJT5:68，73EJT9:36，62，299，322，341，73EJT10:120，121，230，237，254，315，375，377，378，73EJT25:163
前49	黄龍元年	73EJT7:67，73EJT11:1，73EJT30:73，73EJT32:50，73EJT33:41，73EJT34:30
前48	初元元年	73EJT4:179，73EJT9:333，73EJT10:376，73EJT23:841，73EJT24:284，73EJT26:221，73EJT27:32，73EJT31: 131，153，73EJT32:45
前47	初元二年	73EJT7:74，73EJT21:175，73EJT25:30，73EJT26:230，233，73EJT27:23，48，73EJT34:9
前46	初元三年	73EJT8:75，73EJT11:31，73EJT25:121，73EJT33:58，73EJT37:581
前45	初元四年	73EJT10:127，73EJT30:62，73EJT31:40，73EJT32:16，73EJT33:42，67，73EJT37:223，279
前44	初元五年	73EJT9:9，73EJT24:78
前43	永光元年	73EJT7:21，73EJT11:28，73EJT30:213
前42	永光二年	73EJT7:128，73EJT33:40
前41	永光三年	73EJT21:19，73EJT37:525
前40	永光四年	73EJT6:40，73EJT8:36，73EJT22:8，73EJT31:63，73EJT37:526
前39	永光五年	73EJT3:109，73EJT6:76，73EJT11:26，73EJT14:10
前38	建昭元年	73EJT10:373，73EJT21:263，73EJT23:200 ①②
前37	建昭二年	73EJT26:50
前36	建昭三年	73EJT21:113，73EJT22:22，73EJT33:51
前35	建昭四年	73EJT10:405，73EJT33:46
前34	建昭五年	73EJT23:352，73EJT32:41，73EJT34:38，43
前33	竟寧元年	73EJT7:31，73EJT8:9，53，73EJT10:204
前32	建始元年	73EJT37:671
前31	建始二年	73EJT24:28，73EJF3:181
前30	建始三年	EPF22:703，73EJT22:70，73EJT37:47，448

●186

漢代長城警備体制の変容　　第6章

西暦	年号	簡番号（＊は年数を欠く簡で，元年に入れた）
前29	建始四年	73EJT28:9，73EJT31:65,76
前28	河平元年	73EJT4:60，73EJT21:96，73EJT31:158，73EJT37:164
前27	河平二年	73EJT4:99，73EJT7:97,140，73EJT10:125，73EJT27:29，73EJT30:82，73EJT31:147
前26	河平三年	73EJT4:113，73EJT7:27，73EJT24:34，73EJT28:56，73EJT30:34
前25	河平四年	EPF22:705，73EJT3:55，73EJT37:527,1194
前24	陽朔元年	73EJT6:27,127，73EJT11:6，73EJT21:98,102，73EJT26:87,92
前22	陽朔三年	73EJT23:966，73EJT37:1007
前21	陽朔四年	73EJT6:113，73EJT21:109
前20	陽朔五年	73EJT6:23，73EJT7:23，73EJT22:11，73EJT37:1019
前19	鴻嘉二年	73EJT6:39，73EJT7:92，73EJT21:181
前18	鴻嘉三年	73EJT6:115，73EJT23:664，73EJT31:203，73EJT32:36，73EJT37:626
前17	鴻嘉四年	73EJT7:126,202，73EJT9:177，73EJT28:33，73EJT37:259,645
前16	永始元年	73EJT3:6，73EJT21:35，73EJT23:142
前15	永始二年	73EJT7:98，73EJT23:678，73EJT24:23
前14	永始三年	73EJT23:143，73EJT37:429,443，73EJF1:9，73EJF3:229 + 542
前13	永始四年	73EJT23:94，73EJT24:133，73EJT37:38,1059
前12	元延元年	73EJT3:66，73EJT4:62，73EJT23:1,144，73EJT37:273,275,528,594,698,770,893,1065,1396,1451
前11	元延二年	73EJT3:53，73EJT23:79,141,308,682，73EJT37:389,529,778,1070,1404,1450
前10	元延三年	73EJT3:47,48，73EJT37:143,446,500,588,1400,1441,1517
前9	元延四年	73EJT3:26,67，73EJT37:59,185,637,1452 + 1460,1500
前7	綏和二年	73EJT3:118，73EJT31:62，73EJT37:148,495,783,1067,1454
前6	建平元年	73EJT6:42，73EJT37:139,152,453,561,585,615,617,640 + 707,706,754,780，875，909，978，1045，1061，1124，1202,1229,1256,1408,1503，73EJF3:45
前5	建平二年	73EJT37:160,175,217,290,616,639,651,755,756,803,962,1068
前4	建平三年	73EJT3:89，73EJT37:22,97,161,303,579,591,749,788,1207,1462 + 1471,1531
前3	建平四年	73EJT3:58，73EJT4:42，73EJT31:107，73EJT37:142,176,177,530,625,758,762,800,1058,1378,1457,1562
前2	元壽元年	73EJT24:217，73EJT30:177，73EJT37:1301,1456
前1	元壽二年	73EJT23:897
1	元始元年	73EJT21:108，73EJT23:787，73EJT24:506，73EJT27:51，73EJF1:85，73EJF1:97，73EJF1:101
2	元始二年	73EJT23:756，73EJT24:9,574，73EJT37:201
3	元始三年	73EJT24:31，73EJT35:2，73EJT37:1204
4	元始四年	73EJT4:131，73EJT23:278,855，73EJT24:145,315
5	元始五年	73EJT4:120，73EJT23:201,701,786,991，73EJT24:144,336,378,587,616
6	居攝元年	73EJT23:201 ①②，73EJT23:317,372,561,573,667,762,893,1012，73EJT24:32,68,439，73EJT37:258
7	居攝二年	73EJT8:51，73EJT23:319,347,419,703,877,884，73EJT24:24,153
8	居攝三年	73EJT23:291,350,668,878，73EJT24:7,75,197,355，73EJF3:43,114 + 202 + 168,470 + 564 + 190 + 243
9	始建國元年	73EJT7:56，73EJT23:172,290,915，73EJT24:22,214，73EJT35:8，73EJF3:117,118,120,125,153,175 + 219 + 583 + 196 + 407,338 + 201
10	始建國二年	73EJT37:1537,1538,1546，73EJF3:2,101,106,107,111,123,192,388 + 206,249,334 + 299 + 492,327,405,459,463
11	始建國三年	73EJT24:36,228，73EJF3:76 + 448,79 + 509,104,155,461 + 476 + 454
12	始建國四年	73EJT7:50，73EJF3:115,154,228
13	始建國五年	73EJT23:2,189，73EJF3:340
14	天鳳元年	EPF22:685，73EJF3:39,44,116,179,180,303,468 + 502
16	天鳳三年	73EJF3:171
18	天鳳五年	EPF22:674,675，73EJF3:328
19	天鳳六年	73EJF3:113,119,195
20	地皇元年	EPF22:413
21	地皇二年	EPF22:468
22	地皇三年	73EJF2:10
23	地皇三年	EPF22:236,242,273,334,336,359,377,378,380,423,483,484
24	更始二年	EPF22:455
25	更始三年	EPF22:282,337
26	建世二年	EPF22:277,292,335,370,460
27	建武三年	EPF22:1,21,29,36,61,70,80,187,373,432,459
28	建武四年	EPF22:45,47,48,50,54,55,126,328,329,338,453,462,664,702
29	建武五年	EPF22:56,153,163,247～249,250～253,254～257,288,658,720
30	建武六年	EPF22:38,42 + 322,51 + 52,53,270,323,402,640
31	建武柒年	EPF22:166,169,398,430,533,651,662,700 + 689
32	建武八年	EPF22:391,698
86	元和二年	(EPF22:722)

187

第 2 部

軍事制度よりみた古代帝国の構造

第7章

孫　聞博

Sun Wenbo

秦漢「内史―諸郡」武官変遷考
―― 軍事体制より日常行政体制への転換を背景として

はじめに

　国家の「興亡治乱」は「戦国より秦・漢以来，兵を以てせざるは鮮し」とある[1]。帝制中国のはじまり――秦は，戦国の激烈な戦争の中で生まれた。軍事制度はこの過程の中で重要な作用を発揮し，あわせて実際に帝制の建立に寄与した。秦帝国の「軍国主義伝統」について，すでにある学者は政治文化の角度から，文官統治と結びつけて，緻密な分析を行った[2]。従前の研究者は軍事史の角度から，統一前後における秦人の軍事的進取と開拓について，また多くの研究を行ってきた[3]。だが軍事制度そのものから出発し，帝国の成立背景及び国家形態の特徴に目をこらした研究は，決して多くない。

　秦代の政治制度の確立，及び漢代へ向けての変容は，軍事体制より日常行政体制への転換を背景にして生じたものである[4]。そして地方の武官制度がこの時期

---

1)『新唐書』巻50兵志（中華書局，1975）1,319頁。
2) 閻歩克『士大夫政治演生史稿』第六章（北京大学出版社，1996）224〜267頁。加えて，アメリカの研究者ルイスが「合法暴力」概念を提示している。展開する関連分析もまた重視に値する。Mark Edward Lewis, *Sanctioned Violence in Early China*, State University of New York Press, 1990.
3) 代表的な研究として，以下のようなものが挙げられる。楊寛『戦国史』（上海人民出版社，2003）。林剣鳴『秦史稿』（上海人民出版社，1981）。馬非百『秦集史』（中華書局，1982）。
4) これは閻歩克氏からの教示を承けたものであり，特にここで謝意を表する。

II　論考篇

に発展・進歩したということは，関連する問題を理解する重要な糸口である。地方武官及び軍事組織に対するこれまでの研究蓄積はかなり重厚である。だがその多くは地方武官を総論したもの，或いは辺郡軍事組織に対する専門研究であり[5]，しかも静態的な分析を主としていた。ここでは武官の組織を内史・内郡・辺郡に区分し，その枠組みから秦漢の地方武官制度に通時的・動態的な考察を加え，国家体制の「戦国モデル」から「帝国モデル」への転換に対する理解を深めたい。

1 ●秦及び漢初における「内史―諸郡」の武官の対等構造

5）銭文子『補漢兵志』（中華書局叢書集成初編本，1985）35～46頁に「三輔兵」・「城中兵」・「郡国兵」・「辺兵」・「部都尉」・「農都尉」・「属国」諸条が設けられている。孫毓棠「西漢的兵制」・「東漢兵制之演変」（『中国社会経済史集刊』，1936，1937，後に均しく呉樹平編『孫毓棠学術論文集』に収録　中華書局，1995）200～287頁。労榦「漢代兵制及漢簡中的兵制」（『歴史語言研究所集刊』第十本，1948）。徐徳嶙「西漢兵制及其国防」（『文化先鋒』第6巻第8期，1946）。徐徳嶙「東漢兵制及其国防」（『政治季刊』第5巻第1，2期，1947）。李玉福「秦漢兵制研究」（山東大学博士学位論文，1988，同氏『秦漢制度史論』下篇〔山東大学出版社，2002〕）314～345頁所収。熊鉄基『秦漢軍事制度史』第二・四章（広西人民出版社，1990）69～75，131～163頁。黄今言『秦漢軍制史論』四・五章（江西人民出版社，1993）152～202頁。于豪亮「雲夢秦簡所見職官述略」（『于豪亮学術文存』中華書局，1985，88～115頁，初出は『文史』第8輯，中華書局，1980）。陳夢家「西漢都尉考」『漢簡綴述』（中華書局，1980）125～134頁。施丁「秦漢郡守兼掌軍事略説」『文史』第13輯（中華書局，1982）。厳耕望『中国地方行政制度史―秦漢地方行政制度』第三，四章（上海古籍出版社，2007）147～187，204～205頁。楊鴻年『漢魏制度叢考』「郡都尉」条（武漢大学出版社，2005，2版）339～349頁。安作璋・熊鉄基『秦漢官制史稿』第二編第二章第三節（斉魯書社，2007）574～584頁。鄒水傑「秦漢県丞尉設置考」（『南都学壇』（人文社会科学学報）2006年第2期）。辺郡の武官体系に対する専論としては以下のようなものがある。藤枝晃「漢簡職官表」（『簡牘研究訳叢』第1輯　孫言誠訳，中国社会科学出版社，1983，129～170頁，初出は『東方学報』第25冊，1954）。労榦『居延漢簡考証』「三　成辺塞制度」（『歴史語言研究所専刊』之四十，1960），33～40頁。米田賢次郎「秦漢帝国的軍事組織」（『簡牘研究訳叢』第2輯　余太山訳，中国社会科学出版社，1987，164～189頁，初出は『古代史講座』第5号，学生社，1962）。加えて，米田賢次郎「漢代辺境防備の組織について」（『史学雑誌』第61巻第12号，1952）。同「漢代の辺境組織――隊の配置について」（『東洋史研究』第12巻第3号，1953）。陳夢家「漢簡所見居延辺塞与防禦組織」（『考古学報』1964年第1期）。同「漢武辺塞考略」，均しく『漢簡綴述』に所収，205～219頁。永田英正『居延漢簡研究』第四章（張学鋒訳，広西師範大学出版社，2007）326～353頁，などである。

192

秦漢「内史―諸郡」武官変遷考　第7章

　『漢書』百官公卿表には郡レベルの官吏の概略が記され，郡守には丞が有り，辺郡には長史がおり，郡尉にも丞がいるとする[6]。郡中で最も重要な官が守・尉の両官であることは明白である。郡守は文武を兼ね，郡尉は「守を佐け武職甲卒を典る」とあり，軍事的色彩が突出している。秦の郡の長史は守・尉・監の三官であった。郡尉・監は初めて設置され，決して郡守の単純な補佐官・監察官ではなく，郡守とは別の組織・機構であった。秦の郡守は守府と称し，郡尉も尉府，郡監もまた監府と称した[7]。秦封泥に「三川尉印」・「東郡尉印」・「河間尉印」がある[8]。漢初の「二年律令」秩律には，秩禄の等級により官職が列挙されているが，内史・諸郡の武官設置について非常に注目すべき記事を含む[9]。

6)『漢書』百官公卿表上（742頁）。
7) 里耶秦簡中に「尉府」(8-98, 8-247, 8-1517) は多く見えるが，郡名が記されているもの及び太守府と対応するものも，少なからず存在する。たとえば以下のようなものがある。「☑一詣蒼梧尉府一南鄭●□□□」(8-376)，「獄南書一封丞印詣洞庭尉府卅三年十一月癸酉夕☑」(8-1823)，及び「尉曹書二封遷陵印一封詣洞庭泰守府一封詣洞庭尉府」(8-1225)，「☑□陵印一洞庭泰守府一洞庭尉府●九月☑」(8-1474 正)。郡監の資料については，以下のようなものがある。里耶簡「到監府事急☑」(8-1006)，「書遷陵，遷陵論言問之監府致觳（繫）痤臨沅」(8-1032)，「監府書遷【陵】☑」(8-1644)。湖南省文物考古研究所『里耶秦簡〔壹〕』（文物出版社，2012)，15，25，74，29，86，64，72，57，58，80 頁。岳麓書院蔵秦簡二十七年質日に「辛巳，騰會建監府」「辛丑，騰去監府視事」とあり（陳松長「岳麓書院所蔵秦簡綜述」『文物』2009 年第3期，77 頁），また郡監府と関係があるに違いない。関連する研究として，さらに游逸飛「守府，尉府，監府―里耶秦簡所見郡級行政的基礎研究之一」『簡帛』第8輯（上海古籍出版社，2013) 229～238 頁を参照。
8) 周暁陸・路東之『秦封泥集』（三秦出版社，2000) 251 頁。陳暁捷・周暁陸「新見秦封泥五十例考略―為秦封泥発現十周年而作」（『碑林集刊』第 11 輯，2005)，315～317 頁。辛徳勇はすでに河間が秦郡の一つとして存在した可能性を指摘している（『秦漢政区与辺界地理研究』，中華書局，2009，88 頁）。今按ずるに『秦封泥集』に「河間太守」の封泥があり，秦璽印・封泥中にもさらに依然として県尉の印はわずかしか見えず，「○（県）尉印」と記されているものは更にすくない。そのために「河間尉印」を郡尉印に分類する。加えて，秦封泥には同時に「齊中尉印」・「齊左尉印」が見える（『秦封泥集』，261～262 頁）。当時において管轄地がかなり広い大郡にはすで分区が有り，尉を設ける際に一人に止まらなかったことを明示しているようである。しかし資料の時期は依然として検証しなければならず，ここでは暫く議論に組み込まない。
9) 近年の代表的な成果は以下の通りである。廖伯源「漢初郡長吏考」（『国学学刊』2009 年第1期）。廖伯源「漢初郡長吏雑考」（『漢学研究』第 27 巻第4期，2009)。両論文は主に文献を張家山漢簡《二年律令・秩律》に見える郡級職官と結びつけて分析を進めている。

193

内史，…中尉，…備塞都尉・郡守・尉，…秩各二千石。　　　　　　　　　　（440〜441）

…中司馬・郡司馬・騎司馬・中輕車司馬・備盗賊・關中司馬□□關司☒司馬・衛

〈衛〉尉司馬，秩各千石，丞四百石。●丞相長史正・監・衛〈衛〉將軍長史，秩各

八百石。二千石尉丞六百石。　　　　　　　　　　　　　　　　　　　（468，444）[10]

中發弩・枸（勾）指發弩・中司空・輕車・郡發弩・司空・輕車，秩各八百石，有

丞者三百石。●卒長五百石。　　　　　　　　　　　　　　　　　　　　　　（445）

中候・郡候・騎千人・衛〈衛〉將軍候・衛〈衛〉尉候，秩各六百石，有丞者二百

石。　　　　　　　　　　　　　　　　　　　　　　　　　　　　　　　　（446）[11]

その職掌からみれば，内史・中尉の関係は郡守と郡尉のそれに似ている。前漢初
期，この状況は更に顕著であった。中尉の統べるところは，中央の第四の防衛力
とみなされていたことを除けば，内史地区の軍事を主管するのがその実態であっ
た[12]。内史と同様に，中尉は中央官であるとともに，ある意味で地方の長吏でも
あった。上で引用したように，内史と諸郡の官職は一緒に列挙されている。この
段階で，内史・中尉・郡守・郡尉はいずれも秩二千石である。内史・中尉が同じ
秩禄で，郡守・郡尉が同秩であるだけでなく[13]，さらに内史と諸郡の長吏もまた
完全に同秩なのである。このことは疑いなく研究者の特別な注意を引きつけた。
尹湾漢簡に記された成帝時の東海郡尉の秩禄は，すでに真二千石であった[14]。百

10）《秩律》簡 443・442・468・444 の新たな編綴については，郭洪伯「張家山漢簡
　〈二年律令・秩律〉編連商兌」（『簡帛研究二〇一二』，広西師範大学出版社，2013）
　90〜93 頁を参照。

11）簡文については，彭浩・陳偉・工藤元男主編『二年律令与奏讞書——張家山二四
　七号漢墓出土法律文献釈読』（上海古籍出版社，2007）258，291，260，262〜263 頁を
　参照。

12）労榦「論漢代的衛尉与中尉兼論南北軍制度」（『歴史語言研究所集刊』第二十九本
　下，1958），449〜450 頁。厳耕望『中国地方行政制度史—秦漢地方行政制度』，98 頁。
　臧知非「試論漢代中尉，執金吾和北軍的演変」（『益陽師専学報』1989 年第 2 期）。

13）この類の同秩について，漢初の衛将軍・衛尉の状況と対照させて考察することが
　できる。「二年律令」秩律には衛尉のほかに，さらに衛将軍がある。衛将軍はここで
　は決して衛尉を統領していない。両官は同秩であり，いずれも二千石であり，各自一
　つの体系を領していた。衛将軍は長史を置き，秩級は八百石で，司馬はいなかった。
　衛尉の属官には司馬がおり，千石であり，丞がおり，四百石であって，長史はいな
　かった。前者が置いた長史は，漢初の御史大夫・丞相，後漢辺郡においてまた「郡
　将」と称されていた太守に置かれていた。後者が置いた司馬は，郎中体系，中尉・郡
　尉体系と更に近似している。

官表の記載では，比二千石とさらに低くなっている。加えて上の引用によれば，中尉の属官には中司馬・騎司馬・中軽車司馬がおり，いずれも千石であり，「丞は四百石」である。中発弩・枸（勾）指（盾）発弩・中司空・中軽車は，秩はみな八百石であり，「丞有る者三百石」であった。さらに中候，騎千人がおり，秩はみな六百石であり，「丞有る者二百石」であった。内史と比較すると，漢初の郡尉の下には郡司馬・騎司馬がおり，秩はいずれも千石で，丞は四百石であり，中司馬・衛尉司馬と同じであった。加えて郡発弩・郡司空・郡軽車がおり，いずれも八百石で，丞がいれば，その秩は三百石であった。さらに郡候・騎千人がおり，秩は六百石，その丞は二百石であった。辺地の軍事的要衝では，ほかに備塞都尉が置かれ，秩は二千石で，丞は六百石であった。前後を対照すると，明確に次のことがわかる。中尉・郡尉の組織は内部における官職の設置が基本的に同じというだけでなく，さらに長吏から各級の属吏の秩級に至るまで，また完全に一致するのである。京師と諸郡は軍事上において上下の区別はない。秦及び前漢初期に設置された郡は，或いは中央の内史地区の制度を平行に拡大したものとみなすことができ，後代のような意味での「中央―地方」構造ではないのである。

　京師を「中」と呼ぶのは，多くの場合地方の郡国と対比させてのことである。中尉が統括する属官の構成は，郡レベルの軍事組織を知るうえでの参考となる。百官公卿表では中尉について「両丞・候・司馬・千人有り」とし，さらに「属官に中壘・寺互有り」云々と述べる。「属官」云々とあるからには，前に挙げられた諸官も属吏とみなされるようである。これに対し，秦の郡にも司馬が置かれ，里耶秦簡 8-461 の方版は「郡尉」について記したすぐ後に，「邦司馬為郡司馬」として「郡司馬」のことを述べる[15]。また秦の封泥に「東郡司馬」・「臨菑司馬」・「琅邪司馬」・「南陽司馬」がある[16]。加えて候もあり，封泥に「琅邪候

---

14) 簡文には「都尉一人秩真二千石」（一反）と作っている。連雲港市博物館等編『尹湾漢墓簡牘』（中華書局，1997）79 頁。

15) 『里耶秦簡〔壹〕』，釈文 33 頁。今按ずるに，最初に発表された編号は 8-455 であった。

16) 『秦封泥集』，252，263 頁。陳暁捷・周暁陸「新見秦封泥五十例考略―為秦封泥発現十周年而作」，315～316 頁。今按ずるに，臨菑について，辛徳勇は「秦始并天下四十二郡」（『秦漢政区与辺界地理研究』，65～66 頁）に編入している。しかし，臨菑郡の設立を議論すれば，辺郡が始めて設置されて県に司馬の官がなかったということを考慮するほかに，また秦の郡司馬の設置がかなり普遍的であったという状況に注意しなければならない。しかし睡虎地秦簡・里耶秦簡によれば，秦県にもまた司馬がい

印」・「城陽候印」・「南郡候印」がある[17]。しかも郡候には丞がおり，たとえば「上郡候丞」・「恒山候丞」が見える[18]。秦の郡候とは官職・ポストであると同時に，機構ないしは組織であると見なしうる。翻って，これを漢初の中尉が統括する中候に当てはめると，これもまた郡候と類似するものであったに違いない。

「琅邪候印」に見える琅邪郡は，裴駰の集解説によると始皇26年（前221）に天下を統一し，36郡を画定した時にはすでに存在していた。従って「城陽候印」の城陽も，決して『秦封泥集』の編者が考えたように県名ではなく，郡の名称なのである[19]。また衛宏『漢官旧儀』「辺郡…部都尉・千人・司馬・候・農都尉を置く」に依拠して，「候は秦辺郡の武官であり，内地に設置された官職ではない」とする研究者もいる[20]。だがこの説では，恒山候については秦が趙国と対峙していた時に暫定的に設置されたのだと解釈できたとしても，城陽にも候が設けられたことを説明できない。辛徳勇は「前漢の城陽国は秦の城陽郡の延長であり，今一般に漢の城陽郡は沿海地区ではなく，内郡に属すると考えられている。しかしこの城陽候印により，秦城陽国もまた必ず海に面する辺郡に属していたことがわかる。二者の間の矛盾については，なお詳細な分析が必要である」と言っており[21]，城陽郡は戦国秦の辺郡であるとは言い難い。

ここで前に引用した「二年律令」446簡に立ち返ると，郡候と中候は並んで挙げられ，あわせて各々候丞がいるとされている。中候は中尉に属し，郡候は各郡郡尉に属していた。秩律「中發弩，……中司空・輕車・郡發弩・司空・輕車，…」（445）の均斉の取れた体例に依拠するなら，律文にいう「郡」とは「中」（京

た。現時点における秦印・封泥の県尉に関連するものは余り多くなく，そして地位が県尉よりも低い県司馬の用印が更にほとんど見えないことを考慮すると，ここではしばらく「臨菑司馬」を郡級の司馬印に編入しておく。

17)『秦封泥集』，264，300頁。王輝『秦出土文献編年』（新文豊出版公司，2000）306頁。加えて，秦の官印には「邦候」に二種があり，羅福頤は「漢初期」とみなし，王人聡・王輝は秦に編入する。名称より秦に属する可能性が高い。しかし印文の筆画は粗雑で直線的であり，加えて更に漢に近い。ここではしばらくの間議論から外す。羅福頤主編『秦漢南北朝官印徴存』巻2（文物出版社，1987）14～15頁。

18)『秦封泥集』，249頁。傅嘉儀『秦封泥匯考』（上海書画出版社，2007）180～181頁。按ずるに「候」について，両書はいずれも釈して「候」に作っている。図版を対照しあわせて秦史の背景と結びつけると，「候」に作るべきであり，武官である。

19) 辛徳勇『秦漢政区与辺界地理研究』，60～61，66～67頁。

20) 辛徳勇『秦漢政区与辺界地理研究』，20～21頁。

21) 辛徳勇『秦漢政区与辺界地理研究』，67頁。

師）と対置される諸郡である。上述の武官は秦代の地方各郡に，実際に普く設置されていた。前漢中期以降の関連する状況と比較すれば，これは秦代の地方の武官組織の，重要な特徴の一つである。

　秦の郡尉の下には，司馬・候を除けば，なお郡発弩・郡司空・郡軽車がいた。これらは前漢中期にはすでに存在せず，百官表には記載がない。郡レベルの武官組織が，やがて縮小したことを示している。秦封泥には「衡山發弩」・「琅邪發弩」があり[22]，里耶秦簡に「以洞庭發弩印行事」(8-159) がある。そして「淮陽弩丞」の封泥[23]及び「衡山發弩丞印亡」(8-1234) の簡文に依拠すれば，秦の郡発弩には丞があり，丞にはなお印があった。これも官職であると同時に，組織・機構とみなしうる。秦封泥にはさらに「南郡司空」・「琅邪司丞」があり[24]，編者は「司丞」を司空丞の省略とみなす。従っていいだろう。睡虎地秦簡「秦律十八種」に「司」と題される律文が見えるからである[25]。それらは内容からして司空律に属すに違いなく，整理小組は「秦律十八種」の司空の箇所に配置している。郡軽車の資料として秦印「四川輕車」がある[26]。常設・特設という視角より見るなら，上述の官はいずれも郡に常設されていたものであろう。当時いくつかの秦郡には塩・紡・工・水・池などの特設の官が存在し，軍事と関連する官としては武庫・馬丞などがあった。前者には「恒山武庫」の封泥があり[27]，秦兵器の題銘にはさらに多くの「上郡武庫」が見える。後者には「代馬丞印」・「衡山馬丞」等の封泥がある[28]。

---

22)『秦封泥集』，254 頁。『秦出土文献編年』，299 頁。秦の衡山郡の設置について，研究者は「秦四十八郡」に編入している。関連する議論は辛徳勇『秦漢政区与辺界地理研究』，85〜87 頁を参照。

23)『秦封泥集』，269 頁。秦が淮陽郡を設置した状況について，辛徳勇『秦漢政区与辺界地理研究』，15〜18 頁を参照。

24)『秦封泥集』，253，265 頁。

25) 睡虎地秦墓竹簡整理小組編『睡虎地秦墓竹簡』（文物出版社，1990）釈文 51 頁，簡 133〜140。

26)『秦出土文献編年』，298 頁。この印は日本東京の菅原石廬の所蔵である（「鴨雄緑斎蔵中国古璽印精選」『東方芸術』2008 年第 16 期）。「四川」郡は文献の「泗水」郡に対応し，分析は『秦封泥集』，260 頁，孫慰祖『封泥発現与研究』（上海書店出版社，2002）97〜98 頁，辛徳勇『秦漢政区与辺界地理研究』，59〜60 頁を参照。

27) 周暁陸等「于京新見秦封泥中的地理内容」（『西北大学学報』（哲学社会科学版）2005 年第 4 期）117 頁。

28)『秦封泥集』，259 頁。陳暁捷・周暁陸「新見秦封泥五十例考略——為秦封泥発現

郡下の県に至ると，武官と関連するのは令・尉・司馬・司空・発弩・士吏・校長等に及ぶ[29]。百官表では「県令・長，皆な秦官」とされているが，現在見える秦県の長官は「令」と称するのみである[30]。郡が郡守・郡尉及び郡監の諸府に分かれ，郡尉と郡守が同級であるのと異なり，県の丞・尉の二長吏は往往にして県令の下に設けられ[31]，しかも県尉の秩禄は明らかに県令より低い。「二年律令」秩律も県の諸官を列挙した後，「丞・尉有る者之を半ばす」と述べる。百官表では前漢後期の県令・長は秩千石から三百石で，丞・尉は秩四百石より二百石であるとされる。

以上要するに，郡・県組織の構成は，特に長吏の設置について，秦漢時代の初期にはかなり大きな違いがあった[32]。このことを研究者も充分に重視している。

里耶秦簡に見える遷陵県の行政活動において，突出しているのは列曹と諸官である[33]。県廷には戸曹・倉曹・尉曹・吏曹・司空曹・令曹・金布等の諸曹が設けられ，加えて倉・司空・田・畜・少内及び郷等の諸官があった。諸曹は令・丞に属し，多く令佐・令史が曹で職務を行う。前者には印綬が無く，発送する文書は令・丞を経る必要があり，あわせて令・丞の印を押して発送する。たとえば里耶簡 16-3 に「尉曹書二封，丞印」とある[34]。これにより，尉曹はすなわち県廷の曹であって，県尉の下の曹ではないことが分かる。県廷の外にあった尉・尉史は，「尉官」と称される。たとえば里耶簡 8-657 に「八月甲戌遷陵守丞膻之敢告

十周年而作」，317 頁。

29) 于豪亮「雲夢秦簡所見職官述略」（『于豪亮学術文存』）95〜110 頁。高恒「秦簡牘中的職官及其有関問題」『秦漢簡牘中法制文書輯考』（社会科学文献出版社，2008）13〜30 頁。

30) 拙文「里耶秦簡 "守"，"守丞" 新考—兼談秦漢的守官制度」（『簡帛研究二〇一〇』広西師範大学出版社，2012）67〜70 頁を参照。

31) 「簡文中に臨沅監御史がある」とされる。『里耶秦簡〔壹〕』前言，5 頁。しかし，秦県に監御史があったか否かについて，なお慎重な検討が求められる。

32) 当然，県尉の軍事・治安職務は依然として重要であった。『史記』陳渉世家に秦末の陳勝・呉広等が漁陽に適戍した際，将尉の統領があったことを記す。『索隠』引『漢旧儀』に「大縣二人，其尉將屯九百人」とある。

33) 郭洪伯「稗官与諸曹—秦漢基層機構的部門設置」（『簡帛研究二〇一三』，広西師範大学出版社，2014）拙文「秦県的列曹与諸官——従〈洪範五行伝〉一則佚文説起」（『簡帛』第 11 輯，上海古籍出版社，2015）参照。

34) 湖南省文物考古研究所等「湘西里耶秦代簡牘選釈」（『中国歴史文物』2003 年第 1 期）20 頁。

尉官主」（八月甲戌，遷陵守丞の膻之が尉官どのに告げる）とある[35]。

　諸官の軍事と関係するものには，さらに県司馬・発弩，司空，庫などがある。また基層の治安維持に携わるものに士吏・校長・髳長などがある。睡虎地秦簡「秦律雑抄」2 除吏律に「●除士吏，發弩嗇夫不如律，及發弩射不中，尉貲二甲」（士吏・発弩嗇夫を任命するに当たって律令の規定どおりでない場合，及び発弩が矢を射て命中しなければ，尉は貲二甲）とある。県尉は士吏・発弩嗇夫の任命に関与し，発弩嗇夫が統括する発弩の兵士の考課もまた，県尉が管理した。有名な里耶秦簡の「除郵人」簡は，郵人の除任も県尉に属したことを示す[36]。そして「除吏律」は，秦の県には発弩以外に「駕騶」という兵種があったことを述べ，整理者はこれを「廄御」とし，これに従事する者は徭成が免除されると考えている。「秦律雑抄」8 にはさらに「輕車・趀張・引强・中卒」などの兵種が見える[37]。

　里耶秦簡にはなお「卒長」（8-193，8-657，8-743），「敦長」（8-349，8-537）と「什長」（8-439）が現れる。「卒長」は前引の「二年律令」秩律 445 にも見える。文物出版社 2001 年版の整理小組原注は「卒長は，上列にある軍官の佐である」とする[38]。釈文修訂本が 2006 年に出版された時に，この条は削除された。後の研究者にもまた「発弩・軽車・司空各兵種の配下の部隊の長を指す」と解釈する者がいる[39]。思うに古代の軍隊編制中に頻見する「卒長」のことであろう。先秦

---

35) 尉の守官に関して，研究者は鋭敏に「県尉は尉守と称して守尉とは称さない」と注意している（沈剛「也談秦簡所見之守官」，中古中国的政治与制度学術研討会会議論文，首都師範大学，2014 年 5 月）。按ずるに秦及び漢初の県行政組織中で，県尉は機構に属しており，わずかな職務というわけではない。ある具体的な職務を代行する者は，多く「守某」と称する。たとえば「守丞」・「守斗食佐」・「守游徼」である。ある具体的な機構（諸官）の長官の代理となる者は，多く「某守」と称する。たとえば「少内守」・「司空守」・「田官守」・「都郷守」などである。「県尉は尉守と称して守尉とは称さない」というのは，実際にちょうど県尉が諸官に属し，「尉官」と称することができるという判断を裏付ける。

36) 拙文「簡牘所見秦漢郷政新探」（『簡帛』第 6 輯，上海古籍出版社，2011）465〜474 頁参照。

37) 関連する考察については加えて拙文『秦漢軍制演変研究』第二章第三節（北京大学博士学位論文，歴史学系，2013）145〜154 頁を参照。

38) 張家山二四七號漢墓竹簡整理小組『張家山漢墓竹簡〔二四七號墓〕』（文物出版社，2001）194 頁注 5 参照。

39) 王昕「張家山漢簡軍制釈名三則」（『出土文献研究』第 6 輯，上海古籍出版社，2004）143 頁。しかし，張家山漢簡「二年律令」簡文中に出現する符号である「●」は，「大変強い分断の意義がある」。「卒長」と「●」の前にある諸職官の関連はなお

文献に多く記載があるほかに,『説文』金部「鏡」字条に『軍法』「卒長執鏡」が引用され,『周礼』夏官司馬鄭玄注にも『軍法』「百人爲卒」という引用がある。特に青海大通上孫家寨 115 号の前漢末期墓から出土した木簡には,「…其官吏卒長五百將…」(014, 173, 053) とある[40]。ここの「卒長」ないしは「官吏卒長」というのは,「五百將」・「五百」と同一の等級であり,編制上「官」に属し,100人を統括する[41]。そして「五百將」・「五百」の名称はかなり特殊であるが,秩級はまさに五百石である[42]。そしてこのことは,上引の秩律「●卒長五百石」とまさに対応しているとすべきで,すでに漢初においてこうした状況であったことを示している。里耶簡 8-657 では琅邪郡が内史・属邦・郡守郡尉に治所を移したことを報告している。洞庭郡は文書を受け取った後に,それを所轄の各県に転送し,同時に「軍吏在縣界中者各告之」とし,下文でさらに以下のように述べる。

八月甲戌,遷陵守丞膻之敢告尉官主。以律令從事。傳別【書】貳春,下卒長奢官。[43]

8 月甲戌,遷陵守丞の膻之が尉官どのに告げる。律令に依拠して職務を行うこと。別書を貳春に伝達し,卒長の奢の官に下せ。

卒長もまた「官」と称され,「卒長奢官」となっているのは,注目に値する。そして遷陵県尉の統括する卒長奢及びその兵士は,実際には県の管轄下の貳春郷に駐屯していた。郷は秦帝国の行政機構の最下層に位置するが,そのうちのいくつかには軍隊が駐屯していた。卒長の下官は「敦長」であり,実際には屯長のことである。これは上孫家寨漢簡では「隊長」とされ[44],50 人を統率する[45]。里耶簡

再考が必要である。関連する議論として遊逸飛「漢初楚国無郡論—伝世文献与考古発掘的弁証」,未刊稿を参照。

40) 大通上孫家寨漢簡整理小組「大通上孫家寨漢簡釈文」(『文物』1981 年第 2 期) 22頁。

41) 李零「青海大通県上孫家寨漢簡性質小議」(『考古』1983 年第 6 期)。白建鋼「青海木簡与漢代軍隊」(『文博』1986 年第 1 期)。

42) 李零「青海大通県上孫家寨漢簡性質小議」,550〜551 頁。李零「〈商君書〉中的土地人口政策与爵制」(『待兎軒文存:読史巻』広西師範大学出版社,2011,188〜189 頁初出は『古籍整理与研究』1991 年第 6 期)。

43) 陳偉主編『里耶秦簡校釈文 (第一巻)』(武漢大学出版社,2012) 193 頁。

44)「敦」・「屯」・「隊」三字の関係については,李零「〈商君書〉中的土地人口政策与爵制」,187〜188 頁参照。

の「☐☐假追盗敦長更戍☐」(8-349) 残簡は，「更戍」身分の者が追盗敦長を担当する場合があったことを示している。「什長」もまた上孫家寨漢簡に見え，「什」を率い，10 人を統括する。「卒長」・「敦長」・「什長」は三つの連続する部隊編成単位の指揮官である。この三官が辺県の文書に出現することは，秦代の県級軍事組織の設置及び軍隊管理を理解するための貴重な情報である。

さらに「二年律令」秩律によれば，前漢初期の県は長官の秩禄により五等に区分される。千石・八百石・六百石・五百石・三百石の県である。県尉はこれに対応し，それぞれ秩五百石・四百石・三百石・三百石・二百石とされる。他に塞尉・城尉が県に設置されていたならば，「秩各々其の郡尉より百石を減ず」とある。ここでの「郡尉」とは，「郡に属する塞尉・城尉を指すに違いない」とされる[46]。このことから推せば，郡は郡尉以外にも，必要に応じて塞尉・城尉を設置したのであろう。県と同級の道に塞尉・城尉を設置すれば，「秩二百石」(469)であった。このほか，県令が六百石の県の衛官・校長は秩百六十石で，更に低い県の校長・髦長・発弩は，秩はみな百二十石であった。加えて武漢大学が赤外線を利用して行った新たな釈読によれば，二年律令 471・472 は以下のように作る。「縣，道司馬，候，㕓有乘車者，秩各百六十石。母乘車者」，「秩各百廿石」。もし釈読に誤りが無ければ，県・道にも候が存在したようである[47]。

---

45) 里耶簡「廿五年九月己丑，將奔命校長周爰書：敦長買，什長嘉皆告曰：徒士五(伍) 右里繚可，行到零陽厤谿橋亡」(8-439 + 8-519 + 8-537) 中での，「奔命校長」・「敦長」・「什長」の関係については，さらなる研究が待たれる。

46) 廖伯源「漢初県吏之秩階及其任命」(『社会科学戦線』2003 年第 3 期)。

47) 往往にして候と連称される郫に至っては，地方に設置されたということも注意に値する。『漢書』王莽伝中に「粟米之内曰内郡，其外曰近郡。有郫徼者曰邊郡」とあり，前漢後期以来の普遍的な状況を反映している。しかし，秦代の地方県道には多く郫の設置が見られ，完全に辺郡に限られたわけはないようである。『里耶秦簡 (壹)』「前言」で洞庭郡の遷陵県について「縣下有鄉，……鄉下又分爲若干里，里有典。鄉以外還有亭」と紹介するほかに，特に「還設有郫之類的防禦設施」と述べる (5 頁)。北京大学蔵秦水陸里程簡に江陵地区の「長利渠 (章渠)——楊口水路」を記し，「陽(左舟右豕) 郫」(04-205)・「章渠郊 (甕，足改为走) 郫」(04-203)・「章渠短郫」(04-112) が現れている。そして秦郡にはあわせて郫郡或いは故郫郡という名称の郡があった。辛徳勇「北京大学蔵秦水陸里程簡冊初歩研究」(『石室賸言』中華書局，2014，111〜112 頁，初出は『出土文献』第 4 輯)。辛徳勇『建元与改元：西漢新莽年号研究』下篇「所謂"天鳳三年郫郡都尉"磚銘文与秦"故郫郡"的名称以及莽漢之際的年号問題」(中華書局，2013) 242〜247 頁参照。

201

Ⅱ　論考篇

2 ●武帝以降における地方武官の「辺地化」の趨勢

　前漢建国より景帝・武帝の世に至るまで，かなり大規模な軍事活動が生じた。景帝による国内での七国の乱の平定，武帝による国外での四夷の征伐は，政権を強固にし，あわせて王朝を新たな段階へ推し進めた。秦・前漢初期における武官の設置と軍事組織の体制は，上述の基礎の上に調整・進歩が加えられた。中央で将軍・校尉・中郎将が発展したのに対して[48]，武帝以後の内地の郡県では，武官の縮小が起こった。秦・前漢初期に少なからず存在した武官組織は，わずかに辺郡の都尉府下に置かれるだけになった。こうした展開を地方軍事組織の「辺地化」と呼ぼう。ここで言う「辺地化」とは，内郡やその他の地区に辺境の軍事組織が設けられたことを指すのでは決してなく，軍事機構が京師・内郡から辺郡地区へと徐々に集中していったことを指す[49]。

　前に引用した百官表の記事では，地方の郡県組織の長史に関連する内容が主として述べられ，かなり簡略である。後人は研究を続け，さらなる研究成果を挙げた[50]。特に厳耕望は「漢代地方行政組織系統図」を製作し，学界に非常に大きな便宜を提供した。ただし上に論じたとおり，秦・前漢初期の郡レベルの組織の中では，郡尉府の組織が特に注目される。郡尉と郡守は同秩で，所属の官吏に司馬—候，騎司馬—騎千人，郡発弩・郡司空・郡軽車などがある。これと比較するなら，厳の「組織系統図」が実際に反映しているのは，前漢中期より後漢に至る状況なのである。図中では太守の下に「司馬」があるが，文中では未だ説明されていない。これは改めて都尉の下に置いた方がよく，またこれは辺郡に多く設けられた。このほか，「組織系統図」で列挙されている郡都尉下の佐官・属吏は，ただ丞・功曹・主簿・議曹などの何種かがあるだけで，漢初の情況と対照すれば，関連する相違点は明かである。

　なお指摘すべきは，前漢初期以後の官印・封泥中に，依然として地方の司馬・

48）拙文『秦漢軍制演変研究』第一章，40〜86 頁参照。

49）游逸飛が提示し，関連事項もまた以下のように述べることができる。内郡が軍事化をやめ，段々と多数の武官を排除し，そして辺郡の軍事機能が強力になっていたことにより，地方軍事組織全体が辺地化の趨勢を呈したことが明確になった。

50）厳耕望『中国地方行政制度史——秦漢地方行政制度』。秦漢郡県における属吏研究の学術回顧については李迎春「20 世紀以来秦漢郡県属吏研究綜述」（『石家荘学院学報』2009 年第 1 期）を参照。

●202

候の存在が見出せることである。官印にはたとえば「長沙司馬」（233・234）・「膠西司馬」（235）・「膠西候印」（236・237）・「菑川司馬」・「菑川候印」（240～242）・「濟南司馬」（243・244）・「濟南候印」（245・246）などがある[51]。だがこれらは均しく地方の王国の官印で、郡（及び所属する県）の印ではない。呉栄曽は前漢の王国官制について論じ、関連する材料を「衛尉」の「司馬・千人」条及び「中尉」の「候」条の下に集めている[52]。『漢書』蓋寛饒伝に「是の時より先、衛司馬は、部に在りては衛尉に見えて拝謁し、常に衛官の緜使と為りて市買す。……衛尉私かに寛饒をして出さしむ。……これより衛官復た私かに候・司馬を使わず」とある。衛尉の機構もまた「衛官」と称したことがわかる。漢印には「衛官候之印」（167）が見える。印文は五字で、時代は武帝の太初元年（前104）以後であり、「候」は前に限定の語を冠し、中央の衛尉が管轄していた候の印であろう。だが王国では「中尉は武職を掌る」とされ、中尉が軍吏を掌り、盗賊に備え、その地位は重要であった。安作璋らは「史書では常に傅・相・中尉が並び称され、朝廷は往往にして書を傅・相・中尉に移すとあり、これもまた明確に傅・相・中尉がいずれも輔正を職務としたことを説明している」という[53]。従って、これらの王国の司馬印が衛尉ではなく、中尉属吏の印である可能性が更に高まる[54]。

　封泥はというと、先学は例えば「豫章司馬」・「琅邪司馬」・「□西司馬」・「廣都司馬」（『封泥考略』巻4，39頁）、「東郡司馬」（『続封泥考略』巻2，19頁）、「豫章候」（『封泥考略』巻4，41頁）、「臨菑候」（『続封泥考略』巻2，20頁）を挙げる[55]。補充す

51）『秦漢南北朝官印徴存』巻3，42～45頁。

52）呉栄曽「西漢王国官制考実」（『先秦両漢史研究』中華書局，1995，294，304頁，初出は『北京大学学報』1990年第3期）を参照。その中でなお「趙千人（《十六金符斎印存》）」を列挙する。

53）安作璋・熊鉄基『秦漢官制史稿』，741～742頁。

54）徐州の前漢楚王墓群中の，獅子山楚王墓出土の封泥印章が最も体系的である。その中で，武官と関連するものに「楚中尉印」・「楚中司馬」・「楚中司空」・「楚中候印」，「楚武庫印」・「楚騎尉印」・「楚騎千人」・「楚軽車印」・「楚都尉印」・「楚司馬印」・「楚営司馬」・「楚営司空」などがある。関連する学術回顧及び資料の集成は李銀徳「徐州出土西漢印章与封泥概述」，西泠印社・中国印学博物館編『青泥遺珍―戦国秦漢封泥文字国際学術研討会論文集』（西泠印社出版社，2010）16～17頁参照。中尉体系のほかに，必要に応じて別に騎尉・都尉を置く。しかし，たとえこのようであっても，騎尉・都尉の印は依然として王国内の「中央」官職に属しており，郡尉体系のものではない。

55）陳直『漢書新証』（中華書局，2008）130頁。関連する論述についてはさらに陳直

べきものとしてさらに「膠西候印」・「武都候印」がある[56]。今拓影を見ると，「琅邪司馬」・「東郡司馬」は文字の特徴からして，秦代に属すものに違いない。「□西司馬」は「膠西司馬」である可能性があるが，「□」字の残欠が非常に甚だしいため，検討から外そう。「膠西候印」が，王国印に属すのは，すでに論じた。「廣都」は県名であり，もとの治所は今の四川成都東南にあり，蜀郡に属す[57]。『封泥考略』にはまた「廣都左尉」が見える[58]。「廣都司馬」は県所属の司馬であり，封泥の年代もまたかなり漢代初期にまで遡るであろう。従って，漢郡の官職と関係があるのは，主に「豫章司馬」・「豫章候」・「臨菑候」・「武都候印」である。思うに豫章は，高帝5年（前202）以前，景帝4年（前153）以後に設置され[59]，武帝による南越平定前まで一貫して南越と境を接した，南辺の郡であった。司馬等が置かれたのは，恐らくこの点と関係しよう。臨菑は秦の時にはすでに郡が設置され[60]，漢初は秦制が踏襲された。高帝6年（前201）に「春正月丙午，韓王信等奏請して膠東・膠西・臨淄・済北・博陽・城陽郡七十三県を以て子の肥を立てて斉王と為さんとす」とある[61]。以後多く合併分立があったが，多くは斉国や斉郡と称され，再び臨菑郡とされることはなかった。臨菑が秦漢時期に「外は胡・越に接する」辺郡に属していたかどうかは，なお議論すべきである。しかし，前漢初年に郡が置かれ，候が設けられたというのは，先に述べた漢初の特徴に符合する。武都とは，「岐隴以南，漢川以西の白馬氏を以て合するに隴西の数県を以て成る」とあるように[62]，西部の辺郡であり，そのため候官が設けられたのである[63]。郡内には「道」がかなり多く，大量の異民族が集住していた。

伝世文献に見える郡司馬・候からも，こうした傾向が見て取れる。郡司馬は例えば『漢書』馮奉世伝に「奉世の長子譚，太常，孝廉に挙げて郎と為し，功次もて天水司馬に補す」とあり，同酷吏伝田広明に「郎を以て天水司馬と為す」とあ

「居延漢簡解要」（『居延漢簡研究』，中華書局，2009）181頁を参照。

56) 孫慰祖主編『古封泥集成』（上海書店，1994）126，127頁。

57) 『漢書』地理志上，1,598頁。

58) 趙平安「秦西漢誤釈未釈官印考」（『歴史研究』1999年第1期）63頁を参照。

59) 周振鶴『西漢政区地理』（人民出版社，1987）46頁。

60) 辛徳勇『秦漢政区与辺界地理研究』，65〜66頁。

61) 『漢書』高帝紀下。

62) 周振鶴『西漢政区地理』，152頁。

63) 漢簡・璽印中の辺郡職官資料については，陳夢家「漢簡所見居延辺塞与防禦組織」（『漢簡綴述』，37〜45頁，初出は『考古学報』1964年第1期）を参照。

り，同西南夷伝に「大将軍の鳳，是に於いて金城司馬の陳立を薦めて牂柯太守と為す」とある。『漢書』西域伝下渠犁条では「張掖・酒泉，騎仮司馬を遣わして斥候と為す」とあり，「騎仮司馬」に言及している。一方，郡候は例えば『漢書』律暦志に「酒泉候宜君」とあり，同趙充国伝に「酒泉候奉世」とある[64]。加えて，『漢書』佞幸伝董賢条に「問いて其の父に及びて雲中候と為し，即日徴して覇陵令と為し，光禄大夫に遷す」とある。思うに「雲中候」は『漢書補注』本では「雲中候」に作り[65]，下文に「即日徴して覇陵令と為す」とあるのによれば，後者の方が正しかろう。『漢書注校補』は「雲中候，候は中尉に属し，其の別営領属を別部司馬と為し，各門に門候有り。蔡質の漢儀に曰わく，門候は校尉に見えるに，執板して下拝す，則ち其の秩甚だ卑しきなりと。寿昌案ずるに，左右の式道候を以て之を例とするに，秩六百石，賢の父恭殆んど御史を以て内に任じ，左降して候と為るなり」と述べる[66]。その所論は秩禄への理解については傾聴に値するが，官職の帯びる性格についての所見は，未だ十全ではない。雲中候は雲中郡都尉が統括する候であるに違いない。『漢書』厳助伝に「乃ち助を遣わし節を以て兵を会稽に発せしむ。会稽守，法を距らんと欲し，発するを為さず。助乃ち一司馬を斬り，意指を諭す」とあり，陳直は「司馬とは，会稽郡の司馬である」とする[67]。会稽は東甌に臨み，辺郡に属し，故に郡司馬を設置したというのは考えられるところである。『漢書』揚雄伝に「東南一尉」とあり，顔注は孟康を引き「会稽東部都尉なり」という。『太平御覧』巻241職官部39引『臨海記』には「漢元鼎五年（前112），都尉府を候官に立て，以て二越を鎮撫す。所謂東南一尉なる者なり」とある[68]。要するに，これらの事例が映し出すのは，多くが辺郡の情勢である。

　『漢書』地理志には各地に置かれた郡・県が記され，そこに塩官・鉄官などの「特別な官署」があれば，多くの説明が加えられている。その中にはいくつかの

64）中華書局点校本の校勘記に「沈欽韓説，侯當爲候，奉世即馮奉世」とある。2,999頁。故に「候」について，底本ではもともと「侯」に作っていた。整理者は沈欽韓『漢書疏証』巻31「酒泉侯奉世」条によって改めている。

65）王先謙『漢書補注』（中華書局影印本，1983）1,561頁上欄。

66）周寿昌『漢書注校補』巻50（張舜徽主編『二十五史三編』所収，岳麓書社，1994）第3分冊，667頁上欄。

67）陳直『漢書新証』，328〜329頁。

68）『太平御覧』（中華書局影印本，1960）1,144頁下欄。

遺漏・錯誤が存在するものの，軍事関係の「官署」については廬江郡の「楼船官有り」，南郡の「発弩官有り」という言及があるだけで[69]，逆に注意を要すること，疑いない。前漢の諸郡には自然地理の条件に応じて，材官・騎士・楼船などの異なる兵種が設けられていた。これらは当時，すでに都尉の武官組織から分離し，さらに独立した軍隊組織を形成していたようである。都尉系統の職官の縮小は，尹湾漢簡「集簿」からはっきりと知られる。木牘に記される成帝期の東海郡での官吏設置情況に拠ると，太守府の官吏定員 27 名に対して，都尉府は「都尉一人，丞一人，卒史二人，属三人，書佐五人，凡十二人」（一正）であった[70]。東海郡の東方は海に臨み，広義の辺郡に属する[71]。だが都尉府の官吏は太守府の半分にも及ばず，かついずれも文吏であったことは，注意に値する。「集簿」は職務内容ではなく秩級に従って官職を列挙し，厳氏の製作した図と互いに補完し合うものである。これを漢初の「二年律令」秩律で郡尉が多数の武官を統括していたことと比べると，そのコントラストは鮮明で，前漢中期以降，郡尉系統に所属する官吏の設置に変化があったことを明示している。

　秦代の県・道で軍事と関連する官職は，令・尉・司馬・司空・庫・発弩・士吏・校長・髦長など多種に及ぶ。「二年律令」秩律に拠ると，漢初の県にはさらに候がいたようであり，塞尉・城尉が個別に設けられることもあった。だが尹湾漢簡に目を移すと，成帝時の東海郡所轄の諸県には令・長・尉がいたほかは，ただ游徼及び初期の校長に比せられる亭長が見えるだけである。当時の東海郡の県は四等に分かれ，侯国は二等に分かれる。そのうち千石・六百石・四百石の県に

69）関連する論述については，さらに厳耕望『中国地方行政制度史——秦漢地方行政制度』，204～215 頁を参照。ただし厳氏の引用したいくつかの史料の時代はかなり早期のもので，実際にはなお更なる区分が可能である。

70）木牘二正面に更に具体的に「書佐五人」を記しており，実際には「書佐四人，用算佐一人」であった。連雲港市博物館等編『尹湾漢墓簡牘』，77，79 頁。

71）前漢初の高帝時期に，楚国所属の東海郡と斉国所属の琅邪郡境内に侯国の分布はなかった。馬孟龍は以下のように推測する。秦国が天下を統一した後，琅邪・東海両郡は帝国の東のはてとみなされた。たとえば秦始皇 28 年（前 219）に立てられた琅邪刻石には，その銘文に「六合之内，皇帝之土。西渉流沙，南盡北戸。東有東海，北過大夏」及び「乃撫東土，至於琅邪」などの語句がある。そして東海郡の朐県に，秦始皇はなお東門闕を立て，帝国の東大門の象徴としたとする。そして劉邦は東海・琅邪の両郡に侯国を置かず，両郡を帝国の東のはてと見なし，そのため「辺郡に侯国を置かず」という通例の処理によった可能性があるとする。『西漢侯国地理』中編第二章（上海古籍出版社，2013）137 頁。

は基本的に両尉が置かれ，ただ平曲県にのみ一尉が置かれた。四百石の侯国には両尉があり，また一尉の場合もあった。三百石の小県には，両尉・一尉もしくは尉を設置しないという三種の情況が存在した。三百石の侯国では多くとも一尉が置かれるだけで，多くの場合尉はいなかった。38 の県邑侯国中で，尉が置かれなかった県・侯国は 13 に達する。[72]

　反対に，武帝以降の西北辺郡の軍事組織は発展し続けた。19 世紀に敦煌・居延など西北漢簡が大量に出土すると，『漢書』百官公卿表の「辺郡又た長史有り，兵馬を掌り，秩皆な六百石」や，衛宏『漢旧儀』の「部都尉・千人・司馬・候・農都尉を置く」などの，辺郡についての限りある記載のほかに，辺郡の軍事組織に関する更に具体的な知見を我々にもたらした。「二年律令」秩律によると，漢初には中央・地方に軍事組織があまねく設置されたが，常設の武官の中で属吏に長史がいるのは，僅かに将軍だけであった。武帝以降の辺郡には長史が置かれ，なおかつ長史は太守に属し，都尉に属してはいなかった。辺郡の太守が専ら軍事的な任務にも当たるようになっていたらしい。内郡ではただ郡都尉が置かれるのみだったのと比べると，この時期の辺郡には郡都尉がいたほかに，同時に部都尉・属国都尉・農都尉・騎都尉のうちの何種類かが設置されることも多かった[73]。秦代や漢初には内史・諸郡に普遍的に設置されていた司馬・千人・候・士吏なども，このときには主に辺郡の都尉系統に集中して置かれていた。地方に古くからあった軍事組織も，こうして「辺地化」していった。

　先学は西北漢簡に見える「士吏」に対して多くの注意を払ってきた[74]。だが実

72）ある意見に至っては，このことは単に漢県に尉を設置しないところがあったというだけでなく，漢県（侯国）で尉を置かない割合がかなり大きかったということを証明すると考える。廖伯源「漢初県吏之秩階及其任命」（中国社会科学院簡帛研究中心編『張家山漢簡〈二年律令〉研究文集』広西師範大学出版社，2007，21 頁，初出は『社会科学戦線』2003 年第 3 期）。このほか，尹湾漢簡「集簿」になお「縣邑侯国卅八……其廿四有堠？都官二」（一正）と述べる。もし釈文に誤りが無ければ，その中の 24 の県邑侯国には遠くを見渡し警備に供する防禦建築が建てられていた。しかし関連する人員は未だ「集簿」の吏員統計には入っていないようで，おもに人を派遣することを通じて維持を実現していたに違いない。

73）百官公卿表に「農都尉，屬國都尉，皆武帝初置」と記し，『続漢書』百官志五にまた「武帝……邊郡置都尉，主屯田殖穀，又置屬國都尉，主蠻夷降者」と述べる。陳夢家「西漢都尉考」（『漢簡綴述』）125〜131 頁，も参照。

74）学術整理及び最新の研究については，黎明釗「士吏的職責与工作：額済納漢簡読記」（『中国文化研究所学報』第 48 期，2008）参照。

207

のところ秦・漢初には，士吏は地方各県に広く配置されていた。たとえば以下の
ような史料が挙げられる。睡虎地秦簡・秦律雑抄2「除士吏・發弩嗇夫不如律」，
同12～14「令・尉・士吏弗得，貲一甲。…縣司空・司空佐史・士吏將者弗得，
貲一甲」（県令・県尉・士吏が捕まえられなければ貲一甲。…県の司空・司空佐史・士吏
の監督者が捕まえられなければ貲一甲），同39「●戍律曰，同居毋並行，縣嗇夫・尉
及士吏行戍不以律，貲二甲」（戍律に，同居者が同時に徴発されることはなく，県嗇
夫・尉・士吏が律に依拠せず辺戍に行かせたならば，貲二甲にする），及び二年律令101
「諸欲告罪人，及有罪先自告而遠其縣廷者，皆得告所在鄉，鄉官謹聽，書其告，
上縣道官。廷士吏亦得聽告」（罪人を告そうとしたり，罪を犯して自首しようとして，
その県廷まで遠い者は，いずれも地元の郷に告することができる。郷官は厳正に受理し，
その告を記録し，県道の官に報告する。県廷の士吏も告を受理することができる），同
144「盜賊發，士吏・求盜部者，及令・丞・尉弗覺智（知），士吏・求盜皆以卒戍
邊二歲」（盗賊が発生しても，所轄の士吏・求盗，及び令・丞・尉が察知しなければ，士
吏・求盗はいずれも卒として戍辺二歳とする），同146～147「鬥殺人而不得，官嗇
夫・士吏・吏部主者，罰金各二兩」（喧嘩で人を殺害したが，捕えられなかったら，官
嗇夫・士吏・所轄や担当官吏は，それぞれ罰金二両），同201～202「盜鑄錢及佐者，
…尉・尉史・鄉部・官嗇夫・士吏部主者弗得，罰金四兩」（銭を不正に鋳造する，
およびそれを助けた者は…尉・尉史・鄉部・官嗇夫・士吏の所轄・担当している者が捕ま
えることができなかったならば，罰金四両），などなどである。士吏は地方の治安維
持に携わる下級官吏である。岳麓秦簡「為吏治官及黔首」にも「〔士〕吏捕盜」
（1563）の語が現れ[75]，この職がかつてどこでも見られたことを示している。これ
を地方の武官組織の発展の道筋に位置づけると，武帝以来の変化は，まさに地方
軍事組織の「辺地化」の一側面であるといえる。

3 ●後漢の軍事組織の「辺地化」と地方の屯兵

後漢に至ると，前漢中期以来の「辺地化」の趨勢がさらに進展した。秦や前漢
初期には，郡レベルでも軍事組織が広く設置され，中尉の統べる官職と多くの点
で対応し，秩禄もまた同等で，京師の軍事組織が平行的に，周辺に拡大したもの
であるといえる。だが武帝以後，内郡の都尉が統べる軍事組織は大幅に縮小し，

75）朱漢民・陳松長主編『岳麓書院蔵秦簡（壹）』（上海辞書出版社，2010）28頁。

また存続していたものも多くは平時における官職の序列には組み込まれず，軍隊組織に属していた。漢初にあった郡レベルの武官はただ辺郡に存在するのみであったが，あわせて更なる変化があった。すなわち「中興建武六年（紀元30），諸郡都尉を省き，職を太守に並せ，都試の役無し」とし，「唯だ辺郡のみ往往に都尉及び属国都尉を置く」に至ったのである[76]。郡太守は地方軍の最高指揮官でもあったので，もとより名目上は文武を兼ねていた[77]。従ってここでは「職を並せた」よりも，「省いた」の方が大きな意味を持つ。これと歩調を合わせて，郡国の兵が撤廃された。陳蘇鎮は，当時「劉秀は山東を平定したばかりで，情勢はなお安定しておらず，加えて軍隊を指揮して西に進み，隗囂・公孫述の討伐を準備しており，前線・後方のいずれにも軍隊が必要であった」のだが，それでもなお郡国兵を撤廃したのは，主に「地方の軍事力を削減し，各地の割拠勢力が再び息を吹き返すのを防止するため」であったとする[78]。かくして，内郡では郡都尉の管轄する諸官が存在しなくなっただけでなく，あわせて長官である都尉さえも基本的には設置されなくなった[79]。地方軍事組織の「辺地化」は，これより新たな段階に進んだ。

　両漢の太守府の列曹には兵曹があった。先学がこの問題を論ずるにあたって引用した材料[80]は，実のところ時代的には後漢に集中していた。後漢の太守が全面的に軍事を担当するようになると，兵曹の地位は更に重要になった。湖南省張家界古人堤より出土した後漢の簡牘の中の，10号封検には以下のように記される。

充長之印

兵曹掾猛使福以郵行

永元元年十二月廿日辛丑起廷（10 正面）

□中右部士卅人　　　伏波卅四人

劓（劓）騎士卅人　　城中左部卅六人

---

76) 後漢の名臣胡広が作った官箴には，「邊都尉箴」一首がある。『太平御覧』巻241職官部39「都尉」条，1,144頁上欄。

77) 施丁「秦漢郡守兼掌軍事略説」，61〜71頁。

78) 陳蘇鎮『〈春秋〉与“漢道”：両漢政治与政治文化研究』第六章第一節（中華書局，2011）509〜511頁。

79) 秦漢地方郡兵の発展変化については，拙文「両漢的郡兵調動：以“郡国”，“州郡”的行政変化為背景」（『中華文史論叢』2014年第3期）参照。

80) 厳耕望『中国地方行政制度史—秦漢地方行政制度』，135頁。

黄弩卅三人

雁門士五十三人

中部士卅四人

揚武士卅四人

武威士卅六人

惟管卅三人（10 背面）[81]

和帝は章帝の章和 2 年（紀元 88）2 月壬辰に皇帝に即位し，翌年（89）に「永元」と改元した。整理者は封検正面の中行について，以下のように指摘する。「兵曹掾猛」は文書の受取人であり，この兵曹はおそらく長沙郡の兵曹で，「使福」は使者の福（人名）である，と[82]。この説にはなお検討すべき点がある。封検正面第一行に「充長之印」とあり，これは発送者の印である。両漢には充県があり，武陵郡に属し，『中国歴史地図集』では今の湖南省桑植県とされる[83]。そしてこれらの簡牘は張家界市の西，澧水の北岸で出土している[84]。張家界市のもとの名は大庸であり，これは漢の充県の境域内にあった。後漢では，一万戸以上の大県の長官は令と称し，一万戸に満たない県では長と称する。充県は後者であった。かつて居延・肩水で見つかった漢簡の封検は，多くが受取人の所在地で出土している。右側にある印文の写しと左側にある送達時間・発送者記録は，多くが受領時に書かれたものである。たとえば次のような例である。

張掖都尉章

肩水候以郵行

九月庚午府卒孫意以來（74・4）[85]

簡番号によれば，この封検の出土地は地湾（A33）である[86]。地湾とはまさに肩

81）釈文及び図版は湖南省文物考古研究所等「湖南張家界古人堤簡牘釈文与簡注」（『中国歴史文物』2003 年第 2 期）74〜75 頁参照。この木牘の総合的な研究は，魏斌「古人堤簡牘与東漢武陵蛮」（『歴史語言研究所集刊』第八十五本第一分，2014）参照。

82）「湖南張家界古人堤簡牘釈文与簡注」，75 頁。

83）譚其驤主編『中国歴史地図集』第二冊「秦・西漢・東漢時期」（中国地図出版社，1982）49〜50 頁。

84）湖南省文物考古研究所等「湖南張家界古人堤遺址与出土簡牘概述」（『中国歴史文物』2003 年第 2 期）66 頁。

85）謝桂華・李均明・朱国炤『居延漢簡釈文合校』（文物出版社，1987）130 頁。

水都尉府が管轄する肩水候官の所在地である。これに比べると，古人堤の封検は発信者の管轄地域で出土しており，左側に書かれた内容もかなり特殊である。そこには「永元元年十二月廿日辛丑起廷」とあるが，漢代には県の官署が「廷」と称され，郡の官署は「府」とされた。「起廷―廷より発送―」は右側にある県長の印文と対応しているのであろう。これらの発信時間・部署の記録は，右側にある印文の写しとともに，いずれも発送者の書いたものだろう。真ん中の「使福」は，おそらくは「使者の名が福である」というわけではない。整理者が参考にした居延漢簡封検では，「以郵行」のような送達方式を記した部分の前には，いずれも受取人が書かれているだけで，送信者の情報は書かれていない。従って「使福」とは，兵曹掾と同じく受取人と見るのが正しい。

　確かに，これまで発見されている前漢の封検では，多くの場合受取人は一人であり，数人に及ぶものは非常に少ない。しかし，同じく後漢に属する長沙東牌楼簡牘「桂陽大守行丞事南平丞印緘」には以下のようにある。

　　　桂陽大守行丞事南平丞印
　　　臨湘丞掾驛馬行。（一）[87]

図版を見ると，第1行は小字であり，第2行は粗くかつ大きく書かれている。後者は発信者による題署である。図版を検証すると，「臨湘丞掾」とは受取人のことであり，「驛馬行」とは送達の方式である。ここで現れる「丞掾」とは，臨湘県丞及び関連する属吏を指す[88]。この簡は，封検制度が後漢になると変化し

86) 中国社会科学院考古研究所編『居延漢簡甲乙編』附表一「居延漢簡出土地点表」（中華書局，1980）下冊，324頁。

87) 長沙市文物考古研究所・中国文物研究所編『長沙東牌楼東漢簡牘』（文物出版社，2006）図版11頁，釈文71頁。簡文の内容考証は拙文「説東牌楼漢簡〈桂陽大守行丞事南平丞印緘〉」（『文物』2010年第10期）参照。

88)『漢書』韓延寿伝に「丞掾皆以爲方春月，可壹出勸耕桑」（3,213頁）とある。そして『後漢書』鐘離意伝「丞掾皆爭」（1,407頁），『後漢書』袁安伝「府丞掾史皆叩頭爭，以爲阿附反虜，法與同罪，不可」（1,518頁），『三国志』陳群伝裴注引先賢行状「毎宰府辟命，率皆同時，羔鴈成群，丞掾交至」（633頁）とある。「皆以爲」・「皆爭」・「皆叩頭爭」・「交至」などの語から，丞掾とは指示語で丞及び掾属のことであり，或いは直接に「丞・掾」と断じてもよいことがわかる。敦煌懸泉漢簡に「●傳馬死二匹，負一匹，直（値）萬五千，長・丞・掾嗇夫負二，佐負一」（Ⅰ 0205 ②：8）（胡平生・張德芳『敦煌懸泉漢簡釈粋』，上海古籍出版社，2001，18頁）とあり，「丞掾」が指示語である状況もまたこのようである。走馬楼呉簡に「☑五月十五日丞

211

て，受取人を書き込む際，それは一人のみに限定されなくなったことを明示している。

「使福」の「使」について言えば，文献中で「使」と「史」は通仮字であり，加えて常に代用することができた[89]。懸泉漢簡には「鴻嘉三年三月癸酉，遣守屬單彭，送自來烏孫大昆彌副使者薄侯，左大將掾使敝單，…」（鴻嘉3年（前18）3月癸酉，守屬の單彭を派遣し，自らやってきた烏孫大昆弥の副使者である薄侯と左大将掾史の敝單を送って…）（Ⅱ 0214 ②:385）と見える[90]。「掾使」とはすなわち「掾史」のことであろう。従って，問題の「兵曹掾猛使福」とは，兵曹掾の猛と史の福を指すに違いない。彼らは充県を統括する武陵太守府の曹吏と見るべきである。

封檢背面には充県からの屯兵についての上申が記されており，具体的には上下2欄・10組に分かれている。「□中右部」とは，末尾の「城中左部」を参考にすれば，「城中右部」であるに違いない。そして「中部士卅四人」とは，或いは「城中中部」のことであろう。戦国秦漢では，城とは多く県のことを指す[91]。『続漢書』郡国志は郡県について記す際，「○郡，○城，戸○，口○」という形式をとる。たとえば武陵郡については，「武陵郡，十二城，……」とある。十二城とは，武陵郡所轄の県が12あることを言う。封檢が充県から送られてきたことを考えると，この「城中」とは充県を指すだろう。「剽騎」・「黄弩」などは部曲の編号である。漢代の軍隊編制中，「部」は400人，「曲」は200人を管轄する[92]。この簡に見える軍事単位ごとの兵士は30から50人前後で，概ね50人で編成さ

掾潘尚白」（柒・1367）とあり，「丞缺録事掾潘　琬校」（柒・3197（一））のように丞の欠員という状況が現れているのか，あるいは「□正月乙亥朔丁亥日臨湘侯相君丞叩頭死罪敢言之」（貳・7200）のように丞の下の人名が未だ記録されていないだけなのか，等しく考慮する必要がある。関連する簡文は長沙簡牘博物館・中国文化遺産研究院・北京大学歴史学系・故宮研究院古文献研究所走馬楼簡牘整理組編著『長沙走馬楼三国呉簡・竹簡〔柒〕』（文物出版社，2013）760，807頁及び長沙簡牘博物館・中国文物研究所・北京大学歴史学系走馬楼簡牘整理組編著『長沙走馬楼三国呉簡·竹簡〔貳〕』（文物出版社，2007）864頁を参照。

89）高亨纂著，董治安整理『古字通仮会典』（斉魯書社，1989）417頁。

90）『敦煌懸泉漢簡釈粋』138頁。加えて，天長漢簡「卿膿不便前日幸爲書屬宋掾使横請」（M19:40-15A 面）も，或いはまたこの類いに属す。天長市文物管理所・天長市博物館「安徽天長西漢墓発掘簡報」（『文物』2006年第11期，18頁）。

91）拙文「秦漢県郷聚落形態考論」（『国学研究』第29巻，北京大学出版社，2012，215～232頁）を参照。

92）李零「青海大通県上孫家寨漢簡性質小議」，550頁。

れる「隊」に匹敵する。総人数は 373 人で，司馬の統べる 1「部」の規模と近似する。だが，この 10 組のグループには組ごとにいずれも具体的な呼称があり，その他の各組と「城中左部」・「中部」・「右部」は人数もほぼ同じであるから，毎組の兵士は実際には全て 1「部」に属していることになる。ただし，この「部」は通常の「部」ではなく，上に挙げた軍隊編制単位の「部」と同類ではない。前漢武帝以来，漢帝国は西北辺境に防御組織を設けた。居延漢簡によれば，候望を掌る烽燧系統には[93]，都尉府の下に順番に候官・部・隧がある。その中で候官は県に，部は郷に相当する。ここでは，10「部」の兵士は充県に属し，居延の防御組織の「部」とは等級の上で類似する。加えて居延甲渠候官の規模についての研究によれば，甲渠候官の吏卒の総数は通常 400 人前後であり，候官はかなり長期にわたって通常 10 個の部を管轄していた[94]。そして各部の吏は一般的に 9〜11人で，部の下の隧は 6〜8 個である。各隧は多くとも隧長 1 人，隧卒 2 人で構成され，各部の吏卒の人数は 27〜35 人となる。部の数及び毎部の人数についての情報は，古人堤の封検を理解する助けとなろう。加えて上に挙げた「城中右部…中部士…城中左部」の三者が連続してではなく，間隔をあけて記されていることからして，これらの軍事単位は一定の方針に従い順番に列挙されているのであろう。そのうち「□中右部」・「城中左部」は居城内の両側に分かれ，「中部」は中央におり，その他の七部は記録の順序によって右・中部或いは中・左部の間にある。記載はおそらく 10 部の城中における駐屯位置を反映していよう。古人堤封検に記された軍隊は，充県に駐屯する郡の屯兵であった可能性がある。

　後漢の辺郡は徐々に変化してゆき，もともと存在した候官組織も消滅し，候・士吏・候長・隧長は後代あまり現れなくなる。同時に，一方では黎陽・雍・扶風などの胡羌に臨む地に営兵が設立され[95]，他方では武官を率いる度遼将軍・使匈

93）「隧」について，文献では常に「燧」と書かれている。簡牘中では多く「隧」もしくは「㙤」に作り，「この字は隧に作るのを正しいとすべきである」とし，本章で触れる際には均しくこの字形を採用する。関連する論述として孫機『漢代物質文化資料図説』（増訂本）「40 塞防設施」（上海古籍出版社，2008）183 頁を参照。

94）李均明「漢代甲渠候官規模考（上）」（『文史』第三十四輯，中華書局，1992）26〜36 頁及び「漢代甲渠候官規模考（下）」（『文史』第三十五輯，中華書局，1992）81〜87 頁参照。

95）張鶴泉「東漢時期的屯駐営兵」（『史学集刊』2006 年第 3 期）。按ずるにいくつかの地区に出現した営兵と古くから存在する内郡都尉の結びつきは，注意するに値する。たとえば『後漢書』安帝紀李賢注引『漢官儀』「京兆虎牙，扶風都尉以涼州近羌，

奴中郎将・護烏桓校尉・護羌校尉及び属国都尉が発展した[96]。辺郡での防衛任務の改廃により，さらに伸張したのは中央の権威である。「節約之制」の下にある後漢時代には，全国の軍事組織の一体化はかえって進行した。そしてこうした一体化は，多くの場合中央と辺郡を結びつけることによって実現したのである[97]。

（翻訳：野口優）

數犯三輔，將兵衛護園陵。扶風都尉居雍縣，故俗人稱雍營焉」，215 頁。

96) 重要な研究を選択し列挙する。国内の度遼将軍を研究したものとしては何天明「両漢北方重要建制"度遼将軍"探討」(『北方文物』1988 年第 3 期)，李大龍「東漢度遼将軍述論」(『内蒙古社会科学』1992 年第 2 期)，黄今言「漢代度遼将軍考」(『秦漢史叢考』経済日報出版社，2008，273～285 頁，初出は『安作璋先生従教 50 周年紀念文集』泰山出版社，2001) がある。使匈奴中郎将を研究したものとしては，何天明「東漢使匈奴中郎将探討」(『北方文物』1990 年第 4 期)，李大龍「東漢王朝使匈奴中郎将略論」(『中国辺疆史地研究』1994 年第 4 期)，韓香「試論"使匈奴中郎将"的来源及演変」(『新疆大学学報』(哲学社会科学版) 1995 年第 1 期) がある。護烏桓校尉を研究したものには主に林幹「両漢時期"護烏桓校尉"略考」(『内蒙古社会科学』1987 年第 1 期)，李俊方・魏舶「漢晋護烏桓校尉職官性質演変探析」(『北方文物』2009 年第 4 期) がある。護羌校尉を研究したものには辺章「両漢的護羌校尉」(『西北師大学報』(社会科学版) 1991 年第 1 期)，高栄「漢代護羌校尉述論」(『中国辺疆史地研究』1995 年第 3 期)，李大龍「東漢王朝護羌校尉考述」(『民族研究』1996 年第 2 期)，謝紹鷁「両漢護羌校尉略考」(『人文雑誌』2009 年第 1 期)，劉国防「西漢護羌校尉考述」(『中国辺疆史地研究』2010 年第 3 期) がある。

97) 本章の原型となった論文は，2015 年 9 月に京都大学人文科学研究所，ソウル大学東洋史系主催の "Military Control on Multi-ethnic Society in Early China" 国際会議に提出し，あわせて会議上で読み上げたものである。これは後に『文史』2016 年第 1輯，及び拙著『秦漢軍制演変史稿』に収録された。本論はこれに更なる修訂を加えたものである。

第8章
·····················
佐藤達郎

Sato Tatsuro

漢代における周辺民族と軍事
── とくに属国都尉と異民族統御官を中心に

はじめに

　中国の歴代王朝が周辺地域の防衛・安定のために，しばしば周辺諸民族を様々な形で軍事的に動員してきたことは周知の所である。漢代にあっても，彼ら周辺諸族が帝国辺境の軍防において大きな役割を果たしたのみならず，長水校尉・胡騎校尉のごとく中央の衛禁部隊にも組み込まれたことはよく知られている。ところが，とくに辺境の軍防体制における彼らの制度的位置づけ，具体的あり方については，部分的言及はあっても，全面的・包括的な検討が従来なされてこなかったように思われる。本稿はそうした欠を補い，周辺諸族を包括した漢帝国の軍事体制，ならびにその体制下における諸族の支配，さらにはそうした軍事的支配下での諸族の変容を考えるための一歩を期するものである。具体的には，漢代，帝国のとくに西北・東北辺にあった異民族がどのように漢朝の軍事体制に組み入れられ，管理下に置かれつつ帝国辺防の一翼を担ったかを中心に検討を進めたい。むろん北辺のみならず南方・東方についても，いわゆる南蛮・東夷と辺防体制との関係がとくに武帝期の南越・朝鮮征服以降に深まったことは言うまでもない。そこまで検討対象を広げることは今回この小論のよくなし得るところではないが，本章で扱わなかった部都尉治下の異民族については，本書第9章（金）が全体的議論を展開している。本章とは見解を異にする点もあるが，併せて参照いただければ幸いである。

215

II 論考篇

1 ●漢代における周辺民族の軍事動員とその歴史的影響

　漢代における周辺民族の軍事的動員については，特に武帝時代以降における，帰順した匈奴族のそれがよく知られている。たとえば衛青の元朔5年（前124）の遠征に従軍した前将軍翕侯趙信は「もと胡の小王」（『漢書』匈奴伝上）「匈奴の相国」（『漢書』景武昭宣元成功臣表），また蘇武の身柄拘束を招いた緱王は「昆邪王の姉の子なり，昆邪王と倶に漢に降り」，泿野侯趙破奴の匈奴遠征に従軍しており（『漢書』蘇武伝），他にもこうした事例は『漢書』功臣表から枚挙にいとまない。

　かつて，米田賢次郎氏はその変遷の過程を次のように推論した[1]。すでに文帝から景帝時代，まだ漢と匈奴の軍事対立が緊迫化する以前から，散発的に匈奴の漢側への投降者が見られ，漢側では彼らを侯に封じてさらなる投降者への呼び水とした。封地は北辺の涿郡が多く，おそらく部衆とともに北辺にあって有事の際の軍事動員に備えていた。武帝以後は対匈奴戦での軍功によって封侯される例が増えるが，部衆を率いて帰順してきた彼らに漢側はまず匈奴帰義王などの称号を授け，もとの部族組織を保ったまま塞外都尉のもとに置いた。その後，軍功により列侯に封ぜられて完全に漢に服属するが，その封地は武帝以後，中国内地，とりわけ淮水流域が多くなる。部衆ももとの首領から切り離され，三輔にあって長水校尉・胡騎校尉などの支配下に置かれた。衛青，霍去病らの率いる精鋭は，こうした多くの匈奴出身者から成っていた。しかし昆邪王の投降以後，こうした降虜の封侯の事例も激減し，かわって属国都尉のもとに彼らを編入する形に切り替えられていったと考えられる。以上の米田氏の所論は『漢書』功臣表の分析を中心としたもので，時代も前漢武帝期までにはほぼ限られてはいるが，おおむね正鵠をうがったものと思われる。ただし前漢後半期以降，後漢にかけて多様化していく，匈奴族その他の周辺民族の軍事動員に関しては，新出土の史料なども利用してさらなる多角的検討が必要であろう。

　後漢の匈奴に関しては，内田吟風氏が属国匈奴と南匈奴に分けて，それらの軍事的動員を簡単に述べている[2]。すなわち漢に帰降した匈奴族は属国都尉の治下で部族組織を保ち，部族長を通じて中国軍隊に兵員を供給した。一方，塞内に帰

---

1) 米田賢次郎「前漢の匈奴政策に関する二三の問題」（『東方学』19，1959）。
2) 内田吟風「南匈奴に関する研究」（『匈奴史研究』創元社，1953）。

●216

順した南匈奴は，使匈奴中郎将の監視下，中国からの干渉を受けつつ国家を存続
させ，氏の計算によれば都合16回にわたって後漢に対する軍事協力（遠征従軍・
侵攻撃退）を行った。

　後漢時代には，南遷した匈奴と並んで東北では烏桓（烏丸とも書く。曹丕の字を
避諱したためと言われる），鮮卑，また西方では羌族の勢力が強まり，王朝はこれ
らへの対処を迫られることとなる。まず両漢時代の烏桓について，主に川本芳昭
氏の論[3]に拠りつつ王朝との軍事的関係に絞って概観すれば，冒頓単于以来匈奴
に服属してきた烏桓は，武帝期，匈奴衰退とともにラオハ河流域から上谷〜遼東
の塞外に移住し，漢に従属して護烏桓校尉の統制下で斥候としての軍役を担うよ
うになった。王莽期に一時離反した彼らは光武帝時代には再び帰順し，塞内にま
で移住しつつ漢の偵候として塞外の匈奴・鮮卑の動静を伺った。一方，後漢初期
より末期にかけて，史書には「烏桓突騎」の活躍が伝えられる。光武の部将の呉
漢が広楽を包囲攻撃した際には「漢，四部の精兵黄頭呉河等，及び烏桓突騎三千
余人を選び，斉鼓して進」み敵を大いに破った（『後漢書』呉漢伝）。また漢末の
「中平中，瓚を以て烏桓突騎を督し，車騎将軍張温［に属して］涼州の賊を討」
たしめた（『後漢書』公孫瓚伝）。これら烏桓突騎の性格については後述する。

　西方では，後漢王朝は羌族の侵入反乱に手を焼く一方，帰順した一部の部族を
利用してそれらの反乱に対処する，いわゆる「夷を以て夷を制す」る方策が採ら
れた。後述のように後漢になると北方の匈奴・烏桓族居住地域に加え，西方の広
漢・蜀郡・犍為など諸郡にも属国が置かれ，降羌が住まわされた。また護羌校尉
が置かれ，漢朝に帰順の意を示す羌族がその管理下に置かれた。こうした体制の
もとで，有事の際にはしばしば月氏胡など他の胡族とともに「羌胡」と総称され
て護羌校尉などの統率下に従軍している。ただ匈奴と異なり多くの小部族に分か
れた羌族は，叛服常ならず漢朝にとっては安定的に制御しがたい民族であった。

　後漢末，王朝の統治が解体すると，漢朝に従属していたこれら諸民族は有力な
リーダーの下に自立の動きを見せ，塞外勢力と連なって反乱を起こす一方，鮮卑
の軻比能，匈奴の於扶羅のように中国の群雄に協力して彼らの天下争奪に大きな
影響を与えている。羌族についても，京師に乗り込んだ董卓の率いたという「湟
中義従及び秦胡の兵」には後述のように羌族が含まれたと考えられ，また関中で

3）川本芳昭『東アジア古代における諸民族と国家』（汲古書院，2015）第一篇第四章
「三国期段階における烏丸・鮮卑について──交流と変容の観点から見た」。

反乱を起こした馬超は「氐羌数千を将い」て曹操の部将張郃と戦い（『三国志』夏侯淵伝），彼の敗死後，韓遂は「羌・胡万余騎を率いて夏侯淵と戦」った（『三国志』武帝紀）という。こうした過程で民族混淆とともに諸族の自立化が進み，のちの五胡十六国・北朝時代を準備していくことになる。周知のように於扶羅は前趙（漢）の直接の祖であり，また後秦を建てた羌族の姚氏の祖，遷那は後漢末に「種人を率いて内附す，漢朝之を嘉し，冠軍將軍・西羌校尉・帰順王を假」えた（『晋書』姚弋仲載記）。

このように漢代における周辺諸族の軍事的動員は，漢朝にとっては辺境防衛体制を補完する重要な役割を担ったのみならず，諸族の側にとっては勢力勃興の大きな契機となり，のちの胡漢融合時代の先駆をなすことになった。こうした漢朝の周辺民族に対する軍事的管理のあり方について，次に大きく二つの制度に分けて概観したい。

2 ● 漢代における周辺民族の管理

漢代，辺境の異民族の管理に当たった行政機構としては，別稿[4]でも述べたように主に①辺境郡県・道，②属国都尉，③「異民族統御官」の三者があった（なお辺郡都尉も異民族の管理に部分的に関与することがあったとされる）。ここでは特に軍政に関わる機関として②，③について先行研究をもとに概観する。

(1) 属国都尉

渡邊信一郎氏の整理[5]に主に依拠しつつ属国都尉についての従来の理解を簡単にまとめれば次のようである。武帝元狩3年（前120），匈奴投降者（「蛮夷降者」）の管理のためオルドスに五属国（天水・安定・上郡・西河・五原郡）が設置されたのが，属国都尉の始まりである（米田氏はそれ以前から属国が置かれていたことを既に指摘する。一方渡邊氏は，以前の属邦制度と武帝以後の属国制度との間には断絶があるとする）。中央では典属国，後には大鴻臚に統轄され，現地の首長を属国都尉に任用し，そのもとで従来の部族組織が維持された。その後，昭〜宣帝期には張

---

4) 拙稿「保塞蛮夷小考」（『関西学院史学』44，2017）。
5) 渡邊信一郎『中國古代の財政と國家』（汲古書院，2010）第五章「漢代の財政と帝国編成」。

掖，金城にも属国が増設される。後漢では，広漢・蜀郡・犍為・張掖・張掖居
延・遼東の六属国が設置された。これは，西北方面の匈奴から東北方面の烏桓，
西南方面の羌へと管理の比重が移ったことを意味する。後漢の属国都尉は，部族
長でなく漢人官僚が長吏として就任したことが前漢との違いである。また安帝期
以降は郡同様に県を領するようになった。

　属国都尉の下には一般の都尉と同様に丞，長史（「職統戎馬」），候，千人の属官
が置かれた（『漢書』百官公卿表，典属国条）。なお追加すれば，さらに百長，千長
などの属官が置かれたことが知られる。典籍ならびに簡牘史料よりいささか例を
挙げるなら，

> 瓚の郡に還るや，孝廉に挙げられ，遼東属国長史に除さる。……復た兼ねて属国
> 長史を領す。職は戎馬を統べ，連りに辺寇に接す。　　　　（『後漢書』公孫瓚伝）
> 哀帝時，孝廉に察せられ，再び五原属国候に遷る，母の憂に遭いて官を去る。
> 　　　　　　　　　　　　　　　　　　　　　　　　　　　　（『後漢書』劉茂伝）
> □属国都尉千秋・丞充□　　　　　　　　　　　　　　　　（居延旧簡，68・48）
> □月戊戌朔已未，第二亭長舒，付属国百長千長□　　　　（居延旧簡，148・42）
> 捕縛盧水男子，因籍田都当，故属国千人辛君，大奴宜馬
>
> 　　　　　　　　　　　　　　　　　　　　　　　（肩水金関簡，73EJT30:144）

『後漢書』の二例によれば候，長史も明らかに漢人であり，居延旧簡に見える丞
の充某，金関簡に見える千人の辛君もおそらく同様であろう。それに対して
148・42簡の百長・千長については，米田氏は「漢帰義胡阡（陌）長」など帰順
部族の長に与えられる漢印の事例から，この簡に見えるそれらも胡族であった可
能性を示唆するが，この点については後述する。

　永田英正氏はこうした属国都尉の性格と前漢から後漢にかけての変遷を次のよ
うに概括する[6]。「属国都尉は最初は典属国のちには大鴻臚に属しており，この
点郡太守に属する部都尉とは系列が異なる。また部都尉には民政権が与えられて
いるが，属国都尉のばあいは属国の蛮夷の生活を監視するというだけにとどま
り，むしろ対匈奴を目的に蛮夷をひきいて防禦することを最大の任務としてい
た。ただ後漢になると部都尉の廃止にともなって属国都尉の比重がまし，かつて

---

6) 永田英正『居延漢簡の研究』（同朋舎出版，1989）第四章「簡牘よりみたる漢代辺
境の統治組織」。

部都尉が管轄していた地域をも自己の領域とし，郡太守とほとんど同等の権限を
もって管内を統治するようになる。」すなわち永田氏の指摘のように，属国都尉
は本質的に蛮夷（匈奴，烏桓・鮮卑，羌）による対外防衛を主眼とする軍政官・機
関であった。

(2)「異民族統御官」

　前漢後期から後漢にかけて出現する護羌校尉，護烏桓校尉（護を略して烏桓校尉
ともいう，以下，この呼称を用いる）などの軍政官を，三崎良章氏は一括して「異
民族統御官」と呼ぶ[7]。先行諸研究によれば，これらの官は冠する名称の民族と
その周辺の他民族を統御することを職掌とし，前漢武帝時代に出現して以後，時
代とともに対象民族，官職の種類を増していった。またたとえば前漢後期の護羌
（烏桓）使者が後漢には護羌（烏桓）校尉と改まるとともに，臨時の使者から常駐
官へと転化していく傾向が見られ，さらに後漢末から曹魏にかけては刺史が兼任
する例が増加した[8]。

　なお縣泉置出土漢簡[9]には「護羌使者」「護羌校尉」「護羌都吏」「護羌従事・
掾」「護羌士」が見えるが，これは先記の使者から校尉への転換過程を示すもの
かもしれない。

　　　護羌使者良射傷羌男子，良対曰，送調馬已死。第廿

　　　　　　　　　　　　　　　　（ I DXT0112 ②:039A，『釈粋』p.157）

　　　護羌使者伝車一乗，黄銅五蓋一具，……　　（ I DXT0110 ①:053，『釈粋』p.172）

　　　入東合檄一，護羌従事馬掾印，詣従事府掾□□□……

　　　　　　　　　　　　　　　　（ II DXT0214 ②:535，『釈粋』p.172）

　　　出米八升，四月甲午以食護羌都吏李卿従吏……

---

7) 三崎良章『五胡十六国の基礎的研究』（汲古書院，2006）第九章「後漢の破鮮卑中
郎将」。

8) 小林聡「後漢の少数民族統御官に関する一考察」（『九州大学東洋史論集』17，
1989），船木勝馬「烏桓校尉・匈奴中郎将をめぐる諸問題」（『江上波夫教授古希記念
論集　歴史篇』山川出版社，1977）。

9) 縣泉置漢簡の釈文は胡平生・張徳芳編『敦煌縣泉置漢簡釈粋』（上海古籍出版社，
2001，以下『釈粋』と略称）による。

（Ⅱ DXT0215 ②:192, 『釈粋』p.160）

七月壬午，御史大夫卿下吏護羌校尉・将軍……

（Ⅱ DXT0314 ②:179A, 『釈粋』p.154）

入粟以食騎士五十四匹，迎護羌士卅五人，元始……

（Ⅱ DXT0114 ④:036, 『釈粋』p.170）

異民族統御官の具体的職掌については従来，帰降した諸族の監督綏撫，塞外勢力との交通防止[10]，あるいは諸族の「窓口になるいわば外交官」[11]といった説明に止まり，統御官のもとでの諸族の具体的な管理形態が不明であることもあって十分に明らかにされてこなかったが，こうした新出土史料などもその考察の手がかりを与えるものであり，詳しくは後に述べる。

3 ●属国都尉下の諸民族管理と軍事動員

先に概観した属国都尉，異民族統御官のうち，本節ではまず前者について，その諸族管理と軍事的動員その他について具体的に考察を試みる。

(1) 属国下の諸民族管理

属国都尉による諸族の軍事動員の実態について述べる前に，その前提として，彼ら諸族が属国のもとでどのように支配管理されていたかを考えたい。まず，『後漢書』竇融伝には，両漢交替期の張掖属国における騎兵について次のように記される。

融，更始の新たに立つも，東方尚お擾るるを見，関を出づるを欲せず，而して高祖父嘗て張掖太守為り，従祖父は護羌校尉為り，従弟も亦た武威太守為り，累世河西に在り，其の土俗を知れば，独り兄弟に謂いて曰く，「天下は安危未だ知る可からず，河西は殷富，河を帯びて固と為し，張掖の属国は精兵万騎，一旦緩急あらば，河津を杜絶せば，以て自守するに足る，此れ種を遺すの処なり。」と。

---

10) 久保靖彦「後漢初期の烏桓について―護烏桓校尉に関する一考察―」（『史苑』24-1, 1963）。

11) 注(8)前掲船木氏論文。

221●

河西地方の精強な兵力を示すものとして「張掖属国精兵万騎」が語られ，多少の誇張はあるにせよ，新末の混乱期のなかでなお張掖属国のもとに一万近くの精鋭騎兵のいたことが知られる。この騎兵部隊は張掖属国下の胡族から成っていたに違いない。そのことは，次の簡牘史料からも傍証される。

　　　□属国胡騎兵馬名籍　　　　　　　　　　　　　　　　　　（512・35B）

　　　所将胡騎秦騎名籍　　　　　　　　　　　　　　　　　　（73EJT1:158）

この二簡はいずれも表題簡で，大湾すなわち肩水都尉府遺跡より出土した前者は張掖属国の「胡騎兵」と馬の名籍に付せられたものである。属国胡騎の名籍が肩水都尉府に残されていたことの意味については後述する。肩水金関遺跡より出土した後者は，ある部隊単位に所属する胡騎と秦騎（後述，盧水秦胡の騎兵を指すと考えられる）の名籍に付せられたもので，属国とは書かれないものの，これら胡騎・秦騎も属国下の騎兵と見て間違いないであろう。また次は，金関の出入記録と考えられる。

　　　属国胡騎，充国佰県泉里，呼淦，年廿五　長七尺五寸　黒色　□□□

　　　　　　　　　　　　　　　　　　　　　　　　　　　　　（73EJT14:002）

通常この手の記録の場合，漢人であれば次のように郡県名と里名が記されるが，

　　　河南郡河南県北中里，公乗，史游，年卅二，長七尺二寸，黒色　☑

　　　　　　　　　　　　　　　　　　　　　　　　　　　　　（43・7，金関）

いっぽう胡騎呼淦の場合は県名の記されるべきところに「充国佰」とあることに注意したい。大湾出土の居延旧簡にも「□輪状伯胡騎東去」（187・15）とあり，これら佰，伯とは先述，属国都尉下の百長に属する単位であろう。また呼淦の記録に見える充国佰の場合，充国とは漢人に一般的な名前であるから，想像するなら漢人の某充国が百長として統率する単位が，この充国佰なのではなかろうか。確かに『漢書』匈奴伝上には昭帝時代「属国千長義渠王の騎士，犁汙王を射殺す」とあり，この騎士が属した千長の義渠王というのは胡族であろう。しかし前漢末期から後漢初期の頃にはすでに胡族の元来の部族組織は解体再編され，漢人官僚の支配下に置かれていた可能性がある。ただ以上はあくまで推測であり，またこれは胡騎として特別に選抜編成された者の事例であったかもしれず，この一

例を以てそれを諸部族民に一般化することには慎重でなければならない。

なお，次の記録によれば，張掖属国は複数の部に分割されていたようである。

　　　張掖属国右部□☒　　　　　　　　　　　　　　　　　　　　　　（73EJT9:148）

右部がある以上は左部もあり，あるいはさらに前・後・中の五部ほどに分けられていたかもしれない。これら各部の長官は何と呼ばれたであろうか。これも証拠を欠く推測ながら，通常の部都尉の下には複数の候が置かれる。同様に，属国都尉の下級単位の官としては先述のように候があり，そうであれば「張掖属国右部」の長官はやはり候だったのではなかろうか。さらに再び推測を重ねれば，居延都尉府下の軍政組織においては候の下に候長，またその下に燧長が置かれたが，属国都尉府下においてはそれらに相当するのが千長ないし百長だったのではなかろうか。これも存疑として将来の史料の増加を待ちたいが，先にも挙げた次の記録，

　　　☒月戊戌朔己未，第二亭長舒，付属国百長千長☒　　　　　　　　（148・42）

はワイン・トレイすなわち通沢第二亭の遺跡より出土しており，穀物支給関係の記録と考えられる。属国の百長・千長が居延都尉所轄の穀物倉[12]から穀支給を受けていること（そのことの意味は後述）がわかり，こうして支給された穀物はさらに彼らが統率する胡騎に分配されたに違いない。居延都尉府下の軍政組織と属国都尉府下のそれとは，ある程度パラレルに捉えることができそうである。

以上，推測を多分に交えつつ，属国における胡騎の編成・統率単位を考えてみた。すなわち胡騎は百長・千長に所属し，その上級官として各部を担当する候が置かれ，それらを統率するのが属国都尉であった。いま仮に，張掖属国下の胡騎が竇融のいうように一万とし，上に推測したように張掖属国が五部に分かれたとすれば，各部の候が二千騎，その下に二人ずつの千長が置かれ，それぞれの千長が十人ずつの百長を統率したことになろうか。よく言われるように，このように兵を十進法単位で編成するのは内陸ユーラシアの遊牧民の習慣であり，匈奴にも千長・百長・什長の置かれたことが知られており（『史記』匈奴列伝），この属国の千長・百長もその伝統に連なるものかもしれない。胡族の騎兵を統率する組織と

────────
12）冨谷至「漢代の穀倉制度──エチナ川流域の食糧支給より」（『東方學報』68，1996）。

しては，遊牧民伝統の編成単位が適していたのであろうか。但しそれは，彼らがもとの部族組織をそのままに維持して胡騎部隊を編成したことを必ずしも意味しないのは，先に示唆した通りである。おそらく胡民の中でも精強な者を選抜し訓練を施した特別兵——その点では漢人の騎士と同様であろう[13]——がこれら胡騎部隊を構成したに違いなく，選抜・再編成の過程で彼らはもとの部族組織から切り離されたのではなかろうか。しかしまたそのことを以て，属国下の胡民一般が部族組織を解体された，と解するのも先述のように早計であろう。

属国下の胡民一般が，国家のどのような管理の下に置かれていたか，現時点では史料に乏しく明らかにすることはできないが，次の例は属国下の胡民に対する国家の関与を示唆するものである。

死罪屋闌游徼当禄里張彭祖　　以胡刀自賊刺頸各一所，以辜立死

　　　　　　　　　　元康二年三月甲午，械繋　　　　　　　　　属国各，

在破胡，受盧水男子翁□當告　　　　　　　　　　　　　　（73EJT30:6）

もとより詳細は不明だが，屋闌県の游徼である，当禄里の張彭祖なる漢人に関する記録である。死罪の判決を受けていた彼は，元康2年（前64）3月甲午の日，身柄拘束中に胡刀で自ら頸を刺し，それが原因で直ちに死亡した。彼のかつての罪状は，属国の各なる人物が破胡燧にて盧水胡の男子，翁□當より告発を受けたものである——あらまし，このような意味であろうか。漢人官僚（『漢書』百官公卿表「游徼，徼循禁賊盗」）の張彭祖と，彼を告発した盧水胡の男子との間に何らかのトラブルがあり，後者が属国の各（各は人名であろうが，いかなる立場の者なのか不明）に前者の不法を訴えたのであろう。盧水胡が漢族の吏民から日々搾取を受けていたことは次の例の示す通りであり，

建武六年七月戊戌朔乙卯，…府書日，属邦秦胡・盧水士民，従兵起以来□☑

　　　　　　　　　　　　　　　　　　　　　　　　　　　　（E.P.F22:42）

匿之，明告吏民，諸作使秦胡・盧水士民，畜牧田作不遣，有無四時言。●謹案，部吏毋作使属国秦胡・盧水士民者，敢言之。　　　　　　　　　（E.P.F22:43）

---

13) 大庭脩「地湾出土の騎士簡冊」（『漢簡研究』同朋舎，1992），高村武幸『漢代の地方官吏と地域社会』（汲古書院，2008）第一部第二章「漢代の材官・騎士の身分と官吏任用資格」。

こうした状況のもと，盧水胡の男子翁某當は，漢人官僚による怨枉を属国の機関
に訴え出たのではなかろうか。日々，漢族と胡族との間に起こっていたであろう
様々なトラブルの裁定に，属国政府が関わっていたことが推測されるのであり，
さらにその背後には，当時の一部の胡民が部族組織の後ろ盾を失っていた姿も想
像できるように思う。『後漢書』盧芳伝に描かれる安定属国胡の様子は，まさし
くそうした属国胡民のあり方を示すものであろう。

> 初め，安定の属国胡，芳と寇を為し，芳の敗るるに及び，胡人郷里に還るも，県
> 官の徭役に積苦す，其の中に駮馬少伯なる者有り，素より剛壮なり。二十一年，
> 遂に種人を率いて反叛し，匈奴と連和し，青山に屯聚す。乃ち将兵長史陳訴を遣
> わし，三千騎を率いて之を撃たしむれば，少伯乃ち降り，冀県に徙さる。

「郷里」にて「県官の徭役」に苦しめられる彼ら安定属国胡は，個々人ごとに籍
に登録されていた可能性がある。ただし駮馬少伯が「種人を率いて」反乱を起こ
したという以上，彼らは依然一定の部族のまとまりを維持していたはずである。
精鋭胡騎に限らず，こうした一般の胡民も有事の際には軍事的動員の対象となっ
たであろうことは想像に難くない。

(2) 軍事動員

　次に，属国の胡兵の，軍事的動員の実際について見ていきたい。まず，『漢書』
に見える前漢の事例としては，武帝末年の李広利の匈奴遠征に際して

> 貳師将軍の将に塞を出でんとするや，匈奴，右大都尉をして衛律と五千騎を将い
> 漢軍を夫羊句の山狭に要撃せしむ。貳師，属国胡騎二千を遣りて与に戦わしめ，
> 虜兵壊散し，死傷せる者数百人。　　　　　　　　　　　　　　　（『漢書』匈奴伝上）

とあり，また宣帝期の趙充国による屯田の計の上疏に

> 遂に屯田の奏を上りて曰く，……四月に至り草生うれば，郡騎及び属国の胡騎の
> 尤健各千，倅馬什に二を発し，草に就き，田者の遊兵と為さん。
>
> 　　　　　　　　　　　　　　　　　　　　　　　　　　　　　（『漢書』趙充国伝）

とあり，これら「属国胡騎」はいずれも先述「属国胡騎名籍」に登記された胡騎

たちであろう。特別兵として平素から組織・訓練されているからこそ，趙充国の上疏のように一定の兵員規模の出兵を計画しえたはずである。

後漢時代の事例としては，たとえば『後漢書』段熲伝に

> 遼東属国都尉に遷る。時に鮮卑塞を犯し，熲即ち所領を率い馳せて之に赴く。既にして賊の驚去せんことを恐れ，乃ち駅騎をして詐りて璽書を齎し熲に詔せしむ，熲，道に於いて偽りて退き，潜かに還路に伏を設く。虜以て信然と為し，乃ち入りて熲を追う。熲因りて大いに兵を縦ち，悉く之を斬獲す。

とあり，属国都尉の段熲が率いて鮮卑を討ったという「所領」は遼東属国から徴発された精強な胡族兵員のはずである。また先にも一部を挙げた『後漢書』公孫瓚に次のようにあり，

> 瓚の郡に還るや，孝廉に挙げられ，遼東属国長史に除さる。嘗て数十騎を従えて出でて塞下を行るに，卒かに鮮卑数百騎に逢う。瓚乃ち退きて空亭に入り，其の従者に約して曰く，「今之より奔らずんば，則ち死して尽きん。」と。乃ち自ら両刃の矛を持ち，馳せ出でて賊を衝き，殺傷せること数十人，瓚の左右も亦た其の半ばを亡い，遂に免がるるを得。中平中，瓚を以て烏桓突騎を督し，車騎将軍張温［に属して?］涼州の賊を討たしむ。

遼東属国長史の公孫瓚が従えていた数十騎も同様に遼東属国から徴発した胡騎に違いない。

なおその後，中平年間（後184-189）に彼が統率したという烏桓突騎については先にも少し触れたが，その性質，属国胡騎との関係につき触れておきたい。『後漢書』には「幽州烏桓三千突騎」（劉虞伝；後掲），「［幽州］十郡突騎」（呉漢伝），「漁陽・上谷突騎」（同前）など，幽州諸郡の突騎が見える。突騎の語については「其の驍鋭にして用て敵人に衝突す可きを言うなり」（『漢書』晁錯伝・師古注），「能く軍陣を衝突するを言う」（『後漢書』光武帝紀上・章懐注）と説明される。幽州烏桓三千突騎とは幽州一帯の有する烏桓突騎兵，呉漢伝にいう十郡突騎も烏桓の名こそ冠しないが同じものを指すであろう。幽州十郡のうち漁陽・上谷二郡の突騎に言及したものが漁陽・上谷突騎に違いない。幽州は十郡に加え遼東属国を領するが，属国のみならず隣接するその他の北辺諸郡でも，主に烏桓からなる驍鋭な特殊選抜部隊が編成され，郡レベルで常備兵化していたものと思われる。こう

した烏桓突騎の性格を知る上で興味深いのは次の『後漢書』劉虞伝の記事である。

> 後，車騎将軍張温，賊の辺章等を討つに，幽州烏桓三千突騎を発す，而して牢稟
> 逋懸し，皆な畔きて本国に還る。（前書音義に曰く，牢は賈直なり，稟は食なりと。
> 言うこころ軍糧続かざるなり。）

西北の涼州に動員された幽州烏桓突騎は牢稟すなわち軍糧支給が滞ったために，みな背いて本国つまり幽州に帰ってしまったという。彼らの誇り高い，非隷属的なあり方を知ることができる。しかも注意したいのは，劉虞伝では上記の記事に続けて次のように記すことである。

> 前の中山相張純，私かに前の太山太守張挙に謂いて曰く，「今烏桓既に畔き，皆な
> 乱を為さんことを願う，涼州の賊起ち，朝廷禁ずる能わず。……子，若し吾と共
> に烏桓の衆を率い以て兵を起こさば，庶幾んど大業を定むる可し。」と。挙，因り
> て之を然りとす。四年，純等遂に烏桓大人と共に連盟し，薊下を攻め，城郭を燔
> 焼し，百姓を虜略し，護烏桓校尉箕稠・右北平太守劉政・遼東太守陽終等を殺し，
> 衆十余万に至り，肥如に屯す。

烏桓突騎が幽州に畔還するや，烏桓の者たちはみな反乱の意を抱き，そこで張純らは彼らの不満を利用し，また烏桓大人，おそらく塞外の烏桓部族長とも盟約を結んで挙兵したという。烏桓突騎として動員されていた者たちが幽州烏桓の動向と気脈を通じ，さらに幽州一帯に住む烏桓が塞外の部族長とも一定の連携を持っていたことが窺われる。烏桓突騎として選抜編成された兵たちも，塞内外の自族とのつながり──部族組織，ないしは民族的アイデンティティによって──を持ち続けていたに違いないことを確認しておきたい。

　次に，簡牘史料の中から属国下の胡騎の動員に関する例を挙げると，次のようなものがある。

　　以食斥候胡騎二人五月尽☐　　　　　　　　　　　　　　　　　（182・7，大湾）

これは，属国の胡騎を斥候に動員した例であり，彼らに対して肩水都尉府から食料支給がなされているようである。

Ⅱ　論考篇

入胡騎車粟八十三石八斗☐　　　　　　　　　　　　　　　　（E.P.T52:12）

これは胡騎部隊の輜重車両用の粟を甲渠候官が出納していたことを示唆するものであろう。これらの事例では肩水都尉府・甲渠候官が，おそらくは属国都尉府管下の胡騎に食料支給をしており，軍事上の必要があって属国都尉のもとから肩水都尉・居延都尉の系統へ胡騎の派遣が随時行われていたことを想像させる。先に触れた，通沢第二亭からの千長・百長への食料支給，あるいは肩水都尉府に胡騎名籍が残されていたことの背景も，同様に考えることができよう。

なお，属国都尉が周辺の半独立部族を味方につけて戦う例も時に見られる。

> 永寿元年（後155），安定属国都尉に遷る。初め職に到るや，南匈奴の左翼𧈪台耆・且渠伯徳等七千余人，美稷を冦め，東羌も復た種を挙げて之に応ず，而して奐が壁に唯だ二百許人有るのみ，聞きて即ち兵を勒して出づ。軍吏以為えらく力敵せずと，叩頭し争めて之を止めんとす。奐聴かず，遂に進みて長城に屯し，兵士を収集し，将の王衛を遣りて東羌を招誘し，因りて亀茲に拠らしめ，南匈奴をして東羌と交通するを得ざらしむ。諸豪遂に相い率いて奐と和親し，共に𧈪台等を撃ち，連戦して之を破る。伯徳惶恐し，其の衆を将いて降り，郡界以て寧んず。

>> （『後漢書』張奐伝）

安定属国都尉の張奐は，東羌と連合した南匈奴の攻撃に対応すべく，東羌に働きかけて南匈奴との連絡を分断した結果，情勢をみた羌族の部族長たちは張奐の側につき，彼らの軍勢を得てついに南匈奴を破ったという。別稿[14]で論じた「保塞蛮夷」のように，塞の内外にはこうした半独立的部族が散居しており，漢朝にゆるやかに服属していたと考えられるが，後述の異民族統御官と同様に属国都尉も，彼らの協力を得て軍事行動を起こすことが少なくなかったようである。周辺の叛胡の討伐に属国都尉が活躍する事例では，属国下の胡族のみならずこうした半独立諸部族の動員も行われたことであろう。ただ，叛服常ならぬ彼らの動員にはすぐれて政治的な駆け引きが求められ，本質的に不安定なものであったことは張奐の事例からも十分にうかがわれる。

14）注(4)前掲拙稿。

（3）軍役以外の諸雑役への使役

　属国下の胡民が非戦闘時には軍役以外の様々な雑務に使役されたとおぼしきこと，内地の一般民と同様であり，こと民族的差別のもと，彼らの置かれた境遇は決して恵まれたものではなかったようである。先に紹介したように『後漢書』盧芳伝には，安定属国胡が「郷里」で「県官徭役」に苦しむ様子が記され，また漢簡には後漢初期，張掖属国下の「秦胡盧水士民」の使役を禁じた通達が見られ，彼らを不法に諸般の役務に使役することが常態化していた様子が窺われる。後漢初，班彪はおそらく竇融政権下で自身が目にした状況をもとに次のように上言している。

> 建武九年，隗囂死す，司徒掾班彪上言すらく，「今，涼州部に皆な降羌有り，羌胡は被髪左衽し，漢人と雑処するも，習俗既に異り，言語通ぜざれば，数ば小吏黠人の侵奪せらる所と為り，窮恚して聊しむ無く，故に反叛を致す。夫れ蛮夷の冦乱せるは，皆な此が為なり。旧制，益州部に蛮夷騎都尉を置き，幽州部に領烏桓校尉を置き，涼州部に護羌校尉を置き，皆な節を持して領護し，其の怨結を理め，歳時に循行し，疾苦せる所を問う。又た数ば使を遣わして動静を駅通せしめ，塞外の羌夷をして吏が耳目と為さしむ，州郡此に因りて徼備するを得可し。今宜しく復た旧の如くし，以て威防を明らかにせん。」と。光武之に従い，即ち牛邯を以て護羌校尉と為し，持節せること旧の如し。　　　　（『後漢書』西羌伝）

「漢人と雑処し，習俗既に異り，言語通ぜず，数ば小吏黠人の侵奪せらる所と為る」とあり，こうした彼らの不法な使役の背景に民族的軋轢・差別のあったことがわかる。後漢中期以降，属国都尉が県をも領するに至る理由の一つには，このような「雑処」と民族混淆の進展があったかもしれない。

4 ●「異民族統御官」下の周辺民族管理と軍事動員 ——特に烏桓校尉，護羌校尉の場合

　本節では，いわゆる異民族統御官のうち特に（1）烏桓校尉，（2）護羌校尉について，その民族管理と軍事動員の具体的あり方を考察する。

（1）烏桓校尉

①　烏桓族などの管理

　さきに挙げた『後漢書』西羌伝に「旧制，益州部に蛮夷騎都尉を置き，幽州部に領烏桓校尉を置き，涼州部に護羌校尉を置き，皆な節を持して領護し，其の怨結を理め，歳時に循行し，疾苦せる所を問う。又た数ば使を遣わして動静を駅通せしめ，塞外の羌夷をして吏が耳目と為さしむ，州郡此に因りて儆備するを得可し」とあり，ここから「旧制」おそらくは前漢末にあって烏桓校尉はじめ異民族統御官が部族内外のトラブル処理，定期的視察と安否確認，塞外蛮夷との連絡に当たり，辺郡の警備体制を補完していたことが分かる。また，同書烏桓伝には次のようにある。

　　武帝の驃騎将軍霍去病を遣りて匈奴左地を撃破せしむるに及び，因りて烏桓を上谷・漁陽・右北平・遼西・遼東五郡の塞外に徙し，漢が為に匈奴の動静を偵察せしむ。其の大人は歳ごとに一たび朝見し，是に於いて始めて護烏桓校尉を置く，秩は二千石，節を擁して之を監領し，匈奴と交通するを得ざらしむ。……王莽位を簒うに及び，匈奴を撃たんと欲し，十二部軍を興し，東域将厳尤をして烏桓・丁令の兵を領して代郡に屯せしめ，皆な其の妻子を郡県に質す。烏桓，水土に便ならず，久しく屯して休まざるを懼れ，数ば求謁して去らんとす。莽，遣るを肯んぜざれば，遂に自ら亡畔し，還りて抄盗を為す，而して諸郡尽く其の質を殺し，是に由りて莽に結怨す。匈奴因りて其の豪帥を誘いて以て吏と為し，余の者は皆な羈縻して之に属す。……（建武）二十二年（後46），匈奴は国乱れ，烏桓弱きに乗じて之を撃破し，匈奴転じて北のかた数千里に徙る，漠南の地空し，帝乃ち幣帛を以て烏桓に賂いす。二十五年，遼西の烏桓大人郝旦等九百二十二人，衆を率いて化に向い，闕に詣りて朝貢し，奴婢牛馬及び弓虎豹貂皮を献ず。是の時四夷朝賀し，絡駅して至る，天子乃ち命じて大会労饗し，賜うに珍宝を以てす。烏桓或いは宿衛に留まるを願う，是に於て其の渠帥を封じて侯王君長と為す者八十一人，皆な塞内に居りて縁辺諸郡に布き，種人を招来せしめ，其の衣食を給し，遂に漢が偵候を為し，匈奴・鮮卑を撃つを助く。時に司徒掾班彪上言すらく，「烏桓は天性軽黠，好みて寇賊を為す，若し久しく放縦して総領する者無くんば，必ずや復た居人を侵掠せん，但だ主降掾史に委ぬれば，恐らくは能く制する所に非ず。

臣愚以為えらく宜しく復た烏桓校尉を置けば，誠に附集に益あり，国家の辺慮を省かん。」と。帝之に従う。是に於て始めて復た校尉を上谷甯城に置き，営府を開き，并びに鮮卑を領し，賞賜して子を質し，歳時に互市す。

これによれば武帝時代の匈奴衰退後，烏桓を上谷など北辺諸郡の塞外に移徙し，漢と通交しつつ匈奴の動静を偵察させ，そうした彼らを監護して匈奴との連絡を絶たせるために置かれたのが護烏桓校尉である（ただしそれが武帝期に置かれたとする『後漢書』の記述については信憑性が疑われている[15]）。その後，王莽期の離反をへて後漢に入ると再び入貢してきた彼らを塞内に住まわせ，衣食を給して偵候とし匈奴・鮮卑に備えた。そのような彼らを放置して取り締まる者がいなければ居民を侵擾して危険であり，主降掾史では力不足なので，再び烏桓校尉を置いて烏桓を安集し辺患を省くのがよい，との班彪の上言で，烏桓校尉が復置されることになった。この班彪の上言はあるいは先の西羌伝に見えるそれと同じ時のものかもしれない。こうして置かれた烏桓校尉は，ならびに鮮卑も監督し，部族大人から質子を取って定期的に互市を開いたという。護烏桓校尉設置の目的としてここからは，塞近辺の烏桓に匈奴鮮卑を監視させ，両者間の連絡を絶たせること，烏桓が居民を騒擾せぬよう，彼らを懐柔監護すること，などが確認される。そしてその目的のもと，甯城に官衙を置き，鮮卑をも監督下に置きつつ，質子を取って互市を開くことになったのである。ちなみに護烏桓校尉の鮮卑管理については『後漢書』鮮卑伝にも次のように記されてある。

安帝永初中，鮮卑大人燕荔陽，闕に詣りて朝賀す，鄧太后，燕荔陽に王の印綬，赤車参駕を賜い，烏桓校尉居る所の甯城下に止らしめ，胡市を通じ，因りて南北両部の質館をく。鮮卑邑落百二十部，各の遣りて質を入る。

質子を取り互市を開くという行為からは，諸部族が漢朝から相対的に独立した立場で通交を結ぶ様子が見て取れる。こうした方法は一般に帝国内部の封建諸侯ではなく国外の外臣に対してしばしば行われるものである[16]。すなわち監督対象となる諸部族は，属国の場合と異なり，漢朝の支配下に置かれず塞内外で独立的

---

15) 注(10)前掲久保論文，吉本道雅「烏桓史研究序説」（『京都大学文学部研究紀要』49，2010）。

16) 注(15)前掲吉本論文もそのことを指摘する。

勢力を保っていたことをまず確認せねばならない。漢印には「漢保塞烏桓率衆長」「漢烏桓率衆長」などの称号が見られる[17]が、後にも見るように、こうした称号を持つ部族長のもとに統率された集団がそれに該当するだろう。ゆえに「天性軽黠、好みて冦賊を為す」彼らを漢側に附集するためには、質子によってその離反を防ぐとともに、互市の利によって彼らを誘引することが有効な手段であった。こうして彼らを漢側に懐柔し、その動向を視察することで、塞外諸族におけるいわば親漢勢力と反漢勢力との分断が図られた。こうした役割を担う校尉には、周到な情勢把握と人心収攬の術が求められたはずであり、「いわば外交官」としての側面をそこに認めてもよいだろう。事務的処理を担当する主降掾史（おそらく北辺郡に置かれた、降胡担当の属史であろう）のよくなしうる所では到底ない。このような任務ゆえに、諸族管理の成否は校尉その人の個人的能力・人柄に大きく依存していた。後述のように護羌校尉の場合、強硬な手段による失敗、巧みな離間策による成功、柔弱な文徳政策による失敗、などが相次いだが、同様のことは護烏桓校尉についてもあったであろう。1971年に発見されたホリンゴル漢墓壁画に「寧城図」と題される一幅がある[18]。そこに描かれるのは、墓主が生前に護烏桓校尉として在任した寧城の営府に、烏桓族が連なって帰順してくる様子である。烏桓族の招撫に成功したことを語るこの図こそは、墓主の優れた為政と徳をこの上なく称揚するものであったに違いない。

② 烏桓族などの軍事動員

烏桓校尉が烏桓などの民族を率いて兵を発した事例としては、たとえば

> 曄、字は季遇。順帝の初め、烏桓校尉と為る。時に鮮卑縁辺を冦め、代郡太守を殺す。曄、烏桓及び諸郡の卒を率い塞を出でて討撃し、大いに之を破る。鮮卑震怖し、数万人遼東に詣りて降る。　　　　　　　　　　　　　　（『後漢書』耿曄伝）

のように、鮮卑の侵冦に対して烏桓校尉耿曄が「烏桓及び諸郡の卒を率い塞を出でて討撃」している。同じ出来事を、『後漢書』鮮卑伝は次のように記す。

> 時に遼東の鮮卑六千余騎亦た遼東玄菟を冦め、烏桓校尉耿曄、縁辺諸郡の兵及び

---

17) 羅福頤主編『秦漢南北朝官印徴存』（文物出版社、1987）。
18) 『和林格爾漢墓壁画』（文物出版社、1978）。

烏桓率衆王を発し塞を出でて之を撃ち，斬首せること数百級，大いに其の生口牛馬什物を獲，鮮卑乃ち種衆三万人を率い遼東に詣りて降るを乞う。三年，四年，鮮卑頻りに漁陽・朔方を冦む。六年秋，耿曄，司馬を遣りて胡兵数千人を将い，塞を出でて之を撃破せしむ。冬，漁陽太守又た烏桓兵を遣りて之を撃たしめ，八百級を斬首し，牛馬生口を獲。烏桓の豪人扶漱官，勇健たり，鮮卑と戦うが毎に輒ち敵を陥し，詔して号「率衆君」を賜う。陽嘉元年冬，耿曄，烏桓親漢都尉戎朱廆・率衆王侯咄帰等を遣り，塞を出でて鮮卑を抄撃せしめ，大い斬獲して還り，咄帰等已下に賜いて率衆王・侯・長と為し，綵繒を賜うこと各の差有り。鮮卑，後，遼東属国を冦む，是に於て耿曄乃ち遼東無慮城に移屯して之を拒ぐ。二年春，匈奴中郎将趙稠，従事を遣りて南匈奴骨都侯夫沈等を将い，塞を出でて鮮卑を撃たしめ，之を破り，斬獲甚だ衆し，詔して夫沈に金印紫綬及び繡綵を賜うこと各の差有り。秋，鮮卑塞を穿ちて馬城に入る，代郡太守之を撃つも，克つ能わず。後，其至鞬死し，鮮卑の抄盗差や稀なり。

ここで注意すべきは，耿曄伝に「烏桓」とだけあるのを鮮卑伝では「烏桓率衆王」とすることで，この率衆王とは帰順した烏桓の部族長に授けられた王号に違いなく，烏桓校尉による烏桓族の動員が，こうした半独立勢力の協力によって間接的に行われたことが改めて確認される。その後の出征における烏桓豪人扶漱官，烏桓親漢都尉戎朱廆・率衆王侯咄帰らの活躍についても同様のことが言える。また同時に「諸郡卒」「縁辺諸郡兵」も発せられていることから推測すれば，辺郡太守・属国都尉を介して，そのもとに属する漢族に加えて異民族兵が動員されることもあったであろう。このように異民族統御官は，軍事行動に際して，監督下に置く半独立部族だけではなく，縁辺諸郡の常備兵力を指揮下に置くことが必然的に求められた。先述のように後漢末，異民族統御官を刺史が兼任するようになることが指摘されているが，その一つの理由はここにあるかもしれない。

　匈奴の反叛に対しては，次のような例がある。

（永和）五年（後140）夏，南匈奴左部句竜王吾斯・車紐等背畔し，三千余騎を率いて西河を冦め，因りて復た右賢王を招誘し，七八千騎を合して美稷を囲み，朔方・代郡長史を殺す。（度遼将軍）馬続，中郎将梁並・烏桓校尉王元と縁辺の兵及び烏桓・鮮卑・羌胡合して二万余人を発し，掩撃して之を破る。

（『後漢書』南匈奴伝）

II　論考篇

烏桓校尉は，後漢中期よりしばしば度遼将軍の指揮下に入るようになったことが指摘されている。一方，烏桓校尉の軍事行動の対象は南匈奴から鮮卑に移っていくことも指摘されている[19]。後漢中期以降，衰退しつつ一定の勢力を擁する南匈奴と，烏桓・鮮卑など諸族が連合して帝国辺境を脅かす事態の出始める中，もと南匈奴の監視を目的としておかれた度遼将軍が，広域軍事指揮官として烏桓校尉を指揮下に置き，それを通じて烏桓・鮮卑族を統制・動員しつつ諸族の錯綜する北辺情勢に対処したものであろう。なおこの時の出征については『後漢書』応劭伝でも次のように述べられている。

> 中平二年（後185），漢陽の賊辺章・韓遂，羌胡と冠を為し，東のかた三輔を侵す，時に車騎将軍皇甫嵩を遣わして西のかた之を討たしむ。嵩，烏桓三千人を発するを請う。北軍中候鄒靖上言すらく，「烏桓は衆弱し，宜しく鮮卑を開募すべし。」と。事，四府に下さる。大将軍掾韓卓議すらく，……劭，之を駮して曰く，……往者匈奴反叛し，度遼将軍馬続・烏桓校尉王元，鮮卑五千余騎を発し，又た武威太守趙沖も亦た鮮卑を率いて叛羌を征討す。醜虜を斬獲せること既に言うに足らず，而して鮮卑越いよ溢り，多く不法を為す。裁くに軍令を以てせば則ち忿戻して乱を作す。制御小しく緩なれば則ち陸掠残害す。居人を劫やかし，商旅を鈔め，人の牛羊を毆らい，人の兵馬を略す。賞を得ること既に多きも，去るを肯んぜず，復た物を以て鉄を買わんと欲す。辺将聴さざれば，便ち縑帛を取り聚めて之を焼かんと欲す。辺将恐怖し，其の反叛を畏れ，辞謝撫順し，敢えて拒違する無し。

すなわちこの時に従軍した鮮卑五千余騎は，「得賞既多」との言葉が示すように招募によって集められたらしい。かつ，多くの賞賜を得たにも拘わらず去るを肯んじなかったというのだから，彼らは強制徴募ではなく，利を貪って自主的に招募に応じたと見るべきである。かつそれは鮮卑騎兵個々人によってではなく，部族大人を介して行われたであろうことは，先に引いた鮮卑伝における烏桓大人の事例からも推測できる。

　さて，先述のように鮮卑伝からは「烏桓豪人扶漱官」「烏桓親漢都尉戎朱庬」「烏桓率衆王侯咄帰等」らが領民を率いて参戦したことが知られるが，彼らの軍功に対して「賜咄帰等已下為率衆王・侯・長，賜綵繒各有差」とあり，また「烏

---

19) 注(8)前掲小林論文。

桓豪人扶漱官」はたびたびの対鮮卑戦での軍功により「率衆君」の号を賜ったという。軍功に対して，彼ら部族有力者の地位に応じて漢朝側から各等級の爵号・官号と賜物が賜与されたことがわかり，それはいわば烏桓の部族秩序を漢側が保証・再編したことを意味する[20]。塞外部族の内徙と成長の過程で，部族内有力者たちの間に様々な矛盾軋轢の生じつつあったことが想像され，さらには内訌の結果，部族分裂や他族との連携も生じていたことであろう。それは彼らだけでなく漢朝側にとっても危機的状況であったはずである。部族有力者たちに王朝より官爵を授け，彼らの地位を安堵することは，そうした辺塞部族の内部抗争を沈静化し，辺境情勢の安定をもたらすことに役だった，ないしはそう期待されたと考えられる。逆に諸族の側にとっては，それが自身と自部族の権威の確立をもたらすものであったに違いない。塞内外の諸部族がこぞって漢朝に入貢し王侯号を授けられる背景に，そうした諸族の内情があったであろうこと，そしてそのような漢朝との結びつきを与える格好の契機が，戦闘における従軍であったことを指摘しておきたい。時あたかも諸族の成長と辺境情勢の不安定化のなか，衰弱する漢朝は彼ら周辺諸族に軍事的活躍の機を与えざるを得なかったが，そのことが諸族における部族再編・族長権の強化をもたらし，後の五胡十六国時代を準備したものと考えられる。

(2) 護羌校尉

① 羌族などの管理

3節（3）で挙げた『後漢書』西羌伝に示されるように，羌族に対する護羌校尉の管理のあり方も基本的には烏桓校尉の場合とほぼ同様であったと考えられる。たとえば

（護羌校尉）馬賢，犀苦の兄弟数ば背叛せるを以て，因りて令居に繋質す。

『後漢書』西羌伝）

焼当の豪帥，東号稽顙帰死し，余は皆な款塞して質を納る。是に於て帰附を綏接し，威信大いに行わる。遂に屯兵を罷め，各の郡に帰らしむ。唯だ弛刑の徒二千

20）熊谷滋三「後漢の異民族統治における官爵授与について」（『東方学』80，1990）がこうした後漢における異民族への官爵授与の軍事的意味を詳述する。

余人を置き，分かちて以て屯田し，貧人が為に耕種し，城郭塢壁を修理せしむる

のみ。　　　　　　　　　　　　　　　　　　　　　　　　（『後漢書』鄧訓伝）

のように護羌校尉が部族長から質子を取ることも烏桓の場合と同様であり，やは
り監督対象は帝国にゆるやかに帰附する半独立部族であった。なお後者，鄧訓伝
の例からは，護羌校尉鄧訓による諸族招撫が成功した結果，辺境の屯戍の労が大
幅に省かれたことが分かる。帝国の辺境防衛において屯戍配備と周辺諸族対策と
は相互に補完する関係にあった。

　また漢印には「漢青羌邑長」「漢破虜羌長」「漢帰義羌長」「漢帰義羌佰長」な
どの称号が見え[21]，烏桓の場合同様，部族長にこれらの官爵号を授与し，彼らを
通じた間接支配の行われていたことが推測され，歴代の護羌校尉たちは，やはり
烏桓校尉の場合と同じく，彼らの個人的な恩信威徳や策略によって，諸部族を懐
柔ないし攻略していた様子が窺われる。『後漢書』西羌伝の中からいくつか例を
挙げれば，

　　謁者竇林を以て護羌校尉を領し，狄道に居らしむ。林，諸羌の信ずる所となり，
　　滇岸，遂に林に詣りて降る。林，下吏の欺く所となり，謬りて滇岸を奏上して以
　　て大豪と為し，制を承けて封じて帰義侯と為し，漢大都尉を加号す。明年，滇吾
　　復た降り，林復た其を第一豪と奏し，与に倶に闕に詣りて献見す。帝，一種両豪
　　なるを怪しみ，其の実に非ざるを疑い，事を以て林を詰す。

のように護羌校尉の竇林は「諸羌の信ずる所となり」，部族長滇岸を帰順させ，
彼には帰義侯・漢大都尉の官爵が与えられた。面白いのは，一種に両大豪のいる
はずがないという明帝の詰問で，部族支配層の序列が漢側で確認され，それに応
じた等級の官爵が与えられていたことがわかる。

　　迷吾既に傅育を殺し，辺利を狙伏す。章和元年，復た諸種の歩騎七千人と金城塞
　　に入る。張紆，従事司馬防を遣わし千余騎及び金城の兵を将いて木乗谷に会戦せ
　　しめ，迷吾の兵敗走し，訳使に因りて降るを欲し，紆，之を納る。遂に種人を将
　　いて臨羌県に詣り，紆，兵を設けて大いに会し，毒を酒中に施し，羌飲みて酔え
　　ば，紆因りて自ら撃ち，伏兵起き，酋豪八百余人を誅殺す。迷吾等五人の頭を斬

21）注（17）前掲書。

り，以て育の家に祭る。復た兵を放ちて山谷の間に在る者を撃ち，四百余人を斬
首し，生口二千余人を得。迷吾の子迷唐及び其の種人塞に向いて号哭し，焼何・
当煎・当闐等と相い結び，子女及び金銀を以て諸種を娉納し，仇を解きて質を交
わし，五千人を将いて隴西塞を冠め，太守寇盱，与に白石に戦う，迷唐利せず，
引きて大・小楡谷に還り，北のかた属国の諸胡を招き，附落を会集す，種衆熾盛
にして，張紆討つ能わず。永元元年，紆坐して徴せられ，張掖太守鄧訓を以て代
わりて校尉と為す，稍やく賞賂を以て之を離間し，是に由りて諸種少しく解く。

猖獗を極めた焼当羌の首領迷吾を攻撃のすえ降伏させた護羌校尉張紆は，連れ
だって降伏してきた種人の酋豪八百余人を欺いて殺し，種族根絶をはかったが，
逆に焼当種と他種族とが連合して反乱する結果を招いた。失敗を問われて彼が解
任されると，後任者の鄧訓は賞賂による離間策を取り，事態の鎮静化に成功す
る。彼が亡くなった際には「吏人羌胡愛惜し，旦夕に臨む者日ごとに数千人」
（鄧訓伝）といい，その慕われぶりが分かる。

和帝永元四年，訓病卒し，蜀郡太守聶尚代りて校尉と為る。尚，前人累りに征し
て克たざるを見，文徳を以て之を服せしめんと欲し，乃ち駅使を遣わして迷唐を
招呼し，還りて大・小楡谷に居らしむ。迷唐既に還るや，祖母の卑欠を遣わして
尚に詣らしむ，尚自ら送りて塞下に至り，為に祖道を設け，訳の田汜等五人をし
て護送して廬落に至らしむ。迷唐因りて反叛し，遂に諸種と共に生きながらに汜
等を屠裂し，血を以て盟詛し，復た金城塞を冦む。五年，尚坐して徴免せられ，
居延都尉貫友代りて校尉と為る。友，迷唐は徳を用て懐け難く，終に叛乱せるを
以て，乃ち駅使を遣わして諸種を構離せしめ，誘うに財貨を以てせば，是に由り
て解散す。友乃ち兵を遣わして塞を出でしめ，迷唐を大・小楡谷に攻め，首虜八
百余人を獲，麦数万斛を収め，遂に逢留大河を夾みて城塢を築き，大航を作り，
河橋を造り，兵を度して迷唐を撃たんと欲す。迷唐乃ち部落を率いて遠く賜支河
の曲に依る。

鄧訓の後任の聶尚は「文徳を以て之を服」せしめんとしたが，護送に当たった田
汜らとの間に何らかのトラブルがあったか，再び諸種挙げての反乱を招く。尚の
後任の貫友は「迷唐，徳を用て懐け難」きを知り，再び離間策を用いるとともに
大々的な攻勢に転ずる。最初にも述べたように，多数の小部族に分かれて山谷の

間に散住する羌族は，帝国にとって烏桓鮮卑以上に御しがたい存在であり，護羌校尉にその人を得ることが西辺統治の鍵を握っていた。

なお参考までに，縣泉置漢簡から護羌使者の羌族管理に関する例を少し挙げておく。先述のように前漢の護羌使者とは，後の護羌校尉の前身であったと考えられる。

> 護羌使者方行部，有以馬為盗，長必坐論。過広至，伝馬見四匹，皆痩，問厩吏，言十五匹送使者，太守用十匹。　　　　　（DXTO215③:083，『釈粹』156頁）

護羌使者が所轄部内を巡察した際に，馬の窃盗や伝馬の不足があったことを記す。先掲の西羌伝に烏桓校尉や護羌校尉の職掌として「理其怨結，歳時循行，問所疾苦」とあり，「歳時循行」に当たる事例であろう。また次は「理其怨結」に当たるものであろう。

> 移護羌使者移劉危種南帰，責藏耶此種零虜馬一匹・黄金耳県青碧一，会月十五日，已言決。　　　　　　　　　　　　　（DXT0112①B:063，『釈粹』159頁）

護羌使者より伝達されてきた報告がさらに伝達されたものである。報告の内容は，劉危種の南帰なる者が，藏耶此種羌の零虜なる者に馬と耳飾りの貸しがあり，その返済を訴え出たものである。羌族間のトラブル裁定に護羌使者が関与していたことがうかがわれる事例である。同様の，羌族間のトラブルに関する記録として他に『釈粹』241（p.167），242（p.168）などがあり，これらも護羌使者の裁定に関するものと推測される。ただし後述のように，縣泉置漢簡に現れるこれら羌人が国家のどのような管理下に置かれていたか，本節で述べてきたような半独立部族に属していたか否かは，なお議論の余地があるだろう。

② 羌族などの軍事動員

護羌校尉による羌族などの軍事動員の事例として，たとえば

> 元初元年，護羌校尉に遷る，畔羌，其の恩信に懐く。明年，焼当羌種の号多等皆な降り，始めて復た還た令居を都とし，河西の路を通ずるを得。時に先零羌豪，北地に僭号す，参に詔して降羌及び湟中義従胡七千人を将い，行征西将軍司馬鈞と北地に期会して之を撃たしむ。　　　　　　　　　　　（『後漢書』龐参伝）

とあり，この号多について西羌伝では「二年春，号多等衆七千余人を率いて参に
詣り降る，遣わして闕に詣らしむるに，号多に侯の印綬を賜いて之を遣わす」と
記す。護羌校尉龐参が先零羌豪の討伐に動員した「降羌及び湟中義従胡七千人」
のうち降羌は，元初二年（後 115）に帰順し侯印を賜った焼当羌種の号多らと彼
らの配下七千余人の羌民を含んだことであろう。先に述べたように部族長を介し
た間接支配であれば，降羌の動員も基本的には彼ら部族長を通じてなされたはず
である。

　なお同時に発せられている湟中義従胡とは，羌・小月氏の勇壮を個人抜擢した
部隊である。

　　是より先，小月氏胡，塞内に分居す，兵に勝うる者二三千騎，皆な勇健富彊，羌
　　と戦うが毎に，常に少を以て多を制す。両端に首施すると雖も，漢も亦た時に其
　　の用を収む。時に迷吾の子迷唐，別に武威種羌と兵万騎を合し，来りて塞下に至
　　るも，未だ敢えて訓を攻めず，先に月氏胡を脅かさんと欲す。訓，擁衛稽故し，
　　戦うを得ざらしむ。議者咸な以えらく羌胡相い攻むるは県官の利，夷を以て夷を
　　伐つは宜しく禁護せざるべしと。訓曰く，「然らず。今張紆信を失し，衆羌大いに
　　動く，経常の屯兵，二万を下らず，転運の費，府帑を空竭す，涼州の吏人，命は
　　糸髪に県る。諸胡の意を得難き所以の者を原ぬるに，皆な恩信厚からざるのみ。
　　今其の迫急に因り，徳を以て之を懐かしむれば，庶うらくは能く用うる有らん。」
　　と。に遂に城及び所居の園門を開き，悉く群胡の妻子を駆りて之を内れしめ，兵
　　を厳にして守衛す。羌掠するも得る所無し，又た敢えて諸胡に逼らず，因りて即
　　ち解去す。是に由りて湟中諸胡皆な言えらく「漢家常に我曹を闘わしめんと欲す，
　　今，鄧使君，我を待するに恩信を以てし，門を開きて我が妻子を内れ，乃ち父母
　　を得。」と。咸な歓喜叩頭して曰く，「唯だ使君の命ずる所のみ。」と。訓遂に其中
　　の少年勇者数百人を撫養し，以て義従と為す。　　　　　　　　　（『後漢書』鄧訓伝）

こうして護羌校尉鄧訓によって組織された湟中義従胡は張掖に居住したといい
（『後漢書』西羌伝湟中月氏胡条「又数百戸在張掖，号曰義従胡」），平素は張掖属国の管
轄下に置かれていたと思われる。護羌校尉龐参は張掖属国都尉を通じて彼らを動
員したのではないか。

　この湟中義従胡はその後，涼州の地で土着し，羌族と混淆しつつ（『後漢書』鄧
訓伝に「義従羌胡」とある）一種の民族集団と化したらしく，しばしば護羌校尉の

もとで活躍する。

> （延熹）四年冬，上郡の沈氏・隴西の牢姐・烏吾諸種羌，共に并涼二州を寇め，（護
> 羌校尉段）頴湟中義従を将い之を討つ。涼州刺史郭閎其の功を貪り，頴の軍を稽固
> し，進むを得ざらしむ。義従役せらるること久しく，郷旧を恋い，皆な悉く反叛
> す。　　　　　　　　　　　　　　　　　　　　　　　　（『後漢書』段頴伝）

「義従役せらるること久しく，郷旧を恋う」とあり，すでに湟中義従が「郷旧」
に土着化したこと，そのような彼らが「役」として従軍したらしいことがうかが
える。
　また漢末中平二年（後185），先に触れた涼州における辺章・韓遂らの兵乱が起
きるが，その発端は次のようであった。

> 其の冬，北地先零羌及び枹罕河関の群盗反叛し，遂に湟中義従胡北宮伯玉・李文
> 侯を共立して将軍と為し，護羌校尉泠徴を殺す。伯玉等乃ち金城の人辺章・韓遂
> を劫致し，専ら軍政を任ぜしめ，共に金城太守陳懿を殺し，州郡を攻焼す。（注：
> 献帝春秋に曰く，「涼州の義従宋建・王国等反く。金城郡に詐りて降り，涼州の大人
> 故新安令辺允・従事韓約に見えんことを求む。約見えず，太守陳懿之に勧めて往かし
> むるに，国等便ち約等数十人を劫質す。金城乱れ，懿出ずるに，国等扶して以て護羌
> 営に到り，之を殺し，約・允等を釈す。隴西，愛憎を以て露布し，約・允の名を冠し
> て以て賊と為し，州，約・允を購すること各の千戸侯。約・允購せられ，約は改めて
> 遂と為し，允は改めて章と為す。」）　　　　　　　　　　（『後漢書』董卓伝）

反乱勢力に推戴された湟中義従胡の北宮伯玉（注では王国）・李文侯は，護羌校尉
泠徴を殺害しておそらく校尉府を乗っ取った上で，金城太守を護羌営に連行して
殺害したという。湟中義従胡が漢末に至るまで護羌校尉と深い関係にあったこ
と，その中から北宮伯玉のような有力者の現れ始めたこと，などが分かる。
　以上から推測すれば，湟中義従胡は鄧訓の組織した第一世代から，世代を重ね
るごとに張掖〜涼州一帯に土着化し，一種の世襲兵として護羌校尉に徴募され，
その手兵として叛胡などの征討に従軍するとともに，校尉の身辺警護にも当たっ
たのではなかろうか。漢末に護羌校尉として威名をはせた段頴は，建寧三年（後
170）に京師に徴還された際，「秦胡の歩騎五万余人」を引き連れてきたという
（『後漢書』段頴伝）。この秦胡とはいわゆる盧水秦胡であろうが，彼らが段頴の私

兵と化していた様子がうかがわれ，同様のことを義従胡についても推測すること
ができるだろう。涼州の地で勢力を蓄えた董卓が「湟中義従及び秦胡の兵」を引
き連れて京師に乗り込んでくることの背景にも，類似の事情があったと思われ
る。

5 ●「帰義蛮夷」をめぐって

　ここまで主として周辺民族を統率する機関を主眼に論じてきたが，最後に，敦
煌縣泉置漢簡に見られる「帰義羌人名籍」に関連して，いわゆる「帰義蛮夷」に
ついて触れておきたい。帰義蛮夷については熊谷滋三氏の論考があり[22]，氏によ
れば彼らは降戸でなく「客臣と外臣の間」にあり，典客（後の大鴻臚）――「掌諸
侯及四方帰義蛮夷」――の管理下に置かれたという。本稿で述べてきたことを踏
まえてそれに多少の補足追加をするなら，彼らは現地では基本的に属国都尉でな
く異民族統御官の軍事的管制下にあったであろう。また「帰義」した後も彼らは
居住地を移すことなく，元来の塞外の地に住み続けたものと考えられ，その点，
別稿で述べた「保塞蛮夷」と同様であろう。

　縣泉置漢簡「帰義羌人名籍」とは次のものである。

　　帰義墾渠帰種羌男子奴葛。　　　　　　　　　　　　　　　（Ⅱ0114②:180）

　　帰義聊檻良種羌男子芒東。　　　　　　　　　　　　　　　（Ⅱ0114②:181）

　　帰義墾甬種羌男子潘胸。　　　　　　　　　　　　　　　　（Ⅱ0114②:423）

　　帰義墾卜茈種羌男子狼顛。　　　　　　　　　　　　　　　（Ⅱ0114②:459）

　　帰義聊蔵耶茈種羌男子東憐。

　　帰義聊卑為茈種羌男子唐尭。

　　帰義聊卑為茈種羌男子蹏当。

　　帰義墾卜茈種羌男子封芒。

　　帰義檻良種羌男子落蹏。

　　■右檻良種五人。　　　　　　　　　　　　　　　　　　　（Ⅱ0214①:1-6）

以上『釈粋』p.166

『釈粋』も述べるようにこれは完結した冊書ではなく，簡の欠落がある。墾渠帰

22）熊谷滋三「前漢における「蛮夷降者」と「帰義蛮夷」」（『東洋文化研究所紀要』
134，1997）。

種・聊檻良種（＝檻良種？）・墾甬種・墾卜茈種・聊蔵耶茈種・聊卑為茈種の各種部族に属する羌人男子の名籍で，いずれも頭に「帰義」を冠する。ただ，ここに記される帰義羌は，呼称こそ帰義蛮夷の一類型に思われるが，その実態は上述の帰義蛮夷とは些か異なるもののように思われる。一連の記録によれば，彼ら帰義羌はおそらくは敦煌郡の管轄下，部族ごとに部民を個別把握されていた。すなわち「帰義」を冠するも実際は降戸であったと考えられる。この一連の名籍が縣泉置より出土したのは，あるいはそれらが護羌使者の所轄にも渉り，縣泉置が使者の巡察拠点の一つとなっていたからであろうか。名籍に記されるのはすべて男子で，『釈粋』は「簡冊中登録的都是男子，原因不得而知，或許与対帰附羌人的管理与控制有関。」と述べ，一方，初世賓氏は「此或許因羌人社会以男丁為家庭廬落和種姓社会之中心，一成年男子即一戸的縁故。」とする[23]。或いはこれも軍役に関わるリストであったが故かもしれない。ただし，先に引いた属国胡騎の金関出入の記録とは異なり，彼らの里名年齢は記さず，所属部族名のみであり，把握のされ方はより緩やかだったようである。

　帝国の周辺民族支配に関し，伝世文献から知られるあり方だけでは括りきれない多様な実態があったことを，これら出土史料は知らせてくれる。硬直的な類型化を避け，柔軟な視点で多様なあり方を考えていくことが必要であろう。

---

23) 初世賓「縣泉漢簡羌人資料補述」（『出土文献研究』6，2004）。

第9章

....

金　秉駿
Kim Byung-Joon

漢帝国の辺境支配と部都尉

はじめに

　雲夢睡虎地秦簡や江陵張家山漢簡に見える律令から，秦漢時代には授田制，爵制，司法系統などが緻密に体系化されていたことが知られ，また里耶秦簡や居延漢簡の公文書を通じて，こうした律令が空文ではなく，実際に施行されていたことが証明されている。これらの律令と公文書が異民族の居住する辺境地域から出土している点は注目されてよい。すなわち辺境においても，内郡と同じ律令体制がそのまま適用されていたのである[1]。

　このように，郡県支配が辺境地域でも貫徹していたという事実が一次史料からも明白であるにもかかわらず，多くの研究者が依然として，史書に見える漢代辺境での異民族の抵抗をことさらに強調し，郡県支配の限界を指摘している。さらに隋唐帝国の羈縻支配や明清帝国の土司支配を論じる際にも，異民族の抵抗により彼らの自律性を認めたことを強調し，こうした政策こそが帝国の長期的な持続の要因であったとしている。実際のところ，出土資料によるなら，辺境でも郡県支配が徹底されたといえる一方で，史書では異民族の抵抗のために辺境での支配が緩められたように見えるわけである。かかる矛盾を解決するため，既存の研究は漢人と異民族に対する差別的，二元的な支配を想定しようとする傾向にある。辺境の郡県支配はそこに暮らす漢人（戍卒や徙民など）のみを対象とし，異民族に

---

1) 金秉駿「中国古代　簡牘資料를 통해 본 楽浪郡의 郡県支配」（『歴史学報』（ソウル）189, 2006），金秉駿「楽浪郡 初期의 編戸過程과 胡漢稍別」（『木簡과 文字』（ソウル）1, 2008），李成珪「中国 郡県으로서의 楽浪」（『楽浪郡研究』ソウル：東北亜歴史財団, 2006），金秉駿「楽浪郡初期の編戸過程」（『古代文化』61-2, 2009）。

243

II 論考篇

は適用されなかったと見たのである。

　本章は，はたして漢帝国が辺境の異民族に内郡とは違う方式を適用したのか，いわば二元的な支配が行われたのか否かを再検討するものである。この問題に迫るには色々な方法があるだろうが，何よりも支配機構の性格が探究されねばならない。そこに国家の支配意図が最もよく現れているはずである。特に，本章は部都尉という支配機構を選んだ。部都尉についての誤解[2]が，辺境における異民族支配の性格を分かりにくくしていると考えるからである。

　漢代の政治制度に関する厳耕望の初期の研究に，すでに誤解の端緒が見える。厳耕望は漢代の都尉制度を解説するなかで，まず内郡の都尉と辺郡の都尉を区別した（ただし，これらを「部都尉」と命名してはいない）。そして辺郡の都尉は①蛮夷を統治（「治蛮夷」）すべく設置され，②当初は蛮夷が雑居し，何より軍事を優先する必要があったので，郡守が置かれず，都尉のみが設置されたが，郡守が置かれた後は軍事業務の一部のみを担当した，とする。一方，都尉は制度的には軍事だけを担当したが，辺郡では時に民政を主管したともいう[3]。厳耕望の研究以後，漢代官制史を論じた安作璋・熊鉄基は，新開拓地の少数民族への統治を強化するために「部」を設けて都尉が置かれたが，その機能は一般の都尉と大差なかったとしている[4]。これに対し，日本と韓国の研究では誤解が生じ，拡大していった[5]。すなわち，①部都尉は異民族を主管し，②異民族の抵抗を避けるべく

---

2) 部都尉についての既存の研究としては，鎌田重雄「郡都尉」（『秦漢政治制度の研究』東京：日本学術振興会，1962），厳耕望『中国地方行政制度史 上編』巻上 秦漢地方行政制度 上冊（台北：中央研究院歴史語言研究所，1974），安作璋・熊鉄基『秦漢官制史稿』（済南：斉魯書社，1985），金翰奎『古代中国的世界秩序研究』（ソウル：一潮閣，1982），工藤元男「秦の領土拡大と国際秩序の形成」（『睡虎地秦簡よりみた秦代の国家と社会』東京：創文社，1998），権五重「漢代 辺郡의 部都尉」（『東洋史学研究』（ソウル）88，2004），渡辺信一郎『中國古代の財政と國家』（東京：汲古書院，2010）などを参照。

3) 厳耕望，前掲書154～160頁。

4) 安作璋・熊鉄基，前掲書87～89頁。

5) 市川任三は部都尉が「同化させにくい異民族を対象とした特殊な行政機関」であったと主張し（同「前漢辺郡都尉考」『立正大学教養部紀要』2，1968，2頁），鎌田重雄は部都尉が異民族を「治民」したとする（鎌田前掲論文，318～319頁）。こうした過去の日本の研究が韓国の研究に大きな影響を与えた。金翰奎前掲書，権五重前掲論文，洪承賢「三国時期孫呉政権의 樹立과 古代中国의 疆域変化」（『中国史研究』（大邱）44，2006）など。

● 244

郡県一般に比べて緩やかな政策を展開し，③郡都尉とは別の特殊組織であり，さらに④分割された一定の地域を統治する民政機関であると認識されるに至ったのである。

1 ●部都尉は異民族を主管する特殊機構か

まず部都尉が異民族を主管する特殊機構であったか否かについて検討しよう。辺郡とは異民族の居住地を占領し，設置されたものであるから，当然そこには多くの異民族がいた。そして辺郡に部都尉が設置されたのもまた確かである。前漢時代に置かれた 25 の辺郡のうち，ほぼ半数に近い 12 郡に部都尉があった[6]。だ

　最近の日本の研究では，部都尉をそこまで断定的に規定してはいないが，大筋でまだこの傾向から免れていないように思われる。永田英正や渡辺信一郎なども，鎌田重雄の「時には行政にも関与することがあったらしい」という主張を引用しながら，辺境の特殊性から時と場合により例外的に行政権がゆだねられたとする。いちおうは「例外的に」（永田英正『居延漢簡の研究』京都：同朋舎出版，1989，412 頁）あるいは「関与することもあった」（渡辺信一郎前掲書，175 頁）というように条件がつけられるが，結局のところ辺境の部都尉は異民族との関係が密接で，内地とは違う政策を展開し，ときおり民事をも主管して治民機関としての性格も帯びていたと見ているようである。工藤元男はもう少し明確に，沈黎郡の支配を二人の蜀郡西部都尉に移管している例と，楽浪郡の七県を楽浪郡から分離し，それらを楽浪郡東部都尉に移管している例を根拠にして，「辺郡における異民族の支配を…部都尉に移管させるものであったことをしめしている」（工藤前掲論文，93 頁）とした。60 年代の主張がまだ根強く残っていると判断する理由である。
　一方，部都尉の性格についての直接的な言及ではないが，具体的な分析過程で，部都尉が治民をしていると見なしている所論は容易に見いだせる。例えば，籾山明は部都尉が聴訟のような治民業務を担当していたと理解している。彼は居延漢簡「駒罷労冊書」を分析し，「甲渠候官の属吏が提訴する先としては，200km も南の觻得県に郡治のある張掖太守府よりも，30km 足らずの K688 遺跡に当たる居延都尉府の方が自然なのではあるまいか」（同『中国古代訴訟制度の研究』京都：京都大学学術出版会，2006，130 頁）と言う。この理解の根底には，軍政機関か民政機関かには関係なく，近くにある機関が行政を担当したという見方があるようだ。実のところ，こうした誤解を基に，東部都尉所属の七県の場合も，そこから遠く離れている楽浪郡の郡治ではなく，近くにある東部都尉が七県の軍政はもちろん民政まで全て担当していたとされ，さらに部都尉にかくも全面的に属していたとしたら，建武六年に部都尉が廃止されるのと同時に，所属の七県も廃止されたと推定されることになった。（この理解が誤っていることについては金秉駿「楽浪郡東部都尉地区辺県和郡県統治」『秦漢史論叢』第 14 輯，2017 を参照）
6）工藤元男前掲論文，93〜94 頁。

がむしろ重要なのは，25 の辺郡すべてに部都尉が設置されてはいない点である。また前漢武帝の天漢 4 年（前 97）には，蜀郡の西部に二つの都尉を置き，一方は徼外の夷を，他方は漢人を主管したという[7]。この事実も，部都尉の統治対象が異民族とは限らないことを示している[8]。従って部都尉設置の基準は異民族の有無ではなく，異民族が雑居した地域の治安状況であったと見なければならない。

　実際，部都尉が設置された 12 郡でも，最初から部都尉が置かれたわけではない。むしろ異民族が内属した時は一般的な郡県を置くのが原則であった。例えば(1)東夷薉君南閭が来降するや蒼海郡を設置し[9]，(2)冉駹夷地域には汶山郡を[10]，(3)莋都夷地域には沈黎郡を[11]，(4)哀牢夷が内属した時には永昌郡を[12]，(5)沃沮と濊貊の地域には楽浪郡を設置した[13]。こうした原則は前漢(1)〜(3)と後漢(4)で変化しなかった。郡県の設置後，暫くしてからこれら地域に部都尉が置かれることもあった。(2)(3)では武帝の元鼎 6 年（前 111）に一度郡が置かれた後，各々宣帝の地節年間と武帝の天漢年間に部都尉が追加設置されている。(5)の場合も一旦玄菟郡が置かれた後，部都尉が設置されている。部都尉が置かれても，その後再び廃止され，郡のみにより統治された場合も多い。(2)では，当初は汶山郡であったが，後に蜀郡北部都尉とされ，後漢霊帝代に再び汶山郡になった。(4)の場合，益州郡西部都尉が永昌郡となっている。郡設置の後に部都尉が置かれたり，あるいは部都尉設置の後にこれを廃止し，もう一度郡のみの支配に戻されたりしているのである。この事実は，その地に継続して異民族が住み続けている以上，部都尉が異民族を管理するために置かれたのではないことを如実に物語る。

　部都尉は独立した行政単位ではなく，あくまで郡の下級機関である。従って郡廃止の後，そこに部都尉が置かれると，その管轄地域は一個の行政単位として独立することはできず，近隣の郡へと編入された。前述の諸事例でも，部都尉の設

---

7) 至天漢四年，并蜀爲西部，置兩都尉，一居旄牛，主徼外夷。一居青衣，主漢人。（『後漢書』巻 86，2,854 頁）

8) 後述のように，居延都尉は部都尉とも呼ばれたが，居延漢簡によると居延都尉は戍卒を主管して匈奴に対応したのであって，ここに居住した異民族を主管すべく設置されたのではない。

9) 『漢書』武帝紀，169〜170 頁。

10) 『後漢書』南蛮西南夷列伝，2,857 頁。

11) 『後漢書』南蛮西南夷列伝，2,854 頁。

12) 『後漢書』明帝紀，114 頁。

13) 『三国志』東夷列伝，2,817 頁。

置・廃止の如何に拘わらず，その支配地域は常に郡に含まれていたといえる。

　要するに異民族が内属したならば，独立した一つの郡をつくり，彼らを県に配属して支配するのが基本原則であったが，さまざまな理由で異民族を統御し難い場合は，郡所属の幾つかの県を単位にして部都尉を設置し，彼らを軍事的に統制したのである。換言すれば，異民族が居れば無条件に部都尉が置かれたのではなく，治安のために軍事的統制を強化する必要があるという政策的判断により，部都尉設置の可否が決定されたのである。

2 ●部都尉は郡県に比べて緩やかな政策を展開したか

　第二に，部都尉は郡県より緩やかな政策を展開したかについて。まず新郡が廃止され，部都尉が設置された契機に注目してみよう。前掲の(2)の記事では「立郡賦重」が，(5)では「後以境土広遠」がそれぞれその理由とされた。

　まず異民族の地域に「立郡」すると，一部の郡では「賦重」という問題が生じえた[14]。内属した異民族を主な居民として新郡を設けると，行政機構を維持するために非常に多くの費用が必要になる。特に新郡の場合，中央政府や近隣の郡県から必要な各種の人的資源と物的資源の供給を受けねばならなかった。楽浪郡の場合，遼東郡から吏の供給を受けたとされ[15]，また里耶秦簡から，洞庭郡遷陵県も近隣の蜀郡と南郡から吏員と刑徒，そして各種の物資を調達したことが分かる[16]。だが多くの支援は隣郡にとって少なからぬ経済的負担となった。またいつまでも中央や近隣郡県の支援を受けるわけにもいくまい。一定期間の後，費用の大部分を新郡自らが背負う必要があり，その費用はその郡民の負担となった。里耶秦簡からも，次第に遷陵県の県民に土地の開墾を義務化し，その耕地から田租を納付させたことが見てとれる[17]。新たに郡となった異民族地域は地形が比較的

---

14) 異民族地域に設置された新郡がすべて廃止されたのではない点に留意すべきである。廃止されなかった郡で，特別に賦が軽減されたわけではなかろう。「立郡賦重」という現象もまた新郡すべてでみられたものではない。

15) 郡初取吏於遼東。（『漢書』地理志下）

16) 資中令史陽里釦伐閬。十一年九月隃爲史。爲郷史九歳一日。爲田部史四歳三月十一日。爲令史二月。□計。年卅六。戸計。可直司空曹。（里耶秦簡 8-269）

17) …當墾田十六畝，…已墾田十九畝。（里耶秦簡 8-1519），遷陵縣卅五年墾田輿五十二頃九十五畝，稅田四頃十二畝，戸百五十二，租六百七十七石。率之，畝一石五斗少半斗，戸嬰四石五斗五升，奇不率六斗。啓田九頃十畝，租九十七石六斗。都田十七頃五十一畝，租二百卅一石。貳田卅六頃卅四畝，租三百卅九石。凡田七十頃十二畝，租

険峻で，耕地が不足し，経済的に劣悪であるのみならず，人口も非常に少ない所が多い。過少な人口と劣悪な経済環境という状況下で，相当な規模の費用を負担せざるを得なかったとしたら，おのずとそれが過重な負担と感じられたであろう[18]。経費を負担しうる辺郡は郡県を維持しえただろうが，人口や耕地が少なく生産力の低い場所では，過度な負担（「賦重」）により郡県を維持できなくなるのである。

　こうして異民族の不満がつのると，独立した郡を置くという本来の原則を放棄し，これらを近隣の郡と併せて編制することになった。近隣の郡と合併すると，郡県の運営に必要な費用を，経済的にある程度余裕のある隣郡に負担させうるからである。かつて独立した郡を設置した際に異民族が負担していた賦税より，相対的に少ない賦税で安定した郡県支配を維持しえたであろう。

　既存の研究はこの「立郡賦重」を根拠に，部都尉体制は郡の設置よりも住民への負担が少ないとしてきた。確かに隣郡に編入された結果，以前より賦税の負担が減少したのは事実である。しかし，これは部都尉体制そのものとは関係しない。誤解の根源は，部都尉の担当地域にあたかも別の賦税体制が敷かれたかのように理解したことにある。実際には，新郡が廃止された地域は隣郡に合併され，従来からその郡に所属する県と同一の原則により賦税を負担した。ただ，郡内の多くの県と郡全体の費用を分担するようになり，また郡は県の人口に合わせて賦税額を調整したので，結果的に居民の負担が減ったに過ぎない。つまり郡の規模の拡大により，異民族の負担が減少したのである。

　ただし一旦隣郡へ合併されると，別の問題が発生する。これがすなわち(5)で言及される「後以境土広遠」である。例えば楽浪郡は，廃止された他の漢四郡を併合し，それらに所属していたすべての県を吸収したため，規模が格段に大きくなった。そのため，中心地である郡治周辺にいた楽浪郡の都尉が，単単大嶺を越えて遠く離れた地域までを管轄するようになった。こうした非効率を避けるため，楽浪郡全体を幾つかの部に分け，都尉を設置したのである。この楽浪郡の事例は他の場合にもあてはまる。蜀郡の中心地は成都平原にあったが，北側の冉駹夷に設置された汶山郡と西南側の笮都夷地域にあった沈黎郡が廃止され，蜀郡と

　凡九百一十，六百七十七石。（同 8-1763）

18) 而初郡時時小反，殺吏，漢發南方吏卒往誅之，間歲萬餘人，費皆仰給大農。大農以均輸調鹽鐵助賦，故能贍之。（『史記』平準書）

合併されると，郡の領域が非常に拡大した。かつ汶山郡と沈黎郡はいずれも岷山山脈に至る山地に位置し，郡治から遠く離れ交通も不便であった。こうした地域を成都平原の中心に位置する郡都尉がすべて管理するなら，業務の効率性の低下は免れ得ない。そのために北側と西南側を各々部に分けて管理したのである[19]。

3 ●部都尉は郡都尉とは別の特殊組織か

第三に，部都尉が郡都尉とは別の特殊組織だという理解について。まずは「部」の意味を検討する必要がある。部都尉は一般の都尉と性格が異なると先行研究が理解したのは，なによりも「部」という文字が付されていたからであった。

史料には，亭部・郷部・田部といった「部」の事例がある。亭部は亭長の管轄範囲で，特定の亭部に属す者の租賦が免除されたり，侍御史が亭部で冤罪の訴えを処理したといった記事が見える[20]。郷部も郷が管轄する範囲を指す。郷部と亭部という表現が同時に使用されることもあり，その場合郷部は郷邑を中心とした地域，亭部は郷邑の間にある中間地域を意味する。田部も郷部と一緒に使用され，張家山漢簡二年律令には郷部（嗇夫）が邑中の道を，田部（嗇夫）が田道を担当するという規定があり[21]，郷部は郷邑を中心とした地域で，田部は郷邑の外側の，耕地がある空間であることがわかる。このように部は元来，領域全体を幾つかに分けた空間であり，その空間を管轄する官吏の名称にも冠せられた[22]。

注意すべきは，亭部は一定の区域を指すものの，そこに居住する民が亭の組織に編入されたわけではないという点である。亭部の亭長は担当区域の治安に責任を負うが，そこに暮らす人々は郷・里の体系に編入され，管理されていた。田部の田嗇夫は耕地の管理に当たるが，そこで耕作する民は郷に所属する。「某部」

---

19) もちろん前述の通り，管轄範囲が広大であっても部に区分して都尉を設置しないところもある。その理由は都尉が軍事を管掌するという点を考慮すれば，容易に説明できる。つまり，実質的な軍事的脅威が低かったり，郡内に軍事的に管轄すべき地点が少なかったりしたため，一つの都尉だけでこれらを管掌できると判断されたからであろう。

20) 『後漢書』章帝紀，153 頁，『後漢書』霊帝紀，338 頁。

21) 郷部主邑中道，田主田道（二年律令 247-248）。

22) 『漢書』貢禹伝，3,075 頁，『漢書』黄覇伝，3,630 頁，二年律令簡 5，同簡 201-202，同簡 318，同簡 322，同簡 334-335，同簡 450。

は一定の区域を指すに過ぎず，それがそこに住む者を専ら管理していたのではない。このことは，部都尉が管轄する「部」や「部」の居民が，専ら部都尉によって管理されたのではなく，行政的には県に統治されていたという筆者の主張を裏付ける。

軍政系統を構成する都尉の下部組織に候官―部―燧がある。このなかの「部」は民政系統では郷に相当する。部には候長と候史が置かれ，通常6〜7程度の燧を管理した。つまり部は多数の燧を効率的に監督すべく，候官の管轄地を幾つかに分けた区域である。領域全体を区分して管理した点は，郷部・田部・亭部と同様である。

では次に部都尉の「部」を検討しよう。『漢書』『後漢書』に登場する部都尉は基本的に東部，西部，南部，北部，中部の五つの方位を冠する。郡全体が五方位に区分されたのではなく，部都尉設置の必要がある地域を定め，郡全体におけるその方位を付したのであろう。そして実際には方位ではなく地名を冠する場合も少なくない。方位で表示し難い地域やあるいは同じ方位に複数の部都尉がある場合は地名を付したのだろう。居延都尉府がその良い例である。

『漢書』地理志には居延県に「都尉治」が置かれたとあるだけだが，居延漢簡はこれが部都尉であったことを示している。もちろん「居延都尉」と記される事例が多いが[23]，何の加号もなく「都尉」としたり[24]，「部都尉」と呼ぶ事例もある[25]。つまり居延都尉は都尉とも部都尉とも呼ばれたのである。都尉と記されていても，これを単純に郡都尉と見なすことはできない。同様に居延漢簡には『漢書』地理志に記載のない肩水都尉が見られるが，これは「肩水北部都尉」とも呼ばれた[26]。肩水都尉も，実際には部都尉であったことが分かる[27]。部都尉が必ず〈方位＋部〉を冠したわけではなく，居延都尉と肩水都尉もまた部都尉であり，

23）『居延漢簡釈文合校』44.16，『居延新簡』E.P.T5:125，E.P.T43:12。

24）『居延新簡』E.P.T51:379，E.P.T52:97。

25）□武賢司馬如昌行長史事千人武彊行丞事 敢告部都尉卒人 謂縣寫重如卒人／守卒史□守屬奉世（『居延新簡』E.P.T51:202）

26）十二月乙巳張掖肩水都尉□兼行丞事□肩水北部都尉□（『居延漢簡釈文合校』502.10A），居延肩水北部都尉卒（『肩水金関漢簡』73EJT22:29）。

27）前注所引の73EJT22:29の場合「居延都尉と肩水都尉と北部都尉」と読むこともでき，この場合張液郡には居延都尉と肩水都尉のほかに北部都尉もあったことになる。そうだとしても，居延都尉と肩水都尉が部都尉であるという主張が否定されることにはなるまい。

居延と肩水といった地名がその部の位置する区域を示すのである。〈方位＋部〉が一定の区域を示すのと同じである。また『漢書』地理志は張掖郡日勒県にも都尉治があったとするが，これによると日勒の都尉も居延都尉のように部都尉であった可能性がある。結局，張掖郡に郡都尉と部都尉が存在したのではなく，郡の都尉が一つの場合はこれを郡都尉と呼ぶが，隣郡の併合などを契機として幾つかの都尉が置かれた場合，その方位や地名を都尉の前に付したのである。従って部都尉は郡都尉と異なる，特殊な機関ではなかった。張掖郡には日勒都尉，居延都尉，肩水都尉，（＋北部都尉？）という幾つかの都尉が存在し，これらを時として部都尉とも呼んだのである。

　こうした理解に立って典籍資料を再読すると，部都尉と都尉という名称が区別なく使用されていることが分かる。例えば前漢武帝代，蜀郡西部には二つの「都尉」が置かれたが，部都尉を都尉と別のものとし，一つの部には一つの部都尉しかないはずだと見るなら，このことは説明できない。だがこれを，蜀郡の西側に軍事を担当する都尉を二つ置いたと理解すれば，何の問題もない。事実，この記録には「部都尉」ではなく「都尉」と書かれている。また会稽郡の東南には「一尉」があったとされ，孟康によるとこれは東部都尉のことらしいが，ここに部都尉と都尉を区別しようとする用意はうかがえない[28]。その他，北地郡には北部都尉と渾懐都尉が，上郡には匈帰都尉が設置されているが，これらは地名を冠するものの，実態は居延都尉や肩水都尉と同じく部都尉でもあったのだろう。前漢末の夏侯藩によれば，成帝綏和年間には張掖郡に二つの部と三つの都尉があったとされ，また後漢の光武帝建武 6 年（30）に都尉を廃止した時にも，これらはすべて「都尉」と称されるが，実は部都尉を意味している。要するに軍事的な脅威が増し，これに対処する必要が生じたとき，その地域を部あるいは地名で区分し，それぞれに都尉を追加設置したのであって，その基本的機能は都尉と異ならなかった。

4 ●部都尉は異民族の民事を統御する「治民機関」か

　第四に，既存の研究で指摘される部都尉の性格のうち，部都尉が異民族を「治民」したという点について見ておきたい[29]。内郡では太守が民政を行い，都尉は

---

28) 『漢書』揚雄伝，3,568 頁。

29) 鎌田重雄注 2 前掲論文，工藤元男注 2 前掲論文。

Ⅱ　論考篇

軍政面のみを担当したのとは違い，辺郡の部都尉は一定区域を委ねられ，そこに暮らす異民族を行政的にも統治したであるとか，部都尉が郡太守と民政を分担したといった主張は存外根強い[30]。だが前述のように部都尉は都尉の一種なのだから，こうした見解は受け入れ難い。都尉は軍事と治安維持を担当するのみで，民政を担当しなかったからである[31]。よしんば，部都尉が都尉とは別の組織だったとしても，部都尉が「治民」したという主張を完全に否定する記事が部都尉関連の基本史料『漢官儀』に見られる。

　　邊郡置部尉・千人・司馬・候・農都尉，皆不治民[32]

30)　部都尉が異民族を管理したとされるのは，単に辺境地域に位置したからではない。同じく「都尉」と呼ばれる別の官職，すなわち属国都尉と部都尉との違いを軽視したため，部都尉についての誤解はさらに大きくなった。属国都尉は確かに異民族を管理したが，この属国都尉の職掌が部都尉から継承されたと見なされてしまっているのである。工藤元男が「いわゆる属国とは，この部都尉制から転身したものとおもわれる。…五属国以外の前漢の属国は，そのほとんどが辺郡の部都尉から転身したものであるといえる。…昆邪王の投降直前まではまだ部都尉制の段階で，その投降を機に五属国が設置されると属国制に切り替えられ，それとどうじに異民族の中心もそれまでの典属国から属国都尉に移管されていった」とするのが代表的である（工藤注2前掲論文，95〜96頁）。昆邪王の投降を契機にして部都尉から属国都尉が分化していくことは事実だが，これは投降者を戸籍に編入して部都尉が管理するのではなく一般編戸とは別枠で支配するという政策の変化により生じたものである。部都尉が存在する一方で，別に属国都尉が置かれたのであり，部都尉が属国都尉の前身だったわけではない。
　このように，部都尉と属国都尉を区別しない論者は少なくない。兪偉超は，都尉は元来軍事機関としての性格が強かったが，建武6年（30）以後は治民機関になったという（兪偉超「略釈漢代獄辞文例——一份治獄材料初探」『文物』1978-1）。その根拠は『続漢書』百官志の「中興建武六年，省諸郡都尉，并職太守，無都試之役。省関都尉，唯邊郡往往置都尉及屬國都尉，稍有分縣，治民比郡」という記事である。だがこの記事の「稍有分縣，治民比郡」という部分は，属国都尉についてのことであって，郡尉が廃止された建武6年の改革とは関係がない。建武6年に郡尉と関都尉が廃止されたが，辺郡は例外とされたという事実を追加説明するものである。にもかかわらず，部都尉と属国都尉をはっきり区別しないために，部都尉も属国都尉のように治民できるという主張が生まれたのだ。実際には，属国都尉が治民できるようになるのも後漢安帝以後のことであり，それもいくつかの属国都尉に限定されたものであった。これらの主張が現れたのは，結局部都尉についての正確な理解が足らなかったからである。筆者が部都尉の性格を改めて強調したのは，まさにこうした理由からである。
31)　安作璋・熊鉄基注2前掲書88〜89頁
32)　『続漢書』百官志，3,624頁。『漢書』靳歙伝如淳注引漢儀注には「漢儀注，辺郡

252

この記事は辺郡の部都尉が「治民」しないことを如実に物語る。にもかかわらず既存の研究が部都尉は「治民」したと考え続けた理由は，部都尉が幾つかの県を「分領」したという記事に拠る。例えば沃沮と濊貊地域では楽浪東部都尉が七県を，哀牢夷地域の場合は益州西部都尉が六県を領した。これにより部都尉が民政と結びつけられたのである[33]。だが数県を分領したというのは，都尉の管轄範囲を示しているに過ぎない。その範囲にあるすべての県の業務を統括したとするのは拡大解釈である。いわば，将軍のような武官が領する場合と地方官が領する場合とを区別しているだけである。『東観漢記』によると，廬江郡の都尉になった劉敞が本来の業務である軍事と治安維持のため，廬江郡下の県を巡回して監察を行った際，民政に関わる事案も挙劾したが，これは太守の仕事であると拒絶された。そして酒席でこれに言及すると太守が強く抗議したという[34]。この場合，劉敞は部都尉ではなく郡都尉として廬江郡全域を任されていたため，わざわざ幾つかの県を領したとは記されていないが，「領する」とは本来の業務のためにその範囲を巡回することで，それらの県を統括していたのではない。

　文献史料の記事は非常に簡略なので，なお異論の余地もあろう。だが居延漢簡には部都尉の具体像がよくあらわれている。前述のように居延都尉は部都尉とも呼ばれた。この居延都尉府の活動内容は全体的に軍事面での職掌から逸脱しない。エチナ河に沿って設置された防御線維持のために戍卒を管理し，敵の動静を監視するのが居延都尉の職務のすべてであった。一方，居延県に住む一般民を治めて税役を徴集した形跡は見られない。居延都尉が管理する兵士のなかには張掖郡出身者もいたため[35]，その意味では郡県の民を管轄していたといえるが，居延

置部都尉・千人・司馬・候也」とあり，「不治民」が見えない。だがこれは本文にある「千人」への注釈であり，それゆえに記録されなかっただけである。

33) 武帝時期，西夷の邛・筰地域に一都尉十余県を設置し蜀郡に属せしめたという記事，また南夷夜郎地域に一都尉二県を設置したという記事を，都尉が異民族の居住する諸県を支配したものとみて，これが都尉の分郡・治民の重要な根拠とされた（厳耕望注2前掲書94頁）。しかしこれらの記録は，その地域に設置された都尉と県の数に言及しているだけで，都尉と県の統属および支配関係を示しているわけではない。

34) 東観記日，敞臨廬江歳餘，遭旱，行縣，人持枯稻，自言稻皆枯。吏強責租。敞應日，太守事也。載枯稻至太守所。酒數行，以語太守，太守日，無有。敞以枯稻示之，太守日，都尉事邪。（『後漢書』宗室四王三侯伝）

35) 襄澤隧長昭武宜衆里閭樂成　本始三年九月辛酉除（『居延漢簡釈文合校』10.36），居延甲渠第廿八燧長居延始至里大夫孟憲年廿六（同58.2），戍卒張掖郡居延當遂里大

都尉は彼らが従軍している間のみ，防備に関連した業務で彼らを使役したに過ぎない。居延漢簡には兵士の家族への食糧支給が見え，それらの家族は兵士のように軍政系統（候官―部―燧）に属さず，民政系統（県―郷―里）の組織の下で暮らしていたはずなので，あたかも都尉が一般民をも把握していたように見えるが，これは兵士への支給を家族が代わりに受領したに過ぎない。兵士の家族への徴税など，基本的な行政支配は都尉ではなく郡―県―郷の組織により行われていた。

また居延都尉府は居延県城とは別の場所にあった[36]。部都尉である居延都尉府が居延県の民政に関与しなかったためである。同様に『漢書』地理志に見られる都尉と部都尉も，大部分が県城とは別の場所にあった。例えば北地郡の北部都尉は富平県周辺の神泉障に，敦煌郡中部都尉は敦煌県周辺の歩広候官に，敦煌郡の宜禾都尉も広至県付近の昆崙障に治所を置いた。もし部都尉が諸県を行政的に支配する治民官であったなら，県城に治所が置かれたはずで，一般民の居住地から遠く離れた場所，それも軍事的要塞である障塞に治所を置くことはなかったろう。

軍事的任務以外の，居民への行政的支配は，内郡と同じく一般の郡県を通じて行われた。漢代に異民族統治のために設置された特別な組織は，ただ属国のみである。属国の居民だけに故俗を認めたということは，属国民ではない異民族は一般の郡県で漢人と雑居し，郡県の支配を受けたことを意味する。『漢書』百官公卿表によれば，異民族の居住地域には「道」が設置された。しかしそこには異民族と漢人が雑居していた。秦律や二年律令では，道は県と連称され，すべての県・道に基本的に同一の律令が適用されたことを示唆する。漢代には異民族居住地にさらに「道」が置かれることがなくなり，県が設置されたのも[37]，道が県と同じであったことを示している。もちろん漢人と異民族の統治の間には若干の違いがあった。例えば張家山漢簡「奏讞書」案例①では，南郡夷道に暮らす蛮夷であった母憂という人物が，毎年56銭の賨銭を出す代わりに徭賦は免除されると

夫殷則年冊五（同133.9），戍卒張掖郡居延昌里大夫趙宣年卅（同137.2）など。

36）居延都尉府の所在地については諸説あるが，最も可能性が高いと目されるのはK688遺跡である（甘粛省文物工作隊「額済納河下遊漢代烽燧遺址調査報告」『漢簡研究文集』蘭州：甘粛人民出版社，1984）。これに対し，居延県城であろうと考えられているのはK710遺跡である（陳夢家「漢居延考」『漢簡綴述』北京：中華書局，1980）。

37）金秉駿『中国古代郡県支配와 地域文化』（ソウル：一潮閣，1997），279〜287頁。

いう「蛮夷律」の適用を受けていた。母憂はこの律の内容を「君長に所属する者は年毎に實銭を出せば徭賦の代わりになる」と述べた。だが注意すべきは，漢の役人が君長を通さずに彼を軍役に徴発した点である。これは夷道が戸籍により蛮夷を個別的に把握していなければ不可能である。夷道の蛮夷は君長に所属して蛮夷律の適用を受けたものの，同時に道によっても把握され，君長を通してとはいえ，賦税を納める義務もあったといえよう。

秦律には，異民族と秦人が通婚した場合，どちらかが秦人であったなら，これをすべて秦人の範疇に加えようとする原則が認められる[38]。こうした同化政策の下で異民族を漢人と雑居させ，なるべく内郡と同じ郡県支配の下に置き，一元的支配を実現させようとしていたのである。

以上の考察から次の四点が確認しうる。①部都尉は異民族を主管する組織ではなく，郡の規模が大きすぎて軍事的問題が発生した時，郡の一部に部都尉が置かれ，軍備や治安が強化された。②部都尉の支配は郡県一般に比べて緩やかなものではなく，近隣の郡と必要な経費を共同負担することで賦税は若干軽減されたものの，軍事面ではむしろ統制が強化された。③部都尉は郡都尉と違う特殊な組織ではなく，軍事任務を担当する都尉の一種であった。④一定の地域を統治する治民機関ではなく，幾つかの県から成る「部」を管轄とし，その地域の軍政を担当した。これが本章の結論であり，部都尉に関する既存の研究には根本的な問題があったと考える。

おわりに

たとえ漢帝国の領域に組み込まれても，辺境では内地のような一元的支配が貫徹できず，異民族の自律的秩序を認める特殊な支配が行われたと見るのがこれまで一般的であった。この見解を支えてきた論拠の一つが部都尉であったが，本章は既存の研究に決定的な誤解があったことを明らかにした。異民族が征服されたり内属してきたならば，郡を立てて彼らを郡県支配に組み込み，内地と同じ一元的秩序を実現するというのが漢帝国の基本原則であった。しかし辺境地域の場合，しばしば生産力が不足し，立郡に必要な各種の費用を確保できず，結果的に辺境民が過度の負担を強いられるおそれがあった。そこで郡を廃止し，それを近

---

38) 金秉駿注1前掲「楽浪郡初期の編戸過程」，72〜73頁。

隣の郡と併合することもあったが，そうなると辺境の郡が広大になりすぎ，防備に支障を来しかねない。こうした問題に対処すべく，本来は一名の都尉が置かれるのみであった郡内にいくつかの分担区域を設け，そこに軍事を担当する別の都尉を置くようになった。これが部都尉である。この場合の「部」とは単に担当範囲を示すに過ぎず，異民族の領域という意味を持ってはいない。都尉は民政には関わらず，都尉の軍事的支配と郡県の行政的支配は常に平行していた[39]。

　要するに，漢帝国の辺郡は郡県による支配を基本としつつも，諸都尉により徹底した軍事支配が行われた場所でもあった。異民族が多数居住するため，その抵抗を恐れて一元的支配を放棄し，緩やかな統治を行ったのではなく，まったく反対に，内地の支配秩序が最大限貫徹された。辺境の生産力と行政費用との不均衡により郡を維持できなくなると，次善の策として近隣の郡との合併が実施されたが，異民族の抵抗により軍事的防御と郡県支配を放棄することは，決してなかった[40]。

（翻訳：金　玄耿）

39）秦漢時期の部都尉問題は楽浪の東部都尉と南部都尉，ひいては濊貊の動向と密接な関連を有する。従って筆者が主張したとおり，既存の部都尉に対する理解に重大な誤謬があるとしたら，これに基づいて進められてきた楽浪郡および濊貊関連の研究にもある程度の修正が必要になる。この問題に対しては，注5前掲金論文「楽浪郡東部都尉地区辺県和郡県統治」を参照。

40）本章は拙稿「秦漢帝国の異民族支配——部都尉および属国都尉に対する再検討」（『歴史学報』（ソウル）217，2013）の一部を大幅に改稿し，日本語訳したものである。

第 3 部

「中華」の転換と再編：多民族社会における軍事と支配

第10章

藤井律之

Fujii Noriyuki

前秦政権における「民族」と軍事

はじめに

　五胡十六国時代の軍事史研究を代表するのは，［高敏1998］である。しかし，これはあくまで五胡十六国時代の兵制をひとまとめにして論じたものであって，各政権を個別に取り扱ったものではない。各政権の軍事を取り扱ったものとしては，前後趙の軍事について検討した［雷家驥1996］，また各政権の「禁衛武官」について検討した［張金龍2004］がある。しかしながら，高敏・雷家驥がともに歎いているように，兵乱の時代であるにもかかわらず，五胡十六国時代の軍事に関する史料は極めて少ない。各五胡政権の軍にしめる非漢族の割合を導き出すことすらほぼ不可能といってよい。

　しかしながら，前秦政権の軍事制度については，華北統一を達成しえた理由，および淝水での敗戦後に体制があっけなく瓦解した理由と直接的にかかわるために，少しでも明らかにしなければならないテーマである。本稿では，そうした課題にこたえるための初歩的な考察として，前秦の軍事と「民族」との関わりについて論じてみたい。

1 ●前秦の兵力

(1) 前秦史概観

　まず，前秦史を概観しておく[1]。前秦政権の基盤を築いたのは，略陽に居住し

---

　1) この箇所は，［三崎良章2012］の第三章「十六国の興亡」を参照した。

た氏の蒲洪である。蒲洪は他の氏に推挙されて盟主となるが，前趙・後趙に服属し，後趙の徙民政策により関中を出て枋頭に駐留する。蒲洪は石虎の死による後趙の混乱の中自立し（350），姓を苻と改めて関中への帰還を目指すが，同年毒殺され頓挫する。

苻洪の後継となった苻健は，入関をはたして長安占領に成功すると，351年に天王に即位し元号を皇始と定めた。これをもって前秦の建国とする。苻健は翌年に帝位に即き，皇始4年（354）には東晋の関中侵攻を防いだ。その翌年に，苻健が没して子の苻生が即位すると，寿光3年（357）には関中を窺う羌の姚襄を敗死させて，姚氏集団を服属させた。しかし同年，クーデターにより苻堅にとってかわられる。

苻堅は漢人の王猛を登用して内政に留意し，また，苻氏一族による反乱もしのいで国内を安定させると，建元6年（370）に前燕，同12年に前涼と代を滅ぼして華北の統一に成功する。同19年には天下統一を目指して東晋に親征するも，淝水にて大敗し，前秦の覇権は瓦解する。

苻堅は長安に帰還できたものの関中の掌握すら困難となり，建元21年に後秦の姚萇に殺害される。子の苻丕が晋陽にて即位するも翌年に敗死，ついで苻堅の族孫の苻登が南安にて即位するも太初9年（394）に敗死，その子の苻崇が同年に西秦に敗れたことにより，前秦は滅亡する。

（2）兵力動員数の推移

前秦の軍事を考える前提として，前秦が動員した兵数に注目したい。苻堅が建元19年（383）に，東晋征討のために動員した兵数は，「戎卒六十餘萬，騎二十七萬」であったことは有名であるが，これは残る敵国が東晋のみという，前秦最盛期の動員兵数である。また後述するように建元6年の前燕併合以降，前秦の動員兵数は飛躍的に増加することになるのだが，前燕併合以前の動員数はどうであったかみてみたい。

前燕併合以前における前秦の軍事行動のうち，動員兵数が明記されている史料をまとめたものが表10-1である。

まず，350年に蒲洪が自立した際の兵力数は「十餘萬」であった。

表 10-1　前秦軍事行動表

君主	西暦		記事	出典
苻 洪	349 年	11 月	遂改姓苻氏，自稱大將軍・大單于・三秦王。洪謂博士胡文曰，孤率衆十萬，居形勝之地，冉閔・慕容儁可指辰而殄，姚襄父子克之在吾數中，孤取天下，有易於漢祖。	『晋書』112
苻 健	350 年	8 月	時京兆杜洪竊據長安，關中豪俊咸應之。健密圖關中，懼洪之知也，乃繕宮室於枌榆，課民種麥，示無西意。既而自稱征西大將軍・雍州刺史，盡衆西行。至盟津，起浮橋以濟，遣弟輔國將軍雄率歩騎五千入自潼關，兄子揚武將軍菁率衆七千自軹關入河東。	『魏書』95
	352 年	5 月	杜洪屯宜秋，爲其將張琚所殺，琚自立爲秦王，置百官。健率歩騎二萬攻琚，斬其首。	『晋書』112
	352 年	6 月	謝尚・姚襄共攻張遇於許昌。秦王健遣丞相東海王雄・衛大將軍平昌王菁略地關東，帥歩騎二萬救之。丁亥，戰于潁水之誡橋，尚等大敗，死者萬五千人。	『資治通鑑』99
	353 年	6 月	六月，秦苻飛攻氐王楊初於仇池，爲初所敗。丞相雄・平昌王菁帥歩騎四萬屯于隴東。	『資治通鑑』99
	353 年	9 月	九月，秦丞相雄帥衆二萬還長安。	『資治通鑑』99
	354 年 3〜4 月		温率衆四萬趨長安，遣別將從均口入淅川，攻上洛，執健荊州刺史郭敬，而遣司馬勳掠西鄙。健遣其子萇率衆・菁率衆五萬，距温于堯柳城愁思堆。温轉戰而前，次于灞上，萇等退營城南。健以羸兵六千固守長安小城，遣精銳三萬爲游軍以距温。三輔郡縣多降於温。健別遣雄領騎七千，與桓沖戰於白鹿原，王師敗績，又破司馬勳於子午谷。	『晋書』112
	354 年	4 月	秦丞相雄帥歩騎七千襲司馬勳於子午谷，破之，勳退屯女媧堡。	『資治通鑑』99
苻 生	357 年	4 月	姚襄遣姚蘭・王欽盧等招動鄜城・定陽・北地・芹川諸羌胡，皆應之，有衆二萬七千，進據黃落。生遣衛黃眉・苻堅・鄧羌率歩騎五千討之。	『晋書』112
苻 堅	358 年	2 月	其將張平以并州叛，堅率衆討之，以建節將軍鄧羌爲前鋒，率騎五千據汾上。堅至銅壁，平盡衆拒戰，爲羌所敗，獲其養子蚝，送之，平懼，乃降于堅。	『晋書』113
	364 年?		屠各張罔聚衆數千，自稱大單于，寇掠郡縣。堅以其尚書鄧羌爲建節將軍，率衆七千討平之。	『晋書』113
	366 年 7〜8 月		使王猛・楊安等率衆二萬寇荊州北鄙諸郡，掠漢陽萬餘戸而還。	『晋書』113
	367 年	2 月	秦輔國將軍王猛・隴西太守姜衡・南安太守南安邵羌・揚武將軍姚萇等帥衆萬七千討斂岐。	『資治通鑑』101
	367 年	4 月	張天錫攻李儼大夏・武始二郡。下之。常據嵒儼兵于葵谷，天錫進屯左南。儼懼，遣其子純謝罪於秦，且請救。秦王堅使前將軍楊安・建威將軍王撫帥騎二萬，會王猛以救儼。	『資治通鑑』101
	368 年	3 月	堅遣後禁將軍楊成世・左將軍毛嵩等討魏・武，王猛・鄧羌攻蒲阪，楊安・張蚝攻陝城。成世・毛嵩爲雙・武所敗，堅又遣其武衛王鑒・寧朔呂光等率中外精銳以討之，左衛苻雅・左禁竇衝率羽林騎七千繼發。	『晋書』113
	368 年	3 月	秦楊成世爲趙公雙將苻興所敗，毛嵩亦爲燕公柳所敗，奔還。秦王堅復遣其武衛將軍王鑒・寧朔將軍呂光・將軍馮翊郭將・翟傉等帥衆三萬討之。	『資治通鑑』101
	368 年	5 月	柳以猛爲憚己，留其世子良守薄阪，率衆二萬，將攻長安。長安去蒲阪百餘里，鄧羌率勁騎七千夜襲敗之，柳引軍還，猛又盡衆邀擊，悉俘其卒，柳與數百騎入於蒲阪。	『晋書』113
	369 年	8 月	八月，遣將苟池・洛州刺史鄧羌帥歩騎二萬以救燕，出自洛陽，軍至潁川。	『資治通鑑』102
	369 年	11 月	堅大怒，遣王猛與建威梁成・鄧羌率歩騎三萬，署慕容垂爲冠軍將軍，以爲鄉導，以討暐洛州刺史慕容筑於洛陽。	『晋書』113
	370 年	3 月	太和五年，又遣苻率楊安・張蚝・鄧羌等十將率歩騎六萬伐暐。	『晋書』113
	370 年	9 月	會楊安攻晉陽，爲地道，遣張蚝率壯士數百人入其城中，大呼斬關，猛・安遂入晉陽，執暐幷州刺史慕容莊。	『晋書』113
	370 年	10 月	猛留將軍毛當戍晉陽，進師與評相持。遣游擊郭慶率銳卒五千，夜從間道出評營後，傍山起火，燒其輜重，火見鄴中。	『晋書』113
	370 年	11 月	堅聞之，留李威輔其太子宏守長安，以苻融鎮洛陽，躬率精銳十萬向鄴。	『晋書』113

後石鑒遵を殺すに，所在の兵もて起ち，洪衆十餘萬を有す。

（『晋書』巻百十二　苻洪載記）

洪博士の胡文に謂いて曰く，孤衆十萬を率い，形勝の地に居り，冉閔・慕容儁辰を指して殄すべし，姚襄父子これに克つこと吾が數の中に在らば，孤の天下を取ること，漢祖より易きこと有り。

（同上）

　つづく苻健期の皇始4年（354）には，東晋の桓温が関中に侵攻してきたため，防衛戦のために兵を動員しているが，その数は「衆五萬」，「羸兵六千」，「精鋭三萬」，「領騎七千」の計9万3000と，動員兵数の合計が10万に満たないことが分かる。

　苻健につづく苻生は，寿光3年（357）に，前涼の張祚の死に乗じて使者を派遣し，前涼を服属させることに成功している。その際の脅し文句として，前秦の保有兵力を「控弦之士百有餘萬」と述べているが，勿論実態を伝えるものではなく[2]，苻生期においても10万以上の兵を動員した形跡はない。

　前秦が蒲洪自立時よりも同数あるいは多数の兵力を動員したのは，苻堅期の建元6年（370）における前燕征服戦のときである。

太和五年，又た（王）猛を遣わして楊安・張蚝・鄧羌等十將を率いて歩騎六萬を率いて（慕容）暐を伐たしむ。

（『晋書』巻百十三　苻堅載記上）

苻堅はまず王猛に歩騎六万を与え，王猛が慕容評ひきいる四十数万の大軍を破って鄴を包囲すると，

日中に及び，（慕容）評の衆大いに敗れ，俘斬すること五萬有餘，勝ちに乗じて追撃し，又た降斬すること十萬，是に於いて師を進めて鄴を圍む。堅これを聞き，李威を留めて其の太子宏を輔けて長安を守らしめ，苻融を以て洛陽に鎮せしめ，

---

2) 生聞張祚見殺，玄靚幼沖，命其征東苻柳參軍閻負・梁殊使涼州，以書喩之。…負・殊曰，貴州陋塞，孰若崤函。五郡之衆，何如秦雍。張琚・杜洪因趙之成資，據天阻之固，策三秦之鋭，藉陸海之饒，勁士風集，驍騎如雲，自謂天下可平，關中可固，先帝神矛一指，望旗冰解，人詠未蘇，不覺易主。燕雖視視關東，猶以地勢之義，逆順之理，北面稱藩，貢不踰月。致肅愼楛矢，通九夷之珍。單于屈膝，名王內附。控弦之士百有餘萬，鼓行而濟西河者，君公何以抗之。盍追遵先王臣趙故事，世享大美，爲秦之西藩。（『晋書』巻百十二　苻生載記）

躬ら精鋭十萬を率いて鄴に向かう。 (同上)

苻堅自身が精鋭十万を率いて鄴へと進撃しており，長安に残した兵力を考慮すると，16 万以上の兵力を動員できたことになる。この数は蒲洪自立時の総兵力に匹敵，あるいはそれを上回る数字といえる。

　前燕を征服して関東を領有した後には動員兵数が飛躍的に増加する。建元 12 年（376）の前涼征服戦に「騎十三萬」，代征服戦に「幽州兵十萬」と「歩騎二十萬」を動員しており[3]，建元 18 年時点では，動員可能な「兵杖精卒」の数が 97 万ほどに達する[4]。そして，翌年に，前述した「戎卒六十餘萬，騎二十七萬」を動員して東晋征討に向かうが，淝水での敗戦にて瓦解することとなり，洛陽に帰還した際の兵力は，蒲洪の挙兵時とおなじ「十餘萬」であった[5]。

　その兵力から 5 万を割き，子の苻叡に与えて慕容泓を討たせたが敗北し，苻叡も殺害されたため，苻堅の手勢はさらに減少したと思われる。この間，苻熙を使持節・都督雍州雜戎諸軍事・鎮東大将軍・雍州刺史に任命しており[6]，雍州の「雜戎」を兵力としてかき集めようとしていたことが注目される。さらに，子の苻暉が洛陽より兵 7 万を率いて長安に帰還するが[7]，慕容沖に敗れ，またそのことを苻堅に咎められて自殺してしまい，兵数を回復することはできなかった。なお，苻堅の後継者のひとりである，苻登の勢力は，虜・屠各・新平羌などが呼応

3）其武衞苟萇・左將軍毛盛・中書令梁熙・歩兵校尉姚萇等率騎十三萬伐張天錫於姑臧。（『晋書』巻百十三　苻堅載記上）
堅既平涼州，又遣其安北將軍・幽州刺史苻洛爲北討大都督，率幽州兵十萬討代王渉翼犍。又遣後將軍俱難與鄧羌等率歩騎二十萬東出和龍，西出上郡，與洛會於渉翼犍庭。（同上）
4）堅引群臣會議，曰，吾統承大業垂二十載，芟夷逋穢，四方略定，惟東南一隅未賓王化。吾毎思天下不一，未嘗不臨食輟餔，今欲起天下兵以討之。略計兵杖精卒，可有九十七萬，吾將躬先啓行，薄伐南裔，於諸卿意何如。（『晋書』巻百十四　苻堅載記下）
5）諸軍悉潰，惟慕容垂一軍獨全，堅以千餘騎赴之。垂子寶勸垂殺堅，垂不從，乃以兵屬堅。初，慕容暐屯鄖城，姜成等守漳口，晉隨郡太守夏侯澄攻姜成，斬之，暐棄其衆奔還。堅收離集散，比至洛陽，衆十餘萬，百官威儀軍容粗備。（『晋書』巻百十四　苻堅載記下）
6）堅乃以廣平公苻熙爲使持節・都督雍州雜戎諸軍事・鎮東大將軍・雍州刺史，鎮蒲阪。徴苻叡爲都督中外諸軍事・衞大將軍・司隸校尉・録尚書事，配兵五萬，以左將軍竇衝爲長史，龍驤姚萇爲司馬。（『晋書』巻百十四　苻堅載記下）
7）苻暉率洛陽・陝城之衆七萬歸於長安。（『晋書』巻百十四　苻堅載記下）

したことにより，一時的に十余万となっている[8]。

(3) 動員兵数増加の要因

　前項において，苻堅による前燕征討戦のころに，蒲洪自立時の兵数より動員兵数が増加していたことを述べたが，その増加要因について考えてみたい。

　蒲洪集団の性格については，町田隆吉による分析があり[9]，それに依拠して整理すると，前秦集団の祖型を築いた蒲洪は，もと世襲の「氐酋」で，「部落小帥」であったが[10]，宗人の蒲光と蒲突によって盟主に推戴され[11]，さらには「群氐」や「戎晉」，すなわち氐以外の非漢族や漢人からの支持も受けていた[12]。この後，蒲洪は後趙の石虎にくだると，護氐校尉をへて龍驤將軍・流民（人）都督に任ぜられ，枋頭に鎮した[13]。蒲洪が督した流民とは，彼が石虎に鄴へと徙すよう要求した「關中豪傑」および「羌戎」であり[14]，これをもとに蒲洪は挙兵することになるので，蒲洪が率いた軍はおもに，

・蒲洪の部民，蒲洪の宗人，蒲洪を支持する氐（群氐）

・羌

・関中豪傑

---

8) 初，長安之將敗也，堅中壘將軍徐嵩・屯騎校尉胡空各聚衆五千，據險築堡以自固，而受姚萇官爵。及萇之害堅，嵩等以王禮葬堅于二堡之間。至是，各率衆降登。…於是貳縣虜帥彭沛穀・屠各董成・張龍世・新平羌雷惡地等盡應之，有衆十餘萬。（『晉書』巻百十五　苻登載記）

9) 町田隆吉 1979。

10) 苻洪，字廣世，略陽臨渭氐人。其先有扈氏之苗裔，子孫強盛，世爲氐酋。…父懷歸，爲部落小帥。…年十二，父卒，代爲部帥。（『太平御覽』巻百二十一　偏覇部五　前秦苻洪条所引『十六国春秋』前秦録）

11) 屬永嘉之亂，乃散千金，召英傑之士訪安危變通之術。宗人蒲光・蒲突遂推洪爲盟主。（『晉書』巻百十二　苻洪載記）

12) 屬劉氏之亂，散千金，招延儁傑，戎晉繦負奔之，推爲盟主。劉聰遣使拜平遠將軍，不受，自稱護氐校尉，秦州刺史，略陽公，群氐推爲首。（『太平御覽』巻百二十一　偏覇部五　前秦苻洪条所引『十六国春秋』前秦録）

13) 虎拜洪護氐校尉，進爵爲侯。徙秦雍州民羌十餘萬戶于關東，遷洪龍驤將軍・流民都督，處之方（枋）頭。（『太平御覽』巻百二十一　偏覇部五　前秦苻洪条所引『十六国春秋』前秦録）

14) 季龍滅石生，洪說季龍宜徙關中豪傑及羌戎内實京師。季龍從之，以洪爲龍驤將軍・流人都督，處于枋頭。（『晉書』巻百十二　苻洪載記）

● 264

・漢人

によって構成されていたことになる。

　蒲洪と彼を支持する氐の個人とは，すべてが直接支配の関係にあったわけではなく，蒲洪集団には他の「氐酋」も含まれていた。蒲洪が三秦王として自立した際に単于輔相となった毛貴[15]，苻健が大秦天王に即位した際に散騎常侍となった呂婆楼[16]がその代表例である。また，「有大勲於苻氏」という氐豪の樊世も[17]，自身の部民を率いて戦ったのであろう。

　さて，流民都督となった蒲洪は，石虎のもとで軍功をたてて西平郡公に封ぜられ，その配下二千余人も関内侯に封ぜられたことにより，関内領侯将に任命されている[18]。この後，「衆十餘萬」を率いて挙兵することになるのだが，その間，蒲洪集団の数に変化が無かったと仮定して，蒲洪集団の総数を，部下である関内侯の数で頭割りしてみると，各関内侯は50人程度の兵力しか有さなかったことになる。そうした小規模の部民を率いる氐酋や関中豪傑の連合体が，蒲氏あらため苻氏を中心として関中に帰還し，勢力を拡げてゆくこととなるのである。

　前秦政権が関中に勢力を扶植していくにつれ，前秦政権の中枢を占めるまでにいたる雷弱児のような羌酋も[19]，氐酋・氐豪と同様に自身の部民を率いて参戦し

15）洪自稱大都督・大將軍・大單于・三秦王，改姓苻氏。以南安雷弱兒爲輔國將軍。安定梁楞爲前將軍，領左長史。馮翊魚遵爲右（後）將軍，領右長史。京兆段陵爲左將軍，領左司馬。【王墮爲右將軍，領右司馬。】天水趙俱・隴西牛夷・北地辛牢皆爲從事中郎，氐酋毛貴爲單于輔相。（『資治通鑑』巻九十八　晋紀二十　永和六年条）

16）丙辰，健即天王・大單于之位，國號大秦，大赦，改元皇始。…呂婆樓爲散騎常侍。…婆樓，本略陽氐酋也。（『資治通鑑』巻九十九　晋紀二十一　永和七年条）
呂婆楼は，ここに引用した苻健即位時の記事に初出するが，その子・呂光は石虎の建武年間に枋頭にて生まれているので，蒲洪集団にも加わっていたと考えられる。
呂光，字世明，略陽人。其先自沛遷略陽，因家焉，世爲氐酋。父婆樓，字廣平，佐命前秦，官至太尉。光以趙建武中生于方（枋）頭，夜有神光之異，故名焉。（『太平御覧』巻百二十五　偏覇九　後涼呂光条所引『十六国春秋』前秦録）

17）王猛親寵愈密，朝政莫不由之。特進樊世，氐豪也，有大勲於苻氏。（『晋書』巻百十三　苻堅載記上）

18）季龍從之，以洪爲龍驤將軍・流人都督，處于枋頭。累有戰功，封西平郡公，其部下賜爵關內侯者二千餘人，以洪爲關內領侯將。冉閔言於季龍曰，苻洪雄果，其諸子並非常才，宜密除之。季龍待之愈厚。及石遵即位，閔又以爲言，遵乃去洪都督，餘如前。洪怨之，乃遣使降晉。後石鑒殺遵，所在兵起，洪有衆十餘萬。（『晋書』巻百十二　苻洪載記）

19）又誅侍中・丞相雷弱兒及其九子・二十七孫。諸羌悉叛。弱兒，南安羌酋也，剛鯁

たと考えられるが，こうした連合体としての性格が大きく変化するのが苻生期である。

苻生は多数の大臣を誅殺したが，その中に前述の雷弱児も含まれていた。雷弱児の誅殺後は，羌の人間が前秦の中枢を占めることはなくなり，先行研究が既に明らかにしているように，前秦の重要ポストは苻氏をはじめとする氐，そして漢人に押さえられるようになる[20]。こうした苻生の大臣誅殺は，一般的には暴君の所業と認識されているが，制御できない「六夷酋帥」や「大臣執権者」を排除することは，苻生の行く末を憂いた父・苻健の遺訓でもあった[21]。苻生はそれを性急に実行したため苻堅にとってかわられることになるが，この方針自体は苻堅にも継承されることになる。

苻健が入関した当初は，野生の穀物で腹を満たす有様で[22]，苻健は勧農につとめたが，その末年には蝗害による飢饉に苦しめられた[23]。つづく苻生は勧農に関心が無く，猛獣の駆除すら行わなかったため，民は農業に従事するどころではなかったのだが[24]，苻堅から絶対の信任を得た王猛は，抵抗勢力を排除し勧農を通しての富国強兵に成功する[25]。そして，その抵抗勢力は「貴戚」や「強豪」からなり[26]，またその中には，前述の樊世のような氐豪も含まれていた[27]。

好直言，見生嬖臣趙韶・董榮亂政，每大言於朝，故榮等譖而誅之。(『晉書』巻百十二　苻生載記)

20)［蔣福亜 1993］，［雷家驥 1995］，［松下洋巳 1997］，［藤井秀樹 2001］。

21) 健謂太子生曰，六夷酋帥及大臣執權者，若不從汝命，宜漸除之。(『資治通鑑』巻百　晉紀二十二　永和十一年条)

22) 是年（皇始元年），野蠶成繭，野禾被原，百姓采野繭而衣，<u>收野粟而食，關西家給人足</u>。(『太平御覽』巻百二十一　偏覇部五　前秦苻健条所引『十六国春秋』前秦録)

23) 蝗蟲大起，自華澤至隴山，食百草無遺。牛馬相噉毛，猛獸及狼食人，行路斷絶。健自蠲百姓租税，減膳徹懸，素服避正殿。(『晉書』巻百十二　苻健載記)

24) 虎狼大暴，從潼關至于長安，晝則斷道，夜則發屋，不食六畜，專以害人。自其元年秋，至于二年夏，虎殺七百餘人，<u>民廢農桑</u>，內外惱懼。(『魏書』巻九十五　臨渭氐苻健・苻生)

25) 于是人思勸勵，號稱多士，盜賊止息，請託路絶，<u>田疇修闢，帑藏充盈</u>，典章法物靡不悉備。(『晉書』巻百十三　苻堅載記上)

(王)猛宰政公平，流放尸素，拔幽滯，顯賢才，外修兵革，內崇儒學，勸課農桑，教以廉恥，無罪而不刑，無才而不任，庶績咸熙，百揆時敘。<u>於是兵強國富，垂及升平，猛之力也</u>。(『晉書』巻百十四　苻堅載記下・王猛)

26) 其特進強德，健妻之弟也，昏酒豪橫，爲百姓之患。猛捕而殺之，陳尸於市。其中

王猛の富国強兵策を理解する上で注意しておきたいのは，小野響が指摘するように，王猛は内政だけでなく軍事方面においても活躍した，という点であり[28]，例えば，王猛は前燕征服戦の先鋒をつとめている。その王猛とともに外征に活躍したのが鄧羌である。彼は安定出身の漢人で[29]，苻堅期以前から将軍として活躍していたが，王猛のもとでは御史中丞として「貴戚強豪」の弾劾に血道をあげた人物である。「貴戚強豪」や氐酋の部民は，蒲洪集団の兵力源であったが，その二人が，排除しようとした「貴戚強豪」や氐酋を率いて戦ったとは考えにくい。すなわち苻堅期は，それまでの氐酋や豪傑に軍事力を依存する体勢から脱却し，勧農によって編戸を充実・増加させ，そこから兵士を徴発する体制へと転換することを目指し，それに成功したことによって，従来以上の兵数を動員できるようになったと考えられるのである。

　付言すると，苻堅は，兵戸に対して否定的ではなかったかと推測する。苻堅は，長安への徙民を数度行っているが，その中でも規模が最も大きかったのが，前燕征討後の，「鮮卑四萬餘戸」の長安徙民および「關東豪傑及諸雜夷十萬戸」の関中徙民であった[30]。しかし，この徙民措置と同時に，流民達の本籍地への帰還を許可している[31]。敗残兵や流民を主要な供給源とする兵戸制とは相反する措置であろう。

丞鄧羌，性鯁直不撓，與猛協規齊志，數旬之間，<u>貴戚強豪誅死者二十有餘人</u>。於是百僚震肅，豪右屏氣，路不拾遺，風化大行。堅歎曰，吾今始知天下之有法也，天子之爲尊也。(『晋書』卷百十三　苻堅載記上)

27）王猛親寵愈密，朝政莫不由之。特進樊世，氐豪也，有大勳於苻氏，負氣倨傲，衆辱猛曰，吾輩與先帝共興事業，而不預辱權。君無汗馬之勞，何敢專管大任。是爲我耕稼而君食之乎。猛曰，方當使君爲宰夫，安直耕稼而已。世大怒曰，要當懸汝頭於長安城門，不爾，終不處于世也。猛言之於堅，堅怒曰，必須殺此老氐，然後百僚可整。(『晋書』卷百十三　苻堅載記上)

28）［小野響 2016］。

29）安定。隴七代孫晉生武威太守，因居安定，始家焉。子羌，苻秦并州牧・左僕射。(『元和姓纂』卷九　鄧)

30）（太和四年）十二月，秦王堅遷慕容暐及燕后妃・王公・百官並鮮卑四萬餘戸於長安。(『資治通鑑』卷百二　晉紀二十四)

徙關東豪傑及諸雜夷十萬戸於關中，處烏丸雜類於馮翊・北地，丁零翟斌于新安，徙陳留・東阿萬戸以實青州。諸因亂流移，避仇遠徙，欲還舊業者，悉聽之。(『晋書』卷百十三　苻堅載記上)

31）諸因亂流移，避仇遠徙，欲還舊業者，悉聽之。(『晋書』卷百十三　苻堅載記上)

淝水の戦いの後，前秦と関中にて衝突する後秦においては，徙民を鎮戸に編入して，要地に配備された軍鎮の兵力源として供給していたが，そうした各地の鎮戸を京畿に結集すれば「精兵十萬」を得られた，という[32]。しかし苻堅は，その後秦によって窮地に追いやられた時においても，食料援助や援軍を申し出た馮翊の人士にたいして犠牲を出すのに忍びないといって断るようなメンタリティの持ち主であった[33]。これを谷川道雄が徳治主義・道徳主義と評する[34]のは決して的外れではなかろう。この点からも苻堅は徙民を兵戸に充当するという方針をとらなかったと推測する。

2 ●石刻史料にみえる「民族」と軍事

(1) 鄧太尉祠碑と広武将軍□産碑

前章において，氐酋や羌酋，関中豪傑の連合体として出発した蒲洪集団が，苻堅期になると，勧農を主軸とした王猛の富国強兵策によって，兵力を氐酋や豪傑の部民だけではなく，編戸にも依存できるようになったことを推測した。しかしながら，前秦の中核地域である関中には，後漢以降に移住させられた羌や氐などの非漢族集団が数多く存在していた。そういった連中の動向は，典籍史料にはあらわれにくいが，彼らと軍事の関係を考える上で，前秦には格好の石刻史料がい

---

32) 姚紹聞王師之至，還長安，言于泓曰，晉師已過許昌，豫州・安定孤遠，卒難救衞，宜遷諸鎮戸内實京畿，可得精兵十萬，足以横行天下。假使二寇交侵，無深害也。如其不爾，晉侵豫州，勃勃寇安定者，將若之何。事機已至，宜在速決。(『晋書』巻百十九　姚泓載記)
後秦鎮戸制と徙民との関連については，［關尾史郎 1988］，［關尾史郎 2012］を参照。

33) 時雖兵寇危逼，馮翊諸堡壁猶有負糧冒難而至者，多爲賊所殺。堅謂之曰，聞來者率不善遺，誠是忠臣赴難之義。當今寇難殷繁，非一人之力所能濟也。庶明靈有照，禍極災返，善保誠順，爲國自愛，蓄糧厲甲，端聽師期，不可徒喪無成，相隨獸口。三輔人爲沖所略者，咸遣使告堅，請放火以爲内應。堅曰，哀諸卿忠誠之意也，何復已已。但時運圮喪，恐無益於國，空使諸卿坐自夷滅，吾所不忍也。且吾精兵若獸，利器如霜，而衄於烏合疲鈍之賊，豈非天也。宜善思之。衆固請曰，臣等不愛性命，投身爲國，若上天有靈，單誠或冀一濟，沒無遺恨矣。堅遣騎七百應之。而沖營放火者爲風焰所燒，其能免者十有一二。堅深痛之，身爲設祭而招之曰，有忠有靈，來就此庭。歸汝先父，勿爲妖形。歔欷流涕，悲不自勝。衆咸相謂曰，至尊慈恩如此，吾等有死無移。(『晋書』巻百十四　苻堅載記下)

34) ［谷川道雄 1998］。

くつか存在する。本章では，それらの石刻史料の検討を通じて，前秦における「民族」と軍隊の関係について掘り下げてみたい。

最初に検討するのは護軍にかんする石碑である。ここでいう護軍とは禁軍の将軍である護軍将軍や中護軍のことではなく，町田隆吉によれば，「帰順してきた諸種族を支配する」ための官職であり，漢代の属国都尉に相当するもの[35]，である。こうした護軍は，魏晋期に，帰順してきた氐を支配するために右扶風の美陽県に置かれた安夷護軍，雲陽県に置かれた撫夷護軍を起源とし，華北に割拠した五胡政権にも継承された。

前秦においても護軍は複数設置されており，町田隆吉は 11 例を挙げているが，前秦の護軍は以下の二種類に分類できるという。

・種族民を率いて帰順した族長あるいはそれに準ずる有力者（たとえば族長の一族など）を護軍に任命し，護軍という官名のもとに自己の種族民を支配させるタイプ[36]

・護軍に任命された人物と，その治下の種族民との間に，上の事例のような種族内での支配隷属関係がみとめられないタイプ

さらにまとめれば，前者は護軍が同一種族を統括するタイプ，後者は護軍と統括する種族とが異なるタイプということになろう。前者については典籍史料のみに姿がみえるが，後者については，その護軍府の構造や職掌を伝える史料が存在する。それが，鄧太尉祠碑である[37]。

同碑は，現在西安の碑林に移されているが，もとは陝西省蒲城県東北 70 里に位置する鄧艾廟に立っていたといい，碑の主題も，馮翊護軍による鄧艾廟修繕を記念したものである。この鄧太尉祠碑については，馬長寿による詳細な分析があり[38]，その成果を紹介しつつ内容を簡介したい。

鄧太尉祠碑が立てられたのは，苻堅期の建元 3 年（367）で，当時の馮翊護軍は鄭能邁であった。鄭能邁は甘露 4 年（362）に馮翊護軍となり，あしかけ 6 年在任した後，碑を立てた建元 3 年の 6 月に尚書庫部郎に左遷された。その職掌は

---

35)［町田隆吉 1982］。

36) 撫夷護軍となった仇池氏の楊仏狗（『宋書』巻九十八），中田護軍となった虜水胡の且渠法弘（『宋書』巻九十八），勇士護軍となった隴西鮮卑の乞伏吐雷（『晋書』巻百二十五）がそれにあたる。

37) 本碑の釈読は［人文研 2011］にしたがう。

38)［馬長寿 1985］。

269

以下のように記述されている。

> 甘露四年十二月廿五日官に到る。北のかた玄朔に接するを以て，兵三百人，軍而
> 吏屬一百五十人を給せられ，和寧戎，鄜城，洛川，定陽の五部を統べ，屠各，上
> 郡夫施の黒羌，白羌，高涼の西羌，盧水，白虜，支胡，粟特，苦水を領し，雑戸
> 七千，夷羺十二種，兼ねて夏陽の治を統ぶ。

これを整理すると，馮翊護軍の職掌は，

- ・治所は夏陽。
- ・兵300，吏150人を統括。
- ・和戎・寧戎・鄜城・洛川・定陽の五部を管轄。
- ・屠各，上郡夫施黒羌，白羌，高涼西羌，盧水胡，白虜（鮮卑），支胡（月氏），
  粟特，苦水からなる「雑戸七千」「夷羺十二種（ただし，碑にみえる「夷羺」を
  数えても，12にはならない）」を統領。

ということになる。また馬長寿が指摘するように，屠各をはじめとした「夷羺十
二種」は後漢から魏晋にかけて，すなわち前秦成立以前から，同地域に居住して
いたと考えられる。管轄区域である和戎・寧戎が現在のどこに相当するか不明で
はあるが，鄜城・洛川・定陽は現在の陝西省洛川県周辺，宜川県西北に相当す
る。

　また，碑陰には馮翊護軍の属僚が記載されているが，その多くは，和戎・寧戎
出身であり，彼らの姓と種族とを馬長寿の見解に従って整理すると，

> 和戎…鉗耳（羌），雷（羌），西羌（羌），當（羌），儁蒙（羌）
> 寧戎…蓋（盧水胡?），郝（匈奴?盧水胡?），雷（羌），當（羌），利非（羌），屈男
> （羌）

となる。護軍司馬は始平郡の解虔で，華山郡出身である府主の鄭能遨と同じく，
他地域出身者であり，おそらく漢人であるが，参軍以下の属僚については，管轄
区域内の非漢族——おもに羌を採用していたことがわかる。また，属僚ではな
いものの，碑陰末尾には

> 治下部大鉗耳丁比

と，管轄区域内の羌の部大である鉗耳丁比がみえる。部大とは，『宋書』巻九十

八　氐胡伝・且渠蒙遜に「羌之酋豪曰大」とあるように，部の「豪」――リーダーである。

　馮翊護軍の鄭能遴は建元３年に左遷されたが，その後任が登場する石刻史料がある。それが，広武将軍□産碑（立界山石祠碑とも）である[39]。同碑はもと陝西省白水県史官村の倉頡廟にあったが，鄧太尉祠碑と同様碑林に移されており，やはり馬長寿による分析がある。

　広武将軍□産碑は，鄧太尉祠碑立碑翌年の建元４年（368）に建てられたものである。同碑は摩滅により判読できない箇所が多いのだが，

　　躬ら南界に臨み，馮翊護軍苟輔と，□する所を参分す。

と，広武将軍の□産が，馮翊護軍苟輔――すなわち鄭能遴の後任である苟輔とともに，管轄区域の「南界」にて管轄区域の境界を「参分」したことを伝えるものである（「立界山石祠碑」という別名の由来でもある）。馬長寿は，この「参分」をもとに，□産が馮翊護軍・撫夷護軍とともに境界を定めたとし，□産もやはり護軍であったと解する。同碑には馮翊護軍以外に撫□護軍が見えるが，これは□産の父の経歴であり，三人の護軍が境界を定めたという馬長寿の説は推測でしかないのだが，それでも馬長寿の説が魅力的なのは，「鄧太尉祠碑」とおなじく非漢族の属僚がみえることに加え，碑側・碑陰に「酋大」「部大」「大人」の名が多数記されているからである。彼らの種族と姓の対応関係について，やはり馬長寿の見解に従うと，

　　羌…夫蒙，傶蒙，雷，同蹄，井
　　氐…楊，樊，韓，毛，王
　　亀茲…白，帛
　　屠各?…董，張

となる。また，将軍も多数登場するが，彼らも非漢族の可能性が高く，また属吏の楊氏や梁氏も，漢人にみえるが氐の可能性が高い。

　また，広武将軍□産の職掌は，

　　西は洛水に至り，東は定陽に齊なり，南北七百，東西二百。□□□□□□□□…

───────────────
39）本碑の釈読は［人文研2011］にしたがう。

苦水，戸三萬を統べ，吏千人□將三□を領す。

という記載からすると，

・吏 1000 人を統括。

・洛水から定陽にわたる南北 700 里・東西 300 里の区域にて，戸 3 万を統領。
ということになろう。そして，管轄区域の東端にあたる定陽は鄧太尉祠碑にもみ
えるので，定陽を境界として東に馮翊護軍が，西に広武将軍□産の管轄区域が
あったことになる。また，□産のもとに配備された兵数は不明であるが，馮翊護
軍と比して，管轄する戸が四倍強，吏の数が七倍ほどであるから，抱える兵数も
やはり馮翊護軍よりも多かったことは疑いあるまい。

この二つの碑から，前秦の中核地域である関中の郡レベルには，様々な「民
族」によって構成される，一種の混成軍が存在したことが想定できるのだが，彼
らが軍事とどのように関わっていたのか，「鄧太尉祠碑」にみえる「雑戸」の検
討から考えてみたい。

(2) 「雑戸」と軍事

鄧太尉祠碑にみえる馮翊護軍が「雑戸七千」を統括していたことは先に見た
が，馬長寿は「雑戸」について次のように述べている。

最後に前文にて提起した問題について，すなわち符秦期における関中の編戸と雑
戸について略述する。西晋は前代の漢魏をうけて，民戸を編戸と雑戸の両種に分
けた。編戸は士籍・民籍などを包括し，正式に一定の郡県城郷に編入するもので，
政府に対して租税を納める義務があり，一般には正戸と称する。雑戸は一般に営
戸（兵家）・雑工戸・医寺戸などを包括し，少数部族が雑居する地区においてはま
た"雑胡"戸も包括する。彼らに一般には耕地はなく，政府に対して，たとえば
兵役・工役・差役などに服役する義務があるのみである。こうした人々には戸籍
がありはするが，その身分は低く，ゆえに雑戸と名づけられているのである。

ただしあらゆる"雑胡"あるいは"夷類"がみな雑戸だったわけではない。同一
部族内に編戸もあれば，雑戸もあったのである。（漢人よりも）やや落後した羌族
であっても，たとえば「鄧太尉祠碑」中の諸軍参軍・功曹・録事などはみな一定

の城鎮に隷属しており，当然ながら雑戸と称することはできない。ただ部大のもとに隷属する羌戸のみが，はじめて雑戸となるのである。(下線筆者。以下同)

馬長寿の理解をまとめると，以下のようになろう。

・編戸…郡県に編入され，租税義務有り。碑にみえる軍府の属僚の出身。
・雑戸…基本的に耕地はなく，兵役等の義務有り。部大などに統率される。

また，編戸の方が雑戸よりも好待遇と言いたげである。たしかに，北魏末六鎮の乱の頃における兵戸はなかば賤民化していたが[40]，この当時でも同様だったのであろうか？また，

咸寧3年 (278)，『晋書』扶風王駿伝に「扶風王に徙封され，氐戸の國界に在る者を以て封に増す」とある。扶風国の封戸は主に漢族の編戸であるが，列伝では特別に氐戸によって封戸を増やしたことが示されていて，苻堅載記中の「毛興を河州刺史と爲し，王騰を并州刺史と爲し，二州各支 (氐) 戸二千を配す」という記載と同様，当時の氐戸はやはり雑戸であったのである。ただし封戸となって以後は，安夷・撫夷の二護軍からの重い兵役による圧迫を受けなくなり，急速に編民へと変わったのである。

とも述べる。これは，西晋の扶風王司馬駿の封邑を増やすために氐戸が編入されたことを踏まえて述べているのだが，当時の雑戸は，安夷・撫夷護軍からの「重い兵役による圧迫 (重兵役壓迫)」を受けており，さらには，

苻堅のときにいたって，少数の羌人が雑戸の状態から分化し，城鎮に属する編戸となったが，大部分の羌族の雑戸は依然として本族の大姓である部大の統治下にあり，落後した部族生活を過ごしていた。これより，政治的圧迫と兵役による搾取が，羌民を落後させ漢族と相互に融合することを困難にした主要な原因であったことがわかる。

と，前秦苻堅期においても羌の雑戸は「兵役による搾取 (兵役剥削)」を受けていたと主張するのである。

---

40) 蠕蠕主阿那瓌犯塞，詔崇以本官都督北討諸軍事以討之。崇辭於顯陽殿，戎服武飾，志氣奮揚，時年六十九，幹力如少。孝明目而壯之，朝臣莫不稱善。遂出塞三千餘里，不及賊而還。崇請改六鎮爲州，兵編戶，太后不許。(『北史』巻四十三 李崇伝)

273

II　論考篇

しかし，この「兵役による搾取」については首をかしげざるを得ない。という
のも，馮翊護軍に支給される兵は300名である。これを雑戸7,000戸から徴発し
たとすれば，20数戸から兵を1名供出するという非常に緩い徴発率であったこ
とになる。それとも，属僚達は現地採用しているにもかかわらず，馮翊護軍の兵
は他所から連れてきたのであろうか？　とすると，兵士300名の監視のもと，雑
戸七千が負担したという「兵役による搾取」が一体何であったのかいよいよわか
らなくなる。さらに言うと，この地域の羌は，苻生期に，姚襄にしたがって前秦
に背いた過去もあるのだが[41]，他所から連れてきた300名の兵士でそうした羌を
押さえつけることが果たして可能だったのであろうか。

また，鄧太尉祠碑と広武将軍□産碑が立てられた時期の前秦の状況を整理する
と，さらに奇妙なことに気づく。この両碑は建元3〜4年に立てられているが，
この2年の間に前秦の根幹を揺るがす大事件——前秦の宗室による反乱が起き
ているのである。

建元3年の10月，苻堅がクーデターによって殺害した苻生の弟である苻柳・
苻廋・苻武，さらには苻堅の弟の苻双までもが，それぞれ蒲阪・陝城・安定・上
邽にて一斉に反乱を起こした。前秦の中核地域である三輔一帯が東西から攻撃さ
れるという事態となったのである。これに苻堅は大きな衝撃を受けたが，翌4年
のはじめには，陝城にて挙兵した苻廋が前燕に降って援軍を要請するという事態
にまで発展した。

苻堅側は，はじめは押されていたものの，西方にかんしては4月に苻武を安定
から上邽へと駆逐することに成功し，5月には蒲阪から長安へと進撃してきた苻
柳の迎撃に成功する。そして，7月には上邽を落として苻双・苻武を斬り，9月
には蒲阪を抜いて苻柳を斬ったが，陝城を陥落させて乱の終息に成功したのは，
12月のことであった[42]。すなわち，建元3年末から建元4年末にかけて関中は

41）姚襄遣姚蘭・王欽盧等招動郿城・定陽・北地・芹川諸羌胡，皆應之，有衆二萬七
千，進據黃落。生遣苻黃眉・苻堅・鄧羌率步騎萬五千討之。襄深溝高壘，固守不戰。
（『晉書』巻百十二　苻生載記）

42）（太和二年／建元三年）冬，十月，（苻）柳據蒲阪，雙據上邽，廋據陝城，武據安
定，皆舉兵反。堅遣使論之曰，吾兄卿等，恩亦至矣，何苦而反。今止不徵，卿宜罷
兵，各安其位，一切如故。各齎梨以爲信。皆不從。
（太和三年／建元四年）秦魏公廋以陝城降燕，請兵應接。秦人大懼，盛兵守華陰。
（三月）秦楊成世爲趙公雙將苟興所敗，毛嵩亦爲燕公武所敗，奔還。秦王堅復遣武衞

274

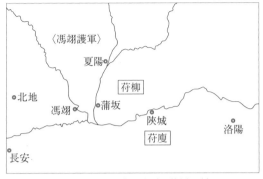

図 10-1　馮翊護軍治所の位置関係

戦闘状態にあったわけである。

　先述したように，馮翊護軍の治所は夏陽にある。蒲阪との距離は，長安との距離よりもはるかに近く，黄河を下ればすぐに到達できる位置関係にある。にもかかわらず，この反乱の間，馮翊護軍の苟輔が何をやっていたかといえば，治所を離れ，さらに蒲阪からも離れた自身の管轄区の西南端に赴き，広武将軍の□産と管轄区の境界を定めていたのである。広武将軍□産碑の立碑は建元 4 年 10 月 1 日ということになっていて，この時には蒲阪は陥落していたが，まだ蒲阪の東に位置する陝城攻略戦がはじまったばかりであり，前燕からの救援が来る可能性も残されていた。そのような状況下において，反乱軍の拠点に極めて近い馮翊護軍および馮翊護軍に隣接して治下に多数の酋大・部大をかかえる広武将軍は救援に赴かなかったのである。馬長寿が主張するような「重い兵役による圧迫」や「兵役による搾取」は，この地域の雑戸には期待されていなかったと考えざるを得ない。そもそも鄧太尉祠碑にみえる雑戸は，浜口重国が指摘するように，「雑多な

　　将軍王鑒・寧朔將軍呂光・將軍馮翊郭將・翟辱等帥衆三萬討之。
　夏，四月，雙・武乘勝至於榆眉，以苟興爲前鋒。王鑒欲速戰，呂光曰，興新得志，氣勢方銳，宜持重以待之。彼糧盡必退，退而擊之，蔑不濟矣。二旬而興退。光曰，興可擊矣。遂追之，興敗。因擊雙・武，大破之，斬獲萬五千級。武棄安定，與雙皆奔上邽，鑒等進攻之。晉公柳數出挑戰，王猛不應。柳以猛爲畏之。
　五月，留其世子良守蒲阪，帥衆二萬西趨長安。去蒲阪百餘里，鄧羌帥銳騎七千夜襲，敗之。柳引軍還，猛邀擊之，盡俘其衆。柳與數百騎入城，猛・羌進攻之。
　秋，七月，王鑒等拔上邽，斬雙・武，宥其妻子。
　九月，王猛等拔蒲阪，斬晉公柳及其妻子。猛屯蒲阪，遣鄧羌與王鑒等會攻陝城。
　十二月，秦王猛等拔陝城，獲魏公廋，送長安。（『資治通鑑』卷百一　晉紀二十三）

種族・部族・夷類など」の戸と解すべきなのであり，北魏以降の「雑役之戸」と
同一視すべきではない[43]。

(3) 前秦梁阿広墓誌

　鄧太尉祠碑と広武将軍□産碑の検討を通じて，関中の郡レベルには，酋大や部
大に率いられたさまざまな「民族」の小規模集団をとりまとめた混成軍が存在し
たが，前秦の危急存亡に際しても動員された形跡がなく，彼らに課せられた軍事
的負担はむしろ軽かったのではないかと推測した。すなわち，苻堅期において
は，そうした「民族」の小規模集団を地方軍としてまとめあげること自体に意味
があるのであって，彼らを消耗品のように前線に投入するつもりはなかった，と
考えられるのである。

　この推測を補強する史料が，2000 年に寧夏彭陽県にて発見された前秦梁阿広
墓誌である。

> 　秦の故の領民酋大・牙門將・襲爵興晉王・司州西川の梁阿廣，建元十六年三月十
> 日丙戌を以て終る。其の年七月歳在庚辰廿二日丁酉を以て，安定西北小盧川の大
> 墓塋内に葬り，去るを壬す。居る所青岩川の東南卅里。[44]

司州西川の領民酋大で，建元 16 年に没した梁阿広が牙門将とされていたことが
わかる。なお，梁阿広の種族について，町田隆吉は羌か屠各種[45]，羅新は休屠
胡[46]と考えているが，氐ではないという点では共通している。また，「襲爵興晉
王」とあることより，梁阿広以前にも興晋王となった領民酋大がいたことが推測
できるが，それが誰であるかは不明である[47]。なお，西川はもと安定郡の県で
あったが，前秦が関中においた司隷校尉に属したという[48]。

---

43)　［浜口重国 1966］。
44)　釈読は［羅新 2009］にしたがった。「壬」を「任」の省文とみなして「ゆるす」
　　と訓ずるのは，［町田隆吉 2006］の解釈にしたがった。
45)　［町田隆吉 2006］。
46)　［羅新 2009］。
47)　［王安泰 2012］。
48)　（太和五年（370））秦省雍州（胡三省注。秦置雍州於安定，省雍州入司隷校
　　尉）。（『資治通鑑』巻百二　晋紀二十四）

さて，梁阿広が任命された牙門将は，魏晋期の史料にしばしば登場し，中央だけではなく州郡レベルにも設置されていた[49]。牙門将の率いる軍の規模であるが，『三国志』巻九　諸夏侯曹伝・夏侯玄　裴松之注所引『魏略』に，

> （夏侯）玄既に遷り，司馬景王代て護軍と爲る。護軍諸将を總統し，任は武官の選擧を主る，前後此の官に當たる者，貨賂を止める能わず。故に蒋濟護軍と爲りし時，諺有りて言えらく，牙門を求めんと欲すれば，當に千匹を得べし。百人督なれば，五百匹，と。

とあるように，100 人よりも多かったことは明らかで，さらに，『三国志』巻二十八　毌丘倹伝にみえる

> 正始中，儉高句驪數しば侵叛するを以て，諸軍歩騎萬人を督して玄菟に出で，諸道從りこれを討たんとす。

という記事が，毌丘倹紀行碑[50]では

> 正始三年高句驪反す。…。七牙門を督して句驪を討つ。

となっているように，各牙門の兵力が 1,000 名を越える可能性すらあったと考えられる。おそらく，梁阿広は 1,000 人程度の兵を供出できる領民を有していたために牙門将に任ぜられたのであろう。

さて，梁阿広の種族について，町田隆吉と羅新との間で説が別れていることを述べたが，筆者は羅新の説に従うべきと考える。というのは，羅新が梁阿広の種族を推測する上で以下の記事を論拠としているからである。

> 涼州の休屠胡梁元碧等，種落二千餘家を率いて雍州に附く。（郭）淮奏して安定の高平に居らしめ，民の保障と爲さしめんことを請い，其の後因りて西川都尉を置く。
> （『三国志』巻二十六　郭淮伝）

これは曹魏の正始年間に涼州の休屠胡である梁元碧らが雍州に帰附してきた記事

49）可使守新興・雁門二牙門，出屯陘北，外以鎮撫，内令兵田，儲畜資糧，秋冬馬肥，州郡兵合，乗釁征討，計必全克。（『三国志』巻二十六　牽招伝）
新興郡と雁門郡に牙門が置かれていたことがわかる。
50）本碑の釈読は［人文研 2005］にしたがう。

で，彼らが安定郡に居住し，その後同地に西川都尉が設置されたことを伝える。標点本では西川都尉を西州都尉と校勘しているが，羅新はこの梁阿広墓誌を用いて標点本の校勘が誤りであることを論じた上で，梁阿広が梁元碧らと安定郡高平県に移住してきた休屠胡の後裔としたのである。

　その上でもう一度前引の『三国志』郭淮伝を見てみると，梁元碧ら休屠胡が安定の高平に配置されたのは，民の「保障」，すなわち地元住民の防衛のためであったことがわかる。その後設置された西川都尉，さらに梁阿広が同地で任ぜられた牙門将に求められた役割も同様であったろう[51]。

　関中にかねてから居住してきた非漢族集団を，たしかに苻堅は軍事的に活用した。しかし，それは彼らを消耗品として前線に送り込むためではなく，地方軍府の構成員としてとりこみ，在地社会の安定を目的としたものであったと考えなければならない。なお，第1節の(2)で述べたように，淝水での敗戦から関中に帰還した際，関中を再度掌握するために苻熙を都督雍州雑戎諸軍事に任命したことがある。ただ，ほどなくして苻堅が殺害され，また苻熙の動向もつかめなくなるため，雍州の「雑戎」が実戦に投入されたかは不明である。

3 ●氐戸の分徙

　前述したように，苻堅は前燕征服後，「鮮卑四萬餘戸」を長安に，「關東豪傑及諸雜夷十萬戸」を関中に徙した。徙された鮮卑や諸雑夷がどのような居住形態をもち，またどのように戸籍に登記されたのか，残念ながら不明である。なお，代を滅ぼした際に，鮮卑の部落を漢代の辺境に徙しているが，彼らは丁の徴発対象とされている。

　　其の部落を漢の郡邊故地に散じ，尉・監を立てて事を行わしめ，官僚領押し，これに業を治め生を營なむことを課し，三五もて丁を取り，優して復すること三年にして税租無し。其の渠帥歳終ごとに朝獻せしめ，出入行來これが爲に制限す。

　　　　　　　　　　　　　　　　　　　　（『晋書』巻百十三　苻堅載記上）

---

51) 西川都尉は西晋においても設置されていたので，梁阿広が任命された牙門将は，西川都尉の属僚であった可能性が高い。
泰始四年，以爲御史中丞。時頗有水旱之災，玄復上疏曰，…宜更置一郡於高平川，因安定西州都尉募樂徙民，重其復除以充之，以通北道，漸以實邊。（『晋書』巻四十七傅玄伝）

関中に徙民された鮮卑や諸雑夷も，この事例と同様に徴発の対象とされたと考えられるのだが，淝水での敗戦によって前秦の覇権が瓦解するまでの期間，氐を除いて，鮮卑や特定の「民族」のみによって構成された軍は確認できない。

氐によって構成された軍がみえるのが以下の史料である。

> 丕これを許し，垂に兵二千を配し，其の將苻飛龍を遣わして氐騎一千を率いて垂の副と爲さしむ。 (『晋書』巻百二十三　慕容垂載記)

これは，淝水の戦いの後，鄴に来た慕容垂を警戒して，苻丕が苻飛龍に「氐騎一千」を与えたという記事であり，「氐騎一千」の供給源は，建元16年（380）に苻堅が各地に分徙した氐戸だと考えられている。

氐戸分徙の契機は，同年，幽州にて生じた苻洛の反乱である。乱の平定後，苻堅はあらためて要衝を守備する鎮將の配置換えを行い，そのときあわせて鎮將に氐戸を分与したのである。

> 秦王堅陽平公融を召して侍中・中書監・都督中外諸軍事・車騎大將軍・司隷校尉・錄尚書事と爲し，征南大將軍・守尚書令長樂公丕を以て都督關東諸軍事・征東大將軍・冀州牧と爲す。堅諸氐の種類繁滋なるを以て，秋，七月，三原・九嵕・武都・汧・雍の氐十五萬戸を分かち，諸宗親をして各おのこれを領し，方鎮に散居せしむること，古の諸侯の如くす。長樂公丕氐三千戸を領し，仇池の氐酋射聲校尉楊膺を以て征東左司馬と爲し，九嵕の氐酋長水校尉齊午を右司馬と爲し，各おの一千五百戸を領し，長樂世卿と爲す。長樂郎中令略陽の垣敞錄事參軍と爲し，侍講扶風の韋幹參軍事と爲し，申紹別駕と爲す。膺，丕の妻の兄なり。午，膺の妻の父なり。八月，幽州を分けて平州を置き，石越を以て平州刺史と爲して，龍城に鎮せしむ。中書令梁讜幽州刺史と爲して，薊城に鎮せしむ。撫軍將軍毛興都督河・秦二州諸軍事・河州刺史と爲して，枹罕に鎮せしむ。長水校尉王騰并州刺史と爲して，晉陽に鎮せしむ。河・并二州各おの氐戸三千を配す。興・騰並びに苻氏の婚姻，氐の崇望なり。平原公暉都督豫・洛・荊・南兗・東豫・揚六州諸軍事・鎮東大將軍・豫州牧と爲して，洛陽に鎮せしむ。洛州刺史を移して豐陽に治せしむ。鉅鹿公睿雍州刺史と爲して，蒲阪に鎮せしむ。各おの氐戸三千二百を配す。 (『資治通鑑』巻百四　晋紀二十六　太元五年条)

三原・九嵕・武都・汧・雍の氐の15万戸が，主に関東に封戸として徙され，父

279●

Ⅱ　論考篇

表 10-2　氏戸分徙表

被封建者	封建地	封戸数	備考
長楽公・丕	鄴*	三千戸	苻堅の子
楊 膺	鄴	千五百戸	仇池氏酋，苻丕の妻の兄
斉 午	鄴	千五百戸	九嵕氏酋，楊膺の妻の父
平原公・暉	洛 陽	三千二百戸	苻堅の子
巨鹿公・睿（叡）	蒲 阪	三千二百戸	苻堅の子
毛 興	枹 罕	三千戸	氏の崇望，苻氏の姻戚
王 騰	晋 陽	三千戸	氏の崇望，苻氏の姻戚

＊…苻丕・楊膺・斉午の封建地を鄴としたのは，『晋書』巻百十三　苻堅載記上に「於是
分四帥子弟三千戸，以配苻丕鎮鄴，如世封諸侯，爲新券主」とあることにもとづく。

兄と離ればなれとなる連中はいずれも「悲號哀慟」した，という[52]。このときの
氏戸の分徙先と戸数を整理しておくと，表 10-2 のようになる。

　苻堅の皇子，また苻氏の外戚や氏酋に氏戸が与えられたことがわかるが，この
戸数を合計しても，15 万戸にはならないため，15 万戸を封建し終える途中で
あった[53]，あるいは 15 万戸という記載自体が誤っている[54] など，研究者間で説
が分かれている。

　また，その目的についても，東方への軍事植民とする蒋福亜の説[55]，州鎮の禁
衛と少数民族の鎮撫とする黄烈の説[56]，領内の「牧刺大将」や「諸侯」への監視
とする雷家驥[57] および藤井秀樹の説[58] などに分かれているが，封建された氏戸が
たんなる食邑ではなく，軍事目的であったとする点では共通しているとみてよ
い。

　なお，この氏戸を陳玉屏は鎮戸とみなし[59]，高敏は兵戸とみなしているようだ

52）諸戎子弟離其父兄者，皆悲號哀慟，酸感行人，識者以爲喪亂流離之象。（『晋書』
　　巻百十三　苻堅載記上）
53）［藤井秀樹 2001］。
54）［黄烈 1979］。
55）［蒋福亜 1993］。
56）［黄烈 1979］。
57）［雷家驥 1995］。
58）［藤井秀樹 2001］。

が[60]，北魏末期の賎民視されていた兵戸ではなく，軍鎮の長官達に騎兵を供出できるようなエリートであったと考えなければならない。

　興味深いのは，仇池の氐酋である楊膺と，九嵕の氐酋である斉午にも氐戸が与えられているという点である。とくに斉午は本貫と分徙前の氐戸の原住地とが重なっているため，彼に与えられた氐戸が自身の部民であった可能性がある。もし本来の部民とは別に氐戸が与えられたとすれば，擬制的部民を率いた氐酋ということになる。氐戸を与えられた苻堅の皇子たちも同様に考える事ができるわけだが，ともかく，そうした氐戸という部民を与えられた苻氏の宗室や氐酋が重要な州の中心に置かれたわけである。

　草創期の前秦は氐酋と豪傑の連合体であり，氐酋の部民は重要な兵力源であった。そうしてはじまった前秦が関中を掌握すると，王猛が，抵抗する氐酋や豪傑を排除，抑圧して勧農政策をおこない，その結果関中の編戸が充実して，主要な兵力源となったと推測した。そして，この氐戸の分徙によって，目的はともあれ，各州の編戸からなる州兵の中心に，氐戸を有する宗室や氐酋を据える――氐戸と編戸とが役割分担する形で州鎮兵力を構成するという体制が各地に構築されるようになったといえる。

　ただし，残念ながら，与えられた氐戸から兵を何人徴発できたのかはよく分からない。これを後代のモンゴル帝国の千戸（千人隊）と同様に考え，氐戸千戸＝兵士千人と同義とみなしてよいのか[61]，あるいは徴発可能数がそれよりも増減したのかは今後の史料増加を俟つほかない。

　ちなみに，2006 年 10 月にトゥルファンのヤンへ（洋海）4 号墓より発見された建元 20 年籍には，5 戸分の戸籍が記されており，栄新江は，彼らを河西地域からの移民と解しているが[62]，1 戸あたりの平均口数は 7.2 口で，前燕のそれ（4.

59）［陳玉屛 1988］。

60）［高敏 1998］。

61）かりに氐戸三千の封建を氐の兵士三千を配備することと同義と考えてよいとすれば，『晋書』巻百二　劉聡載記にみえる，劉聡即位時に皇子達に営兵二千を分配した事例と同様に解釈できるかもしれない。

　　聰以劉易爲太尉。初置相國，官上公，有殊勳德者死乃贈之。於是大定百官，置太師・丞相，自大司馬以上七公，位皆上公，綠綟綬，遠遊冠。置輔漢，都護，中軍，上軍，輔軍，鎮・衞京，前・後・左・右・上・下軍，輔國，冠軍，龍驤，武牙大將軍，營各配兵二千，皆以諸子爲之。置左右司隸，各領戸二十餘萬，萬戸置一內史，凡內史四十三。單于左右輔，各主六夷十萬落，萬落置一都尉。

Ⅱ　論考篇

06 口）⁶³⁾よりも多い。無論，トルファンの状況を無批判に中国内地に適用すること
とは慎まなければならないが，分徙された氏戸一戸あたりの口数が多かった可能
性は考慮しておいてもよいであろう。

　さて，この氏戸の封建は，関中における氏の勢力を削ぐ措置であったことか
ら，淝水での敗戦後に前秦が容易に瓦解した理由としてよく挙げられる⁶⁴⁾。しか
しながら，この氏戸は，淝水の戦いの後も前秦の軍事に貢献し続けた。例えば，
長安以西の枹罕に封建された毛興は，

> 初め，王廣成都より還るや，其の兄秦州刺史統に奔る。長安守らざるに及び，廣
> 河州牧の毛興を枹罕に攻む。興建節將軍・臨清伯衞平を遣して其の宗人千七百を
> 率いて夜廣の軍を襲わしめ，大いにこれを敗る。王統復た兵を遣わして廣を助け
> しむるに，興是に於いて罌城固守す。既にして王廣を襲い，これを敗り，廣亡が
> れて秦州に奔り，隴西鮮卑匹蘭の執らうる所と爲り，送りて姚萇に詣らしむ。興
> 既に王廣を敗り，王統を伐ち，上邽を平らげんことを謀る。枹罕の諸氏皆な兵革
> に窘しみて疲れて命に堪えず，乃ち興を殺し，衞平を推して使持節・安西將軍・
> 河州刺史と爲し，使を遣わして命を請わしむ。　　　（『晋書』卷百十五　苻丕載記）

と，動員に苦しむ「枹罕諸氏」に殺害されている。この「枹罕諸氏」とは，枹罕
を原住地とする氏ではなく，建元16年の封建のさいに毛興に与えられた氏戸で
あろう。というのも，鄴や晋陽など他の氏戸の封建先は，元来氏が居住していな
い地域であり，また，枹罕に氏が多数居住していたとすれば，三原・九嵕・武
都・汧・雍からわざわざ氏を割く必要などないからである。

　そして，苻堅の後継者となった苻丕・苻登は，いずれも氏戸の恩恵をうけたと
おぼしい。

---

62)　［栄新江 2010］。

63)　この数字は，『晋書』卷百十三　苻堅載記上にみえる，前燕併合時における戸口
数から算出した。
堅入鄴宮，閲其名籍，凡郡百五十七，縣一千五百七十九，戸二百四十五萬八千九百六
十九，口九百九十八萬七千九百三十五。諸州郡牧守及六夷渠帥盡降於堅。

64)　秦人呼鮮卑爲白虜。慕容垂之起於關東，歳在癸未。堅之分氏戸於諸鎭也，趙整因
侍，援琴而歌曰，阿得脂，阿得脂，博勞舊父是仇綏，尾長翼短不能飛，遠徙種人留鮮
卑，一旦緩急語阿誰。堅笑而不納。至是，整言驗矣。（『晋書』卷百十四　苻堅載記
下）

●282

堅敗れて長安に歸るに，丕慕容垂の逼る所と爲り，鄴より枋頭に奔る。堅の死す
るや，丕復た鄴城に入り，將に兵を趙魏に收め，西のかた長安に赴かんとす。會
たま幽州刺史王永・平州刺史苻沖頻りに垂の將平規等の敗る所と爲り，乃ち昌黎
太守宋敵を遣わして和龍・薊城の宮室を焚燒し，衆三萬を率いて進みて壺關に屯
し，使を遣して丕を招かしめんとす。丕乃ち鄴を去り，男女六萬餘口を率い進み
て潞川に如く。驃騎張蚝・并州刺史王騰これを迎え，入りて晉陽に據り，始めて
堅の死問を知り，晉陽に擧哀し，三軍縞素す。王永苻沖を留めて壺關を守らしめ，
騎一萬を率いて丕に會し，尊號を稱せんことを勸め，丕これに從い，乃ち太元十
年を以て僭して皇帝位に晉陽の南に即く。堅の行廟を立て，境内に大赦し，改元
して太安と曰う。　　　　　　　　　　　　　　　　（『晉書』卷百十五　苻丕載記）

苻丕は苻堅の救援のため長安に向かおうとするが，張蚝と王騰によって晉陽に迎
え入れられ，苻堅の死の報せをうけて同地にて帝位に即く。晉陽には王騰に與え
られた氐戸三千があり，苻丕はこれを活用したに相違ない。また，枹罕の氐は先
述したように軍事負担に耐えかねて毛興を殺害したものの，

枹罕の諸氐衛平年老い，以て事業を成すべからざるを以て，これを廢さんことを
議すれど，其の宗强なるを憚り，連日決さず。氐に咬青なる者有り，諸將に謂い
て曰く，大事宜しく定むべし，東して姚萇を討つこと，沈吟猶豫すべからず。一
旦事發すれば，反りて人の害と爲る。諸軍但だ衛公に請いて衆將を會集せしめよ，
青諸軍の爲にこれを決さん，と。衆以て然りと爲す。是に於いて大いに諸將を饗
するに，青劍を抽きて前みて曰く，今ま天下大いに亂れ，豺狼路を塞ぐ。吾曹今
日休戚是れ同じくすと謂うべし，賢明の主に非ざれば艱難を濟うべき莫きなり。
衛公朽耄，以て大事を成すに足らず，宜しく初服に反り，以て賢に路を避くべし。
狄道長の苻登王室の疏屬と雖も，而れども志略雄明，共にこれを立て，以て大駕
に赴かんことを請う。諸君若し同じからざる者有らば，便ち異議を下せ，と。乃
ち劍を奮い袂を攘い，將に己に貳する者を斬らんとすれば，衆皆なこれに從い，
敢えて仰視する莫し。是に於いて登を推して帥と爲し，使を丕に遣わして命を請
う。丕登を以て征西大將軍・開府儀同三司・南安王・持節と爲し，州郡督に及び
ては其の稱する所に因りてこれを授く。　　　　　　（『晉書』卷百十五　苻登載記）

とあるように，彼らが擁立した衛平にかえて苻登を擁立し，苻堅を殺害した姚萇

283

との戦いを決意するのである。氏戸の封建は前秦の覇権を瓦解させた一因であったことは確かであろうが，前秦に余命を与えたこともまた確かなのである。

おわりに

　以上，きわめて簡単ながら，前秦における「民族」と軍事のかかわりについて論じてみた。結論を簡単に整理するならば，群氏に推戴された蒲洪は，後趙政権下にて流民都督となったことにより，氏酋・氏豪以外に関中豪傑も加えた集団を構成して挙兵，自立する。のちには有力な羌酋も加わり，彼らは自身の部民を率いて戦い，関中に勢力を拡大していったが，苻堅期になると王猛の勧農政策が実を結んだこともあって，編戸から徴発した兵力を活用できるようになり，氏酋・羌酋や豪傑の連合体から脱却して，次第に編戸からの兵力に依存していく。その一方で，前秦成立前から関中に分布し，酋大や部大に率いられる非漢族の小集団は，地方軍府に取り込まれてはいたものの，それは基本的に在地社会の安定を目的としたものであり，重い軍役を課したり，あるいは積極的に外征に投入したりすることはなかったと考えられる。前燕を滅ぼし，東方に大きく領土を拡大した苻堅は，重要な州の長官に皇子や氏の有力者を配し，彼らに氏戸を分与した。これにより氏の部民を率いる氏酋が，編戸からなる州軍を統括するという体制が構築されることとなった。ただ，氏戸の分徙は，関中における氏の勢力を削減することとなったため，淝水で敗北した苻堅が，華北における覇権どころか根拠地の関中すら保持することができず呆気なく殺害される要因となったが，苻堅の後継者たちは，分徙された氏戸を活用して前秦の余命を保ったのであった。

　さて，文革期の中国では，前秦が天下統一に失敗した上にあっけなく瓦解した理由をめぐって激しい論争が繰り広げられた[65]。この，いわゆる「淝水の戦い論争（淝水之戦論争)」では，前秦崩壊の要因として，しばしば民族間矛盾が挙げられた。たしかに，淝水の戦いの後における鮮卑や羌の動向を考えれば，その側面があったことは確かである。しかし，軍事制度の方面からも，前秦瓦解の理由を挙げるとすれば，徴発率について論じておく必要がある。

　苻堅が東晋征服戦争のために兵力を動員した際，10丁から1兵を徴発していた[66]。これは，五胡十六国時代から南北朝時代にかけて標準的な兵役・力役徴発

---

65) 「淝水の戦い論争」の展開については，［市来弘志 1995］を参照。

66) 堅下書悉發諸州公私馬，人十丁遣一兵。門在灼然者，爲崇文義從。良家子年二十

方式であった三五発卒——15丁から1人を徴発する[67]——よりも高負担であった。関中帰還後に苻堅は淝水の戦いから兵士が帰ってこなかった家を復除し，また農業を奨励しているが[68]，おそらく苻堅には編戸から再度の徴兵を行う意志がなかったのではなかろうか。それを苻堅の道徳主義と呼ぶかセンチメンタリズムと呼ぶかは措くとして，こうした通常より高い徴発率が，敗戦後の再徴兵を妨げた要因として考慮されるべきであろう。

また，苻堅の後継者であった苻登が枹罕の氐戸に擁立されたことを述べたが，氐にくわえて，貳県虜や屠各・新平羌の「帥」が結集し，その結果，苻登の勢力は「衆十餘萬」となって，前秦の余命を数年間保つことができたことも既に述べた。それは苻登が苻堅の位牌を奉じて戦った——すなわち苻堅の余徳によるものではあったが[69]，それについても軍事制度の面から説明するならば，前秦と敵対する後秦姚氏が，徙民を鎮戸に充当していったのとは対照的に，苻堅が非漢族の「帥」——すなわち酋大や部大を地域社会安定のために体制内に取り込みはしたものの，彼らを消耗品扱いすることがなかったからであったと考える。

以上で本稿を終えるが，前秦における編戸の実態や氐戸の機能についてはさら

已下，武藝驍勇，富室材雄者，皆拜羽林郎。下書期克捷之日，以帝爲尚書左僕射，謝安爲吏部尚書，桓沖爲侍中，並立第以待之。良家子至者三萬餘騎。其秦州主簿金城趙盛之爲建威將軍・少年都統。遣征南苻融・驃騎張蚝・撫軍苻方・衞軍梁成・平南慕容暐・冠軍慕容垂率歩騎二十五萬爲前鋒。堅發長安，戎卒六十餘萬，騎二十七萬，前後千里，旗鼓相望。(『晉書』卷百十四　苻堅載記下)

67) 三五丁については，五丁から三人を徴発する，という解釈ではなく，三×五＝15丁から1人を徴発する，という［渡辺信一郎 2010］の解釈にしたがう。

68) 堅至自淮南，次於長安東之行宮，哭苻融而後入，告罪於其太廟，赦殊死已下，文武增位一級，厲兵課農，存卹孤老，諸士卒不返者皆復其家終世。(『晉書』卷百十四 苻堅載記下)

69) 立堅神主于軍中，載以輻輬，羽葆青蓋，車建黄旗，武賁之士三百人以衞之，將戰必告，凡欲所爲，啓主而後行。繕甲纂兵，將引師而東，乃告堅神主曰，維曾孫皇帝臣登，以太皇帝之靈恭踐寶位。昔五將之難，賊羌肆害于聖躬，實登之罪也。今合義旅，衆餘五萬，精甲勁兵，足以立功，年穀豐贍，足以資贍。即日星言電邁，直造賊庭，奮不顧命，隕越爲期，庶上報皇帝酷冤，下雪臣子大恥。惟帝之靈，降監厥誠。因獻歔流涕。將士莫不悲慟，皆刻鋒鎧爲死休字，示以戰死爲志。每戰以長槊鉤刃爲方圓大陣，知有厚薄，從中分配，故人自爲戰，所向無前。初，長安之將敗也，堅中壘將軍徐嵩・屯騎校尉胡空各聚衆五千，據險築堡以自固，而受姚萇官爵。及萇之害堅，嵩等以王禮葬堅于二堡之間。至是，各率衆降投。…於是貳縣虜帥彭沛穀・屠各董成・張龍世・新平羌雷惡地等盡應之，有衆十餘萬。纂遣師奴攻上郡羌酋金大黑・金洛生，大黑等逆戰，大敗之，斬首五千八百。(『晉書』卷百十五　苻登載記)

なる検討を必要とする。今後の課題としたい。

【参考文献】

（日文）

市来弘志 1995 「中国における「淝水之戦論争」について」『学習院大学文学部研究年報』42

小野　響 2016 「前秦苻堅政権論序説」『集刊東洋学』114

關尾史郎 1988 「「大営」小論——後秦政権（三八四～四一七）軍事力と徙民措置」『中国古代の法と社会　栗原益男先生古稀記念論集』（汲古書院）

關尾史郎 2012 「後秦政権の鎮人・鎮戸制と徙民措置」『東アジア——歴史と文化』21

谷川道雄 1998 「五胡十六国史上における苻堅の位置」『隋唐帝国形成史論（増補）』第Ⅰ編第3章（筑摩書房）

浜口重国 1966 「官賤人の由来についての研究」『唐王朝の賤人制度』第五章（東洋史研究会）

藤井秀樹 2001 「前秦における君主権と宗室」『歴史学研究』751

人文研 2005　三国時代の出土文字資料班『魏晋石刻資料選注』（京都大学人文科学研究所）

人文研 2011　北朝石刻資料の研究班「北朝石刻資料選注（一）」『東方学報』86

町田隆吉 1979 「後趙政権下の氏族について「五胡」諸政権の構造理解にむけて」『史正』7

町田隆吉 1982 「前秦政権の護軍について」『歴史における民衆と文化—酒井忠夫先生古稀祝賀記念論集』（国書刊行会）

町田隆吉 2006 「「前秦建元十六年（380）梁阿広墓表」試釈」『国際学レヴュー（桜美林大学）』18

松下洋巳 1997 「前秦苻堅政権の性格について」『史苑』57

三崎良章 2012 『五胡十六国　中国史上の民族大移動　新訂版』（東方書店）

渡辺信一郎 2010 「三五発卒攷実——六朝期の兵役・力役徴発方式と北魏の三長制」『中國古代の財政と國家』第二部　第十章（汲古書院）

（中文）

陳玉屏 1988 『魏晋南北朝兵戸制度研究』（巴蜀書社）

高敏 1998 『魏晋南北朝兵制研究』（大象出版社）

黄烈 1979 「関于前秦政権的民族性質及其対東晋戦争性質問題」『中国史研究』
一九七九年第一期

蒋福亜 1993 『前秦史』（北京師範学院出版社）

雷家驥 1995 「前後秦的文化，国体，政策与其興亡的関係」『国立中正大学学報』
第七巻第一期

雷家驥 1996 「前後趙軍事制度研究」『国立中正大学学報』第八巻第一期

羅新 2009 「跋前秦梁阿広墓志」『中古北族名号研究』附録二（北京大学出版社）

馬長寿 1985 『碑銘所見前秦至隋初的関中部族』（中華書局）

栄新江 2010 「吐魯番新出《前秦建元二十年籍》研究」『新獲吐魯番出土文献研
究論集』（中国人民大学出版社）

王安泰 2012 「前後秦的封国分布与天下秩序」『中国中古史研究』第 12 期

張金龍 2004 『魏晋南北朝禁衛武官制度研究』（中華書局）

第11章

佐川英治

Sagawa Eiji

北魏道武帝の「部族解散」と
高車部族に対する羈縻支配

はじめに

　五胡十六国から北朝史の展開を考えるうえで，道武帝のいわゆる「部族解散」はきわめて重要なテーマである。『魏書』によれば，前秦崩壊後，代王に即位した拓跋珪（道武帝）は，諸部族を解散して「編民と為す」とする措置をとったとされる。ここに華北を統一に導いた北魏の権力の特質があるとする見方は，例えば，谷川道雄が「北魏帝国が五胡諸国家と著しく異なる点のひとつは，その建国の当初に遊牧民諸部落の解散を断行したことにある」[1]と明快に論じているように，北魏史の一つの有力な説となっている[2]。

　しかし，これを文字どおり郡県制の下での個別人身的支配に組みこんだとする理解に対しては，1970年代以降，松永雅生[3]や古賀昭岑[4]，川本芳昭[5]らをはじめとする多くの学者が異を唱え，さらにこれを補強する多くの研究が続いて今日では「部族解散」は皇帝の下における部族制の再編であり，道武帝以降も部族を基

---

1) 谷川道雄「北魏統一帝国の支配構造と貴族制社会」（初出1970，『増補版　隋唐帝国形成史論』，筑摩書房，1998，123頁）。
2) 部族解散の研究史については，太田稔「拓跋珪の「部族解散」政策について」（『集刊東洋学』89，2003），松下憲一「「部族解散」研究史」（『北魏胡族体制論』，北海道大学大学院文学研究科，2007）に詳しい。
3) 松永雅生「北魏太祖の「離散諸部」」（『福岡女子短大紀要』8，1974）。
4) 古賀昭岑「北魏の部族解散について」（『東方学』59，1980）。
5) 川本芳昭「部族解散の理解をめぐって」（初出1982，『魏晋南北朝時代の民族問題』汲古書院，1998）。

盤とした政治制度や社会組織は存続したとする理解が有力となっている[6]。

さらにこうした理解の上に，北魏の部族解散は五胡十六国時代に苻堅らが被征服部族に対してとった措置と大きく変わるものではなかったとする説[7]，部族解散は道武帝の時代から太武帝の華北統一までの長い時間をかけて進行したとする説[8]，郡県制と部族制による二重統治体制は孝文帝の時代まで堅固に存続したとする説[9]などが生まれている。部族解散を北魏権力の特質に結びつける考え方は，少なくともこの問題について集中的な議論がおこなわれてきた日本の学界においては，今日すでに定説の地位を失いつつあるといえるであろう。

部族解散が以上のようであるとすれば，改めて華北を統一に導いた北魏権力の特質は何かという問題が生まれるが，いまはその点はさておき，先に考えなくてはならないのは高車部族の問題である。というのも，高車部族は正史に部族解散の例外とされたことが明記されており，もし部族解散を部族制の再編と理解するとすれば，高車部族がその例外に置かれたことをどう理解すればよいか，言いかえれば高車部族はどのような状態に置かれたのかという問題が解決されなければならないからである。

太武帝の時代には北魏の北辺に六鎮が置かれるが，この六鎮が高車部族を漠南の草原地帯に安置するためのものであったことは，つとに濱口重國と厳耕望によって論証されており[10]，また六鎮の下では高車部族がモンゴル高原における固有の社会・生産形態・習俗をそのまま持ちこんで暮らしていたことを護雅夫が論じている[11]。また筆者は先に1990年代以降増加した六鎮遺跡の研究や鎮将・六

---

6) 前掲松下「「部族解散」研究史」を参照されたい。

7) 前掲太田「拓跋珪の「部族解散」政策について」。牟発松「北魏解散部落政策与領民酋長制之淵源新探」（『華東師範大学学報』（哲学社会科学版）2017年5期）。

8) こうした理解はすでに，田村実造「北魏建国期の政治と社会」（『中国史上の民族移動期——五胡・北魏時代の政治と社会』，創文社，1985，217～218頁）にみられるが，具体的な論証をおこなったものとして，窪添慶文「北魏服属諸族覚書」（初出2010，『墓誌を用いた北魏史研究』，汲古書院，2017）がある。

9) 松下憲一「北魏部族解散再考——元萇墓誌を手がかりに」（『史学雑誌』123編4号，2014）。

10) 濱口重國「正光四五年の交に於ける後魏の兵制に就いて」（初出1935年，『秦漢隋唐史の研究』上巻，東京大学出版会，1971）。厳耕望『魏晋南北朝地方行政制度』第11章「北魏軍鎮」（中央研究院歴史語言研究所，1963）。

11) 護雅夫「「度斤旧鎮」小考——北魏の北辺」（『古代トルコ民族史研究Ⅲ』山川出版社，1997）。

鎮出身者の新出墓誌を利用しながら改めて六鎮の歴史を整理し，六鎮の主要な役割が孝文帝の洛陽遷都のころを境に北方民族にたいする「懐柔」から「禦夷」に変わったこと，それとともに防衛能力を強化するための鎮戍の再配置や組織化がおこなわれ，城壁が増されて鎮が要塞化されたことを明らかにした[12]。ただし，こうした変化を被りながらも漠南の地は，北魏末の六鎮の乱まで郡県をいっさい置かない特殊な支配領域として存続したのであり，それには高車部族の存在が深くかかわっているはずなのである。よって，道武帝が高車部族をどのような例外としてあつかったのかは，六鎮を通じた北魏の草原支配の由来を考えるうえでも重要な前史といえるであろう。

しかし，これまでの部族解散にかんする研究は，部族解散の実態究明に集中し，例外となった高車部族の問題についてはなお検討が十分におこなわれてこなかった。そこで本論では，今日までの部族解散の研究成果を踏まえつつ，高車部族が部族解散の例外とされた理由やそのあり方について考えることにしたい。

1 ● 高車伝「得別為部落」条の検討

すでに多くの研究者が述べているとおり，『魏書』のなかで道武帝の部族解散に直接言及した史料は三条しかない。まず『魏書』巻 113 官氏志に

凡此四方諸部，歳時朝貢，登國初，太祖散諸部落，始同為編民。
凡そこの四方の諸部，歳時朝貢す。登国の初め，太祖（道武帝），諸部落を解散し，始めて同じく編民と為す。

とあり，これは神元皇帝のときに拓跋部に入ったとされる内入諸姓の外にあった四方の諸部が道武帝（このときはまだ代王に即位したばかりであったが）の登国年間（386-395）の初めに部落を解散し編民と同じくなったことを述べたものである。

次に同じく部族解散について述べた史料として『魏書』巻 83 上外戚・賀訥伝に

其後離散諸部，分土定居，不聴遷徙，其君長大人皆同編戸。訥以元舅，甚見尊重，

---

12) 佐川英治編『大青山一帯の北魏城址の研究』（平成 22～25 年度科学研究費補助金（基盤研究（B））研究成果報告書，2013）。拙稿「北魏六鎮史研究」（『中国中古史研究——中国中古史青年学者聯誼会会刊』第 5 巻，上海：中西書局，2015）。

然無統領。

その後，諸部を離散し，土を分け居を定め，遷徙を聴さず。その君長大人は皆編戸に同じ。訥，元舅を以て甚だ尊重せらるるも，然るに統領無し。

とある。賀訥のことはのちに述べるが，彼が部落を失って完全に道武帝のもとに身を寄せるようになったのは登国6年（391）のことである。官氏志が挙げる35の四方諸姓の中にはすでに賀蘭氏も入っているが，実際には四方諸姓に挙げられた部族は一度に解散させられたわけではなく，登国以後に解散させられた部族も含んでいるのである。

そして最後の一条が高車を解散の例外とした史料であり，『魏書』巻103高車伝に

太祖時，分散諸部，唯高車以類麤獷，不任使役，故得別為部落。
太祖の時，諸部を分散するも，唯だ高車のみ麤獷に類し，使役に任ぜざるを以て，故に別に部落を為すを得せしむ。

とあり，ここに「得別為部落」とあることをもって高車が部族解散の例外とされたことがわかるのである。

ただし，この『魏書』の巻103は宋代にはすでに闕本であり，『北史』から補われたものである[13]。ゆえに本来は『北史』巻98高車伝に「道武時，分散諸部，唯高車以類粗獷，不任使役，故得別為部落」とある「道武」をのちの人が『魏書』の体例に合わせて「太祖」としたのである。このようにこの一条は『魏書』の原文とはいえないが，『北史』の北魏史にかんする部分は，基本的には『魏書』を踏襲しその繁雑なるところを削ったものであり，「散諸部落」「離散諸部」「分散諸部」は表現もほぼ同じで，ともに同じ事実を指しているとみて食い違わないから，この一条は本来の『魏書』の文章とみて問題はない。つまり，「同為編民」「皆同編戸」と「得別為部落」は部落解散をめぐる二つの事実を対照的に述べていると考えてよいであろう。

ここで高車伝が部落解散に言及しつつ，高車を例外としていることは，高車が部落解散の全く及びようのないところにいたということではない。実際にこの文章の前には道武帝が何度も高車の諸部族を撃破したこと，高車の諸部の莫弗（酋

13）点校本『魏書』（中華書局，2017），2,513頁。

長）が部落を率いて内附してきたこと，漠北（ゴビ砂漠の北の草原）から斛律部の部帥の倍侯利が帰化してきたことなどを列記している。それゆえ太田稔はここでいう高車とは，太武帝の時代に漠北に柔然を討って初めて存在を知った巳尼陂の東部高車のことで，道武帝時代にはいまだ把握されていなかった部族のことであるとしている。しかし，上記の一文がこのうしろに続く太武帝の東部高車に対する措置の前置きであるという指摘は首肯できるものの，いまだ存在を把握していない部族に対して「別に『部落』をなすことが許されていた」（同氏訳）というのは文意として明らかにおかしく，東部高車とするのは到底成り立たない解釈である[14]。「得別為部落」とあるのは，高車が支配の埒外にあったということではなく，支配のなかで特に部落を維持することが許されたという意味にとるべきであって，護雅夫が「太祖のとき，国内の諸部を解体・分散させたが，ただ高車だけはその同類が荒々しくて使役に堪えられぬため，べつに部落を構成することを許された」[15]と訳しているのが順当である。つまりは，諸部は解散されて編戸並みになったのにたいして，高車は部落を維持したまま緩やかな支配を受けたという意味に理解すべきであろう。

　以上は，他の二つの部族解散の記事との比較において「得別為部落」の意味を考えたのであるが，さらにこれを巻103のなかに位置づけて考える必要もある。というのも，この巻に立てられている薛干部の場合は「皆編戸と為すを得（皆得為編戸）」とあり，高車伝の記事はこうした諸部族との対比においても述べられていると考えられるからである。

　巻103の構成は『北史』巻98を通じて考えるほかないが，この巻にはまず蠕蠕伝があり，ついで匈奴宇文莫槐伝，徒何段就六眷伝があり，そして高車伝があって，最後に吐突隣部，紇突隣部，紇奚部，侯呂隣部，薛干部，破多蘭部，黝

---

14) 前掲太田「拓跋珪の「部族解散」政策について」。太田氏はこの一文を次に述べる太武帝の東部高車遠征の前置きとしたうえで，「以類粗獷，不任使役」についても「北魏の傘下に入らずに「別に部落を為す」理由であると同時に，暗に太武帝の征服を正当化するための記述であると考えられる」（49頁）とする。この太田氏の解釈は旧来考えられてきたような意味での道武帝の部族解散はなかったとする前提において支配下の高車に対する特例措置もなかったとするための史料解釈上の工夫であるが，そもそも存在をしらない高車に理由を設定することは矛盾しているし，なぜ太武帝の遠征を暗に正当化する必要があるのかについても説明をしておらず理解できない。

15) 護雅夫訳「魏書高車伝」（内田吟風・田村実造他訳注『騎馬民族史1——正史北狄伝』，平凡社，1971，274頁）。

弗部，素古延部，越勤倍泥部の九つの部族が列記されてある。本巻は末尾の史論に「周の獫狁，漢の匈奴，その害を中国に作すこと故より久し。魏晋の世，種族瓜分し，沙漠の陲に去来し，鄣塞の際に窺擾す。猶お皆東胡の緒余，冒頓の枝葉なり」とあるように，東胡・匈奴の余種末裔でその文化習俗を色濃く保持しながら，中国に服さず北方の辺塞を侵した諸族に関する列伝である。例えば，ここでは柔然も「匈奴の裔」とされており，また高車は「蓋し古(いにしえ)の赤狄の余種なり」とあり，あるいは「その語略ぼ匈奴と同じくして小異有り，俗に云う，その先は匈奴の甥なり，と」とあり，あるいは「その遷徙は水草に随い，衣皮食肉，牛羊畜産尽(ことごと)く蠕蠕と同じ。唯だ車輪高大にして，輻数多きに至るのみ」とある。

上記のうち宇文部と段部は道武帝以前に部族集団が滅ぼされているからここでは論じないとして，高車の伝の前にある柔然は，北魏にとっては「魏氏の祖宗，威を揚げ武を曜(かがや)かし，その畜産を駆し，その部落を収め，これを窮髪の野に翦(き)り，これを無人の郷に逐う」とあり，もっぱら武力をもって殲滅するほかない敵であった。

次に高車伝の後ろに置かれた吐突隣部以下の諸部族をみると，冒頭の吐突隣部（以下，『魏書』校勘記にしたがって「吐」は「叱」の訛とし，史料の引用以外は叱突隣部とする[16)]）について「道武の時，吐突隣部有りて女水の上(ほとり)に在り，常に解如部（高車の一部族）と相い脣歯を為し，職事を供せず」とあり，やはり北魏に服属しない部族であった。

ただし，ここに挙げられている諸部族は，いずれも道武帝から太武帝の華北統一までに北魏に降伏して部族を解体された諸部族である。先に「皆得為編戸」とあった薛干部は，部族解散の対象となった四方諸姓のうちの西方の薛氏であり[17)]，「叱干氏，後に薛氏と為る」（官氏志）とある。また紇奚部は北方の嵇氏であり[18)]，「紇奚氏，後改めて嵇氏と為る」（官氏志）とある。侯呂隣（俟呂隣）部は内入諸姓に「叱呂氏，後に改めて呂氏と為る」として挙げられる呂氏であり，姚薇元はもと柔然所属の別部であったとしている[19)]。また北方諸姓として「越勒氏，後に改めて越氏と為る」（官氏志）とある「越勒」は「越勤」の訛と考えられ

16）点校本『魏書』（中華書局，2017）2,521 頁。
17）姚薇元『北朝胡姓考』修訂本（中華書局，2007），四方諸姓・13 薛氏，221 頁。
18）前掲姚『北朝胡姓考』・四方諸姓・27 嵇氏，239 頁。
19）前掲姚『北朝胡姓考』・内入諸姓・39 呂氏，128〜130 頁。

る[20]。『魏書』には越勤部と越勤倍泥部がともに現れるが，両者は同じとみてよい[21]。

　このように高車の伝は，徹頭徹尾北魏に対抗した柔然と道武帝から太武帝の時代にかけて北魏に降伏し解体された諸部の間に置かれている。そのなかで高車について特に「得別為部落」と記されていることは，高車が支配の埒外でもなくまた解散の対象でもない特別な立場に置かれたことを示すものであろう。

2 ●道武帝と高車諸部族

　『北史』高車伝に「鹿渾海の西北百余里に徙り，部落強大にして常に蠕蠕と敵と為り，また毎に魏に侵盗す」とあるように，北魏と高車の邂逅は高車部族による北魏の北辺の侵犯というかたちで始まったから，はじめから高車が特別なあつかいを受けたとは考えられない。すでに勝畑冬実が指摘しているように，道武帝の初期の高車部族に対する態度は，叱突隣部以下の諸部族と何ら変わるところがない。勝畑氏はそもそも居住集団としての部落は解体できなかったという前提の上に，「太祖時～故得別為部落」の記事はそれまで道武帝の厳しい攻撃を受けていた高車部族が大人に率いられて降伏するようになった天興3年（400）以降の状況を受けて述べたもので，「得別為部落」というのも高車だけが部落の存続を許されたという意味ではなく，「他の諸部とは別の地に部落を営むよう処置されたこと」を伝えるものであろうとしている[22]。

　この勝畑氏の解釈は部落解散の研究動向を受けて高車伝の新しい読み方を提示したもので，天興3，4年頃の北魏と高車の関係を踏まえて問題の一文を読み解こうとした点で優れている。しかし，「得別為部落」を「別の地に」と読むのは無理があるし[23]，前章で述べたように高車伝の記事はいわゆる部族解散を受けた

20）前掲姚『北朝胡姓考』・四方諸姓・28 越氏，243 頁。

21）『魏書』巻 3・太宗紀・永興 5 年夏四月乙卯条に「詔前軍奚斤等先行，討越勤部於跋那山」にとあり，同じことを秋七月己巳条に述べて「奚斤等破越勤倍泥部落於跋那山西」とある。

22）勝畑冬実「拓跋珪の「部族解散」と初期北魏政権の性格」（『早稲田大学大学院文学研究科紀要』別冊哲学・史学編，20 号，1994，146 頁）。

23）文脈からいって副詞の「別」をそのように読むことはできないし，もし別の地においたのであれば「地を分けて」（『史記』巻 110 匈奴伝）などと書かれるであろう。また勝畑氏は「部落」を「部」より小規模な集団とする読み方を示しているが，かりに「部」を A，「部落」を B とすると，高車伝の記事は「太祖のとき，もろもろの A

他の諸部族との対比において述べられているとみるべきである。そこで以下では高車部族と他の諸部族のちがいを『魏書』太祖紀や『魏書』『北史』の高車伝にもとづいてみていくことにしたい。

叱突隣部については先に「常に解如部と相い唇歯を為す」（『北史』高車伝）とあるのを引いたように，高車の解如部と深いかかわりをもっており，拓跋部に従順でなかったことがみえる。道武帝は登国3年（388）12月，西方に遠征して女水で高車の解如部を討って大いに破り，その部落と畜産をことごとく略奪して徙民した。登国4年（389）正月にも高車の諸部落を襲って大いに破り，2月には再び女水にいたって叱突隣部を討って大破した。このとき道武帝の母の兄であり，賀蘭部の君長であった賀訥と賀染干は，かえって叱突隣部の救援に赴き，道武帝は彼らをも破った。賀訥らは降伏し，道武帝は賀訥の部落と諸弟を代国の東界に徙民した。

次に紇突隣部と紇奚部であるが，登国5年（390）3月に道武帝は鹿渾海[24]に遠征して高車の袁紇部を破り，生口・牛馬羊二十余万を得た。4月には意辛山[25]に行幸し，慕容垂の子の驎とともに賀蘭部と紇突隣部，紇奚部の諸部を討ち大いに破った。同年の10月，道武帝はいったん雲中に帰ったのち，さらに高車の豆陳部を狼山[26]で破った。松永雅生は紇突隣部と紇奚部はともに賀蘭部の附国（後述）であったとしている[27]。また周偉洲は両部が柔然の部落であった可能性を論じている[28]。11月には紇奚部の大人の庫寒が，12月には紇突隣部の大人の屈地鞬がそれぞれ部を挙げて内属している。それから7年を経た皇始2年（397）2月，賀蘭部の帥の附力眷と紇突隣部の帥の匿物尼，紇奚部の帥の叱奴根が徒党を組んで雁門郡の陰館で反乱を起こした。彼らは南安公順の討伐軍を破り数千人を殺したが，安遠将軍庾岳が率いる一万の騎兵に破られ滅ぼされた。

を分散させたが，高車のみは粗暴で使役にたえられぬため，別にBをなすことを許した」となり，文意が通じなくなる。

24）前掲護訳「魏書高車伝」にオルホン川の東方のウゲム・ノールとする白鳥庫吉・内田吟風の説と鹿渾をオルホンの音訳とする松田壽男の説を引く。

25）前掲護訳「魏書高車伝」に陰山の北麓で東寄りの地である東洋河北方上流の地とする内田吟風の説を引く。

26）『魏書』巻106上・地形志2・幽州漁陽郡条，無終県に「狼山」がみえる。

27）前掲松永「北魏太祖の「離散諸部」」。

28）周偉洲『敕勒与柔然』（広西師範大学出版社，2006）83〜84頁。

次に俟呂隣部であるが，姚薇元は柔然の別部であるとしている[29]。登国中に大人の叱伐が苦水河へ侵入したが，登国8年（393）の夏に道武帝は俟呂隣部を破り[30]，その別帥の焉古延らを捕らえている。

薛干部と破多蘭部はともに鮮卑種である[31]。三城[32]にいた薛干部ははじめ道武帝に臣属したが，部帥の太悉佛（太悉伏）が劉衛辰の子の勃勃を匿ったため道武帝は怒って薛干部を襲撃した。太悉佛は北に逃げ，上郡以西の諸鮮卑・雑胡はみなこれに応じたという。薛干部はのちに夏に服属したが，太武帝が統万城を陥れると，先に述べたとおり「薛干の種類皆編戸と為すを得」（『北史』高車伝）となった。牽屯山の鮮卑の破多蘭部は木易干のときに西は金城から東は安定まで劫掠して荒らし諸種を苦しめたが，天興4年（401）に高平で常山王遵に討たれた。木易干は数千騎を率いて逃げ，残った部人はみな平城に徙民された。その余種は赫連勃勃に滅ぼされた。

素古延部と黜弗部は「富みて恭（うやうや）しからず」（『北史』高車伝）とある。登国6年（391）3月には九原公儀と陳留公虔が西方に遠征して黜弗部を破っている。天興4年（401）12月，道武帝は材官将軍和突を派遣して黜弗部と素古延部を襲撃させた。翌年正月，和突は黜弗部と素古延部を襲い，馬三千余匹・牛羊七万余頭を獲得した。『資治通鑑』巻112・安帝・元興元年（402）正月戊子には黜弗部と素古延部はともに後秦の属国であったとしている。このとき柔然の社崙が素古延部の救援に赴いたが，和突に敗れて漠北に遁走し，高車の地に入った。

越勤倍泥部は天興5年（402）12月に莫弗がその部の万余家を率いて内属し，道武帝はこれを五原の北に置いている[33]。また永興5年（413）7月に跋那山[34]の

---

29) 前掲姚『北朝胡姓考』・内入諸姓・39 呂氏，128 頁。

30) 『魏書』『北史』高車伝にはともに「俟呂隣」とするが，前掲姚『北朝胡姓考』に従い「俟呂隣」に改める。

31) 前掲姚『北朝胡姓考』・四方諸姓・13 薛氏の項に薛干部を鮮卑とする。破多蘭部については『北史』巻98 高車伝に「牽屯山鮮卑別種」とある。

32) 前掲護訳「魏書高車伝」に「現在の陝西省膚施の東南」とする。今日の延安市内。

33) 『魏書』巻2 太祖紀・天興5年12月条に「越勤莫弗率其部萬餘家内屬，居五原之北」とある。莫弗は大人・渠帥に次ぐ地位の酋長と考えられる。白鳥庫吉「東胡民族考」『白鳥庫吉全集　第4巻　塞外民族史研究上』（岩波書店，1970），218～221 頁。劉春華「"莫賀弗" 試析」『西北民族研究』2001年1期。

34) 前掲護訳「魏書高車伝」に「現在の陝西省綏徳府付近の一山」とする。

西に西部越勤が転牧してきたところを明元帝が奚斤を派遣して破った[35]。その部人は新民として大寧川に移し，農器を給して計口受田した[36]。

高車の諸部については，先に解如部や豆陳部などが諸部と並んで討たれていることをみたが，天興2年（399）2月，道武帝は諸将に命じて東西二道から進軍させ，自らは六軍を引いて中軍を率い，駮㟬水の西北より高車の諸部を順次攻略していき，加えて高車の雑種三十余部を破った。衛王儀は別に諸将を率いて西北から沙漠を越えて千余里進軍し，残余の七部を破った。高車伝に「ここに於いて高車大いに懼れ，諸部震駭す」とある。道武帝は降伏した高車に囲いを作らせて捕獲した雑獣を平城まで送り届けさせ，高車の衆を使って鹿苑を築いた[37]。

天興3年（400）11月には，高車の姪利曷部の莫弗の敕力鞬が九百余落を率いて内附した。道武帝は敕力鞬に揚威将軍を授け，配下に司馬，参軍を置き，穀二万斛を賜っている。さらに高車の解批部の莫弗の幡豆建も三十余落を率いて内附し，道武帝は威遠将軍を授け，司馬，参軍を置かせ，衣服を賜り，年ごとに廩食を給す約束を与えている。ただし，三十余落はあまりに少ない。『北史』『魏書』高車伝ともに「三十」とするが，「三千」の誤りではないか。天興4年（401）正月には高車の別帥が三千余落を率いて内附している[38]。またこのころ斛律部の部帥の倍侯利が柔然のもとから逃げて降り，道武帝は孟都公を賜っている。天興6年（403）10月にはなお将軍伊謂に二万騎を率いさせて高車の袁紇部と烏頻部を討たせている[39]。

勝畑氏は天興3，4年頃にみられる高車の内附を高車部族の新しい動向とみなして，このような内属部族を現住地で分土定居させたのが「得別為部落」の実態であったとする。しかし，部を率いて内属することは高車以外の諸部族の場合に

35）『北史』高車伝や『魏書』太宗紀には「越勤」もしくは「越勤倍泥部」としか記されていないが，『魏書』巻17道武七王列伝・陽平王熙に「後討西部越勤，有功」とあることから西部越勤とする。

36）『魏書』巻3太宗紀に「置新民於大寧川，給農器，計口受田」とある。

37）鹿苑については，拙稿「北魏平城の鹿苑の機能とその変遷」（『中国古代都城の設計と思想──円丘祭祀の歴史的展開』勉誠出版，2016）を参照されたい。

38）『魏書』巻2太祖紀・天興四年・春正月条に「高車別帥率其部三千餘落内附」とあり，あるいはこれは解批部の幡豆建のことかもしれない。

39）『魏書』巻2太祖紀に「丁巳，詔將軍伊謂率騎二萬北襲高車。……十有一月庚午，伊謂大破高車」とあり，『魏書』巻103高車伝に「後詔將軍伊謂帥二萬騎北襲高車餘種袁紇・烏頻，破之」とある。

もみられ，紇突隣部と紇奚部は登国五年（390）に大人がそれぞれ部を挙げて帰降している。しかも皇始2年（397）に雁門郡の陰館でそれぞれの部帥に率いられて反乱を起こしているところをみると，一定の部族組織を維持しながらも内地に徙民されたのである。また天興4年（401）には越勤部の莫弗がその部の万余家を率いて内属し，道武帝はこれを五原の北に置いている。これらはいずれも元来の居住地に安堵されることはなく内地に徙民させられている。上述の高車の姪利曷部や解批部の場合も，いずれも「内附」とあるからには内地に徙民されたと見るべきであろう。官氏志では解批部は内入諸姓に入っているが[40]，四方諸姓であるべきで，あるいは官氏志の内入諸姓と四方諸姓には若干の錯簡があるのかもしれない。

　以上のように九つの諸部族と高車を対比してみると，ともに一部の大人や莫弗が部を率いて内属している場合はあるが，高車以外の諸部族に「得別為部落」という措置がとられた形跡はない。その後，これらの部族が史上に姿を現さないことからすれば，北魏の体制のなかに組みこまれて部族としての独立性は失われていったとみるほかない。甚だしくは明元帝時代の越勤倍泥部のように計口受田されて完全な編戸とされた場合があり，「皆得為編戸」とある太武帝時代の薛干部もこれに同じであろう。田余慶は賀蘭部や独孤部が数次の解散をへて漸次解体していったとしているが[41]，皇帝権力の力が強まるとともに解体の圧力が強まったとみるのは自然であり，氏が高車伝の記事を比較的早い登国4，5年頃の高車の大量降附について述べたものとしているのもこれとかかわりがあろう[42]。ただし，当時の道武帝の高車に対する姿勢は他の諸部族に対するそれと変わりないとする勝畑氏の指摘は妥当であり，にもかかわらず高車だけが「得別為部落」とされているのであるから，田氏のように解釈して解決する問題ではない。上述の経緯からすれば，高車伝に「以類䣥獷，不任使役」とあるのは，道武帝が高車を従属させようとしたけれども，ついに完全には従属させられなかったことを示唆しており，なおかつそのことを体制として認めたのが「得別為部落」であったと考えられる。

---

40) 前掲姚『北朝胡姓考』・内入諸姓・53解氏，156頁。
41) 田余慶「賀蘭部落離散問題」（『拓跋史探』，生活・読書・新知三聯書店，2003），同「独孤部落離散問題」（同書）。
42) 前掲田「賀蘭部落離散問題」，前掲書，75頁

Ⅱ　論考篇

では，道武帝がついに高車部族の解体をあきらめた理由とは何であったのだろうか。そこでわれわれは次にこの理由の検討に入ることにしよう。

3 ●柔然の勃興

もう一度『魏書』および『北史』高車伝の構成にもどろう。高車伝には道武帝時代（在位386-409）の高車のことが述べられているのは天興6年（403）の袁紇部と鳥頻部に対する襲撃までで，これに続いて「太祖時～故得別為部落」の記事が書かれており，その次には「後世祖征蠕蠕～」として太武帝が神䴥2年（429）に柔然に遠征して大量の高車降民を獲得した事件に移る。そのため問題の記事を太武帝時代の事件の前置きとして読むことは妥当であるが[43]，ここで注目すべきは天興6年以降に北魏が高車を討ったという記事が途絶えることである。これは『魏書』巻2太祖紀も同じであり，天興6年11月庚午条の「伊謂，大いに高車を破る」を最後に高車を討ったとする記事は途絶えるのである。

では，天興6年から神䴥2年までの高車の動静を伝えるものとしてはどのようなものがあるであろうか。管見のところこれについて得られるのは『魏書』巻3太宗紀泰常3年（418）春正月丁酉朔条に

> 帝，長川より護高車中郎将薛繁に詔し高車・丁零十二部の大人の衆を率い北に略せしめ，弱水に至り，降る者二千余人，牛馬二万余頭を獲。

とあり，『北史』巻98蠕蠕伝（『魏書』巻108蠕蠕伝同じ）に

> 神䴥元年八月，大檀，子を遣わし騎万余を将いて塞に入り，辺人を殺掠して走る。附国の高車これを追撃して破る。

とある二つの記事である。そして興味深いことに，この二つの記事はいずれもそれまでとは一転して高車が北魏に協力して柔然ないしはその配下の勢力と戦うという記事になっているのである。このことは，この間に北魏と高車の関係に変化があり，しかもそれには柔然の存在がかかわっていたことをうかがわせる。そこで以下この時期の柔然の動静を内田吟風の研究[44]を参考にみていくことにしよ

43）前掲護「魏書高車伝」および前掲太田「拓跋珪の「部族解散」政策について」。

44）内田吟風「柔然族に関する研究」（初出1950，『北アジア史研究　鮮卑柔然突厥

う。

　柔然は 4 世紀初頭には鮮卑拓跋部に隷属し，あるときには高車の紇突隣部に隷
属し，ついでまた拓跋部に隷属した弱小の部族であった。柔然のことはまず 385
年に匈奴の劉庫仁の弟の眷が，賀蘭部を善無に破るとともに，柔然を意辛山に
破ったことがみえ，また 387 年に柔然が後燕に馬を献じていたことがみえる[45)]。

　次に道武帝との関係においては，登国 4，5 年頃に高車部族に攻撃をくわえた
のち，登国 6 年（391）10 月には自ら大磧の南の㳽山の下に柔然を討って大破し，
西部柔然の衆を雲中の諸部に分配した[46)]。登国 9 年（394）10 月，西部柔然の曷
多汗は子の社崙・斛律兄弟と部衆を連れて西走した。曷多汗は跋那山にて道武帝
が派遣した長孫肥に破れて殺されるが，社崙らは伯父であり東部柔然の酋帥で
あった匹候跋のもとに逃れ，さらには匹候跋を襲った。このとき匹候跋の諸子は
衆を集めて高車の斛律部に身を寄せている。社崙は匹候跋を殺し，匹候跋の子の
啓拔・呉頡ら 15 人は道武帝に下った。社崙は道武帝の追撃を恐れて五原以西の
諸部族を劫掠して漠北に渡った。

　皇始 3 年（398）2 月，柔然はしばしば北魏の辺塞を侵すようになった。そこで
道武帝は尚書中兵郎の李先に討伐の可否を問うたが，李先は討伐を勧めたので，
道武帝は北伐して大いに柔然を破った。この前年の 10 月に道武帝は後燕の都の
中山を陥れているので，ここで後燕と関係のあった柔然も討とうとしたのであろ
う。天興元年（398）12 月，代王を称していた拓跋珪はついに皇帝の位に就く。

　道武帝が高車に対する大規模な討伐に乗りだしたのは天興 2 年（399）のこと
であり，高車を「諸部震駭」という状況に陥らせたことはすでに述べた。一方，
北魏の攻撃を受けた社崙は後秦の姚興と和親を結んだため，天興 4 年（401）12
月，道武帝は材官将軍和突を派遣して後秦の属国であった黜弗部と素古延部を攻
撃した。このとき社崙は両部の救援に赴いている。

　社崙は和突に破られ，遠く漠北に逃げて高車の地に入ることになる。しかし，
このことが社崙にとって大きな転機となった。高車の地に入った社崙ははじめ斛
律部の帥の倍候利に襲われて隷属させられるが，渠帥に反して社崙に味方した高

　篇』同朋舎・出版部，1975）。同「柔然時代蒙古史年表」（初出 1944 年，同書）。

45) 以上については，中国科学院歴史研究所史料編纂組編『柔然資料輯録』（中華書
　局，1962），77〜78 頁参照。

46) 前掲内田「柔然族に関する研究」（前掲書，279〜280 頁）。

車の叱洛侯の嚮導によって諸部を併せることに成功する。『北史』巻 98 蠕蠕伝に

> 社崙，遠く漠北に遁し，高車を侵し，深くその地に入り，遂に諸部を并わし，凶
> 勢益ます振るう。北して弱洛水に徙り，始めて軍法を立て，千人もて軍と為し，
> 軍に将一人を置き，百人もて幢と為し，幢に帥一人を置く。

とある。社崙は叱洛侯を尊重して大人としている。さらに社崙はオルコン河畔に
いた匈奴の余種をも破って配下に納め，さらに勢力を増してついに丘豆伐可汗を
称し，『北史』蠕蠕伝のいうところによれば，その版図は喀老哈河流域を中心に，
北はバイカル湖畔地方，南は陰山北麓の砂礫地帯，東北は大興安嶺，東南はシラ
ムレン流域，西はカラシャールの北，ジュンガル盆地を収めてイリ河流域の烏孫
族を圧迫するまでにいたったという[47]。

　北魏の天興 5 年（402）12 月には道武帝は後秦の姚興を討とうとし，蒲坂にま
で進軍したが，柔然が南進し深く善無の北沢まで侵入したために雲中に軍を返す
ことになった。その後，社崙は道武帝の天賜 3 年（406），明元帝の永興 2 年
（410）にも北魏の辺境に侵入している。また社崙は後秦の姚興に馬八千匹を送ろ
うとし[48]，社崙を継いだ弟の斛律は北燕に馬三千匹を送り，馮跋の公主を娶ろう
としている[49]。

　以上のとおり，高車伝の記事が途切れる天興 6 年（403）以降は，柔然が漠北
の高車の諸部を併せて強勢になっていく時期であった。護雅夫によれば，高車伝
は前半で北魏の影響下にあった漠南の高車部族について述べ，ついで後半で「高
車の姓また十二姓有り」として柔然の配下にあった漠北の高車部族と柔然からの
自立について述べる構成になっている[50]。これらの高車が柔然に強力な軍事力を
提供したことは，のちに太武帝が柔然に対する大規模な遠征を諮った際，崔浩が
柔然遠征の利点として高車の名騎を取りこむことを挙げていることからわか
る[51]。

17）前掲内田「柔然族に関する研究」（前掲書，283 頁）。

48）『魏書』巻 28 賀狄干伝に「後蠕蠕社崙與興和親，送馬八千匹」とある。

49）『晋書』巻 125 馮跋載記「蝚蠕勇斛律遣使求跋女偽樂浪公主，獻馬三千匹」とあ
る。

50）護雅夫「高車伝にみえる諸氏族名について——高車諸氏族の分布」（『古代トルコ
民族史研究Ⅲ』山川出版社，1997）。

51）『魏書』巻 35 崔浩伝に「高車號為名騎，非不可臣而畜也」とある。

表 11-1　北魏・高車関係年表

	西暦	年	月	事項
道武帝	388	登国3	12月	女水で高車の解如部を討って大破す
	389	登国4	1月	高車の諸部を襲って大破す
			2月	女水で叱突隣部を討って大破す
				賀訥の率いる賀蘭部は叱突隣部の救援に赴くが破れ，東界に遷される
	390	登国5	3月	鹿渾海で高車の袁紇部を破る
			4月	意辛山で賀蘭部と紇突隣部，紇奚部の諸部を大破す
			10月	狼山で高車の豆陳部を破る
			11月	紇奚部の大人の庫寒が部を挙げて内属す
			12月	紇突隣部の大人の屈地鞬が部を挙げて内属す
	393	登国8	3月	俟呂隣部を破る
	397	皇始2	2月	賀蘭部の帥の附力眷と紇突隣部の帥の匿物尼，紇奚部の帥の叱奴根が徒党を組んで雁門郡の陰館で反乱を起こし，滅ぼされる
	398	皇始3	2月	柔然を破る
		天興1	12月	代王の拓跋珪が皇帝を称する
	399	天興2	2月	高車の諸部を大破し，諸部震駭す
	400	天興3	11月	高車の姪利曷部の莫弗の敕力鞬が九百余落を率いて内附す
	401	天興4	1月	高車の別帥（幡豆建?）が三千余落を率いて内附す
			7月	匈奴中部将の官を廃し，諸部の護軍を大将軍府に属せしむ
			12月	常山王遵らが破多蘭部の木易干を討ち，材官将軍和突が黜弗部と素古延部を襲う
	402	天興5	1月	柔然の社崙は両部の救援に赴くが和突に破られ，高車の地に入り諸部を併せ，可汗を称す
				高車斛律部の帥の倍侯利が北魏に降り，孟都公の爵位を授かる
			12月	越勤倍泥部の莫弗が万余家を率いて内属し，五原の北に置く
	403	天興6	11月	将軍伊謂に詔して高車の袁紇部と烏頻部を襲わしむ
				高車をして別に部落を為すを得せしむ
明元帝	413	永興5	7月	跋那山の西で西部越勤を破り，新民を大寧川に遷して計口受田す
	418	泰常3	1月	護高車中郎将薛繁に詔して高車・丁零十二部の大人の衆を率い北略せしむ
太武帝	428	神䴥1	8月	附国の高車が柔然を追撃して破る
	429	神䴥2	8月	柔然を大破し，東部高車の降民を得る
	433	延和2		五原鎮を置き，のちに改め懐朔鎮と為す（六鎮の設置）

　高車伝に「都統の大師無く，種に当たって各おの君長有り」とあるごとく，高車はもともと部族ごとの自立性が強かった。しかも，高車伝に「常に蠕蠕と敵と為る」とあることからすれば，柔然とは本来決してよい関係ではなかったはずである。にもかかわらず，5世紀のはじめに，にわかに，しかも敗残の身であった社崙のもとに統合されることになったのは，その背景に道武帝による高車部族の攻撃と「諸部震駭」とされる高車部族の恐怖があったからにちがいない。社崙はこの恐怖を利用して漠北の高車部族を支配下に収めることに成功したのである。そしてそのことが結果として，北魏の新たな脅威を生むことになったのである。

　そうであるとすれば，北魏の高車に対する姿勢がここで大転換を余儀なくされたとしても不思議ではない。社崙の下から逃げてきた斛律部の帥の倍侯利に対して，道武帝は孟都公（第2品）の位を賜っており，倍侯利が亡くなると彼を悼んでさらに忠壮王（第1品）の諡を贈っている。これは天興3年（400）に内附した

敕力鞬の揚威将軍（太和前令第4品上）や幡豆建の威遠将軍（同第5品中）に比べて破格の待遇といってよい。高車伝の「太祖時〜故得別為部落」をもって高車部族に対する攻撃の記事が途絶え，その後，北魏の協力者として高車が現れてくるのは，問題の記事こそがまさにそのときの政策の転換を記したものだからであろう。

「得別為部落」は柔然の勃興ののち，道武帝の天興5，6年かそれを遠く離れないころに高車部族に対する懐柔策として定められたものである。では「得別為部落」とは具体的にはどのようなものであったのか。最後にこの点について検討することにしたい。

4 ●護高車中郎将と附国高車

前節で筆者は柔然の勃興を契機に北魏が高車に対して懐柔政策に転じたと述べた。しかし，前節のはじめに引いた史料で，高車・丁零諸部の大人が護高車中郎将に率いられて柔然と戦っているのは「不任使役」に矛盾し，かつ「得別為部落」どころか支配が強化されているようにもみえるであろう。そこでまずはこの点から検討を始めてみたい。

先に引いた護高車中郎将の記事は『資治通鑑』巻118晋安帝・義熙14年（418）正月条にも引かれており，その胡三省の注に「魏，漢の匈奴中郎将の官を置くに倣いて護高車中郎将を置く」とある。ここで魏というのはもちろん北魏であり，北魏が漢の匈奴中郎将に倣って護高車中郎将を置いたというのである。胡三省がこのように述べるのは，護高車中郎将が北魏にしかみえない官であるからであろう。

実は『魏書』においても護高車中郎将がみえるのはこの一条の史料だけで，いつ設置され廃止されたかは不明である。ただ官氏志には太和前令にも後令にもみえないから，明元帝の時代には置かれていて，孝文帝の太和以前には廃止されていたというほかない。しかし，このとき護高車中郎将が高車の部大人を率いていることはやはり注目にあたいする。というのも，官氏志には「（天興）四年七月，匈奴中郎将の官を罷め，諸部の護軍をして皆大将軍府に属せしむ」とあり，護高車中郎将が倣ったはずの匈奴中郎将は，かえって道武帝の天興4年（401）に廃止されているからである。

上記によれば，北魏の匈奴中郎将の下にはいくつかの護軍が置かれており，そ

れらの護軍が大将軍府に移管されることによって廃止されたらしい。五胡十六国から南北朝時代にかけては内地の異民族を管理するのにしばしば異民族の集住地に護軍が設置された。北魏のときには護軍の数は最大に達したが，『魏書』官氏志に文成帝の太安3年（457）5月のこととして「諸部の護軍を以て各おの太守と為す」など，漸次郡県に置きかえられていき，孝文帝の時代には完全に消滅した[52]。このように北魏の護軍は郡県の前段階といえる性格のものであった。これに対して後漢時代の匈奴中郎将は南匈奴の単于を衛護するために置かれた官であるから[53]，北魏で護軍を管轄する官になっていたとしたらその役割は大きく変わっていたことになる。一方，明元帝期の護高車中郎将は護軍ではなく高車・丁零の部大人を率いて弱水（シラムレン）まで遠征に出ているわけであるから，その性格はかなり異なり，むしろ後漢の匈奴中郎将に近い。さらに隋の魏澹の『魏書』から補われたとされる現行の『魏書』太宗紀には「北略」としか記していないが[54]，本来の魏収の『魏書』を受けつぐとされる『太平御覧』巻102皇王部27太宗明元皇帝の項には「北して弱水に至り，懐くを招き叛するを伐ち，降る者二千余落，牛馬二万余頭を獲」とあり，ここに「招懐伐叛」とあることからすると，この北征には塞外の諸部族に対する一種の宣伝工作の意味があったのではないかと思われる。もしこの考えが正しいとすれば，両者は同時に並存していたものではなく，大きく性格の異なるものであり，すなわち，護高車中郎将は歴史的な使命を終えた匈奴中郎将が廃されたのちに，高車を招き寄せようとする新たな目的の下に立てられた可能性が考えられよう[55]。

---

52) 町田隆吉「前秦政権の護軍について——「五胡」時代における諸種族支配の一例」（『歴史における民衆と文化——酒井忠夫先生古稀祝賀記念論集』国書刊行会，1982）。高敏「十六国前秦・後秦時期的"護軍"制」（『中国史研究』1992年2期）。張金龍「十六国"地方"護軍制度補正」（『西北史地』1994年4期）。周偉洲「魏晋南北朝時期的護軍制」（『燕京学報』6期）。侯旭東「北魏対待境内胡族的政策——従「大代持節圌州刺史山公寺碑」説起」（初出2008，『近観中古史——侯旭東自選集』，中西書局，2015）。

53) 『続漢書』百官志・使匈奴中郎将の本注に「主護南單于」とある。大庭脩「漢の中郎将・校尉と魏の率善中郎将・率善校尉」（初出1971，『秦漢法制史の研究』創文社，1982）によれば，使匈奴中郎将は前漢後半から後漢にかけて匈奴に対する外交折衝の門戸として置かれ，後漢では南単于のひきいる匈奴人を監督する官となっていた。ところが，後漢の後半になってさらにその重要性が増して護匈奴中郎将と称されるようになったという。

54) 標点本『魏書』校勘記（中華書局，2017），校勘記〔1〕，75頁。

護高車中郎将は高車の衆を率いてはいるが,「十二部大人衆」とあることからすれば,直接部衆を率いていたのではなくて,部大人を介して部衆を率いていたのである。このことは,次に掲げた太武帝期の史料に「附国高車」とあることからも明らかである。附国とはもとは部族連合の参画部族であり,『魏書』巻83外戚・賀訥伝に「その先,世よ君長と為り,四方の国に附す者数十部」とあり,賀蘭部に数十部の附国があったことがわかる。紇突隣部や紇奚部がその附国であったらしいことはすでに述べた。また『魏書』巻28和跋伝に「和跋,代の人なり,世よ部落を領し,国の附臣と為る」とあり,『魏書』巻44羅結伝に「羅結,代の人なり,その先世よ部落を領し,国の附臣と為る」とある「国附臣」もまた附国に同じと考えられるが,和氏と羅氏はともに『魏書』官氏志にいう内入諸姓であり,和氏の出身部落である白部や羅氏の出身部族である叱羅部がもとは拓跋部の附国であったことを示している[56]。

北魏建国以後の附国の用例は明元帝期に多いが,その前に『魏書』巻108之1礼志1に道武帝の天賜2年(405)の西郊祭天を述べて「祭の日,帝,大駕に御し,百官及び賓国の諸部大人畢く従いて郊所に至る」とあり,ここにいう「賓国」も附国に同じであろう。明元帝期に入ってからは『魏書』巻3太宗紀永興3年(411)7月辛酉条に「附国の大人に錦罽衣服を賜うこと各おの差有り」とあり,同神瑞2年(415)2月丁亥条に「大いに西宮に饗し,附国の大渠帥の歳首に朝する者に繒帛金罽を賜うこと各おの差有り」とあり,また泰常3年(418)に崔宏が亡くなったときのこととして「群臣及び附国の渠帥に詔して皆会葬せしむ」(『魏書』巻24崔玄伯伝)とあるように,大人・渠帥で北魏に服属するものを示したが,先の天賜2年の例や崔宏の例にみられるように百官・群臣とは明らかに区別されていることに注意しなければならない。また太宗紀泰常4年(419)4月庚辰条に「車駕,東廟に事うる有り。遠藩の助祭の者数百国たり」とあり,泰常7年(422)9月己酉条に「泰平王に詔して百国を率い法駕を以て東苑に田^{かり}せし

---

55) なお,前掲周『敕勒与柔然』によれば,高車とともに護高車中郎将に率いられている」寄は早い段階で中国の内地に入り翟魏を建国した敕勒部族で,翟魏が崩壊したのちに各地に分散した。そうしてみると,護高車中郎将はもともと丁零を管理するためにあった可能性もあるが,護高車中郎将という名称からして主に高車を督護するために設置されたと考えておきたい。

56) 和氏と羅氏はともに内入諸姓である。前掲姚『北朝胡姓考』・内入諸姓・7羅氏,70頁,17和氏,83頁。

め，車乗服物は皆乗輿の副を以てせしむ」とあり，同10月壬辰条に「車駕南巡し，天門関より出でて，恒嶺を踰ゆ。四方の蕃附の大人各おの部する所の従者を率いること五万余人」とあるのも附国のことであろう。こうした附国と北魏の具体的な関係の様子は『魏書』巻100契丹伝の諸部の場合にみることができる。

　　真君以来，朝献を求め，歳ごとに名馬を貢ぐ。顕祖の時，莫弗紇何辰を使わして奉献し，諸国の末に班饗を得る。帰りて相い謂いて国家の美を言い，心に皆な忻慕す。ここに於いて東北の群狄これを聞き，思服せざるなし。悉万丹部・何大何部・伏弗郁部・羽陵部・日連部・匹絜部・黎部・吐六于部等，各おのその名馬文皮を以て天府に入献し，遂に求めて常と為す。

　このように附国とは，北魏に内附せず，部大人の統領の下にあっていわば外賓として服属している部族である。ゆえに皇帝権力の下に再編されて君長大人の統領を失っている部落とは異なるのである。

　これに対して社会組織としての部落は維持していたとしても，皇帝の直接的な支配の下に置かれているのが，すなわち部族を解散された状態であるといえる。ここでは北魏以前の部族解散の前例としてしばしば引用される『晋書』巻113苻堅載記の事例を挙げておこう。これは376年に苻堅が拓跋部の代国を滅ぼしたのちの措置を記したものである。

　　その部落を漢の鄜辺の故地に散じ，尉・監を立て事を行い，官僚領押し，これに治業営生を課し，三五に丁を取り，三年を優復して税租無からしむ。その渠帥は歳終に朝献せしめ，出入行来これが為に制限す。

　ここでは社会組織としての部落は維持され，渠帥にも率いられていたのであるが，尉や監による官僚の支配を受け，原則的には兵役や租税を負担し，移動の制限も被ったのである。

　北魏の畿内および郊甸には再編された部族を管理するための八部制（ときに六部）が敷かれていたが，『魏書』巻2太祖紀天賜3年（406）6月条に「八部五百里内の男丁を発して灅南宮を築かしむ」とあり，同巻3太宗紀永興5年（413）春正月己巳条に「大閲，畿内の男子十二以上悉く集む」とあり，さらに同巻3太宗紀泰常6年（421）乙亥条に「六部の民に制するに，羊の百口に満つるは戎馬一匹を輸せしむ」とあるように，社会組織としての部落は維持されていたとして

も，皇帝権力は直接個々の部落民にまでおよんでいた[57]。このように「同為編民」となった諸部落に対しては，皇帝の支配が個々の民にまで貫徹していたのに対して，附国の高車の統領は部大人に委ねられ，皇帝の支配は部の内部にまで貫徹しなかったのであり，このように皇帝が直接部落民を使役できなかったことがまさに「不任使役」の意味するところであろう。

孝文帝の時代のこととなるが，『北史』高車伝に「孝文，高車の衆を召し，車駕の南討に随わせんとするに，高車，南行を願わず，遂に袁紇樹者を推して主と為し，相い率いて北叛す」とあり，南朝征伐に六鎮の高車を用いようとしたところ，六鎮の高車は袁紇樹者を立てて漠北へ逃げようとした。南朝との戦いはかれらの望む戦いではなかったからである。この反乱の鎮圧に当たった江陽王継は「高車は頑党にして威憲を識らず」（『魏書』巻16道武七王伝）と述べている。もともと高車の部族は解散された諸部族と同じようには北魏の威憲に服してはいなかったのである。

おわりに

柔然の社崙は北魏に敗れて高車の地に入ると，高車の諸部を併合し，初めて軍法を立て，千人を軍となし，軍に将一人を置き，百人を幢となし，幢に帥一人を置いた。これを聞いた道武帝は「いま社崙，中国を学び，法を立て，戦陣を置く。卒に辺害を成さん」と悟ったという。ここでいう中国はもちろん北魏のことで，軍・幢から成る軍事組織はすでに北魏が有していたものであった[58]。柔然が遊牧を主とした部族社会であったことは疑いないが，社崙がこの軍法を立てたのは高車部族に適用するためであったはずで，その支配は軍法を通じて部族の内部まで浸透していたに違いない。

ひるがえって北魏の場合，部族解散をへたのちでも社会組織としての部落が広く存在し，遊牧や牧畜の生業形態がとられていたことは間違いない[59]。ただし，

57）これら八部人や六部民の記事は，かつては部落が解散されたことの証拠として用いられてきたが，前掲松下「北魏部族解散再考」が論ずるように，八部制や六部制のなかで強固に部族制が維持されたとすれば，むしろ社会組織としての部落制は維持されても皇帝の支配は個々の部落民にまで達していたことの証拠となろう。

58）前掲内田「柔然族に関する研究」（前掲書，284頁）。

59）唐長孺「拓跋国家的建立及其封建化」（初出1955，『唐長孺文集　魏晋南北朝史論叢』中華書局，2011）。

すでに君長大人の権力が剥奪されたところでは，皇帝権力が直接部落民におよび，中央集権的な支配がおこなわれていた。社会組織としての部落は存続したとしても，皇帝権力を部族の内部にまで貫徹させていたのである。

これに対して高車が「別に部落を為すを得」とされたのは，たんに社会組織としての部落の維持が認められたのではなく，附国というかたちでの自立が認められたのであった。従来の研究では「得別為部落」にいう「部落」を社会組織としての部落と考えてきたために，部族解散＝分土定居という立場に立つ場合，「同為編民」も「得別為部落」も実態は同じになってしまい，高車に対する例外的なあつかいをおのずと低く見積もる方向で史料解釈がなされてきた。

しかし，「得別為部落」が附国の意味であることが明らかになったいま，「同為編民」と「得別為部落」は改めて対比的にとらえるべきことが明らかになり，漠南の高車が例外的なあつかいを受けていたことが明らかとなった。それは部族を解散吸収することで拡大をつづけてきた北魏の道武帝の対部族政策の限界と転向を示すものであった[60]。すなわち，北魏の対部族政策は，ここにおいて①部落を維持させたまま中央集権的な支配の下に置く場合，②部落を解体して郡県に編入する場合，③緩やかな部族連合のかたちをとる場合の三つに分かれたといえよう。

こののち漠南の地には六鎮が置かれ，③のかたちをとった高車部族の多くは，柔然の支配下にあった東部高車とともに六鎮に編入されたと考えられる。六鎮における太武帝の統治の方針はまさに羈縻と呼ぶべきものであった[61]。護雅夫はこの六鎮について「漠南地帯一帯に広がった高車諸部を中心とする，相当の幅・深さを持った，言わば帯状の縦深陣地（傍点著者）」[62]といっている。数千里にわたるこの帯状の草原を北魏はたった六つの鎮でいかにして経営できたのか。その鍵

---

60) 部族解散の意義を考えるには，そもそも魏収がいかなる態度でこれらの記事を書いたのかという問題を考える必要がある。これについては，拙稿「漢帝国以後の多元的世界」（南川高志編『失なわれた古代帝国の秩序』山川出版社，2018年6月刊行予定）を参照されたい。

61) 例えば，高車のあつかいについて太武帝が劉潔に語った言葉「此等習俗，放散日久，有似園中之鹿，急則衝突，緩之則定」（『魏書』巻28劉潔伝）や高車の莫弗の訴えを聞いて統治が厳格であった懐荒鎮大将の陸俟を更迭した事実（『魏書』巻40陸俟伝）に，太武帝の高車に対する支配が羈縻を旨としていたことが示されている。前掲拙稿「北魏六鎮史研究」参照。

62) 前掲護「「度斤旧鎮」小考」前掲書，314頁。

をにぎるのはいうまでもなく高車部族の動向なのであった。北魏は決して一方的に高車部族を支配していたわけではなく，旧来の部族連合のかたちを用いながら，軍事を媒介としたかれらとの協同のうえに草原の支配をおこなっていたのである[63]。

このように中央集権的な郡県支配と緩やかな部族連合とを使い分けながら，農耕と遊牧の二つの世界に支配を及ぼした点に，それまでの中国王朝にない北魏の画期的な性格が認められるであろう。

---

63) 六鎮設置後の北魏と柔然・高車の関係については，拙稿「北魏末期的北辺社会与六鎮之乱——以楊鈞墓誌和韓買墓誌為線索」(『魏晋南北朝隋唐史資料』36，2017) を参照されたい。

第12章

森部 豊

Moribe Yutaka

唐前半期における羈縻州・蕃兵・軍制に関する覚書──営州を事例として

はじめに

　唐朝は，太宗・高宗時期を通じて対外拡張し，東ユーラシア世界に君臨した。その原動力となったのが，軍事力である。唐前半期の軍制は，「府兵制」にもとづく王都と境界域の警備という常態のものと，対外遠征時に編成される行軍という非常態のものとに大別できよう。唐朝の対外伸長は後者の力による。

　対外遠征の際に組織される行軍は，実のところ「府兵」の徴兵だけで編成することは，不可能であった。そのため，軍府が置かれていない非軍府州の「百姓」や唐朝へ帰順していた騎馬遊牧・狩猟民などの非漢人が徴発された［菊池英夫 1961・1962］。それらの非漢人が行軍に組み込まれる際，初唐期においては，非漢人部落の首領（蕃将）が自身の部落民（蕃兵）を率いて参軍したが，盛唐期には，蕃将は自身の部落民以外の複数の非漢人部落を率いるように変化したという［陳寅恪 1957，谷口哲也 1978］。ただ，テュルク系蕃将と蕃兵を分析した山下は，両者の関係は対外遠征の行軍の時も，また行軍が遠征・征服地に駐屯し，境界防衛の軍鎮化した時期も，一貫して蕃将は自身の部落兵を率いていたと指摘する［山下将司 2011］。

　このように，従来の研究では，唐前半期の行軍において，蕃将が蕃兵を率いて参加していたことは明らかにされている。では，唐朝は，いかなる具体的システムを使って，蕃将・蕃兵を徴用していたのであろうか。この問題については，史料的制約があり，十分な答えが出ていない状況である。

311

Ⅱ　論考篇

　本論は，このような問題に対し，遼寧省朝陽市で，20世紀後半以降に出土した唐代墓誌を利用して，その一端にせまっていこうとするものである。この問題に関連して，筆者はすでに，遼寧省朝陽市で発見された唐代墓誌に対して概括的な紹介と分析を行い，営州界域に置かれた契丹系羈縻州に軍府が存在したこと，そしてその府兵が高句麗遠征時に行軍に組み込まれた事実を提示してきた［森部豊2015・2016・2017］。本論は，その三つの論考にもとづき，唐代前半期の軍制・羈縻州・蕃兵という観点をふまえつつ，営州の事例の普遍的側面と地域的特殊な側面とを考えてみたい。

1 ●唐代営州の沿革

　唐代の営州の州治は，現在の遼寧省朝陽市にあたる。この地には，前燕の慕容皝が龍城を建設して都とし，後燕と北燕もおなじくこの地を都とした。北魏がこの地を領有すると営州を置いた。隋も同じく営州を置き，煬帝の時に州を廃し柳城郡とした。唐朝は，618（武徳元）年に，この地に営州総管府を置いた。

　営州の立地は，北は契丹と接し，西北は奚と接しているほか，東北方面の遠方には室韋や靺鞨の諸集団がいた。また，高句麗遠征上のルートにあたり，中原に拠った王朝の東北方面に対する政治上・軍事上の重要拠点であったといえる。

　営州はモンゴル系やツングース系の諸部族の生活圏と接していたため，唐朝へ帰順してきたこれらの集団を間接的に統治する，いわゆる羈縻統治の拠点となることは容易であった。『旧唐書』巻39「地理志・営州条」（1,520～1,521頁）に，営州がいくつかの羈縻州を監督する沿革が，以下のように記録されている。

> 武徳元（618）年，改めて営州総管府と為し，遼・燕二州を領し，柳城一県を領す。七（624）年，改めて都督府と為し，営・遼二州を管す。貞観二（628）年，又昌州を督す。三（629）年，又師・崇二州を督す。六（632）年，又順州を督す。十（636）年，又慎州を督す。今，七州を督す。

唐朝は，その成立と同時に営州総管府を置き，遼州と燕州を「領し（＝統べ治め）」た。遼州は，契丹の内稽部を置いた羈縻州で，はじめは燕支城にあったが，後に営州城内に移り[1]，627（貞観元）年に威州と改名する。燕州は，粟末靺鞨を

---

1)『旧唐書』巻39「地理志・威州条」（1,522頁），『新唐書』巻43下「地理志・羈縻州契丹州条」（1,126頁）。［劉統1998，163頁］は，燕支城を燕郡守捉城とみなし，現

●312

置いたもので，『太平寰宇記』が引用する『隋北蕃風俗記』によれば，隋の開皇年間に粟末靺鞨の厥稽部の渠長であった突地稽が靺鞨の八部族を率いて帰順してきたものという[2]。煬帝の時，遼西郡と改名するが，唐の618（武徳元）年に燕州総管府となる。

　営州総管府は624（武徳7）年に営州都督府と改められ，営州と遼州とを管轄するようになる。その後，初唐時期の7世紀に，営州に属する羈縻州がさらに設置される。上述の『旧唐書』「地理志」にみえる昌州（契丹），師州（契丹），崇州（奚），慎州（靺鞨）の他，『新唐書』巻43下「地理志・羈縻州・河北道」(1,125～1,128頁）には，鮮州（622年，奚），順州（632年，東突厥），瑞州（636年，突厥），帯州（645年，契丹），玄州（648年，契丹），松漠都督府（648年，契丹），饒楽都督府（648年，奚），夷賓州（666-668年，靺鞨），信州（696年，契丹）の羈縻府州名が記される。

　このようなモンゴル系・ツングース系の人々と漢人が混住する営州という空間において，696（万歳通天元）年に契丹人の反乱がおきた。契丹人で松漠都督府都督の李尽忠と，その義兄である帰誠州刺史の孫万栄が営州都督の趙文翽を殺害し，営州を陥落させたのである。営州都督趙文翽は，飢饉の際にも援助をせず，契丹の首領たちを奴僕のようにあつかったことに不満を抱いたのだという（『資治通鑑』巻205）。この事件をきっかけに，営州は契丹の占拠するところとなり，以後20年ほど，営州は唐朝の直接支配から離れることとなる。また，この事件をきっかけに，営州に属していた上記の羈縻州のうち，松漠都督府と饒楽都督府および両府に属す羈縻州を除き，ほとんどが青州・徐州・宋州など山東から河南方面へ移動させられ，その後，幽州界域へと再移動させられた[3]。

　8世紀になり，突厥第二カガン国の勢力が弱まると，契丹は奚とともに唐へ帰順し，営州は再び唐朝の支配下にはいる。時に，717（開元5）年のことであった。玄宗は，この年，柳城県にあらためて営州を置き，唐朝の統治が復活した。この時，営州にソグド商人を誘致したのは有名な話である。ただし，7世紀末に

在の遼寧省朝陽市の東と推測するが，根拠は不明。

2)『太平寰宇記』巻71「河北道・燕州条」(1,436～1,437頁）。

3) 初唐時期に営州界域に置かれた羈縻州には，正州に準じたものと，そうではない羈縻州との区別があったようである。従前の研究では，前者を「内地羈縻州」，後者を「外地羈縻州」とよんで区分する仕方がある。このうち，南遷させられた羈縻州は「内地羈縻州」にあたる。

Ⅱ 論考篇

南へ移されたもと営州界域にあった羈縻州は幽州都督府界域に置かれ，営州には
もどされなかったことは注意すべきである。

　713年から714年ころ（開元初），営州には平盧軍が置かれ，742（天宝元）年に
は平盧節度使となり，初代節度使として安禄山が任命された。後，安禄山は范陽
節度使を兼任し，また河東節度使も兼任する。755（天宝14）年に安禄山が，唐
朝からの独立戦争（安史の乱）を起こし，763（宝応2）年にこの戦争が終結する
や，幽州の地は唐朝から半独立体制をかちとった幽州・盧竜節度使の管轄とな
り，営州もその下に属したと思われる。そのため，唐後半期の営州の姿は，正史
など編纂史料からはほとんどうかがわれない。

　ここで，唐代前半期の営州に話をもどそう。営州は唐朝にとって，東北方面の
辺防の最前線基地であると同時に，高句麗などの対外遠征の軍事拠点でもあっ
た。ところが，営州には，初唐時期の軍制の基盤である軍府が置かれた事実が，
編纂史料からはうかがえない。『新唐書』「地理志」には，軍府の名が当該州（軍
府州）の条にそれぞれ列挙されているが，同書巻39「地理志・河北道」を紐解い
てみると，実は営州には軍府の名は一つも記載されていないのである。その後，
正史に見えない軍府を，石刻史料を利用して博捜した労作が著わされた。その代
表的なものに，労経原「唐折衝府考」，羅振玉「唐折衝府考補」，同「唐折衝府考
補拾遺」，谷霽光「唐折衝府考校補」（以上『二十五史補編』），周暁薇「唐折衝府考
校補拾遺三読」（『中国歴史地理論叢』16-3，2001），張沛『唐折衝府滙考』（三秦出版
社，2003）などの研究成果があるが，依然として営州に軍府が置かれた事実は明
らかにされていない。

　営州におかれた軍制関係の記載は，『新唐書』巻39「地理志・河北道・営州
条」（1,023頁）に，

　　　営州柳城郡，……県は一つ。平盧軍有り，開元の初め（713～714頃）に置く。
　　　東に鎮安軍有り，本は燕郡守捉城といい，貞元二（786）年軍城と為す。西のかた
　　　四百八十里に渝関守捉城有り。又汝羅・懐遠・巫閭・襄平四守捉城有り。……

とある。ここに見える軍や守捉城とは，行軍が服属地において駐屯し，辺防軍と
して常駐化したものの呼称である。軍は，その規模が守捉城より大きいものであ
る〔菊池英夫1964〕。『新唐書』の「地理志」は，742（天宝元）年のデータによっ
たものと思われるので，この営州の軍制の記事は李尽忠・孫万栄の反乱から営州

の支配権を取り戻した開元以降の状況を反映したものととらえて間違いなさそうである。

　とすれば，現存の編纂史料からは，初唐期の営州に軍府が置かれていたかどうかは，明らかではない。では，営州には軍府はもともと存在しなかったのだろうか。このような疑問に対し，20世紀以降発見された墓誌が，新たな答えを提示しはじめている。以下，節を変えて，この問題を論じていこう。

2 ●営州管内の羈縻州と軍府

　20世紀後半から21世紀にかけて，中国大陸では大量の墓誌を主体とする石刻史料が出土・発見された。その新出史料の記載は，正史など編纂典籍史料の情報を補うものとして中国史，特に北朝から隋唐五代史研究では盛んに利用されている。唐代営州，すなわち遼寧省朝陽市においても，相当数の墓誌が出土し，その中には営州管内に置かれた羈縻州に関係する墓誌も発見されている。また，河南省洛陽市では唐代営州界域に置かれた羈縻州の官職に就いていた人物の墓誌が，また北京市では営州から幽州へ移った羈縻州刺史であった人物の墓誌が発見されている。

　これらの墓誌の記述から，初唐期の営州界域の羈縻州に軍府が置かれていた事実が明らかになった。その事実が初めて明らかとなった史料が，次に紹介する2点の墓誌である。

【史料1】李永定墓誌（「唐故雲麾将軍左威衛将軍兼青山州刺史上柱国隴西李公墓誌銘并序」『隋唐五代墓誌匯編』北京巻　第1冊，天津古籍出版社，1991，194頁）

　　公，諱永定，隴西人也。……曽祖延，皇朝本蕃大都督兼赤山州刺史。祖大哥，雲
　　麾将軍・左鷹揚大将軍兼玄州刺史。……父仙礼，寧遠将軍・<u>玄州昌利府折衝</u>。
　　……公即寧遠君之長子也。……以開元五（717）載，襲父寧遠将軍・<u>右衛昌利府折</u>
　　<u>衝</u>。……二十一（733）載，節度使薛楚玉差公領馬歩，大入，斬獲俘級不可勝書。
　　制授忠武将軍・左衛率府中郎将，仍襲伯父青山州刺史。……以（天宝）十（751）
　　載四月拾伍日，薨于范陽郡之私第，春秋六十有五。……即以其載八月十日，葬于
　　郡西北十五里之平原。……嗣子昌平府別将奇俊。

Ⅱ　論考篇

【史料2】張積善墓誌（「大唐故朝散大夫行幽州都督府薊県令南陽白水張公墓誌并序」『洛陽出土歴代墓誌輯縄』，中国社会科学出版社，1991，511頁）

　　公，諱積善，字餘慶，南陽白水人。父，昌州帯方府果毅仁倫子。

　【史料1】の李永定墓誌は，1966年に北京市海淀区八里荘で出土した（魯暁帆1995）。李永定は隴西の李氏を名乗るものの，実際は漢人ではなく，契丹人である。なぜなら，曽祖父の延は「本蕃大都督兼赤山州刺史」，祖父の大哥は「玄州刺史」，李永定自身は「青山州刺史」となっており，いずれも契丹系羈縻州の長官だからである。赤山州は契丹大首領の窟哥を置いた松漠都督府下に置かれた羈縻州の一つ，玄州は，前節でみたように，646（貞観20）年もしくは648（貞観22）年に契丹を置いた羈縻州で[4]，もともとは営州界域にあった。それが李尽忠・孫万栄の乱をきっかけに南遷し，最終的には幽州界域に置かれ，天宝年間にいたったものである。青山州は，その玄州を分けて710（景雲元）年に幽州界域に置いたものである。

　【史料1】の史料的重要性は，羈縻州の非漢人の軍事力を，唐朝がどのように把握・利用していたのかという不明瞭であった問題に解明の糸口を与えた点にある。この史料から，契丹人の羈縻州である玄州に昌利府という軍府が置かれていたこと，その折衝都尉に玄州刺史の息子（仙礼。墓主・李永定の父）が就いているという事実が明らかになった。すなわち，唐朝に帰順してきた非漢人集団の首領を州刺史として唐の官制に組み込むと同時に，その一族を折衝都尉とし，羈縻州民を府兵として把握しようとした。さらに，墓主の李永定の没年から計算すると，彼の生年は687（垂拱3）年である。これは李尽忠の反乱以前であるから，営州界域の玄州で生まれたこととなる。その時，父の仙礼がすでに昌利府の折衝都尉であったかは確かではないが，筆者の推測では，おそらく玄州に昌利府が置かれていて，幽州南遷後にも継続して置かれていたのであろう。

　これについで，もう一つ，同じく契丹系羈縻州に軍府が置かれていた事実を示

4)『新唐書』巻43下「地理志・羈縻州」（1,126頁）は「玄州。貞観二十年，紇主曲拠の部落を以て置く」といい，『資治通鑑』巻199貞観22年4月条（6,256頁）では「（四月）己未，契丹辱紇主の曲據，衆を帥いて内附すれば，其の地を以て玄州を置き，曲據を以て刺史と為し，営州都督府に隷す」とある。ただし，赤山州と玄州とでは，そこに羈縻された契丹の部族が異なっている。果たして李永定の家系が窟哥系統なのかそうでないのかは，別に論じることとする。

316

したのが【史料2】である。墓主・張積善の父の張仁倫の職名から，昌州に帯方府という軍府が置かれていたことが明らかになった。昌州は，628（貞観2）年に契丹の松漠部落を営州城の東北にあった廃静蕃戍に置いた羈縻州である[5]。ところで，ここでいう父の「帯方府果毅仁倫」の墓誌が最近，新たに発見された。それが次の【史料3】である。

【史料3】張仁倫墓誌「大唐故昌州帯方府果毅軽車都尉南陽張公墓誌幷序」（『洛陽新獲墓誌二〇一五』，中華書局，2017，186頁）

> 公諱仁倫，字維則，南陽白水人也。……以咸亨三（672）年八月十六日遘疾于蒲津之曲。……其月廿九日卒於其処。春秋五十。

この墓誌の出土年・出土地は不明である。張仁倫の没年は672年であるから，李尽忠の乱以前に亡くなっている。すなわち，営州界域に置かれた昌州という契丹の羈縻州に軍府が存在していたことが明らかとなる。ただし，この張仁倫が契丹人であるのかは不明である。張仁倫・積善父子は，洛陽に埋葬されており，契丹人であるならば，なぜ洛陽に移住したのか，また契丹人でなければ，羈縻州の軍府には漢人の軍人がいたのかという疑問が生じてくる。帯方府については，この後の【史料7】でもう一度触れることとする。

　【史料1】【史料2】の情報は，20世紀後半には，すでに明らかになっていた。ただ，羈縻州に軍府が置かれていたことを重視した研究は，なかったようである。

　ところで，21世紀になり，営州界域に置かれた他の羈縻州にも軍府が存在していた可能性を示す史料が遼寧省朝陽市で続々と発見されてきている［森部2015］。以下，それらの史料を紹介してみたい。

【史料4】孫則墓誌（『朝陽隋唐墓葬発現与研究』，科学出版社，2012，15〜17頁）

> 君諱則，字孝振，営州柳城人也。……（君）武徳四（621）年，起家遼州惣管府

5）『旧唐書』巻39「地理志・河北道条」（1,525頁）
　　昌州。貞観二（628）年に置き，契丹松漠部落を領し，営州都督に隷す。……
　　龍山（県）。貞観二年，州を営州東北の廃静蕃戍に置く。七（633）年，治を三合
　　鎮に移す。

典籤，……俄転参軍。貞観五（631）年，改授北黎州昌黎県令。四（630）年，奉勅
使招慰延陁・拔曳等諸国，君諭以威恩之義，亦以禍福之規。莫不順風而靡，随流
而化。至六（632）年，将諸蕃長，幷其地図入京，奉見蒙恩。詔曰；昌黎県令，遠
使絶域，克展勤労。宜典禁旅用申栄。擢可游撃将軍・<u>右驍衛懐遠府左別将</u>，賞物
五百段。……至十九（645）年，扈従東行，為左二軍惣管。于時，躬先士伍，親決
六奇，攻無所守，戦無所拒。詔授上柱国・沔陽県開国子，賞物四百段・口一十五
人，進爵為公，食邑五百戸。復以藩情愛楽，令押契丹。尋授松漠都督府長史。永
徽五（654）年，有詔，以君毅烈，居心幹能，表用早司禁旅亟陪戎律。加授明威将
軍・<u>本府折衝都尉</u>，余官如旧。……以永徽六（655）年五月一日，薨于家第，春秋
六十有七。即以其年十月七日永窆于柳城西南五里之平原。

【史料5】孫忠墓誌（未発表・未公刊史料。朝陽市博物館で公開展示）

大唐故松漠都督府司馬孫君墓誌銘幷序
　　君諱忠，字孝緒，営州昌黎人也。……遂授君上柱国・軽車都尉・<u>右驍衛懐遠府</u>
<u>校尉</u>。以君幹済可称清能□□。命君授<u>懐遠府司馬</u>。□猛□挙□□逢施誉讜戎昭声
聞帝門。又授君松漠都督府司馬。時島□不静，遼碣□慕。君与営州都督程名振共
領驍雄同将猛□□……以顕慶六（661）年正月十八日，奄指館舎。春秋五十有九。
夫人韓氏。……大唐龍朔元（661）年歳次辛酉十一月壬辰朔十一日□□，合葬於営
州城南五里。

　【史料4】【史料5】は，2003年に朝陽市街地区の工事現場で発見された。孫則
と孫忠は同族で，比較的近い血縁関係にあると考えることができる。墓主の孫則
と孫忠を漢人とみなす中国人研究者もいるが［宋卿2009，盧治萍2012，王義康
2015］，筆者はこれを契丹人であると考えている。この問題は，すでに論証して
いるので，ここでは繰り返しのべない[6]。
　この二つの史料から，懐遠府という軍府が存在していたことが明らかになった
が，その所在地については不明である。ただ，筆者は遼州（後の威州）にあった
と考えている。遼州は契丹内稽部を置いた羈縻州である（『新唐書』巻43下「地理

6）この墓誌を含む朝陽市発見の孫姓墓誌については，［森部豊2017］を参照された
い。

志」)。『旧唐書』巻199下「北狄伝・契丹条」(5,350頁) に,

> 又契丹に別部酋帥の孫敖曹有り, 初め隋に仕え金紫光禄大夫と為る。武徳四
> (621) 年, 靺鞨酋長の突地稽と俱に使を遣りて内附すれば, 詔して営州城傍に安
> 置せしめ, 雲麾将軍を授け, 行遼州総管とす。

とあり, 内稽部の首領は孫敖曹であることがわかる[7]。その遼州惣管府の典籤を
起家官とした孫則は, 孫敖曹と同姓という共通点もあり, その一族である可能性
は高い。とすれば, 孫則も孫忠も羈縻州刺史クラスの首領一族ということにな
る。このことと, 後に孫則が懐遠府の折衝都尉になることを考え合わせると, 懐
遠府は遼州に置かれ, 遼州の契丹人を対象とした軍府と考えることができよ
う[8]。

【史料6】駱英墓誌 (『朝陽隋唐墓葬発現与研究』, 科学出版社, 2012, 70〜72頁)

> 大周故左金吾衛遼西府果毅都尉上柱国駱府君墓誌銘
>
> 　公, 諱英, 字義弘曽, 昌黎孤竹人也。曽祖農, 即祖俱, 皆以金枝迴布崇基跨蓮
> 岳之岑 (岑) 王葉……並随任充光禄大夫・本蕃首領。……(公) 総章二 (669) 年,
> 授上柱国。其三月, 授遼西府左果毅都尉。……永淳元 (683) 年臘月十八日, 薨於
> 私第。春秋五十有八。……以長寿二 (693) 年八月十五日, 送葬於営州城南九里,
> 即先□之旧域也。……嗣子務貞, 次子務果, 次子務献。

---

7) 遼州の設置は, 両『唐書』「地理志」は 619 (武徳2) 年と伝える。とすれば, 内
稽部が先に唐に帰順し, その2年後に孫敖曹が総管となったこととなる。このこと
は, 孫敖曹が総管就任に際し, 何らか手間取ることがあったのか, あるいは, 孫敖曹
は内稽部の首領ではなく, 別の部族の首領であった可能性もないことはない。本稿で
は, 一般的羈縻支配の解釈を踏まえ, 孫敖曹は内稽部の首領で, 唐へ帰順後, その総
管を授けられたとしておく。
8) 孫則と孫忠が軍職にあった懐遠府について, 靺鞨を置いた燕州総管府が領した県
に懐遠県があること, 隋の薛世雄が行燕郡太守鎮懐遠になったことを根拠とし, 懐遠
府は柳城 (営州城) 付近にあったと考え, 正州たる営州に置かれた軍府とみなし, そ
の設置目的は, 靺鞨と密接な関係があるとする [盧治萍・柏芸萌 2014, 宋卿 2015]。
そもそも中国人研究者は, この孫則・孫忠を契丹人ではなく漢人とみなしていること
から, 議論がかみ合わない。この点はすでに [森部豊 2017] で反論している。

II　論考篇

【史料7】駱本墓誌（未発表・未公刊史料。朝陽市博物館で公開展示）

　　大唐故游撃将軍左金吾衛遼西府折衝都尉駱府君墓誌銘幷序
　　　公，諱本，字道生，昌黎孤竹人也。……曽祖倶，随光禄大夫・当蕃大首領。
　　……祖国，随左光禄大夫・当蕃大首領。……父弘，唐雲麾将軍・左金吾衛遼西府
　　折衝・上柱国・広寧郡開国公。……（公）儀鳳三（678）年起家授游撃将軍・守左
　　金吾衛遼西府折衝都尉。……公遂領当府兵，択甲冑征裏糧晨赴□団退……以調露
　　二（680）年十月廿五日終於私第，春秋四十有二。……大周長寿二（693）年八月十
　　三日葬於先君之旧塋。礼也。夫人昌黎孫氏，唐雲麾将軍・左金吾衛帯方府折衝都
　　尉之女也。

　【史料6】は1988年，朝陽市双塔区八里堡郷中山営子村の南にある朝陽市農業
学校で発見された。【史料7】は出土地・出土年不明である。この史料から，遼
西府という軍府名が得られるが，その所在地は不明である。また，駱英と駱本の
種族も特定できない。墓誌によれば，駱英の祖父と駱本の曽祖父の名は駱倶とい
うから，おそらく同一人物で，両者は一族といえるだろう。また，両者は「当蕃
大首領」の家系であったから，非漢人であることは間違いない。ところで，駱本
は昌黎の孫氏と婚姻関係にあり，その孫氏は「唐雲麾将軍・左金吾衛帯方府折衝
都尉」の娘であるという。夫人の父の名は不明であるが，彼が帯方府の折衝都尉
であったことが明記される。
　ところで帯方府は，すでに【史料2・3】で見たように，契丹系羈縻州の昌州
にあった軍府である。また，【史料1】から，羈縻州の軍府の折衝都尉には契丹
人の首領クラスの人間が就いていることがうかがえ，このことから考えると，こ
の「唐雲麾将軍・左金吾衛帯方府折衝都尉」であった孫姓の人物は契丹人である
可能性が高い。とすれば，これと婚姻関係にある駱氏も契丹人とみなせよう。
　遼西府に関する史料には，次の【史料8】もある。

【史料8】高英淑墓誌（録文『遼寧碑志』，遼寧人民出版社，2002，103～104頁）

　　大周游騎将軍左金吾衛遼西府折衝都尉故夫人高氏墓誌銘幷序
　　　夫人諱□字英淑，昌黎孤竹人也。……曽祖諱會，魏金紫光禄大夫・本蕃大首領。
　　……祖諱農，隋雲麾将軍・右武侯中郎将・本蕃大首領。……父諱路，唐銀青光禄

大夫・行師州刺史諸軍事・上柱国・安陵県開国公・食邑五千戸。……（夫人）天授
二（691）年正月廿三日終於綺帳，春秋四十有九。……以延載元（694）年歳次甲午
十月辛亥朔十日庚申葬於柳城西南一十五里之平原。

　　☐……空格

　【史料8】は1975年に朝陽市西大営子郷河南村で出土した。高英淑の曽祖父，
祖父が「本蕃大首領」であり，父の高路が「行師州刺史諸軍事」であった。師州
は629（貞観3）年に契丹を置いた羈縻州であることから，契丹人とみなしてよ
い。高英淑の配偶者の名は不明であるが，［森部豊2015］は駱氏一族と推測し
た。

【史料9】楊律墓誌（『遼寧碑志』，遼寧人民出版社，2002，102頁）

　　唐故平遼府校尉上柱国楊君墓誌銘
　　公諱律，字蕭容，其先弘農人也。後述職北遷避地柳城，故今為帯州孤竹県人焉。
　　……授上柱国・平遼府校尉。……以龍朔元（661）年三月廿四日，卒于私第。春秋
　　五十三。夫人昌黎孫氏。不幸早亡。……以垂拱元（685）年十月十三日，合葬于威
　　州城西北三里平原。礼也。……嗣子平遼府折衝素。

　【史料9】は1972年に朝陽市珍珠岩廠で出土した。墓主の楊律は，弘農の楊氏
を称するものの，柳城の地へ移り，墓誌では帯州孤竹県を本貫としている。帯州
は645（貞観19）年に契丹の乙失革部を置いた羈縻州であることから，楊律を契
丹人とみなしてよいのではないだろうか。楊律が校尉の位にあった平遼府の所在
地の記述はない。ただし，楊律が校尉となり，その息子の楊素が折衝都尉になっ
ていることから，あるいは彼らの本貫の地である帯州に設置された可能性がある
だろう。

3 ●初唐期の行軍と契丹系軍府

　羈縻州に軍府が置かれている事実は，前節で見た営州以外では，わずかに西域
での事例が確認できる。『新唐書』巻43下「地理志・羈縻州条」（1,135頁）に，

　　西域府十六，州七十二。（以下，割注）龍朔元（661）年，隴州南由令の王名遠を以

Ⅱ　論考篇

て吐火羅道置州県使と為し，于闐より以西，波斯以東，凡そ十六国，其の王都を
以て都督府と為し，其の属部を以て州県と為す。凡そ州八十八，県百一十，軍・
府百二十六あり。

と記載があり，この末尾の「軍・府」をもって，この地域に軍府があったことが
想像できる。ただし，具体的軍府名や所在地はわからない。また，これらの軍府
の府兵をどのように動員したのかもわからない。

　行軍における蕃兵動員の具体的事例として挙げることができるものに，オルド
スにソグド系突厥をおいた羈縻州である六胡州の蕃兵を，契丹討伐に派遣したも
のがある。陳子昂「上軍国機要事八条」（『陳伯玉文集』巻 8，四部叢刊，12 葉）に，

大いに河東道及び六胡州，綏・延・丹・隰等州の稽胡の精兵を発し，悉く営州に
赴かしむ。

とみえるのがそれである。しかし，六胡州に軍府が置かれていた事実は，現在の
ところ明らかではなく，六胡州の蕃兵をどのように動員したのは，不明瞭であっ
た。羈縻州からの兵の動員が，どのように行われたのかについては，残念ながら
編纂典籍の中からは見いだせない。

　このような従来不明瞭であった羈縻州内の軍府と，その府兵＝蕃兵の具体的動
員の様相を示すのが，【史料 4・5・7】である。これらの墓誌の中から，実際に
行軍に動員される様を見てみよう。以下の記述は，すでに［森部豊 2017］で述
べたことなので，重複するものであることをお断りしておく。

　まず，【史料 4】の孫則を見てみよう。孫則は懐遠府左別将であった時に，高
句麗遠征に従軍した。その時の職名は「左二軍総管」である。孫則の高句麗遠征
従軍とは，644（貞観 18）年に李勣を遼東道行軍大総管とし，営州経由で陸路，
高句麗を遠征した時のことである。この遠征では，営州都督の張倹も「蕃兵」を
率いて行軍に参加し（『旧唐書』巻 83　張倹伝），また契丹首領の於句折・奚首領の
蘇支・靺鞨首領で燕州制史の李玄正がそれぞれ衆を率いて高句麗遠征に従軍して
いる（『冊府元亀』巻 117　帝王部・親征 2）。あるいは，孫則も契丹首領の於句折と
ともに，この遠征に参加したのかもしれない。

　孫則が就いた「左二軍総管」は，「左二軍子総管」だろう。唐代行軍の編成は
七軍制で，行軍全体の規模は，およそ兵 2 万人で，大総管が統括した。この行軍

は，中軍（4000人），左・右虞候軍（各2800人）および前軍・後軍・左軍・右軍（これを左右廂四軍という。各2600人）の七軍に分かれている。中軍は大総管が率い，その他の六軍には総管が置かれた。中軍を除く他の六軍は，それぞれ三つの営に分かれ，総管営（1000人）と二つの子総管営（各800〜900人）からなっていた。北周や隋の事例では，これら七軍が，さらに前一軍，前二軍……左一軍，左二軍となり，それぞれを率いるのが前一軍子総管，前二軍子総管……左一軍子総管，左二軍子総管であったという［孫継民1995］。孫則が従軍した行軍も，この編成に則ったものであったと考えられる。

　ところで，懐遠府左別将の孫則が「左二軍（子）総管」に就いたのは適当なポストだったのだろうか。折衝府別将は，上府で正七品下，中府は従七品上，下府は従七品下であり，軍府のトップではない。

　唐は隋制を受けて，軍府制度（いわゆる「府兵制」）を継承したが，624（武徳7）年に驃騎将軍を統軍，車騎将軍を別将と改称した。その後，636（貞観10）年に統軍を折衝都尉，別将を果毅都尉と改称している（『通典』巻29職官典・武官下・折衝府条）。墓誌の記載からすると，孫則が懐遠府左別将になったのは，632（貞観6）年頃と推測できるので，これは果毅都尉（上府従五品下，中府正六品上，下府正六品下）を指すのではないだろうか。そして，636年の改称後も旧称たる「別将」を使用したと考えることができる。とすれば，折衝都尉の次官として行軍に参加し，子総管として軍を率いたと考えることができる。

　ところで懐遠府が契丹の羈縻州に置かれた軍府で，契丹人を軍事編成する目的があったとすれば，その組織は契丹の本来の部族集団の組織を反映したものであっただろう。すなわち，李永定墓誌で見るように，この集団の首領，あるいは首領の一族の有力者が羈縻州刺史と折衝都尉を兼任していたと考えることができる。ならば，孫則が従軍した時，懐遠府の折衝都尉は誰だったのか。

　孫則が従軍した遼東道行軍には，契丹の首領の於句折が「衆を率」いて参加していた。於句折の名は，『冊府元亀』にのみ現れ，他の史料では確認できない。644年の段階で唐朝に帰順していた契丹の有力者としては，内稽部首領をあげることができる。上述のごとく，内稽部の大首領は孫敖曹である。この孫敖曹が於句折と同一人物とは考えるには，根拠がなさすぎる。ただし，於句折が内稽部の中・小首領のひとりであった可能性はある。とすれば，於句折が羈縻州刺史，もしくは折衝都尉であり，総管として従軍した可能性はなくはない。そうならば，

左別将＝果毅都尉であった孫則が，そのもとで「左二軍総管＝子総管」として参加したと説明できる。

【史料5】の孫忠は，孫則の高句麗遠征とは時期が遅れ，高宗の時の高句麗遠征にかかわった。高宗の高句麗遠征は，655（永徽6）年，657（顕慶2）年，658（顕慶3）年の3回行われたが，［盧治萍・柏芸萌2014］は，墓誌文の記述から，孫忠の従軍は第3回目の658年とする。孫忠はこの時，松漠都督府司馬であり，懐遠府司馬の職を兼任していたのかどうかは墓誌文からは明らかではない。また，孫則と異なり，行軍中にあってどのような職に就いていたかも不明である。ただし，「驍雄を領」したとあり，このことから兵を率いたことは間違いなく，筆者はこれを懐遠府の府兵を率いて参加したのではないかと想像している。

孫則と孫忠の事例からは，直接，懐遠府の府兵を率いて行軍に参加したことは，はっきりとはわからない。ところが，【史料7】の駱本墓誌には，このことがはっきりと記される。すなわち，

> 公，諱は本，字は道生，昌黎孤竹の人なり。……（公は）儀鳳三（678）年起家して游撃将軍・守左金吾衛遼西府折衝都尉を授かる。……公は当府兵を領し，甲冑を択す。

と見える。駱本は，先に述べたように，その曾祖父，祖父を「当蕃大首領」と称していることから明らかに非漢人であるが，その種族は特定できない。筆者は，この駱氏を契丹人であると判断した［森部豊2015］。駱本は，契丹のある集団の首領クラスの出身であるが，州刺史には就任していない。その代り，父の遼西府折衝都尉を世襲している。しかし，非漢人の部族集団の首領クラスの人物が折衝都尉となり，また同じ一族の駱英が左果毅都尉になっている遼西府は，間違いなく羈縻州に置かれたものであり，想像をふくらませて言えば，それは契丹系の羈縻州であったのだろう。これは李永定の事例とも重なる。

駱本は「当府兵を領し，甲冑を択」して従軍したとある。彼は遼西府折衝都尉であったから，この「当府兵」は遼西府の府兵であったことは間違いない。おそらく孫則の従軍も，これと同じようなものであったと考えることができる。

おわりに

以上，唐代の営州における契丹系羈縻州とそこに置かれた軍府，そして蕃兵の

徴発について，新出の墓誌の記述をもとに概述してみた。

　営州は，唐朝にとって高句麗や東北方面の諸族対策の軍事的拠点であった。編纂史料の記述を信じれば，営州所管の「百姓」を徴するための軍府は設置されなかった。その一方，新出の石刻史料史料からは，営州界域に置かれた羈縻州のうち，契丹をおいた羈縻州には軍府が置かれたことが明らかとなった。現在，発見されている石刻史料史料からすると，契丹以外の羈縻州では軍府の存在が確認されていない。これが何を意味したのかは，今後の課題として残るだろう。

　軍府の置かれた羈縻州も，注意が必要である。本論で確認できたものは，すべて注3で指摘した「内地羈縻州」に相当するものといえる。「内地羈縻州」という呼称やその内実については，研究者によって一致した見解はなく，今後，検討が必要であるが，現在のところ，筆者は，それを正州に準じる羈縻州で，完全な自治権をもった羈縻州とは一線を画するものであると考えている。この点も今後の課題として残しておきたい。

　営州界域にあった羈縻州内の軍府からの「府兵」の動員は，果毅都尉が府兵を率いて行軍に参加するというもので，内地のそれと同様であったことも確認できた。ただ，その府兵は定住農耕民ではなく，もとは遊牧民の契丹人であることは注意しなければならない。羈縻州に編成された後のこれら契丹人の生活様式がどのようなものであったのか。これもまだ明らかになっていない。

　本論で述べた事項は，「府兵制」の問題や唐朝の羈縻政策ともともに，さらに検討する必要があるものである。本論は，この課題に対する覚書としてまとめたものに過ぎないことも付記しておきたい。

〔補記〕本章の最終校正中，遼寧省朝陽市文物考古研究所「遼寧朝陽肖家唐墓発掘簡報」（『華夏文明』2017-12）を入手した。これは，2012年に朝陽で発見された唐墓の発掘報告書で，墓主は朱寿（617-683）といい，「上柱国・懐遠府校尉」であった。本章で取り上げた懐遠府に関わるものであり，今後，これを加えた検討を行うつもりである。ちなみに中国側は，なぜか，この「懐遠府校尉」を散官として取り扱っている。

【史料・文献一覧】

1. 史料

『旧唐書』（中華書局，1975），『新唐書』（中華書局，1975），『資治通鑑』（中華書局，1956），『太平寰宇記』（中華書局，2007），『冊府元亀』（中華書局，1960）

2. 文献

日本語論文

菊池英夫 1961 「節度使制確立以前における「軍」制度の展開」『東洋学報』44-2

——— 1962 「節度使制確立以前における「軍」制度の展開（続)」『東洋学報』45-1

——— 1964 「唐代辺防機関としての守捉・城・鎮等の成立過程について」『東洋史学』27，九州大学文学部東洋史研究室

谷口哲也 1978 「唐代前半期の蕃将」『史朋』9，北海道大学文学部東洋史談話会

森部　豊 2015 「唐前半期の営州における契丹と羈縻州」『内陸アジア言語の研究』30

——— 2016 「唐代奚・契丹史研究と石刻史料」『関西大学　東西学術研究所紀要』49

——— 2017 「遼寧省朝陽市発見孫姓墓誌群に関する一考察——唐代羈縻支配下の契丹の研究——」（玄幸子編著『中国周辺地域における非典籍出土資料の研究』，関西大学東西学術研究所)

山下将司 2011 「唐のテュルク人蕃兵」『歴史学研究』881

中国語論文

陳寅恪 1957 「論唐代之蕃将与府兵」『中山大学学報』1957-1

魯暁帆 1995 「唐李永定墓誌考釈」『首都博物館論叢』1995-11

盧治萍 2012 「唐孫則墓誌考」『遼寧省博物館館刊』2012 年号

盧治萍・柏芸萌 2014 「遼寧朝陽出土唐代孫氏墓誌匯考」『中国国家博物館館刊』2014-12

宋　卿 2009 「唐代東北羈縻府州職官考」『北方文物』2009-1

——— 2015 「唐代営州軍事設置探究」『中国辺疆史地研究』25-3

孫継民 1995 『唐代行軍制度研究』文津出版社

王義康 2015 「唐代中央派員出任蕃州官員吏員考」『史学集刊』2015-6

第13章

....

李　基天

Lee Kichon

唐代高句麗・百済系蕃将の待遇及び生存戦略

1 ●問題の所在

　「蕃将」とは非漢族出身の武官を指す。その用語の初出は唐代の文献である。「蕃将」は朝廷及び文人の間で共通して用いられた概念であり，たとえば「陛下必欲減四夷，威海内，莫若武臣。武臣莫若蕃将。夫蕃将生而氣雄，少養馬上，長於陣敵，此天性然也」[1]や「其蕃兵分為兩廂，各令蕃将押領，至爲穩便。何清朝，契苾通是蕃人，各令管一廂」[2]などに見える。蕃将は唐の中原統一，太宗時期の対外戦争，武則天の称帝と退位，玄宗の即位，安禄山の叛乱の勃発と平定や藩鎮の割拠などの主要な政治的・軍事的事件の中で重要な作用を及ぼした。『新唐書』中の諸夷蕃将列伝は，類伝の形式で関連する蕃将の記録を収めている。これは蕃将が唐代の様相を分析する上で軽視することのできない重要な要素であることを意味している。このこともまた蕃将が唐代史研究者たちから注目される原因の一つである[3]。

---

1) 『大唐新語』巻十一「懲戒」（北京：中華書局，1984，173 頁）。

2) 傅璿琮・周建国校箋『李德裕文集校箋』巻十五「請契苾通等分領沙陀・退渾馬軍共六千人状」（石家荘：河北教育出版社，2000，262〜263 頁）。

3) 以下の論文を参照のこと。馮承鈞「唐代華化蕃胡考」（『東方雑誌』第 27 巻第 17 期，1930，65〜82 頁）。向達『唐代長安与西域文明』（北平：哈仏燕京社，1933，1〜107 頁）。陳寅恪「論唐代之蕃将与府兵」（『中山大学学報』（社会科学編）1957 年第 1 期，163〜170 頁）。章群『唐代蕃将研究』（台北：聯経出版社，1986，1〜710 頁）。陳志学「唐代重用蕃将略論」（『甘粛民族研究』1987 年第 1・2 期，9，27〜37 頁）。馬馳『唐代蕃将』（西安：三秦出版社，1990，1〜239 頁）。章群『唐代蕃将研究続集』（台北：聯経出版社，1990，1〜283 頁）。馬馳『唐代蕃将』（修訂版）（西安：三秦出版社，2011，1〜321 頁）。

Ⅱ　論考篇

　蕃将の唐朝に対する軍事的な貢献は十分に認められてきた。臨時編制により対
外遠征軍となったことはその中の代表的な研究題材の一つである。朔方軍総管に
任命された百済系蕃将の難元慶や新平道左三軍総管に任命された高句麗系の高玄
は均しく行軍の将官の一人である。先人の研究によって，貞観8年（634）より
開元3年（715）に至るまでの蕃将が参与した行軍は合計41件あり，これは同一
時期の行軍の総数56件中の73％を占めていたことがわかる[4]。

　学界ではさらに，高句麗・百済系遺民の墓誌に対する分析を通して，彼らの出
身，入唐時期，唐での活動などについての個別研究が進められている[5]。しかし
唐に入仕した全ての蕃将の中で，なお高句麗・百済系の蕃将を対象とした研究は
無い。筆者はかつて唐前期に蕃将に授けられた諸衛将軍号の事例を主題にして，
唐朝が如何に蕃将を管理したのか，及び蕃将のこれに対する反応について研究を
行った。そこで遊牧系の蕃将は羈縻府州の都督と諸位将軍号を同時に授けられた
事例が極めて多いことに気づいた。そこから，勤務までの距離の問題と蕃将に対
する有効な統制という点から考えると，大部分の諸位将軍号は虚官であり，実際
上，蕃将の主要な任務は「安辺の術」であり，唐朝が蕃将に諸位将軍の称号を授
予するのは，単に一個の「虚号」を用いて「帝国」の伝統を堅持するという美名
を賦与しているだけに過ぎないことがわかった。蕃将として，彼らは唐朝の要求

4）谷口哲也「唐代前半期の蕃将」（『史朋』第9号，1978年，6〜8頁）。

5）代表的な研究として以下のものが挙げられる。李文基「百済 黒歯常之 父子 墓誌
銘의 検討」（『韓国学報』第64輯，1991，142〜172頁）。宋基豪「高句麗遺民 高玄
墓志銘」（『首爾大学博物館年報』第10輯，1999，3〜14頁）。李文基「百済 遺民 難
元慶 墓誌의 紹介」（『慶北史学』第23輯，2000，1〜34頁）。馬一虹「従唐墓誌看入
唐高句麗遺民帰属意識的変化——以高句麗末代王孫高震一族及権力貴族為中心」（『北
方文物』2006年第1期，29〜37頁）。金栄官「高句麗 遺民 高鐃苗 墓誌 検討」（『韓
国古代史研究』第56輯，2009，367〜397頁）。姜清波「誌石資料和筆記小説中所見三
韓人事跡考」（『入唐三韓人研究』広州：暨南大学出版社，2010，147〜165頁）。拝根
興『唐代高麗百済移民研究——以西安洛陽出土墓誌為中心』（北京：中国社会科学出
版社，2012，1〜286頁）。王其禕・周暁薇「国内城高氏：最早入唐的高句麗移民——
新発現唐上元元年《泉府君夫人高提昔墓誌》釈読」（『陝西師範大学学報（哲学社会科
学版）』2013年第3期，54〜64頁）。金子修一「禰氏墓誌と唐朝治下の百済人の動向」
（『日本史研究』第615輯，2013，103〜120頁）。拝根興「入唐百済移民陳法子墓誌関
聯問題考釈」（『史学集刊』2014年第3期，65〜71頁）。楼正豪「新見唐高句麗遺民
「高牟墓誌銘」考釈」（『唐史論叢』第18輯，2014，258〜266頁）。王連龍「唐代高麗
移民高乙徳墓誌及相関問題研究」（『吉林師範大学学報（人文社会科学版）』2015年第
4期，32〜35頁）。

●328

を満たす必要があった上に，なお部落族民の要求を満たす必要があった。このため，彼らは二重の任務を担ったのである。彼らが戦争に参与したのは，唐の立場からいえば「国を助けて討伐」することであり，蕃将にとっては戦争に「掠奪戦」の性質があったのである。彼らはその中で戦利品を獲得でき，さらに賞賜を得ることもでき，他方では逆に唐の「夷を以て夷を制す」の政策を利用して「華を以て夷を制す」の目標を実現でき，これをもって蕃将の勢力基盤を強固にしたのである[6]。しかし高句麗・百済系の蕃将とその他の蕃将の間には性質上の違いが存在していた。筆者は両者の間の差異とその特徴について，前稿では詳細に考察できておらず，今後の課題として留めておいた。

　本章では墓誌分析の方法を用いて高句麗・百済系蕃将の入仕過程中に現れる特徴，蕃将の武官号が持つ意義と昇進過程，蕃将の遺民との統率関係，唐朝の蕃将に対する管理方式等の問題について考察する。墓誌は史料として，文献史料と異なり，同時代性を有し，文献史料の中では記載されていない新たな人物の痕跡などを見つけ出すことができる。墓誌が注目を受けるもう一つの原因は，20世紀後期より不断に新たな墓誌が出土し続け，併せてこれらの墓誌を整理した資料集もまた継続して発刊されているためである。2009年に発表された唐代墓誌の総合的な統計によれば，唐代の墓誌はおおよそ8,180個に達している[7]。その後も新出墓誌は途切れること無く発見され続け，その数は継続して増えている[8]。

　本章の重点は，まず唐朝の東辺から流入した高句麗・百済系の蕃将と突厥・薛延陀などの遊牧系蕃将を，西辺より流入したソグド蕃将と対比し，高句麗・百済系蕃将にその他の族群と異なる特徴があるか否かを検討する。この問題に取り組む理由は，異なる出身の蕃将たちに対して唐朝が期待する役割には，大いに違いがあったはずだからである。唐朝の羈縻府州制度は，高句麗・百済の故地にあってはその作用を発揮しなかった。そのため，武官号の授与について遊牧系の蕃将

---

6) 関連する議論として李基天「7世紀 唐의 諸衛将軍号 授与와 蕃将의 対応」(『東洋史学研究』第120輯，2012，83〜94頁) 参照。

7) 氣賀澤保規編『新版唐代墓誌所在総合目録』(東京：明治大学文学部東洋史研究室，2009)。

8) 胡戟・栄新江主編『大唐西市博物館蔵墓誌』(北京大学出版社，2012年) には当時未だ公開されていなかった458の墓誌が収録されている。この資料の価値については，栄新江「大唐西市博物館蔵墓誌の整理と唐研究上の意義」(『東アジア石刻研究』第5輯，2013，63〜89頁) 参照。

と比較すれば，明確に異なる状況が現れる。族群間の差異への分析を通して，我々は武官号の特徴を知りうる。唐朝の蕃将に対する待遇については，蕃将の武官号が持つ意義とその昇進過程にまず着目し，次いで蕃将と遺民との間での従属関係を分析し，最後にはその他の蕃将との対比により高句麗・百済系の蕃将勢力の基盤を検討する。この研究を通して，高句麗・百済系蕃将の特徴及び相対的な地位をよりよく理解できることを期待したい。

2 ●唐前期における蕃将中の諸衛将軍の任命傾向

　高句麗・百済系蕃将の特徴と相対的な地位を分析するには，まずその規模と特徴について知る必要がある。この点について，本章では 1986 年の章群による統計データを引用する。20 世紀後半以降に出土した墓誌などの新資料を反映していないが，この研究は今現在でも，蕃将について総合的な統計分析を行った唯一の研究である。それに拠ると，唐代に五品以上の蕃将は 2,356 人おり，もし範囲を唐朝前期に限定するなら，その規模は 1,826 人であった[9]。章群の研究は近年公刊された墓誌などの新出資料を反映しておらず，ゆえに蕃将の実際の数はこれより遥かに多いと推測される。墓誌を通して確認できる高句麗蕃将は，泉男生（634-679）より高震（701-773）に至るまで，合計 32 人いる。このほか，高文簡・高拱毅・王毛仲・高舍鶏・高仙芝・王慶威・王思礼・李正己・李納・李師古・李師道など 11 人が文献資料から確認できる。百済系蕃将は 12 人おり，沙吒忠義・勿部珣及び墓誌から確認される黒歯常之・祢仁秀・陳法子などがいる。その中で安史の乱後に任命されて武官となった李正己一族——李正己・李納・李師古・李師道[10]を除くと，高句麗・百済系の蕃将は合計で 51 人いたことになり，唐前期における蕃将の総数の 2.79％を占める。その割合は大きくないが，『新唐書』諸夷蕃将伝で列挙された 20 余名の蕃将の中には，泉男生・泉献誠と黒歯常之などの高句麗・百済系の蕃将が含まれた。研究に値する問題である。

---

9) 章群『唐代蕃将研究』35 ～37 頁及び「附表」唐代蕃将表を参照。

10) 本章の研究重点対象は墓誌である。そのため時期を墓誌が出土している泉男生より高震までと定める。8 世紀中後期における平盧淄青地方で割拠した軍閥である李正己一家については，以下の研究を参照。池培善「高句麗人 李正己의 발자취」（『東方学誌』第 109 輯，2000，115～201 頁）。苗威「藩鎮割拠中的李正己父子」（『高句麗移民研究』長春：吉林大学出版社，2011，250～255 頁）。鄭炳俊「李正己一家 藩鎮의 領域 変遷」（『東国史学』第 53 輯，2012，393～435 頁）。

●330

更に具体的に分析するために，本節では唐代禁軍の一つである南衙禁軍（十六衛）指揮官である諸衛将軍（正，従三品）の任命事例を考察し，そこから蕃将入仕の傾向を見て取ることにしたい。考察の対象を諸衛将軍に限定する理由は，「諸衛将軍」が唐前期の軍事組織に常に見られる官職であり，また武官として享受できる最高の地位でもあったからである。さらに，任命の背景や具体的な状況が，一般の武官より詳細に知られるためでもある。

文献史料と新出墓誌の分析により，唐前期（618-756）に諸衛将軍に任命された蕃将は合計で202人確認できる。この数字は，外交的性格のかなり強い「放還蕃」や「冊封」的な性質を帯びた事例は含んでいない。なお，読者の混乱を防ぐために，何度か諸衛将軍に任命された場合は，一回目の事例のみを計算する。蕃将の出身は族群で区分し，蕃将の入唐背景を以下の五種に分類する。ⓐ唐建国の前に中国に移住，ⓑ帰伏・降伏・捕虜等の方式で入唐，ⓒ外交使節，ⓓ蕃将の二世やその親族，ⓔその他，である。諸衛将軍に任命された背景には以下の数種がある。①挙兵に参与，②帰伏，③戦争中に投降（衆を率いてもしくは部落を率いて），④投降（部落と関係なく個人として投降），⑤捕虜，⑥蕃将の二世による世襲，⑦軍功を通した昇任，⑧その他，などである。武官号の性質を分析するのに都合が良いので，ここでは状況を二種に分ける。第一は入唐後ただちに諸衛将軍に任命された場合，第二は下級の武官より昇進して諸衛将軍となった場合である。史料から判断がつかない部分には「△」印を用いて注記する。「率衆」や「率部落」の状況については，一括して括弧を用いて表示する。入唐時の本蕃での地位，唐朝で諸衛将軍と併せて兼職した官職についても付記し，唐朝の意図を推測するのに役立てる。詳細な内容は「附表」を用いて整理する。その傾向を理解するために，時期ごとに族群・入唐背景・任用背景をまとめ，表 13-1-1・13-1-2・13-1-3・13-1-4・13-1-5 として示す。

高祖時期（618-626）に諸衛将軍に任命された蕃将には，安修仁・安興貴[11]・何潘仁[12]・裴糺などがいるだけで，高句麗の似先英問を含めれば合計 5 人である。これは唐前期の総数（202 人）の 2.5％を占めるのみである。任命の実情から，蕃

---

11) 張説「西節度副大使鄯州都督安公神道碑銘並序」（熊飛『張説集校注』北京：中華書局，2013，787 頁）。『資治通鑑』巻百八十七　唐高祖武徳二年（619）五月条（北京：中華書局，1976，5,855〜5,856 頁）。

12)『冊府元亀』巻三百四十五　将帥部佐命六（南京：鳳凰出版社，2006，3,893 頁）。

将は数や政治・軍事面での作用に限界があったことを証明しうる[13]。これは唐朝の建国からまださほど長い時間を経ておらず，なお中原の再統一が実現しておらず，加えて当時は突厥第一帝国という強大な勢力が存在していたためである。

注目に値するのは，北朝期から中国に入り定住した人々の大部分に蕃将の称号が授与されていることである。武威に入った安興貴・安修仁の兄弟はかつて河西で挙兵した李軌の麾下のソグド人であった。彼ら兄弟はソグド人を結集して李軌政権を転覆させた後，河西を唐朝に献上した。このため彼らは正三品諸位将軍に任命された[14]。ソグド人の何潘仁は数万の部衆を統御して絲竹園に駐屯し，後に入関した李淵の部隊に加入し，上柱国・屯衛将軍に任命された。似先英問の跡継ぎである似先義逸の墓誌によれば，似先氏の本籍は武徳2年（619）に設置された中部県にあった。このことは，似先氏が北魏時期にすでにその地区に群居していたことを証明する。つまり，似先氏は北朝期から中国定住を開始した高句麗遺民なのである[15]。唐朝は中原統一を目指し，反唐勢力を征服したり唐の軍事力を拡充させるのに功績のあった蕃将を褒賞し，次第に彼らを唐朝の勢力圏内に引き寄せたのである。

太宗時期における諸衛将軍任命の特徴は，戦争に関係する入唐と，北狄出身の蕃将の激増にある。高祖時期にゼロであった遊牧系蕃将は25人にまで増え，全体（31人）の80.6％を占めた。これは注目に値する。貞観4年（630）における突厥第一帝国の滅亡は，隋末以来，突厥に支配されていた北方遊牧民族がいずれも唐朝の支配に帰したことを意味した。唐に降った遊牧民族は「酋豪首領至者皆拝将軍，布列朝廷，五品以上百餘人，殆與朝士相半，惟柘羯不至，詔使招慰之……時降突厥多在朔方之地，其入居京師者近萬家」とある[16]。これらの首領が帯びた官職に実権が有ったか否かについては，なお考証を待たねばならない。だが，自身の部落を率いて唐朝に帰伏した遊牧民族の首領の大部分が蕃将となったことは，認めてよい[17]。

13）陳志学「唐代重用蕃将略論」，27頁。

14）呉玉貴「涼州粟特胡人安氏家族研究」（栄新江主編『唐研究』第3巻，北京大学出版社，1997，315〜325頁），蘇航「北朝末期至隋末唐初粟特聚落郷団武装述論」（『文史』2005年第4期，173〜176頁）。

15）尹龍九「中国出土의 韓国古代 遺民資料 몇 가지」（『韓国古代史研究』第32輯，2003，299頁）。

16）『通典』巻百九十七　辺防典一三（北京：中華書局，1988，5,413〜5,414頁）。

表13-1-1　高祖時期（618-626）における蕃将中の諸衛将軍の任命状況

族群（国家）	入唐背景						任命背景								
	移居ⓐ	戦争ⓑ	外交ⓒ	第二代ⓓ	その他ⓔ	計	参与挙兵①	帰附②	投降（率衆）③	投降（個人）④	被俘⑤	世襲⑥	軍功⑦	その他⑧	計
東夷　高句麗	1					1								1	1
東夷　百済															
東夷　新羅															
計	1					1								1	1
西戎　粟特	3					3		2	1						3
西戎　高昌(国)															
西戎　亀茲															
西戎　疎勒			1			1								1	1
西戎　于闐国															
西戎　吐蕃															
西戎　吐谷渾															
西戎　その他															
計	3		1			4		2	1					1	4
北狄　契丹															
北狄　突厥															
北狄　突騎施															
北狄　靺鞨															
北狄　西突厥															
北狄　薛延陀															
北狄　鉄勒　奚															
北狄　鉄勒　渾															
北狄　回紇															
北狄　その他															
計															
総数	4		1			5		2	1					2	5

---

17)『資治通鑑』巻百九十三　唐太宗貞觀四年（630）条，6,072～6,073頁，「餘衆尙數萬，遣執失思力入見，謝罪，請舉国内附，身自入朝。……庚午，突厥思結俟斤帥衆四萬來降」。

貞観4年（630）に突厥第一帝国が滅亡した後，国際秩序の主導権を掌握した唐朝は対外戦争の標的を西方に転じた。貞観8年（634）の吐谷渾攻撃に始まり，貞観13年（639）には高昌を攻撃し，また貞観18年（644）に焉耆を攻撃した。貞観19年（645）の高句麗との戦争により，唐朝の対外戦争はしばらく東方に集中した。だが貞観23年（648）の亀茲への攻撃により，再び西方に対する支配を確実なものとした。太宗時期にはじまる西戎出身の蕃将への任命は，唐後期まで一貫して継続し，この事例はその傍証としうる。

唐の西域での戦争は，突厥・高句麗・百済に対する戦争と形式上違いがある。敗戦国の滅亡で終わりを告げるのでは決してなく，戦争の目標は特定の君主・大臣への「弔民伐罪」に絞られていた[18]。貞観13年（639）に，西域との貿易路線を阻んだという理由で，唐は高昌を攻撃した。その後「非礼」の君主である麴文泰のみが処罰され，「礼儀」を守った高昌の人民は，太宗（「朕人の父母と為る」）の安撫すべき対象とされた[19]。後に，麴文泰の息子の麴智盛を高昌国王に封じ，加えて左武衛将軍に任命した[20]。

総じていえば，太宗時期の蕃将の任用は，対外戦争が行われた地区と一致する。注意すべきは任命背景中の帰伏についてで，唐との交戦前に形勢を予測し，「四夷自服」した蕃将が16人おり，全体（31人）の過半数を占めていることである。自身が引率した部落もしくは部衆を伴って帰伏した蕃将は11人で，このことは唐朝が順調に勢力を拡張する基礎を築きあげることになった。11名の蕃将中の10人が遊牧民の出身であり，この点が高句麗・百済系の蕃将と異なる特徴の一つである。

表13-1-3に目を移すと，高宗・武后時期（650-705）に高句麗・百済系蕃将の活動がかなり活発であったことが分かる。泉男生・泉献誠・黒歯常之などが高句麗・百済系蕃将の代表である。この現象は高句麗・百済が滅亡し，その遺民を収容したという措置に原因を求めうる。注目に値するのは，高句麗，百済系の蕃将が自身の遺民を率いて帰伏もしくは投降したという記録を，ほとんど見出せない

---

18) 李基天「7世紀初 唐의 対外戦争 名分과 国際秩序」（『中国古中世史研究』第39輯，2016，233頁）。

19) 『文館詞林』巻六百六十四「貞観年中慰撫高昌文武詔」（北京：中華書局，2001，248頁）。

20) 『新唐書』巻二百二十一上　西域伝上高昌（北京：中華書局，1975，6,223頁）。

表 13-1-2 太宗時期（627-649）における蕃将中の諸衛将軍の任命状況

	族群（国家）	入唐背景						任命背景								
		移居ⓐ	戦争ⓑ	外交ⓒ	第二代ⓓ	その他ⓔ	計	参与挙兵①	帰附②	投降(率衆)③	投降(個人)④	被俘⑤	世襲⑥	軍功⑦	その他⑧	計
東夷	高句麗															
	百済															
	新羅			1			1								1	1
	計			1			1								1	1
西戎	粟特	1					1		(1)							1
	高昌(国)		1				1				(1)					1
	亀茲															
	疎勒															
	于闐国			2			2								2	2
	吐蕃			1			1								1	1
	吐谷渾															
	その他															
	計	1	1	3			5		1		1				3	5
南蛮	計															
北狄	契丹		1				1		(1)							1
	突厥		10				10		1(2)	4			1	1	1	10
	突騎施					1	1	1								1
	鞨鞨	1					1		(1)							1
	西突厥	1	3				4	1	1(2)							4
	薛延陀															
	鉄勒		1			1	2		(2)							2
	奚		1				1		(1)							1
	渾															
	回紇		2				2						1	1		2
	その他		2	1			3		1(2)							3
	計	2	20	1		2	25	2	14	4			2	2	1	25
	総数	3	21	5		2	31	2	15	4	1		2	2	5	31

表 13-1-3　高宗・武后時期（650-705）における蕃将中の諸衛将軍の任命状況

族群（国家）		入唐背景						任命背景								
		移居ⓐ	戦争ⓑ	外交ⓒ	第二代ⓓ	その他ⓔ	計	参与挙兵①	帰附②	投降（率衆）③	投降（個人）④	被俘⑤	世襲⑥	軍功⑦	その他⑧	計
東夷	高句麗		7		1		8		2		2		1	3		8
	百済		4			1	5							4	1	5
	新羅															
	計		11		1	1	13		2		2		1	7	1	13
西戎	粟特	2				1	3						1	1	1	3
	高昌(国)		1		1		2				(1)				1	2
	亀茲			2			2	1							1	2
	疎勒															
	于闐国															
	吐蕃		2				2	(2)								2
	吐谷渾			1	1	2	4						1		3	4
	その他		1				1	1								1
	計	2	3	4	2	3	14	4				1	2	1	6	14
南蛮	計															
北狄	契丹		2		3	1	6		1				2	2	1	6
	突厥		3			2	5	(1)			(1)			1	2	5
	突騎施		1				1			1						1
	靺鞨	1			1		2							2		2
	西突厥		7		2	3	12	(1)	7				2		2	12
	薛延陀		1		2	1	4						2		1	4
	鉄勒		1		2	1	4			1			2		1	4
	奚															
	渾															
	回紇		1				1									1
	その他		2			2	4			1			1		2	4
	計	1	18		10	10	39	1	2	12		1	9	5	9	39
総数		3	32	4	13	14	66	1	8	12	2	2	12	13	16	66

ことである。これは遊牧系の蕃将と明らかに異なる。かかる差異が現れた理由は，農耕社会の構成原理が，族長によって支配される遊牧社会と本質的に異なるためである[21]。反対に，軍功を通して昇進し諸衛将軍となった高句麗・百済系蕃将（13名）は全ての諸衛将軍の過半数を占める。これはその他の出身の蕃将と異なる特徴である。同一時期の遊牧系蕃将のうち12人は部落を率いて唐に投降し，その他の挙兵参与・帰伏及び捕虜の事例の中では，さらに3人が自身の部落民を率いて唐に帰伏している。

　加えて，蕃将たちの出身が多様化し，より多くの族群・国家から唐に帰属している。唐朝に協力した君主が個人として諸衛将軍に任命されており，高祖時期に唐朝に入仕し始めた安国出身者を除けば，特定の宗族や国家出身の蕃将が再度まとめて任命され，諸衛将軍となることはほとんどなくなった。出身分布がかなり分散しているのである。蕃将の諸衛将軍への任命事例から，蕃将の入仕過程が，突厥第一帝国・高句麗・百済などの滅亡のような，唐の勢力拡張の歴史と密接に関連していることが分かる。

　高宗・武后時期の更なる特徴は，以前には見られなかった13名の蕃将の二世が出現したことである。考証すると，蕃将の入唐後に，その跡継ぎが父親や族人の官職を世襲して諸衛将軍となった事例も12件ある。たとえば，燕然都督・右衛大将軍の多濫葛末が世を去り，顕慶3年（658）にその子の多濫葛塞匐が世襲した[22]。垂拱2年（686）に西突厥の継往絶可汗が世を去ると，子の阿史那斛瑟羅がその位を継承した。彼は右玉鈐衛将軍を担任し，また五弩失畢部落に対する指揮権を獲得した[23]。神龍2年（706）に突騎施の婆葛は「襲父易賛勒爲左驍衛大将軍兼衞尉卿，懷德郡王」とある[24]。これは戦争という経路以外に，その他の経路も現れる可能性があったことを示す。

　中宗と睿宗はわずかに在位7年であった。そのため諸衛将軍に任命された蕃将

---

21) L. Krader, *Peoples of Central Asia*, Bloomington: Indiana Univ. Press, 1966, pp. 153-154; Patrica Crone, "The Tribe and the State", J. A. Hall (ed.), *States in History*, Oxford: B. Blackwell, 1986, pp.68-73; T. J. Barfield, *Perilous Frontier: Nomadic Empires and China*, Cambridge: B. Blackwell, 1989, pp.8-16。

22)『新唐書』巻二百十七下　回鶻伝下，6,142頁。『冊府元亀』巻九六四　外臣部冊封二，11,170頁。

23)『資治通鑑』巻二百三　則天后垂拱二年（686）九月条，6,441頁。

24)『冊府元亀』巻九百六十四　外臣部冊封二，11,171頁。

もかなり少なく，僅かに 10 人である。突厥第一帝国の滅亡後に最多の比重を占めた遊牧系の蕃将は 7 人であり，依然として首位を占めていた。入唐の背景はそれぞれ戦争が 2 件，二世が 2 件，その他が 3 件であった。これは戦争と関係のあった蕃将の流入経路が更に多様化したことを示す。この時期には高句麗・百済系とソグド系の蕃将が諸衛将軍に任命されたという確実な事例は存在しない。

　玄宗時期における蕃将の諸衛将軍への任命の主要な特徴は，遊牧系蕃将の再度の活躍と入仕経路の多様化である。太宗時期には突厥第一帝国が滅亡したことにより，各族群中で遊牧系蕃将が圧倒的な比率を占め，31 人中に 25 人いた。高宗時期に高句麗・百済系の蕃将は 12 人がはじめて登場し，少なからざる比率を占めた。反対に遊牧系蕃将は 39 人で，太宗時期のように圧倒的多数を占めていなかった。これは儀鳳年間（676-679）以後に周辺族群が興起したことや，府兵制の衰退で「鎮守」が守備能力を喪失したことなどの，様々な原因が総合的に作用した結果に違いない。またこの時期，突厥遺民たちが羈縻支配の弛緩に乗じて，阿史那骨咄禄を推戴して突厥第二帝国を樹立した。7 世紀末に突厥第二帝国が霊州に侵入し，唐と吐蕃が安西四鎮で対峙し，李尽忠・孫万栄が契丹で反乱を起し，これら一連の事件が唐朝の国際社会上での主導権を徐々に失わせた[25]。

　以前は小康状態にあった遊牧系蕃将の流入は，玄宗時期には 82 人中 58 人を占め，この時期に再躍進した。これは黙啜可汗の酷政が突騎施・契丹・奚などの背反を引き起こし，さらに開元 4 年（716）に黙啜可汗が殺害された後，遊牧民族の首領たちが再度各自の部落民を率いて唐朝に帰伏したためである[26]。入仕経路の点では，蕃将の二世が増加して 17 件になり，外交的性質を帯びた入唐もまた 15 件に達し，大幅に増加した。注目に値するのは，黙啜可汗死亡の前に唐朝に帰伏した蕃将の中で，高文簡と高拱毅を除いて，その他の高句麗系の蕃将 6 人が全て二世である点である。高宗・武后時期に戦争によって唐に投降した，もしくは帰伏後に諸衛将軍に任命された蕃将の跡継ぎたちは，戦功により再び諸衛将軍に任命された。そのほか，唐朝成立以前から中国に定住していた者の中で，諸衛将軍に任命されたのは合計で 13 人であった。そのうちソグド系は 7 人で過半数を占めていた。唐前期にソグド系の諸衛将軍は合計で 11 人おり，その入唐経路

---

25) 李基天「8 世紀 国際秩序의 変化와 唐의 三受降城 運営」（『東洋史学研究』第 126 輯，2014，49 頁）。

26) 李基天「8 世紀 国際秩序의 変化와 唐의 三受降城 運営」（前掲誌，65〜66 頁）。

表13-1-4　中宗，睿宗（705-712）における蕃将中の諸衛将軍の任命状況

族群 （国家）		入唐背景						任命背景								
		移居ⓐ	戦争ⓑ	外交ⓒ	第二代ⓓ	その他ⓔ	計	参与挙兵①	帰附②	投降（率衆）③	投降（個人）④	被俘⑤	世襲⑥	軍功⑦	その他⑧	計
東夷	高句麗															
	百済															
	新羅															
	計															
西戎	粟特															
	高昌(国)															
	亀玆															
	疎勒															
	于闐国															
	吐蕃															
	吐谷渾															
	その他				1	2	3	1						1	1	3
	計				1	2	3	1						1	1	3
南蛮	計															
北狄	契丹				1		1	1								1
	突厥															
	突騎施	1			2	1	4	1(1)					1		1	4
	靺鞨															
	西突厥	1			1		2	(1)							1	2
	薛延陀															
	鉄勒															
	奚															
	渾															
	回紇															
	その他															
	計	2			2	3	7	4					1		2	7
総数		2			3	5	10	5					1	1	3	10

表 13-1-5　玄宗時期（712-756）における蕃将中の諸衛将軍の任命状況

族群〔国家〕		入唐背景						任命背景								
		移居ⓐ	戦争ⓑ	外交ⓒ	第二代ⓓ	その他ⓔ	計	参与挙兵①	帰附②	投降(率衆)③	投降(個人)④	被俘⑤	世襲⑥	軍功⑦	その他⑧	計
東夷	高句麗		2		6		8	1(1)						6		8
	百済		1				1								1	1
	新羅															
	計		3		6		9	2						7		9
西戎	粟特	1	1			1	3	(1)						1	1	3
	高昌(国)															
	亀茲			1		1	2							1	1	2
	疎勒															
	于闐国		1				1								1	1
	吐蕃		1				1	(1)								1
	吐谷渾		1				1	(1)								1
	その他			3	1	2	6	(2)		1		2			1	6
	計	1	4	4	1	4	14	5		1		2		2	4	14
南蛮	計			1			1							1		1
北狄	契丹	1	1	1	2		5	1(1)				1		1	1	5
	突厥		7	2	1	1	11	2(6)							3	11
	突騎施		4	1	1	1	7	2		3				1	1	7
	靺鞨															
	西突厥		4				4	(4)								4
	薛延陀		1				1	(1)								1
	鉄勒		2		2		4	(2)				2				4
	奚	1	1	2	1		5	(1)				1		1	2	5
	渾				2	2	4					2			2	4
	回紇		2			1	3							2	1	3
	その他		9	4	1		14	1(7)						1	5	14
	計	2	31	10	10	5	58	28		3		6		6	15	58
総数		3	38	15	17	9	82	35		4		8		16	19	82

は移住が 7 人，二世が 1 人，戦争が 1 人，その他が 2 人で，移住が多数を占めた。高句麗・百済系蕃将と異なり，ソグド系の蕃将が軍功により昇進し諸衛将軍となったのは，僅かに 1 人だけであった。

3 ●高句麗・百済系蕃将の入仕類型

本節では高句麗・百済系蕃将の入仕過程の特徴について，遊牧系・ソグド系との比較を行う。高句麗・百済系蕃将は，戦争を契機にして入唐した後，蕃将に任命されたケースがかなり多い。この類型は全部で四種に分類できる。

第一に，部落や本国で支持を失った後，唐朝が勢力を拡大しようとしていた機会を利用して入朝し，蕃将となる場合である。泉男生・泉献誠父子が典型的な事例である。弟の泉男建・泉男産と絶えず紛糾していた泉男生は，部落兵と契丹・靺鞨兵を率いて国内城を占拠していた。乾封元年（666）に唐が高句麗に出兵すると，泉男生は自分の子である泉献誠を唐朝に派遣して救援を要請した。唐朝は信用の証として，泉献誠を右武衛将軍に任命した[27]。泉男生は唐朝の蕃将である契苾何力の軍事援助の下で危機を脱し，平壌道行軍大総管・持節安撫大使などの官職を授けられた。その後に泉男生は李勣とともに高句麗を攻撃して功績があり，総章元年（668）に右衛大将軍に任命された[28]。泉男生の個人な立場からすれば，故郷で支持基盤を失った後に，唐朝に帰伏することを良策とみなしたと解釈できよう。

第二に，唐朝との戦争で投降した，もしくは捕虜となった場合である。「高質墓誌」に「預見高麗之必亡，遂率兄弟歸款聖朝」[29]とあり，「高鐃苗墓誌」には，その文に「背滄海而來王，仰玄風而入仕。有日磾之聽敏，叶駒支之詞令。故得隆恩允備，寵服攸歸」とある[30]。「祢軍墓誌」にはなお「去顯慶五年，官軍平本藩日，見機識變，杖劍知歸。似由余之出戎，如金磾之入漢。聖上嘉歎，擢以榮班，授右武衛滻川府折衝都尉」と記載されている[31]。「陳法子墓誌」中には「官兵以顯慶五祀，弔人遼淏。府君因機一變，請吏明時。恩獎稠疊，仍加賞慰」と記され

---

27) 『資治通鑑』巻二百一　唐高宗乾封元年（666）五月条，6,347 頁。

28) 呉鋼主編『全唐文補遺』（1）（西安：三秦出版社，1994，62 頁）。

29) 呉鋼主編『全唐文補遺』（3）（西安：三秦出版社，1996，513 下頁）。

30) 趙力光主編『西安碑林博物館新蔵墓誌続編』（上）（西安：陝西師範大学出版総社有限公司，2014，170 頁）。

31) 西安市文物稽査隊編『西安新獲墓誌集萃』（北京：文物出版社，2016，78 頁）。

ている[32]。「高牟墓誌」には，その文に「忠勇之操，侍楉矢之標奇，韡師之能，跨滄波而逞駿。是以早資權略，夙稟樞機，候青律以輸誠，依白囊而獻款」とある[33]。その中の「白囊而獻款」とは，高牟が唐朝に軍事機密を漏洩したことを意味する。これらの高句麗・百済系蕃将は唐を助けて勝利を得た功労によって，順調に唐に入仕した。高玄はその代表に挙げられ，「高玄墓誌」に「慕斯聖教，自東徙而來王……有敕□其驍勇，討以遼東。公誠舊人，實爲謽億，大破平陽，最以先鋒，因之立功，授宜城府左果毅都尉」とある[34]。

　なお，捕虜となった後に蕃将となった事例は，その他の族群中ではほとんど見ることができない。突厥の頡利可汗が捕らえられた後，一貫して唐に寄寓し，当時の太宗が鬱鬱として楽しまない彼に右衛大将軍の官職を授けた例などが挙げられる程度である[35]。だが高句麗・百済系蕃将には少なからずこのような事例がある。百済滅亡後，難汗は唐軍に捕らえられ，唐に入って熊津州都督府長史となった[36]。黒歯常之は百済故地で繰り返し復興運動を展開したものの，失敗し，再び唐に投降し，昇進して右武威衛大将軍となった[37]。「高徳墓誌」に「其先渤海人」とあるが，由来を探ると，その祖先もまた太宗時期に捕虜となった後，禁軍の下級官吏の身分で入仕したことがわかる[38]。

　高句麗・百済系蕃将に捕虜もしくは再度投降した者が少なからずいるのは，遊牧系蕃将と比べて勢力基盤が弱かったためである。「率其衆來降」・「率其衆以從」・「率其部落内屬」などの記載が現れるのは常に遊牧系蕃将の場合である。翻って高句麗・百済系蕃将の入唐時の記録を見ると，こうした記載はほとんど見出せない。反対に，個人の軍事能力や人的関係の点について，更に突出した状況がかなり多い。「武烈稱奇…野戰頻勝，事逸張飛。卷彼二蕃，如湯沃雪。觀茲再舉，疑是神行」（高足酉墓誌）[39]，「關塞悚其餘塵，石梁飮其遺箭」（高玄墓誌），「忠

---

32) 胡戟・栄新江主編「陳法子墓誌」『大唐西市博物館蔵墓誌』（上）（北京大学出版社，2012，271 頁）。

33) 楼正豪「新見唐高句麗遺民《高牟墓誌銘》考釈」，258～259 頁。

34) 呉鋼主編『全唐文補遺』（2）（西安：三秦出版社，1995，318 上頁）。

35) 『新唐書』巻二百十五上　突厥伝上，6,036 頁。

36) 李文基「百済 遺民 難元慶 墓誌의 紹介」，15～16 頁。

37) 録文は呉鋼主編『全唐文補遺』（2）に見える。358 下～360 上頁。

38) 周紹良・趙超編『唐代墓誌彙編』（上海古籍出版社，1992，1,536 頁）。

39) 呉鋼主編『全唐文補遺』（5）（西安：三秦出版社，1998，230 上頁）。

勇之操，侍楛矢之標奇，鞬師之能，跨滄波而逞駿」（高牟墓誌）などの文言は，彼らが軍事に秀で，かつ十分な勢力基盤を固めていたことがわかる。これにより，個人の軍事能力に拠って立つ高句麗・百済系の蕃将も，また跡継ぎを養成して蕃将にすることができた。他の遊牧系蕃将と異なるところである。

　第三に，蕃将の跡継ぎ，すなわち「蕃将第二代」である。つまり祖父・父親の入唐後に，その子孫が蕃将となるケースである。唐の「二世の一般人化」政策により，蕃将の第二世代は存在しないとする研究者もいる[40]。確かに『唐六典』巻三「尚書戸部」に「凡内附後所生子，即同百姓，不得爲蕃戸也」，「凡諸國蕃胡内附者，亦定爲九等。四等以上爲上戸，七等以上爲次戸，八等以上爲下戸」とあり[41]，蕃将が入唐した後に生まれた子孫は，漢人と同じ待遇であったと理解できる。しかし，蕃将を判別する際に，最も鍵となるのは漢族が蕃将の跡継ぎを非漢族と見なしているという事実である。例えば契苾氏の事例。契苾明は貞観二十三年（649）に生まれ，証聖元年（695）に46歳で亡くなった[42]。彼の父親である契苾何力は貞観6年（632）に群落を伴って唐朝に帰伏した後に，臨洮県主と結婚した[43]。つまり契苾明は内附後に生まれた息子であり，血統上は胡漢混血に属す[44]。だが契苾明に関する事跡は『新唐書』諸夷蕃将伝に記載され，列伝の撰者が彼を非漢族と見なしていたことは明かであろう。前に触れた契苾通は契苾何力の第五代の孫である[45]。唐朝は契苾通も依然として「蕃将」と呼び，これは唐人が契苾何力の子孫をいずれも蕃将とみなしていたことを証明する。

　羈縻府州の刺史・都督・可汗を世襲することで武官号を得ている事例もある。前に触れた多濫葛部の多濫葛塞匐・西突厥の阿史那斛瑟羅・突騎施の婆葛などの者は羈縻府州の長官及び諸衛将軍号を世襲している。部落の五千人を率いた安胊汗の死後に，彼の息子である安附国は維州刺史と諸衛将軍の官職を嗣いだ[46]。つ

---

40)　山下将司「唐のテュルク人蕃兵」（『歴史学研究』第881輯，2011，8〜10頁）。

41)　『唐六典』巻三　尚書戸部（北京：中華書局，1992，77頁）。

42)　『全唐文』巻百八十七「鎮軍大将軍行左鷹揚衛大将軍兼賀蘭州都督上柱国涼国公契苾府君(契苾明)碑銘并序」（北京：中華書局，1983，1,897下〜1,900下頁）。

43)　『新唐書』巻百十　諸夷蕃将契苾何力，4,117〜4,118頁。

44)　『弘簡録』巻二十八　功臣契苾明，『続修四庫全書』（308）所収（上海古籍出版社，1995，540上右頁）。

45)　傅璇琮・周建国校箋『李德裕文集校箋』巻十五「請契苾通等分領沙陀・退渾馬軍共六千人状」（前掲書，注2，262〜263頁）。『資治通鑑』巻二百四十六「唐紀武宗会昌二年（842）九月条」，7,967頁。

まり部落の指揮権を象徴する職位を世襲しているのである。高句麗・百済系蕃将の中で父親の地位を嗣いだ二世には，高欽徳一族と高震一族がいるだけである。だが高欽徳はその他の遊牧系蕃将の二世と異なり，子がすぐに父親の地位を世襲したのでは決してなく，折衝府の果毅から，折衝都尉の折衝・中郎将・諸衛将軍に至っており，徐々に昇進していったのである。だから「高欽徳墓誌」中では個人の能力が顕彰され，「文武洞達，識弘智深，文能濟時，武可攻亂」とされている[47]。また「高遠望墓誌」には「君早習弧矢，家傳將率」とある。時期を特定するのは難しいが，高遠望は稽の反乱を鎮圧した際に軍功を挙げたに違いなく，浄蕃府の折衝果毅より平州盧龍府及び幽州清化府の折衝都尉に昇進した。後に突厥・契丹都督□□於米心の反乱を平定するのに功績があり，中郎将から安東大都護府副都護・松漠使に昇進したという[48]。

　一方，高蔵王の孫である高震（701-773）は父の高連と同様に「安東都護」になった。だが「高震墓誌」に具体的な記録はなく，ただ「公竭丹懇以輔主，力闘戦以冊勲，雄冠等彛，氣遏獷司，封五級，自子男以建公侯。官品九階，越遊撃而昇開府。斯亦人臣之自致也」とあるのみである[49]。ここから，彼は個人能力によって昇進したことがわかる。

　高句麗・百済系の蕃将第二世代は，必ずしも皆が高門の子弟ではなかった。官奴出身の王毛仲は臨淄王の時期より一貫して玄宗に仕え，彼とともに臨淄王を護衛していた官奴に李仁徳（李宜徳）もいた。彼らもまた高句麗遺民であり，二人とも騎馬と弓術に優れ，身辺に付き従って玄宗を警護することに責任を負っていた。周知のように王毛仲は臨淄王を助け，中宗を暗殺した韋后を排除し，破格の抜擢で将軍となった後，先天2年（713）に左武衛大将軍・検校内外閑廏使・兼知監牧使・苑内営田使・輔国大将軍・霍国公に任ぜられた[50]。李仁徳もまた右威衛将軍に任命され，「一日に三たび天子に見ゆ」とある[51]。奴隷より将軍に昇進したのは，王毛仲と李仁徳が幼少時より玄宗に付き従い築き上げた信任と無関係

---

46) 『文苑英華』巻九百二十「唐維州刺史安附国碑」（北京：中華書局，1966，4,844上左～4,845頁）。

47) 周紹良主編『全唐文新編』(6)（長春：吉林文史出版社，2000，3,769頁）。

48) 呉鋼主編『全唐文補遺』(8)（西安：三秦出版社，2005，47下頁）。

49) 呉鋼主編『全唐文補遺』(6)，100頁。

50) 『旧唐書』巻百六　王毛仲伝（北京：中華書局，1975，3,253頁）。

51) 周紹良・趙超編『唐代墓誌彙編』（上海古籍出版社，1992，1,412頁）。

ではない。このほか，河西軍の下級武将であった高舎鶏の息子である高仙芝，朔方軍将校の王虔威の息子である王思礼もまた，この類型に属す。高仙芝は騎馬と弓に長じ，勇猛にして果断，年若くして将軍となり，俸禄・官職は父親と同じであった。王思礼の列伝もまた，彼が幼少時より戦事に特に習熟し，抜群の軍事能力を有していたことを記す[52]。

　第四の類型は，唐朝建立前にすでに中国に入り，そこで定住・繁栄していた蕃将である。高祖時期に右驍衛大将軍であった似先英問がこの類型に属する。先行研究によれば，彼は高句麗遺民として北朝期より現在の陝西省黄陵県一帯に定住し始めた[53]。しかしこの種の類型は高句麗・百済系蕃将の中では実に稀である。

　遊牧系の蕃将もまた，戦争を契機として唐に入り，蕃将に任命されるケースがかなり多く，この点は高句麗・百済系の蕃将と似ている。第四類型以外の，前の三種の類型については，遊牧系の蕃将と高句麗・百済系とは一致しているといえる。だが勢力基盤の点では，両者には大きな違いがあった。遊牧系蕃将は部落民を率いて唐に入り，これを勢力基盤とした。貞観3年（629）に帰伏した突厥突利可汗が典型的な事例である。貞観2年（628），頡利可汗と紛争関係にあった突利可汗は頡利への攻撃を唐朝に依頼し，その後貞観3年12月には鬱射設・蔭奈特勤を率い，ともに部落を伴って唐に帰順した[54]。翌年3月に唐は「突利可汗を以て右衛大将軍，北平郡王と為す」とし，さらに5月には「突利を以て順州都督と為し，部落の官を帥いしむ」とした[55]。つまり，突厥・薛延陀・鉄勒などの遊牧首領は自身の部落民を多数率い，唐朝で活発な活動を展開し，それにより自身の地位を堅実なものとした。彼らには数千から数万に至る部落民の支持があり，故に少なからぬ者が蕃将に任命されるのと同時に，羈縻府州の都督を兼任した[56]。こうして行軍指揮官に任命された蕃将は，自身の部落民を伴って戦争に参与した[57]。

---

52) 『旧唐書』巻百四　高仙芝伝，3,203頁，《旧唐書》巻百十一　王思礼伝，3,312頁。

53) 尹龍九「国出土의 韓国古代 遺民資料 및 가지」，299〜321頁。

54) 『旧唐書』巻百九十四　上突厥伝上，5,158〜5,159頁。『資治通鑑』巻百九十三　太宗貞観三年（629）十二月条，6,067頁。

55) 『資治通鑑』巻百九十三　太宗貞観四年（630）条，6,073，6,077頁。

56) 金浩東「唐의 羈縻支配와 北方 遊牧民族의 対応」（『歴史学報』第197輯，1993，137頁）。

57) 谷口哲也「唐代前半期の蕃将」（前掲書，注4，25〜30頁）参照。

Ⅱ 論考篇

　遊牧民族系の蕃将の場合は，「率其衆來降，相繼來降」[58]，「率其部落來降」[59]，「率部落……降」[60]，「率部萬餘家歸附」[61]，「率部落内附」[62]，「帥其餘衆數千帳内屬」[63]など，自身の部落とともに入唐する状況が多い。一方，高句麗・百済系の入唐記録中には遺民に言及するものがほとんどなく，逆に個人の軍事才能や皇帝との関係が重点的に描写される。

　ソグド系蕃将は高句麗・百済系や遊牧系と異なり，唐の成立以前にすでに中国に移住していた事例が多い。ソグド人は元来中央アジアのアム川とシル川の間の河中地区（Transoxiana）一帯で生活する，中古の東イラン語を操る古族であった。3～8世紀の間に，商業利益のためにシルクロードに沿って東方に向かい，数多くのソグド人が中国に移住した。栄新江の研究によれば，北朝以来ソグド人はすでに西州（高昌）→伊州（伊吾）→沙州（敦煌）→瓜州→蕭州→甘州→涼州（武威）→原州（固原）→長安→洛陽→相州（鄴都）→定州，霊州→夏州→介州（汾州）→并州（太原）などのシルクロード沿いと華北地区に自身の村落を建設していた。北朝末年より唐初に至るまでの間にソグドの村落には軍府が設置され，村落の首領が担当する薩保の官職に，府兵の将官の称号が付け加えられ始め，併せて村落民を基礎に編成される郷団を率いた。府兵の将官となり，郷団の編成にも関与したソグド人，及び府兵制下で郷団となったソグド集団は，軍事活動を展開し，積極的に唐朝の建立に参与したといえるであろう。一方，高句麗・百済系蕃将の中で唐成立の前に中国に入り定住した事例は，ただ似先英問がいるだけである。

4 ●高句麗・百済系蕃将の武官号及び唐朝の待遇

　陳寅恪は「論唐代之蕃将与府兵」の中で，「蕃将は唐代の武功と密切で重要な関係がある」と強調し，『新唐書』巻百十「諸夷蕃将伝」に記載される高句麗・百済系蕃将の軍事活動を挙げて例証の一つとした[64]。伝世史料の高句麗系蕃将に

58）『通典』巻百九十八　辺防典一四，5,439頁。

59）『旧唐書』巻百二十一　僕固懐恩伝，3,477頁。

60）『新唐書』巻九十三　李勣伝，3,818頁。

61）周紹良・趙超編『唐代墓誌彙編続集』（上海古籍出版社，2001，493頁）。呉鋼主編『全唐文補遺』（2），455上頁。

62）『冊府元亀』巻九百七十七　外臣部降附，11,312頁。

63）『資治通鑑』巻百九十九　太宗貞観二十二年（648）夏四月条，6,257頁。

●346

関する記載は多くないが，近年出土し新たに刊行された墓誌の分析を通して，我々はなお少なくとも 32 個の例証を補充できる――高文協[65]・高乙徳[66]・南狄・南単徳[67]・高牟[68]・高鐃苗[69]・泉男生[70]・泉献誠[71]・泉隠（泉玄隠）[72]・高質（高性文）[73]・高慈[74]・高崇徳・李他仁[75]・李乙孫・李遵武・高連・高震[76]・高瑗・

64）陳寅恪「論唐代之蕃将与府兵」（前掲書，注 3，163～170 頁）。

65）高文協は高提昔の父親であり，高文協の墓誌は依然として発見されていない。しかし 2012 年の初め，西安東郊で上元元年（674）の「高提昔墓誌」が出土し，さらに我々のために一つの例証を補充してくれた。その釈文及び図版は，西安市文物稽査隊編『西安新獲墓誌集萃』（北京：文物出版社，2016，64～65 頁）に見える。

66）「高乙徳墓誌」の釈文及び図版については，王連龍「唐代高麗移民高乙徳墓誌及相関問題研究」（『吉林師範大学学報』（人文社会科学版）2015 年第 4 期，32～35 頁）及び李成制「어느 高句麗 武将의 家系와 새로 発見된 高乙徳墓誌에 대한 訳註와 分析」（『中国中古史研究』第 38 輯，2015，177～219 頁）参照。

67）「南単徳墓誌」釈文及び図版については，見王菁・王其禕「平壌城南氏：入唐高句麗移民新史料――西安碑林新蔵大暦十一年《南単徳墓誌》」（『北方文物』2015 年第 1 期，80～85 頁）及び張秉珍「새로 소개된 高句麗 遺民 南単徳 墓誌에 대한 検討」（『高句麗渤海研究』第 52 輯，2015，273～296 頁）。

68）楼正豪「新見唐高句麗遺民《高牟墓誌銘》考釈」（『唐史論叢』第 18 輯，2014，258～259 頁）。

69）「高鐃苗墓誌」の録文及び図版は趙力光主編『西安碑林博物館新蔵墓誌続編』（西安：陝西師範大学出版総社有限公司，2014，168～170 頁）参照。金栄官「高句麗 遺民 高鐃苗 墓誌検討」（『韓国古代史研究』第 56 輯，2009，367～397 頁）及び張彦「唐高麗遺民《高鐃苗墓誌》考略」（『文博』2010 年第 5 期，46～49 頁）参照。

70）「泉男生墓誌」の録文は見呉鋼主編『全唐文補遺』（1）（西安：三秦出版社，1994，61 下～64 上頁）参照。図版は北京図書館金石組編『北京図書館蔵中国歴代石刻拓本滙編』（16）（鄭州：中州古籍出版社，1989，120 頁）参照。

71）「泉献誠墓誌」の録文は呉鋼主編『全唐文補遺』（7）（西安：三秦出版社，2000，20 下～22 下頁）参照。

72）泉隠は泉毖の父親である。「泉毖墓誌」の録文は見呉鋼主編『全唐文補遺』（4）（西安：三秦出版社，1997，22 下～23 上頁）参照。図版は陳長安主編『隋唐五代墓誌滙編·洛陽巻』（10）（天津古籍出版社，1991，71 頁）参照。

73）「高質墓誌」の録文は見呉鋼主編『全唐文補遺』（千唐誌斎新蔵専輯）（西安：三秦出版社，2006，79 下～81 下頁）参照。図版は拝根興「高句麗遺民 高質・高慈父子墓誌의 考證」（『忠北史学』第 22 輯，2009，13 頁）参照。

74）「高慈墓誌」の録文は呉鋼主編『全唐文補遺』（3）（西安：三秦出版社，1996，513 上～514 下頁）参照。図版は北京図書館金石組編『北京図書館蔵中国歴代石刻拓本滙編』（18）（鄭州：中州古籍出版社，1989，178 頁）参照。

75）「李他仁墓誌」の録文及び関連問題については，以下を参照。孫鉄山「唐李他仁墓誌考釈」『遠望集』下（西安：陝西人民美術出版社，1998，736～739 頁）。拝根興

高懐・高千・高欽徳[77]・高遠望[78]・高足酉[79]・高玄[80]・高木盧[81]・高履生・高徳[82]・王景曜[83]・李仁徳[84]・李思敬・李思譲・似先英問[85]である。これら蕃将への唐朝の待遇は如何なるものであったのか。唐は彼らに対して，さらに如何なる期待を抱いたのか。ここではこの問題を解決するために，この種の蕃将の武官号に注目する。表13-2-1に高句麗系蕃将の姓名，生卒年，出身（本蕃での地位・家庭背景），入唐後の起家官と最後の官職（散官，勲官，職事官）をまとめた。

「唐李他仁墓誌研究中的幾個問題」（『陝西師範大学学報』（哲学社会科学版）2010年第1期，41～48頁）。余昊奎・李明『高句麗遺民《李他仁墓志銘》의 再判読 및 主要争点検討』（『韓国古代史研究』第85輯，2017年，365～413頁）。

76）「高震墓誌」の録文は呉鋼主編『全唐文補遺』（6）（西安：三秦出版社，1999，100頁）参照。そのほか，高震の四女の墓誌もまた出土している。「高氏墓誌」録文及び図版は李献奇・郭引強『洛陽新獲墓誌』（北京：文物出版社，1996，81）参照。

77）「高欽徳墓誌」の録文は周紹良主編『全唐文新編』（6）（長春：吉林文史出版社，2000）3,769頁を参照。図版北京図書館金石組編『北京図書館蔵中国歴代石刻拓本滙編』（23）（鄭州：中州古籍出版社，1989，104）参照。

78）「高遠望墓誌」の録文は呉鋼主編『全唐文補遺』（8）（西安：三秦出版社，2005，47上～48下頁）参照。

79）「高足酉墓誌」の録文は呉鋼主編『全唐文補遺』（5）（西安：三秦出版社，1998，229下～230下頁）参照。図版は陳長安主編『隋唐五代墓誌滙編・洛陽巻』（7）（天津古籍出版社，1991，84頁）参照。

80）「高玄墓誌」の録文は見呉鋼主編『全唐文補遺』（2）（西安：三秦出版社，1995，318頁）参照。図版は陳長安主編『隋唐五代墓誌滙編・洛陽巻』（6）（天津古籍出版社，1991，214頁）参照。

81）「高木盧墓誌」の録文は呉鋼主編『全唐文補遺』（5），353下～354上頁参照。図版は王仁波主編『隋唐五代墓誌滙編・陝西巻』（1）（天津古籍出版社，1991，114頁）参照。

82）「高徳墓誌」の録文は周紹良・趙超編『唐代墓誌彙編』（上海古籍出版社，1992，1536頁）参照。図版は北京図書館金石組編『北京図書館蔵中国歴代石刻拓本滙編』（25）（鄭州：中州古籍出版社，1989，8頁）参照。

83）「王景曜墓誌」の録文は周紹良主編『全唐文新編』（22）（長春：吉林文史出版社，2000）15,116頁参照。図版は北京図書館金石組編『北京図書館蔵中国歴代石刻拓本滙編』（23）（鄭州：中州古籍出版社，1989，139頁）参照。

84）「李仁徳墓誌」の録文は周紹良・趙超編『唐代墓誌彙編』（上海古籍出版社，1992，1,412頁）参照。図版は孫蘭風・胡海帆主編『隋唐五代墓誌滙編・北京大学巻』（1）（天津古籍出版社，1992，134頁）参照。

85）似先英問は似先義逸の先祖である。「似先義逸墓誌」の録文及び図版は，趙力光主編『西安碑林博物館新蔵墓誌彙編』（下）（北京：線装書局，2007，753～756頁）参照。

唐代の百済系蕃将は，現在までの出土墓誌には 10 名見える——陳法子[86]・祢素士・祢仁秀[87]・祢軍[88]・祢寔進[89]・黒歯常之[90]・黒歯俊[91]・難汗・難武・難元慶[92]である。百済系蕃将の官職は表 13-2-2 のとおりである。

武官号に関して，高句麗・百済系の蕃将が遊牧系と異なる特徴の一つは起家官の問題である。附表を見れば，突厥第一帝国の滅亡（太宗時期）と突厥第二帝国の衰退（玄宗時期）を契機として唐に帰伏した遊牧系の蕃将は，三品諸衛将軍から起家した例がかなり多いことがわかる。例えば突厥出身の蕃将は 27 人で，ただ頡利可汗と突利可汗の息子たち及び執失思力の外甥のみが諸衛将軍から起家しなかった。西突厥出身の 22 人の中でも阿史那元慶以外は，いずれも三品諸衛将軍から起家している。

突厥第一帝国の滅亡前後に，「降附開四夷爲州縣，獲男女一百二十餘萬口」とある[93]。この『通典』の記載は些かの誇張を含むことを免れないが，多くの遊牧民族の首領が自身の部落民を率いて帰順していることは認めてよかろう。そして唐皇帝は「四夷自服」を目指した[94]。そこで，一方では遊牧民族の首領に適切な補償を与え，他方では更に計画を練り，投降者を安置し利用しようとした。

唐はほとんどの遊牧首領に諸衛将軍号を授与し，さらにその統帥に命じて部落を帰順させた。例えば貞観 4 年（630），「阿史那思摩爲懷化郡王，頡利之亡也，

86）「陳法子墓誌」の録文及び図版は，胡戟・栄新江主編『大唐西市博物館蔵墓誌』（上）（北京大学出版社，2012，270～271 頁）参照。

87）「祢素士墓誌」と「祢仁秀墓誌」の釈文及び図版は，張全民「新出唐百済移民祢氏家族墓誌考略」（『唐史論叢』第 14 輯，2012，52～68 頁）参照。

88）「祢軍墓誌」の録文及び図版は，西安市文物稽査隊編『西安新獲墓誌集萃』76～79 頁参照。

89）「祢寔進墓誌」の釈文及び関連問題については，董延寿・趙振華「洛陽・魯山・西安出土的唐代百済人墓誌探索」（『東北史地』2007 年第 2 期，8～11 頁）及び拝根興「百済遺民《祢寔進墓誌銘》関聯問題考釈」（『東北史地』2008 年第 2 期，28～32 頁）参照。

90）「黒歯常之墓誌」の録文は呉鋼主編『全唐文補遺』(2)，358 下～360 上頁参照。図版は陳長安主編『隋唐五代墓誌滙編・洛陽巻』(7)，147 頁参照。

91）「黒歯俊墓誌」の録文は呉鋼主編『全唐文補遺』(2)，394 頁参照。図版は陳長安主編『隋唐五代墓誌滙編・洛陽巻』(8)，78 頁参照。

92）「難元慶墓誌」の録文及び図版は，中国文物研究所・河南省文物研究所編『新中国出土墓誌・河南（壹）』（北京：文物出版社，1994，219～220 頁）参照。

93）『通典』巻七 食貨典七，148 頁。

94）『資治通鑑』巻百九十三 太宗貞観三年（629）十二月条，6,067 頁。

II 論考篇

表 13-2-1　墓誌に見える高句麗系蕃将の武官号

姓名	生卒年	出身	起家官 官品 時期	散官 官品 時期	勲官 官品 時期	職事官 官品 時期
泉　男生	634-679	太莫離支	特進 文散官正二 666	特進 文·正二 666	上柱国 正二 668	右衛大将軍 正三 668 遼東大都督 677
泉　献誠	651-692	男生之子	右武衛将軍 職事官従三 666	雲麾将軍 武·従三 684	上柱国 正二 679	左衛大将軍 正三 690
泉　隠		男生之孫	武騎尉 勲官従七上 700	光禄大夫 文·従二 733	武騎尉 従七上 700	衛尉卿 従三 733
高　連		宝蔵王之子	?	雲麾将軍 武·従三		右豹韜大将軍 正三 安東都護
高　震	701-773	宝蔵王之孫	遊撃将軍 武散官従五上	開府儀同三司 文·従一		右金吾衛大将軍 正三 安東都護
李　他仁	609-675	柵州都督, 総兵馬	右戎衛将軍 職事官従三 666-668?			右領軍将軍 従三 669
李　乙孫		他仁之子	?			平皋府果毅 従五下, 正六上, 従六下 675
李　遵武		他仁之子	?			安信府果毅 従五下, 正六上, 従六下 675
高　質	626-697	三品位頭大兄兼大将軍	明威将軍, 右衛翊府左郎将 武散官従四下, 職事官正五上 669	冠軍大将軍 武·正三 690	上柱国 正二 697	左玉鈐衛大将軍 正三 697
高　慈	665-697	質之子	上柱国, 右武衛長上 勲官正二, 職事官従九下 684	壮武将軍 武·正4下 696	上柱国 正二 684	左豹韜衛翊府郎将 正五 696
高　崇徳		慈之子	?			左豹韜衛翊府郎将 正五 697
高　文協		遼東城大首領高伏仁之孫	?	宣威将軍 武·従四下		高陵府長上 従九下
高乙徳	618-699	中裏小兄	右衛藍田府折衝長上 職事官従九下 662	冠軍大将軍 武·正三 691		左青道率府頻陽府折衝 正四上, 従四下, 正五上 674
高足西	626-695	族本殷家独擅雄蕃	明威将軍, 真化府折衝都尉 武散官従四下 職事官正四上, 従四下, 正五上	鎮軍大将軍 武·従二 690	上柱国 正二 680	左豹韜衛大将軍 正三 690

似先英問			?			右驍衛将軍 従三 武徳中
高鐃苗	?-673		?			左領軍将軍 正三 670-673?
高牟	640-694		雲麾将軍, 左領軍衛翊府中郎将 武散官従三, 職事官正四下	冠軍将軍 武・正三		左豹韜衛大将軍 正三
高玄	642-690		宜城府左果毅都尉 職事官 従五下, 正六上, 従六下 668	冠軍大将軍 武・正三 690		左豹韜衛翊府中郎将 正四下 690
高木盧	650-730		?	陪戎副尉 武・従九下		
高履生		木盧之子	?		上柱国 正二 730?	折衝都尉 正四上, 従四下, 正五上 730?
高瑗		欽徳之曽祖	?			建安州都督
高懐		欽徳之祖	?	雲麾将軍 武・従三		襲爵建安州都督
高千		欽徳之父	?			左玉鈐衛中郎 正四下 襲爵建安州都督
高欽徳	677-733		陶城府果毅 職事官 従五下, 正六上, 従六下			右武衛将軍 従三 襲爵安州都督
高遠望	697-740	欽徳之子	浄蕃府果毅 職事官 従五下, 正六上, 従六下		上柱国 正二	左驍衛郎将 正五
李仁徳	673-733	在唐出生	雲麾将軍, 右屯衛翊府中郎将 武散官従三, 職事官正四下	冠軍大将軍 武・正三		右威衛将軍 従三 開元中
李思敬		仁徳之子	?			右驍衛中候 正七下 733?
李思譲		仁徳之子	?			右驍衛司階 正六上 733?
高徳	676-742	在唐出生	杜陽府果毅 職事官 従五下, 正六上, 従六下	定遠将軍 武・正五上	上柱国 正二	右龍武軍翊府中郎 正四下
王景曜	680-734	在唐出生	七衛中候 職事官正七下	遊撃将軍 武・従五下		右威衛将軍 従三 開元中
南狄		単徳之祖	?			磨米州都督 668-?
南単徳	699-776		折衝果毅 職事官 従五下, 正六上, 従六下 開元初	開府儀同三司 文・従一 758-760?		左金吾衛大将軍 正三 758-760?

表13-2-2　墓誌に見える百済系蕃将の武官号

姓名	生卒年	出身	起家官 官品 時期	散官 官品 時期	勲官 官品 時期	職事官 官品 時期
黒歯常之	630-689	達率（二品），風達郡将	折衝都尉 職事官正四上，従四下，正五上 664	忠武将軍 武·正四上 672	上柱国 正二 672	右武威衛大将軍 正三 687
黒歯俊	676-706	常之之子 在唐出生	游撃将軍，上柱国，蘭州広武鎮将 武散官従五下，勲官正二 695	游撃将軍 武·従五下 695	上柱国 正二 695	右金吾衛守翊府中郎将 正四下 698
陳法子	614-689	司軍，恩率	遊撃将軍，政教府右果毅都尉 武散官従五下，職事官従五下，正六上，従六下 661	明威将軍 武·従四下 684		龍亭府折衝都尉 正四上，従四下，正五上 669
祢　軍	613-678	寔進之兄	濚川府折衝都尉 職事官正四上，従四下，正五上 660		上柱国 正二	右威衛将軍 正三 672
祢寔進	615-672	勲門 軍之弟	？		柱国 従二	東明州刺史，左威衛大将軍 正三
祢素士	？-708	祢寔進之子	遊撃将軍，長上 武散官従五下，職事官従九下	雲麾将軍 武·従三	上柱国 正二	左武衛将軍 従三 705
祢仁秀	675-727	祢素士之子		明威将軍 武·従四下		虢州金門府折衝 正四上，従四下，正五上
難　汗		元慶之祖	？			熊津州都督府長史
難　武		元慶之父	？	忠武将軍 武·正四上		右衛翊府中郎将 正四下
難元慶	663-723		遊撃将軍，檀州白檀府右果毅 武散官従五下，職事官従五下，正六上，従六下	宣威将軍 武·従四下	上柱国 正二	折衝都尉 正四上，従四下，正五上

諸部落酋長皆棄頡利來降，獨思摩隨之，竟與頡利俱擒，上〔太宗〕嘉其忠，拜右武候大將軍，尋以爲北開州都督，使統頡利舊衆」とある95)。阿史那蘇尼失が入唐し，最初に北寧州都督・右衛大将軍に任命された96)。こうした状況は高宗期にもなお継続していた。顕慶2年（657）に帰伏した西突厥の阿史那弥射と阿史那歩真の起家官はそれぞれ左衛大将軍・崑陵都護・興昔亡可汗及び右衛大将軍・濛池都護・継往絶可汗であった97)。咸亨2年（671）に唐は阿史那都支を左驍衛大将軍

95)『資治通鑑』巻百九十三　太宗貞観四年（630）三月条，6,073頁。
96)『旧唐書』巻百九　阿史那蘇尼失伝，3,290頁。

兼匐延都督にし，咄陸五部を安撫した[98]。

　反対に，諸衛将軍に任命された高句麗系の蕃将17人の中で，諸衛将軍で起家したのは，泉献誠・李他仁・高文簡・高拱毅などの5人がいるだけである。百済系の蕃将6人中では，記録が不明な沙吒忠義を除いて，全て軍功を立てた後に昇進している。その原因を理解すべく，筆者は墓誌中に見える起家官に注目した。高句麗では唐との戦争時に帰伏し，その後に契苾何力・李靖に協力してともに高句麗を攻撃した泉男生・泉献誠・李他仁などが三品諸衛将軍に任命されている。遊牧系蕃将については，部衆を率いて唐に入るという記録が多く，唐朝での任官の状況もかなり詳細に記録されている。しかし高句麗・百済の蕃将については，墓誌や史書に「起家」や「解褐」などの，官界に入ることを意味する語句すらない。実のところ，我々は「起家官」の概念を墓誌に記録された最初の官職——「折衝果毅」や「折衝都尉」よりもさらに低い層面に降ろして研究する必要がある。その他の蕃将の起家官は一般に全て折衝果毅や折衝都尉である。これは前に触れた，遊牧系の蕃将がただちに三品諸衛将軍に任命されるのと鮮明な対比をなしている。

　では，唐朝が蕃将に官職を最初に授ける際の原則を検討しよう。先行研究には馬馳の論文があり，彼は唐がはじめて蕃州に官職を授与する際，部落の規模，地位，名望の高低に依拠したと考える[99]。具体例として顕慶2年（657）に阿史那弥射と阿史那歩真に与えられた都護・諸衛将軍・可汗号がある。今のところ羈縻府州の官職授予原則については，上述の記録を除けば，他に参考に供すべき資料がない。注意すべきは，幾人かの研究者が羈縻府州の官職授予の原則と，蕃将に最初に官職を授与する際の原則とを区別できていないことであり，この点を明確にする必要がある。以前の研究の大部分は，唐が最初に蕃将に官職を授けるとき，高句麗・百済で歴任した地位を参考にしたと考えている。代表的なのは黒歯常之の例で，彼が入唐した当初の官職はかなり低く，そのため百済でも低級の官であったに違いないと推測されてきた。一方，従三品の左領軍員外将軍であった高鐃苗については，高句麗での官職である「小将」は上級の武官に属すとされた。

97）『資治通鑑』巻二百　高宗顕慶二年（657）十月条，6,307頁。

98）『新唐書』巻二百十五下　突厥伝下，6,064頁。

99）馬馳「《旧唐書》《黒歯常之伝》補闕考弁」（『百済研究叢書』第5輯，1997，319頁）。

Ⅱ　論考篇

　高句麗・百済の蕃将には本国での官職以外に，いくつか考慮される要素があった。「泉男産墓誌」に拠ると，総章元年（668）に太大莫離支に属していた彼が唐軍の捕虜となった後，「襲我冠帯，乃授司宰少卿，仍加金紫光祿大夫，員外置同正員」と記されている。だが唐朝は「莫離支」を吏部尚書もしくは兵部尚書に相当する官位であると考えていたので[100]，唐に帰伏した後の泉男産は少なくとも正三品以上の官職を得るはずだった。しかし彼の起家官は従四品の司宰少卿に過ぎなかった。一方，李他仁は元来三品に相当する柵城都督であって[101]，唐朝でもまた三品の諸衛将軍に任命された。

　蕃将の本国での地位と，唐で授与された起家官との関係を詳細に比べてみよう。高句麗・百済系については，表 13-3-1 のように整理できる。比較のために，表 13-3-2 で高文簡などの待遇を整理した。彼らは開元 3 年（715）に部落を率い，突厥第二帝国より唐に帰伏した者である[102]。

　表を見比べると，唐が高句麗・百済系に授与した官職は，彼らが唐で暮らすようになってから立てた功労と密接に関連していることが分かる。本国での身分にのみ依拠して官職を授与したのならば，高句麗の三品位頭大兄兼大将軍であった高質は同級の官職を得たはずである。だが実際の彼の起家官は明威将軍（武散官従四品下）・行右衛翊府左郎将（職事官正五品上）に過ぎなかった。高句麗・百済系の中で，本国での地位と唐朝での起家官が同じ者は李他仁のみである。表 13-3-2 の例と異なり，表 13-3-1 中の高句麗・百済系の起家官が，李他仁を除けば，全て三品以下である点は注目に値する。逆に表 13-3-2 では，首領の起家官がいずれも三品諸衛将軍である。高文簡・泉男生・泉男産は本来みな莫離支であったが，高文簡のみが正三品の職事官と郡王の爵位並びに食邑 3,000 戸を授与された。高蔵王の子である高連を除いて，高句麗・百済系の蕃将で郡王に封ぜられた者はいない。しかし泉男生は高句麗を平定した功績を立てただけで，卞国公の爵位を獲得できた。食邑 3,000 戸についていえば，高句麗・百済系では泉男生・泉献誠父子及び黒歯常之の事例のみである。黒歯常之が食邑 3,000 戸に封ぜ

100）『通典』巻百八十六　辺防典二，5,016 頁，「立其姪蔵爲主，自爲莫離支。此官總選兵，猶吏部・兵部尚書也」。

101）拝根興『唐代高麗百済移民研究——以西安洛陽出土墓誌為中心』，238 頁。

102）『新唐書』巻二百十五上　東夷伝，6,048 頁。『冊府元亀』巻九百六十四　外臣部冊封二，11,171 頁。

354

表 13-3-1　高句麗・百済系蕃将の本国での地位と唐朝での起家官

姓名	出身（本蕃）	任命時期	起家官（唐朝）
泉男生	太莫離支	666	特進（文散官正二品），平壌道行軍大総管兼使持節按撫大使
泉男産	太大莫離支	668	司宰少卿（職事官従四品上），金紫光禄大夫（文散官正三品）
高　質	三品位頭大兄兼大将軍	669	明威将軍（武散官従四品下），行右衛翊府左郎将（職事官正五品上）
李他仁	柵州都督（三品），総兵馬	668	右戎衛将軍（職事官従三品）
黒歯常之	達率（二品），風達郡将	664	折衝都尉（職事官正四品上，従四品下，正五品上）
高足酉	族本殷家，独擅雄蕃	668	明威将軍（武散官従四品下品），右威衛真化府折衝都尉（職事官正四品上，従四品下，正五品上）

られた時期は，入唐から23年後であったということにも注意すべきであろう。

　表 13-3-1 と比べると，表 13-3-2 の突厥第二帝国の首領がよい待遇を受けていることは明らかである。その原因を，筆者は次のように考える。唐朝が待遇を決める時，すなわち起家官を授与する時には，原則上その本国での地位を考慮するだけでなく，さらに唐に対する功労を斟酌した。故に高句麗の小将であった高鐃苗は，従三品である左領軍員外将軍の官職を手に入れた。高鐃苗が相当高い官職を手に入れた理由は，彼が李勣と内外呼応して唐軍を助け，平陽城を攻略したことに因る。李他仁は三品の柵州都督から，同等の官職である三品諸衛将軍に任命されたが，それは李勣と平陽城を攻撃した時に挙げた功労のために違いない。高文簡などがかなり高い官職と食邑を手に入れたのも，突厥第二帝国から唐に帰伏した一種の褒賞によるものだろう。その時，突厥第二帝国は唐朝にとって強敵であったのである。

　では，高句麗・百済系の蕃将は，遊牧系と比べて低い官職から，如何にして昇進して高官となったのであろうか。彼らの墓誌を通して，そのほとんどが彼ら個人の軍事能力によるものであることがわかる。「高震墓誌」には「官品九階，越遊撃而昇開府，斯亦人臣之自致也」と記され，銘文でも「戢剪獯虜，翊亮皇唐，盧龍柳塞，都護封疆」とされ，反乱鎮圧時に軍功を立てたことが知られる[103]。総章元年（668）に唐軍の先鋒の将として，高玄は平壌城を攻撃して功績があり，宜城府左果毅都尉果毅となった。また垂拱 3 年（687）に神武軍統領として突厥軍を撃破した後，右玉鈐衛中郎将（正四品下）となった。永昌元年（689）にはさ

103）呉鋼主編『全唐文補遺』(6)，100 頁。

II　論考篇

表 13-3-2　開元三年（715）における高文簡などの待遇

姓名	出身（本蕃）	爵位（唐朝）	職事官（唐朝）	勲/散官（唐朝）	賞賜（唐朝）			
					食邑	宅	馬	物
高文簡	高麗王, 莫離支	遼西郡王	左衛大将軍（正三品）		3,000	1	4	600
跌思太	都督	樓煩国公	右衛大将軍, 都督（正三品）	特進（文散官正二品）	3,000	1	3	500
慕容道奴	吐渾大首領刺史	雲中郡開国公	左威衛将軍, 刺史（従三品）		2,000	1	2	400
鶴屈利斤大	郁射施大首領	陰山郡開国公	左驍衛将軍, 刺史（従三品）		2,000		2	200
苾悉頡力	首領刺史	雁門郡開国公	左武衛将軍, 刺史（従三品）		2,000		2	400
拱毅（高拱毅）	高麗大首領	平城郡開国公	左領軍衛将軍, 刺史（従三品）		2,000		2	400

　らに新平道左三軍総管に任命され，再び突厥との戦争に参与した[104]。

　こうした軍功により地方折衝府の属官に任命された後，戦闘に参加し，軍功を立て，再び昇進するというような状況は，高質・高慈親子のケースにはっきりと見て取れる。「高質墓誌」によれば，入唐の前に，高質は高句麗の三品位頭大兄兼大将軍となっていた。入唐後，総章 2 年（669）に明威将軍（武散官従四品下）・行右衛翊府左郎将（正五品上）で起家し，咸亨元年（670）に邏娑・涼州・燕山・定襄などの地に派遣されるようになり，行軍指揮官となった。万歳通天元年（696）にはさらに瀘河道討撃大使・清辺東軍総管を連任し，「以二千餘兵，撃數萬之衆。七擒有效，三捷居多。萬歳通天二年（697）正月，制除左玉鈐衛大将軍……上聞旒扆，特降恩徽」とある[105]。高慈の起家官は上柱国（勲官正二品）で，「高慈墓誌」によれば，これは彼の父の勲功によるものである。職事官は右武衛長上に過ぎなかったが，万歳通天元年（696）五月に父の高質とともに契丹を撃破して功があり，壮武将軍（武散官正四品下），行左豹韜衛翊府郎将（正五品）に任命された。この後，中軍を統率し，外域で功を立て，万歳通天 2 年（697）5 月に磨米城で父親の高質とともに不幸にも戦死した[106]。

　黒歯常之もまた龍朔 3 年（663）に再度唐に降った後，麟徳（664-665）の初めに折衝都尉の官を授けられた。しかし儀鳳 3 年（678）に李敬玄・劉審礼と吐蕃を

104）呉鋼主編『全唐文補遺』（2），318 頁。
105）呉鋼主編『全唐文補遺』（千唐誌斎新蔵専輯），80 頁。
106）呉鋼主編『全唐文補遺』（3），514 頁。

攻撃する軍に加わる前には，彼は全く中央の官職を持たず，ただ百済の故地と唐の間で漂泊していたに過ぎなかった。吐蕃攻撃の際に立てた戦功により，彼は選ばれて左武衛将軍・検校左羽林軍となり，さらに河源道経略副使にまで昇進した。この後，吐蕃を攻撃し，河源道経略大使・燕然道副大総管を続けて拝命した。光宅元年（684）に徐敬業の謀反時に江南道行軍大総管となり，この謀反を平定したことにより，正三品の左武威衛大将軍・検校左羽林衛に任命された。そして垂拱2年（686）に突厥の骨卒禄を平定した時，皇帝が特別に下旨し，燕国公に封じられて食邑3000戸を得た[107]。

これと同時に，人間関係もまた昇進ルートを左右する。前に触れた，臨淄王時期より玄宗に侍従してい官奴の王毛仲と李仁徳（李宜徳）の例である。高徳もこの類型に属す。高徳は唐で生まれ，玄宗が韋后の乱を平定した後に，玄宗を助けて政権を掌握するのに功績があり，岐州杜陽府の果毅に任命された。その後，陝州万歳府・絳州長平府・正平府・懐州懐仁府・同州洪泉府等の折衝都尉を歴任し，選ばれて右龍武軍翊府中郎となった。ここでようやく宮廷で宿衛することができたのである。「高徳墓誌」には「内帯弓箭，府君雖官授外府，而身奉禁営，毎鑾輿行幸，鳳扆巡遊，盤遊縦賞，府君常在□内，親近供奉」と称す[108]。

遊牧系出身の蕃将には，父親の地位を継承した例が多い。だが当然ながら，無条件で継承が認められたわけではない。例えば頡利可汗の子である阿史那婆羅門は，弱冠の年に戦争に参加し，功労を立て，右屯衛郎将となった。しかし永徽2年（651）に他界するまで，父親の地位と関連する官職を手に入れることはできなかった[109]。従って，高句麗系蕃将のなかにあって，高欽徳らが羈縻府州長官に相当する建安州都督を代々継承していたことを示す墓誌の発見は，異例のケースとして注目される。

高欽徳とその子の高遠望の墓誌上には，彼らの先祖が建安州都督を継承したという記録が刻まれる。建安州は安東都護府属下の羈縻州の一つである。安東都護府は最初期には平壌城に設置され，後の上元3年（676）に遼東郡故城に移され，

107）『新唐書』巻四　則天皇后本紀光宅元年（684）十一月条，84頁。『旧唐書』巻百九　黒歯常之伝，3,295頁。呉鋼主編『全唐文補遺』(2)，358下〜360上頁。

108）周紹良・趙超編『唐代墓誌彙編』，1,536頁。

109）趙力光主編「阿史那婆羅門墓誌」『西安碑林博物館新蔵墓誌彙編』(2)（北京：線装書局，2007，77頁）。

Ⅱ　論考篇

表13-4　『高欽徳墓誌』，『高遠望墓誌』に見える建安州都督に関係する記録

高欽徳之間関係	姓名	『高欽徳墓誌』	『高遠望墓誌』
曽祖	高瑗	建安州都督	-
祖父	高懐	襲爵建安州都督	雲麾将軍，建安州都督
父	高千	唐左玉鈐衛中郎	左玉鈐衛中郎，襲爵建安州都督
本人	高欽徳 (676-733)	果毅→折衝→郎将→中郎→二率→右武衛将軍，寧遠将軍，幽州副節度知平盧軍事	襲建（安）州都督，右武衛大将軍，幽州副節度知平盧軍事
子	高遠望 (696-740)	-	果毅→折衝，安東鎮副使→左驍衛郎将→安東大都護副都護，松漠使，上柱国

　治所の移動と改編を経て，開元2年（714）より至天宝元年（742）まで平州に治所が置かれ，至徳年間（756-758）に至って廃止された。建安州もまた東北の蕃降胡を羈縻する府州であり，部落の首領を都督と刺史に任命している[110]。だが高欽徳と高遠望の墓誌では，建安州都督の継承に関する記事にいくつかの微妙な差異がある。建安州都督と関係する高欽徳家族の墓誌は表13-4の通りである。

　高欽徳の墓誌には建安州都督を世襲したという記事はなく，この点は慎重に考察する必要がある。高遠望の墓誌には高欽徳が「襲建（安）州都督」と刻されるが，高欽徳の墓誌には建安州都督を継承したという記録がない。高欽徳の父である高千については，高欽徳の墓誌ではただ左玉玲衛中郎になったと記されているだけである。しかし高遠望の墓誌には「襲爵建安州都督」とある。まず高欽徳が建安州都督の職と関係があったのか否かについて確認しておこう。高欽徳は柳城郡の公舎で死亡したと記されている。柳城郡はかつて何度も改称され，大体今の遼寧省朝陽市・北票市一帯に位置する[111]。高欽徳が死亡した開元21年（733）には，その上級機関は営州都督府で，建安州は大体今の遼寧省蓋州市の青石嶺鎮付近に位置する[112]。建安州都督の存在についてはなお具体的な論拠が発見される必要があるが，少なくとも現有の資料に拠ると，高欽徳が死亡した地である「柳城郡公舎」は建安州都督府と一定の距離がある。しかし高懐と高千についての記事には「襲爵」という句があり，この点は注目に値する。ふたつの墓誌はいずれも新発見のもので，単純な誤記でもなかろう。そして実のところ，高欽徳と高遠

110）『旧唐書』巻三十九　地理志二，1,526～1,527頁。

111）郭声波『中国行政区画通史・唐代巻』（上海：復旦大学出版社，2012，278～281頁）。

112）郭声波『中国行政区画通史・唐代巻』，1,147頁。

358

望はいずれも散官と職事官は授与されたものの，爵位は受けていない。なお具体的な論拠が必要ではあるが，「建安州都督」は現実の官爵体系に存在するものではなく，象徴性をもつ美称に過ぎないのではないか。こうした立場に立つなら，「襲爵建安州都督」という記事は，実際には爵位を得ていない高欽徳の家族に後日与えられたもので，象徴的な美称に過ぎなかったといえよう。

5 ●蕃将の勢力基盤

前節では，主に唐朝の蕃将に対する待遇について論じた。本節では蕃将の側に立ち，彼らの唐朝における勢力基盤について考察しよう。既に述べたように，遊牧系の蕃将が自身の配下の部落民を率いて入唐する事例は普遍的であった。入仕以後もなお，自身の部衆に対する彼らの指揮権は唐に認められた。「阿史那思摩及夫人墓誌」には「貞觀三年（629），匈奴（突厥第一帝国）亂中，思摩率衆，因而歸朝」し，貞観13年（639）に「改授乙彌泥孰可汗，率部落歸於黄河之北」と記されている[113]。開元の初めに唐に帰伏した阿史那毗伽も，「乃ち部帳を率い」て入唐し，黙啜可汗が殺害された後に「增秩將軍，統舊部落」とある[114]。

遊牧系の蕃将が率いていた部衆は，軍隊に編入され唐の対外戦争に参与した。上述の阿史那思摩は「從駕東行，在道蒙授右衞將軍，仍領蕃兵度遼。攻白崖城」とある[115]。顕慶5年（660），定襄都督の阿史德樞賓は「本蕃兵を領して以て」奚の反乱軍を討伐した[116]。開元5年（717），回紇・同羅・霫・勃曳固・僕固などの五個部落が唐に帰伏すると，開元7年（719）2月，玄宗は制書を下し蕃将に命じ「本部落の蕃兵を領して」討撃大使とした[117]。また安禄山の反乱を討伐するために，「蕃將火拔歸仁等各將部落以從」[118]とあり，潼関に駐屯した。遊牧系の蕃将はこうして自身の部下を指揮するという基盤の上で唐の対外戦争に参加し，軍功を立て，安定した地位を築いたのである。

唐に帰伏した遊牧民族の首領は「助唐」の名分を掲げて対外戦争に参与した

---

113) 張沛『昭陵碑石』（西安：三秦出版社，1993，112下，114上頁）。

114) 周紹良・趙超主編「贈左驍衞大将軍左賢王阿史那毗伽特勤墓誌銘幷序」（『唐代墓誌彙編続集』，492頁）。

115) 張沛「昭陵碑石」，112下頁。

116) 『冊府元亀』巻九百八十六　外臣部征討五，11,411頁。

117) 『冊府元亀』巻九百九十二　外臣部備禦五，11,489頁。

118) 『資治通鑑』巻二百十七　玄宗天宝十四載（755）十二月条，6,943頁。

が，同時に彼らは機会に乗じて戦利品を獲得し，官職を手に入れ，更にこれにより自己の地位を固めることができた[119]。貞観22年（648），乙毗射匱可汗の圧迫に耐えきれず，阿史那賀魯は部落を伴って唐に降り，瑤池都督・左驍衛将軍に任命された。彼は亀茲と西突厥への作戦に加わり，無数の戦利品を得た。こうして勢力を強化した後，永徽2年（651）に唐に背き，自立して沙鉢羅可汗となり，その反乱は6年続いた。さらに万歳通天元年（696）5月，左武衛大将軍・松漠都督であった李尽忠と右玉鈐衛将軍・帰誠州刺史の孫万栄がともに造反した。この時，左衛大将軍・帰国公の黙啜可汗は「助國討伐」を主張し，豊・勝・霊・夏・朔・代など六州に散在していた突厥の降戸と糧食四万石・鉄四万斤・農具三千具，雑綵五万段の戦利品を得た。これらの人的・物的資源を基礎として，黙啜は遼東・遼西地方の統治権を確保した。[120]

中国に移住したソグド人は貿易活動を行っており，その勢力基盤は遊牧系蕃将と大いに異なっていた。「家業」により官を棄てて故郷に帰った安元寿の事例をみてみよう。武徳2年（619）に安修仁は唐より派遣された兄の安興貴と共謀し，李軌政権を顛覆させた。武威の安氏は唐に帰順した後に，安修仁は関中十二軍の一将官となり突厥に対する作戦に参与した。その後，安興貴の子である安元寿は起家して秦王府の右庫真となり，李世民の玄武門の変に加わった。安氏は唐の中央権力と絶えず密接に関係し，頗る太宗の信任を受けていた。しかし「安元寿墓誌」には，貞観3年（629）に「涼公以河右初賓，家業殷重，表請公歸貫檢校，有詔聽許。公優遊郷曲十有餘年」と記されている[121]。涼公とは安元寿の父の安興貴のことである。引用文に見える河右とは，李軌政権を平定した後に安興貴が唐に献上した地区のことであり，これを契機として彼は唐に入仕し，高官となった。しかし安元寿は父である安興貴の命を受けて武威に戻り，その後数十年にわたって「家業」に従事した。このことは，武威安氏が隋末唐初の目まぐるしく変わる権力闘争の一つ一つに関連する一方で，依然として自身の「家業」を堅持し，その維持を非常に重視していたことを示す。ソグド人の場合，通常の「家

---

119) 李基天「7世紀 唐의 諸衛将軍号 授与와 蕃将의 対応」（前掲書，注6，89〜90頁）。

120) 日野開三郎「突厥黙啜可汗の興亡と小高句麗国」（『日野開三郎東洋史学論集』（8），京都：三一書房，1984，132頁）。

121) 周紹良・趙超主編『唐代墓誌彙編続集』，272頁。

業」とは貿易活動や軍馬の飼養と交易を指す[122]。要するに，ソグド人は唐朝での官員生活以外に，自己の勢力基盤としてさらに「家業」があった。状況次第では，ソグド系の蕃将は軍事的手段により中央権力に連なるのではなく，むしろ自身の家業を重視し，回帰する傾向にあったことが見て取れる。

ソグド人には「家業」という勢力基盤があり，遊牧系の蕃将は「率其衆來降」・「率其衆以從」・「率其部落內屬」として唐に投降した。これに対し，高句麗・百済系蕃将の，本国の人間との統率関係はあまり明確ではない。高句麗・百済は定住の農耕社会なので，移動がかなり頻繁な遊牧社会と異なり，たとえ国家が滅亡しても，定住民たちは元の土地に住み続けた。高句麗・百済の社会体制も部落を単位とする遊牧社会と異なっていた。従って，高句麗・百済故地の統治権の変動に注目すれば，高句麗・百済遺民の帰属問題を理解できるはずである。だが高句麗・百済の滅亡後，その領域が一勢力によって完全に支配されることは無かったので，この問題の分析はいささか複雑である。

入唐の前の事例を包括すると，本国の群衆を指揮したであろう高句麗・百済系の蕃将には，ただ李他仁と黒歯常之がいるだけである。だが入唐後も依然として彼らが指揮して対外作戦に参与できたのかどうかはわからない。乾封元年（666）末より総章元年（668）九月までの間に，投降して李勣の麾下になった李他仁の事例を見てみよう。「李他仁墓誌」によれば[123]，彼は柵州都督となり，十二州の高麗及び三十七部の靺鞨を統率した。彼は李勣に投降し，その信任を得た後，「其の所属を統」べて，平壌城の戦闘に参加した。そして功を立てて入朝した後，右戎衛将軍に任命された。この後，さらに夫余の討伐に加わった。これは総章2年（669）に江淮と山南で発生した高句麗遺民の反乱を鎮圧したことを指していよう[124]。この後の足取りはあまり明確でなく，墓誌には僅かに反乱を鎮圧した後，長安の私宅で亡くなったと述べるだけである。一方，黒歯常之には，任存城を攻撃した時に本国の群衆を伴っていたことを示す記録がある[125]。

唐はもともと，百済遺民を河南の徐州や青州などの地に安置し，一般の戸口に

---

122) 呉玉貴「涼州粟特胡人安氏家族研究」，300～308頁。森安孝夫『シルクロードと唐帝国』（東京：講談社，2007，135～136頁）。

123) 孫鉄山「唐李他仁墓誌考釈」，736頁。

124) 拝根興『唐代高麗百済移民研究——以西安洛陽出土墓誌為中心』，249頁。

125) 『資治通鑑』巻二百一　高宗龍朔三年（663）九月条，6,337頁。

Ⅱ　論考篇

編入したいと考えていた。だが韓半島の政治情勢の変化に従い，最終的に遼東に
移動させ，城傍に編入した。百済系蕃将である沙吒忠義の履歴とその出征は，こ
れらの地区と何ら関係しない。神龍2年（706）に彼が就任していた霊武軍大総
管は朔方節度使の前身であり，長期の鎮守が必要で，これは任務が終わった後に
朝廷に戻る一般の軍総管と大きく異なった[126]。つまり彼は神龍2年（706）以前
は，百済遺民を安置していた東北地区ではなく，西北辺境で長期にわたって軍事
活動に参与していたのである。

　高玄・高足酉の墓誌は，入唐後の高句麗系蕃将と高句麗遺民の関係を示す非常
に重要な史料であり，「高玄墓誌」は「永昌元年奉敕差令諸州簡高麗兵士」と記
し，さらに「高足酉墓誌」は「天子下徴兵之令」としている。高足酉と高玄は同
時に同一の指揮系統に属し，それぞれ左豹韜衛大将軍と左豹韜衛中郎将となって
おり，この点は注目に値する。史料に見える諸州の高句麗人とは，総章2年
（669）以後に三度の強制移民を経て，并・涼以西と江・淮以南及び山南などに至
り，唐の兵力供給源となった高句麗遺民を指すに違いない[127]。「高足酉墓誌」に
現れる「天子下徴兵之令」は，高足酉と遺民との間に指揮関係が消滅していたこ
と証明していよう。そうでなければ，顕慶5年（660）5月に定襄都督の阿史徳枢
賓が本国の民を率い，反乱軍である奚を討伐した時のように，「各おの本蕃兵を
領して以て討つ」と記されるべきだからである[128]。筆者は高玄墓誌の「奉勅差
令諸州簡高麗兵士」も，また指揮関係の消滅を示していると考える。「高麗兵士」
の選定は高足酉と高玄が所属する軍政系統（南衙諸衛—折衝府）への指示ではな
く，民政系統（諸州）への命令だからである。これは高句麗遺民がこの時点です
でに州県の管理を受けていたこと，すなわちすでに編戸化されていたことを暗示
しているに違いない。

　本国の部衆の統率をめぐっては，羽林軍との兼職についても忘れてはならな
い。羽林軍は諸衛将軍が率いた南衙禁軍と異なり，北衙禁軍に属し，「衛宮の軍」
として皇帝の安危と密切な関係がある。では羽林軍の兵力構成と形成過程はどの
ようなものであったのか。羽林軍の形成は，貞観年間に皇宮と禁苑に連接する玄

126）王永興『唐代前期西北軍事研究』（北京：社会科学出版社，1994，303頁）。
127）盧泰敦「高句麗遺民史研究」（『（韓沽劤博士停年紀念）史学論叢』ソウル：知識
　産業社，1981，92～94頁）。
128）『冊府元亀』巻九百八十六　外臣部征討五，11,411頁。

362

武門に左・右屯営が設置され，それぞれ飛騎を統領したことに始まる。高宗の龍朔2年（662）に羽林軍が設けられ，独立の軍事組織が形成され，天授2年（691）2月に昇格して羽林衛となった。武后期に羽林軍は「百騎」より改編され「千騎」となり，中宗時期に再び「千騎」を「万騎」に改めた[129]。兵力の中心は「百騎」であり，驍勇善戦の若者によって組織され，一般的に雑夷出身者であった[130]。従って諸衛将軍が兼官として検校する羽林軍は本国の部衆と何ら関係がなく，その間に指揮関係が存在しなかったことを推測させる。とはいえ，高宗期には18名の羽林軍将校中8人が蕃将であった（表13-5）[131]。思うに，羽林軍の形成初期には，その組織を完全なものとするために，「善戦にして勇有り」，かつ叛乱の懸念のない蕃将が最良の人選だったのだろう。

　羽林軍将校に任じられた蕃将たちは，自己の配下の兵と統属関係を持たなかったようである。阿史那忠は父親の阿史那蘇尼失の死亡後，部落を安置させていた長州（北寧州）が廃止されたことにより，自己の士兵と指揮関係を維持できなくなっていた[132]。また契苾何力は元来，自らの部衆を説得して薛延陀に帰属しようと願ったが，反対に彼らによって捕らえられ，薛延陀昆伽可汗の面前に連行された。このことから契苾何力の契苾部での統制力は，非常に微弱なものであったことが見出せる[133]。

　靺鞨の李多祚の曽祖父・祖父・父親はいずれも烏蒙州都督に就任しており，墓誌には「黄頭都督」とある。烏蒙州は靺鞨の黄頭部を安置した羈縻州であったのであろう[134]。だが李多祚に至ると，この家系は徐々に衰弱し，羈縻州府の都督や刺史を世襲できず，羽林軍大将軍の身分で皇城の北門を守衛すること20年以上となった。

　李謹行の墓誌は，彼が右武衛翊衛校尉として起家した後，歴任した官職を記している。それは廓州刺史の検校と行軍指揮官になったことを除けば，ほとんどの時期は禁軍の指揮官であった。廓州は現在の青海省回族自治県付近に位置し[135]，

129）『唐会要』巻七十二　京城諸軍（上海古籍出版社，1991，1,529～1,530頁）。
130）『旧唐書』巻百六　王毛仲伝，3,252頁。
131）蒙曼『唐代前期北衙禁軍制度研究』（北京：中央民族大学出版社，2005，54頁）。
132）李基天「7世紀 唐의 諸衛将軍号 授与와 蕃将의 対応」（前掲書，注6，84～87頁）。
133）李基天「7世紀 唐의 諸衛将軍号 授与와 蕃将의 対応」（前掲書，注6，88頁）。
134）李献奇・郭引強『洛陽新獲墓誌』，233上頁。

Ⅱ　論考篇

表 13-5　羽林軍将校に任命された蕃将

時期	姓名	任命状況	出身	出処
633-677	契苾何力	検校右羽林軍	鉄勒，昭陵陪葬，姻親	『旧唐書』巻百九，3,291 頁
661-675	阿史那忠	検校左屯営 検校左羽林軍	突厥，昭陵陪葬，姻親	『昭陵碑石』，190 下-191 上頁
668-677	泉　男生	検校右羽林軍	高句麗	『唐代墓誌彙編』，667 頁
674-707	李　多祚	右羽林衛大将軍	靺鞨（世系湮遠）	『洛陽新獲墓誌』，232 下頁
676-687	黒歯常之	検校左羽林軍	百済	『旧唐書』巻百九，3,295 頁
681-683	李　謹行	検校左羽林軍	靺鞨	『全唐文補遺』(2)，291 頁
684-691	泉　献誠	右羽林衛上下	高句麗	『全唐文補遺』(7)，20 頁
707	沙吒忠義	検校左羽林衛 右羽林将軍	百済	『全唐文新編』(5)，2,736 頁 『旧唐書』巻八十六，2,836 頁

李謹行の父親である突地稽が当初部衆を率いて唐に入り，定住した昌平と非常に離れている[136]。

　遊牧系蕃将の支持基盤については，『資治通鑑』巻二百九に有名な対話が残る。

　　初め，娑葛既に烏質勒に代りて衆を統ぶるに，父時の故将闕啜忠節服さず，数しば相い攻撃す。忠節衆弱く支うる能わず，金山道行軍総管郭元振　忠節を奏追し入朝して宿衛せしむ。忠節行きて播仙城に至るに，経略使・右威衛将軍周以悌これに説きて曰く「国家　高官顕爵を愛まず以て君を待つ者は，君部落の衆有るを以ての故なり。今身を脱して入朝せば，一老胡なるのみ，豈に惟に寵禄を保たざるのみならん，死生も亦た人手に制せらる。……既に部落を失わず，又た仇に報いるを得るは，入朝に比ぶるに，豈に同日にして語るべけんや。」[137]

突騎施の酋長の娑葛と部将である闕啜忠節との間に軋轢が生じ，忠節は一人で入朝し宿衛したいと願ったが，周以悌は道理をもって説得した。遊牧系蕃将にとっては「部落の衆」が勢力基盤の一つなのである。もしその組織を維持できなければ，唐で如何なる地位を得たとしても，自身の権利を維持することはできなかった。蕃将が唐朝で好待遇を得られたのは，彼が部衆をともなっていたことに因るのである。彼が部落を失い，宿衛に従事した場合，だだの「一老胡」にしかなれず，実権がなければ，生きていくことすら大変難しかった。

---

135)　史為楽『中国歴史地名大辞典』（北京：中国社会科学出版社，2005，2,173 頁）。
136)　『新唐書』巻百十　諸夷蕃将伝李謹行，4,123 頁。
137)　『資治通鑑』巻二百九　中宗景龍二年（708）十一月条，6,625～6,626 頁。

唐朝の立場からすれば，蕃将が率いた部衆の利用は「夷を以て夷を制す」有効な手段であり，巨大な人力と経費を必要としない有効な方法であった。だが一方で，唐は「夷を以て夷を制す」は単なる臨時の策で，根本の解決方法ではなく，しかもかえって唐に有害かもしれないと考えていた。異民族にとっては，中国王朝との連携を通して自身の地位を向上させることができ，しかも中国の「夷を以て夷を制す」により異民族は「華を以て夷を制す」ことができた。唐の支持下で成長した多くの蕃将も，自身の利益に符合する唐の民族政策を適切に利用し，それにより自己の地位を強化しようとした。逆に唐が自身にとっての脅威になるときには，随時に唐を離脱する準備をしていた。さきに触れた阿史那賀魯の叛乱や突厥第二帝国の黙啜可汗の叛乱は，その好例である。

故に，唐は分割政策を多用して，異民族の勢力拡大を防止した。蕃将の戦闘に関わる制限は明らかに変化している。儀鳳年間（676-679）以後，蕃将は自身に属する本国の士兵を率いることが許されなくなった[138]。それ以前には，そうした士兵は各自の酋帥に率いられる独立の軍団であったが，この時期より唐は蕃将に多数の部落を率いさせ，専ら自身の部衆のみを指揮させないようになった。このほか，唐は突厥執失部・九姓鉄勒契苾部など，多くの族群の蕃兵を率いた蕃将を漢将の指揮下に隷属させた。こうして蕃将は単なる下級の指揮官になったのである[139]。

羈縻州府を分割したり，世襲の地位を絶つのも，唐の統治方式であった。唐は，異民族勢力の統合を防ぐため，帰順した異民族をなるべく分割して統治するという戦略をとった。高句麗遺民を強制移住させたのは，勢力統合を防ぐ戦略であったといえよう。貞観23年（649）10月に，執失氏・阿史徳氏などの，かなり強大であった突厥氏族は各自分割され，羈縻州が置かれ，定襄都督府下に隷属した。他にも，投降した異民族は部族・氏族などにより区分され，それぞれに都督と刺史が任命された。加えて，例えば阿史徳氏専任の都督職に焦点をあて，時折執失氏をこれに任命し，一氏族が他の氏族への恒久的な指揮権を有する状況を打破し，また勢力が相対的に強大な氏族に他の氏族を支配させ，異民族の勢力が強大化するのを防止した[140]。

138）谷口哲也「唐代前半期の蕃将」（前掲書，注4，11〜12頁）。
139）『文苑英華』巻六百四十七「為河内郡王武懿宗神兵道行軍大総管平冀州賊契丹等露布」，3,328下〜3,331上頁。

高足酉が天枢の造営中に功を立て，証聖元年（695）に高麗蕃長の身分を得た
のも，こうした角度から理解できる。高麗蕃長と天枢建造に焦点を据えた先行研
究に，すでに詳細な分析があり[141]，筆者も概ねその論旨に同意する。しかしい
くつかの点でなお検討が必要である。例えば拝根興は高足酉が天枢造営に参与し
た背景を次のように解釈している。長寿元年（692）の天枢造営中に来俊臣が泉
献誠を謀殺し，それにより当時最年長者であった高足酉が高句麗遺民の代表とし
て天枢造営に参与したのである，と[142]。690年代当時，勢力がかなり強大であっ
た高句麗蕃将に，泉男生の子である泉献誠（651-692），高質（626-697），高慈
（665-697），建安州都督を継承した高欽徳一族，高足酉（626-695），朝鮮郡王の爵
位を継承した高蔵―高連一家などがいた。筆者は，高足酉が最年長者として代表
に選ばれたという点には同意するが，しかしなぜ拝根興が高足酉と同い年の高質
のことを考慮に入れなかったのかわからない。

「高質墓誌」によれば，高質は入唐し「累効殊功，爰懋加賞」，「天授元年
（690），遷冠軍大将軍，行左鷹揚衛将軍，進封柳城縣開國公，食邑二千戸」で
あったとある[143]。一方，高足酉は「永隆元年（680）制加勳上柱國」，「天授元年
（690），拝公爲鎮軍大将軍行左豹韜衛大将軍」とある[144]。官職からみれば，高足
酉のほうがやや高いが，天枢造営の前には高足酉は爵位を獲得していない。高質
の方は県公の爵位と食邑二千戸を得ている。従って泉献誠が死亡した時に高足酉
を選択したのは，高句麗系蕃将中で極めて順調に出世している高質を牽制しよう
としたのだと理解できよう。

ペルシャの大酋長である阿羅感もまた天枢建造に参与した。彼の墓誌には「又
爲則天大聖皇后召諸蕃王」と記されている[145]。彼の墓誌は彼が「波斯國大酋長」
であったとするだけなので，「蕃王」とあるのを額面通りに理解する必要はない。

---

140) 李基天「7世紀 唐의 諸衛将軍号 授与와 蕃将의 対応」（前掲書，注6，81〜82
頁）。

141) 李文基「高句麗 遺民 高足酉 墓誌의 檢討」（『歴史教育研究』第26輯，2001，
469〜473頁）。拝根興『唐代高麗百済移民研究――以西安洛陽出土墓誌為中心』，
229〜234頁。

142) 拝根興『唐代高麗百済移民研究――以西安洛陽出土墓誌為中心』，231頁脚注1。

143) 呉鋼主編『全唐文補遺』（千唐誌斎新蔵専輯），80上頁。

144) 呉鋼主編『全唐文補遺』（5），230上頁。

145) 周紹良・趙超編『唐代墓誌彙編』，1,116頁。

だが非常にはっきりしているのは，天枢建造に招集される必須条件が，本国でも「王」の身分を持っていたことである点である。従って高足酉を天枢建造に参与させたため，官爵体系を超えて，高麗蕃長の称号を彼に授与したものと理解できる。その意義は重要であり，名誉もまた非常に大きかったであろう。泉献誠の死後，泉男生の家門の勢力は衰退し，当時勢力がかなり強大であった高句麗蕃将は高麗蕃長の高足酉，建安州都督の爵位を継いだ高欽徳一族，朝鮮郡王安東都護と関係のあった高震一族が残るだけだった。具体的な史料の発見が待たれるが，高句麗遺民の最高統治者に高麗蕃長・建安州都督・朝鮮郡王安東都督など多くの称号を賦与することは，唐朝が遺民の勢力増強を防ぐ政策の一環であったと筆者は考える。要するに，高句麗・百済系蕃将は本国の部衆に対する実質的な指揮権をほとんど持たなかったのである。こうした状況下で，高句麗・百済系蕃将は自身の地位を強固にするため，ただ自身の軍事的才能を磨くか，唐朝の権貴な人物と親密な関係を築くことしかできなかったのである。

6 ●結びに代えて──唐朝の蕃将に対する認識及び蕃将の生存戦略

高句麗・百済系蕃将は個人の軍事能力を土台にして唐でかなり高い官職を手に入れた。では唐朝は蕃将を如何に評価したのだろうか。蕃将への積極的な評価の多くが武勇に優れることであった。騎射に熟練していることは，その一つである。中宗時に右補闕を経験した盧俌が奏上した「論突厥疏」で，彼は「蕃將沙吒忠義 "驍悍"，有 "騎將之材"」と考えていた[146]。中唐の人である劉肅が編纂した『大唐新語』巻十一には李林甫の上奏文が記載され，その中で「陛下必欲滅四夷，威海内，莫若武臣。武臣莫若蕃將。夫蕃將生而氣雄，少養馬上，長於陣敵，此天性然也」と述べている[147]。加えて『資治通鑑』巻二百七十六に「胡人則勇決習戰」とある[148]。広徳元年（763）に，柳伉は上疏して，「天生四夷，皆習戰鬪」と述べた[149]。中唐の詩人李賀は「感諷六首・其三」の中で「雜雜胡馬塵，森森邊士戟。天教胡馬戰，曉雲皆血色。婦人攜漢卒，箭篏囊巾幗。不慚金印重，踉鏘腰鞬力。怐怐鄉門老，昨夜試鋒鏑。走馬遣書勛，誰能分粉墨」と詠んでいる[150]。

---

146) 『全唐文』巻二百六十七「論突厥疏」，2,712下頁。

147) 『大唐新語』巻十一「懲戒」，173頁。

148) 『資治通鑑』巻二百七十六 玄宗天宝六載（747）十二月条，6,889頁。

149) 『全唐文』巻四百五十七「請誅程元振疏」，4,675上頁。

つまり強悍な胡人は生まれつき善く戦い，漢将は女人のように軟弱で無力で，あたかも女性の装束を着て，顔に白粉を塗っているようで，漢卒は郷村の老人のようで，敵に抵抗できず，身に流矢があたる，といったことがここに述べられている。唐の漢人は，蕃将には天賦の才能があり，人となりは勇猛果敢であったと捉えていたといえよう。

だが強靭な戦闘力を有する非漢族は諸刃の剣であり，唐の繁栄に有益である一方，国家存亡に危険を及ぼす一面もあった。非漢族であることを理由にして，彼らへの評価は変化する可能性があった。蕃将が唐に反旗を翻した時，彼らは災厄であり野蛮であると思われたであろう。漢人が注目したのは，勇気に優れ善く戦うという点ではなく，蕃将がもたらす災禍にあった。例えば『新唐書』僕固懐恩伝に「懐恩善戦闘……懐恩固悪不能改，遂誘吐蕃十萬入塞，豊州守將戰死。進掠涇・邠」と簡略に述べ[151]，『旧唐書』史思明伝に安禄山と史思明は「俱以驍勇聞。……十四載，安禄山反，命思明討饒陽等諸郡，陷之」とあり[152]，『通典』巻二百には補闕の薛謙光の上疏文が記され，その中で「戎夏不雑，自古所誡，夷狄無信，易動難安，故斥居塞外，不遷中國。……或委以經略之功，令其展效。或矜其首丘之志，放使歸蕃。於國家雖有冠帯之名，在夷狄廣其縦横之智。……及歸部落，鮮不稱兵。邊鄙罹災，實由於此」と述べている[153]。史書では常に，仁・義・忠・孝の有無が華夷の違いと見なされ，「夷狄に信無し」の性品論もまたここに淵源する[154]。

非漢族への唐朝官僚の警戒心は，黒歯常之の逸話中に特に明かである。『新唐書』巻百八　劉仁軌伝にこうある。

　　仁師曰く「夷狄の野心信じ難し，若し甲を受け粟を済わば，寇の便に資するなり」と。仁軌曰く「吾相如・常之を観るに忠にして謀あり，機に因り功を立つ，尚お何をか疑わん」と。二人訖に其の城を抜く。遅受信妻子を委てて高麗に奔り，百済の余党悉く平ぐ。仁師等旅を振いて還り，詔して仁軌を統兵鎮守に留む。[155]

---

150)　王琦等注『李賀詩歌集注・外集』（上海人民出版社，1977，338 頁）。
151)　『新唐書』巻二百二十四上　叛臣伝上，6,365，6,371 頁。
152)　『旧唐書』巻二百上　史思明伝，5,376 頁。
153)　『通典』巻二百　辺防典一六，5,495〜5,496 頁。
154)　『全唐文』巻二百八十一「請止四夷入侍疏」，2,853 上頁。
155)　『新唐書』巻百八　劉仁軌伝，4,083 頁。

368

龍朔3年（663）9月に反乱を鎮圧する中で，熊津道行軍総管であった孫仁師は「夷狄の野心信じ難し」を根拠にして，百済将帥の黒歯常之・沙吒相如を抜擢することに反対した。しかし劉仁軌は蕃将の能力と境遇に着目し，孫仁師に「吾觀二人皆忠勇有謀。敦信重義。但蕭者所託，未得其人。今正是其感激立效之時，不用疑也」と述べた[156]。このときの，劉仁軌の信任と理解は，黒歯常之を感激させ落涙させた。彼らはたやすく任存城を攻略し，反乱首謀者の遅受信は家族を捨てて高句麗に落ち延びて行った。こうして百済全域が平定されたのである。

　非漢族への懐疑的な雰囲気の下，蕃将は疑念を払拭すべく努力し，忠誠を証明しようとした。契苾何力が唐に叛かないと誓ったのは代表的な事例である。『旧唐書』巻百九　契苾何力伝に「詔許何力觀省其母，兼撫巡部落。時薛延陁強盛，契苾部落皆願從之。何力至，聞而大驚曰，主上於汝有厚恩，任我又重，何忍而圖叛逆。……於是衆共執何力至延陁所，置於可汗牙前。何力箕踞而坐，拔佩刀東向大呼曰，豈有大唐烈士，受辱蕃庭，天地日月，願知我心。又割左耳以明志不奪也。……太宗泣謂羣臣曰，契苾何力竟如何。遽遣兵部侍郎崔敦禮持節入延陁，許降公主，求何力。由是還，拜右驍衞大將軍」と述べる[157]。

　軍事的才能が傑出した蕃将は悪意を持って見られやすく，特に処世に注意し恭謹でなければならなかった。武則天はかつて群臣を招集し射の大会を挙行したが，泉献誠は辞退して参加しなかった。高句麗は古より射撃に優れ，泉献誠もまた例外ではなかったが，彼は武則天に「陛下令簡能射者五人，所得者多非漢官。臣恐自此已後，無漢官工射之名，伏望停寢此射」と述べた[158]。泉献誠は漢官が射撃で恥をかくことを危惧したのだろう。このこともまた蕃将の生存戦略の一つであったと解釈できよう。

　こうした状況下で注目に値するのは，蕃将に恩を施す人がいたかどうかである。遺民に対してほとんど指揮権がなかったため，高句麗・百済系の蕃将には特にこのことが重要である。自身の地位を固めるために，ただ軍事的能力と人間関係を後ろ盾とできるだけであった。家奴より諸衛将軍に至った王毛仲・李仁徳が成功したのは，自己の軍事的能力を除くと，玄宗の配慮が主な原因であった。

　高句麗・百済系の蕃将とその恩人との関係を理解するために，李他仁と黒歯常

---

156) 『資治通鑑』巻二百一　高宗龍朔三年（663）九月条，6,337～6,338頁。
157) 『旧唐書』巻百九　契苾何力伝，3,292頁。
158) 『旧唐書』巻百九十九上　東夷伝高麗，5,328頁。

之の履歴を比較してみよう。「李他仁墓誌」によると，彼は李勣に投降し，李勣より信頼を勝ち得て，平壌城の攻撃に参加し，「鼓行同進，公勇冠三軍，……無寇於前，即屠平壌。炎靈四郡，既入堤封，衰成九夷，復歸正朔」とある。功を立てた後，彼は「従英公入朝，特蒙勞勉，蒙授右戎衞将軍」とある。つまり，唐に身を投じてから入朝に至るまで，李勣が絶えず傍らで李他仁を引き立てていたのである。李他仁が入唐後に即座に栄達し，高位にあったことは注目すべきである。乾封元年（666）末より総章元年（668）9月までの間に，彼は李勣に投降した[159]。墓誌からは，右戎衞将軍が授けられた時期は不明であるが，「蒙授右戎衞将軍」句の後に「奉詔進討扶餘」と記載されている。李他仁が高句麗遺民の叛乱を鎮圧したのは総章2年（669）である[160]。従って李他仁が右戎衞将軍になったのは，唐に降ってから2，3年後の事に違いない。

　これと対照的なのが黒歯常之である。墓誌と文献史料によれば[161]，顕慶5年（660）の百済滅亡後，黒歯常之ははじめて唐に降った。龍朔3年（663）に，劉仁軌に投降し，彼を助けて任存城を攻撃した。黒歯常之もまた唐のために功を立てたが，李他仁の入朝と比べると大きく異なっている。李他仁は後援者の李勣に伴われて入朝し，高宗からの褒賞を受け，従三品の右戎衞将軍を授けられた。対して黒歯常之は「與其主扶餘隆俱入朝，隷爲萬年縣人也。麟德初（664），以人望授折衝都尉，鎮熊津城」とある。折衝府の規模により折衝都尉は正四品上から正五品下までに相当する。熊津城の位置に鑑みて，上述の折衝都尉は正五品下であろう。龍朔三年（663）に黒歯常之が唐に身を寄せたとき，彼は常に信頼していた劉仁軌を頼みとしたが，乾封元年（666）に劉仁軌は「遷右相，兼檢校太子左中護」とあり，黒歯常之と距離を置いている。

　麟德元年（664）より儀鳳2年（677）まで，黒歯常之は忠武将軍・行帯方州長史，使持節沙泮州諸軍事・沙泮州刺史・上柱国，左領軍員外将軍・熊津都督府司馬・浮陽郡及び開国公などの官爵を授けられ，一貫して百済故地におり，中原では実質的な活動の跡がない。「儀鳳三年（678），従李敬玄・劉審禮撃吐蕃」とあり，黒歯常之はようやく唐朝で頭角を現わした。『新唐書』巻百十　諸夷蕃将伝

159）拝根興「唐李他仁墓誌研究中的幾個問題」（前掲書，注75，46頁）。

160）孫鉄山「唐李他仁墓誌考釈」（前掲書，注75，739頁）。

161）呉鋼主編『全唐文補遺』（2），358下～359下頁。『旧唐書』巻八四　劉仁軌伝，2,792頁。

に「常之夜率敢死士五百人掩其營，殺掠數百人，賊酋跋地設棄軍走。帝歎其才，擢左武衞將軍，檢校左羽林軍，賜金帛殊等」とある[162]。李勣の支持の下で，李他仁は唐に身を寄せてから右戎衞将軍となるまでに３年しか要さなかった。一方，「単孑独立——ひとりぼっち——」の黒歯常之は15年の時を費やしたのである[163]。

（翻訳：野口優）

---

162) 『新唐書』巻百十　諸夷蕃将伝・黒歯常之，4,121 頁。

163) 本稿の一部は『韓国古代史研究』第 75 輯（2014 年 9 月）に収録されている。しかし紙幅が限られており，ある部分は節略した。この旧稿に修訂を加え，「高乙徳墓誌」，「南単徳墓誌」，「高提昔墓誌」などの新出墓誌を補充した。本文の初稿は「中国古代における多民族社会の軍事統治」会議上で読み上げ，栄新江，宮宅潔，丸橋充拓，佐川英治の諸氏から貴重な意見をいただいた。ここに感謝申し上げる。

Ⅱ　論考篇

附表　唐前期（618-756）蕃将中における諸衛将軍の任命

凡例

1，入唐背景

　ⓐ：唐建国の前に中国に移住　ⓑ：帰伏・来降・捕虜など戦争に関係　ⓒ：外交使節
　ⓓ：蕃将の二世もしくはその親族，ⓔその他。

2，任用背景

　①：挙兵に参与　②：帰伏　②#：帰伏（衆や部落を率いて）　③：戦争中の投降（衆や
　部落を率いて）　④：投降（部落と関係のない個人としての投降）　⑤：捕虜　⑥：蕃将
　の二世による世襲　⑦：軍功を立てる　⑧：その他。

3，起家

　入唐後にただちに諸衛将軍に任命される（史料上判断できない部分には，「△」印を用い
　て表示する）。

4，出身

　本蕃や本国での地位。

5，出処の標識項目と順序

　　1，略称符号　2，頁数。

　　※　出典の略称符号は以下の通りである。『旧唐書』：旧，『新唐書』：新，『通典』：典，
　『資治通鑑』：資，『冊府元亀』：冊，『全唐文』：文，『文苑英華』：苑，『唐代墓誌彙編』：
　墓，『唐代墓誌彙編続集』：続である。本文中で未だ引用していない文献について，略称
　符号は以下の通りである。詔：『唐大詔令集』（北京，中華書局，2008）。志：『通志』（北
　京，中華書局，1987）。石：国家図書館善本金石組編『隋唐五代石刻文献全編』（北京図
　書館出版社，2004）。姓：岑仲勉『元和姓纂四校記』（台北，中央研究院歴史語言研究所，
　1991）。陳：陳国燦『唐乾陵石像及其銜名的研究』（林幹編『突厥与回紇歴史論文選集』，
　北京，中華書局，1987）。孫：孫鉄山「唐李他仁墓誌考釈」（『遠望集下』，西安，陝西人
　民美術出版社，1998）。碑続：趙力光主編『西安碑林博物館新蔵墓誌続編』（西安，陝西
　師範大学出版総社有限公司，2014）。楼：楼正豪「新見唐高句麗遺民《高牟墓誌銘》考
　釈」（『唐史論叢』第18輯，2014）。拝：拝根興『唐代高麗百済移民研究―以西安洛陽出
　土墓誌為中心』（北京，中国社会科学出版社，2012）。

順序	族群	姓名	任命時期（公元）	諸衛将軍	入唐背景	任用背景	起家	備考（出身／兼管）	出処
1	何国	何潘仁	619以前	右屯衛将軍	ⓐ	③	○		冊，3893，4818；旧，4
2	安国	安興貴	619	右武候大将軍	ⓐ	②	○	王子／	資，5856；続，272
3	安国	安修仁	619	左武候大将軍	ⓐ	②	○		資，5855-5856
4	疎勒	裴科（裴綽）	武徳	鷹揚大将軍	ⓒ	⑧	○	王／	新，4129；旧，3969

順序	族群	姓名	任命時期（公元）	諸衛将軍	入唐背景	任用背景	起家	備考（出身／兼管）	出処
5	高句麗	似先英問	武德	右驍衛将軍	ⓐ	⑧	△		志, 475下
6	突厥	阿史那思摩	630	右武候大将軍	ⓑ	⑤	○	特勤／都督	詔, 112下 -113上
7	突厥	阿史那蘇尼失	630	右衛大将軍	ⓑ	③	○	小可汗／都督	旧, .3290
8	西突厥	史大奈	630	右武衛大将軍	ⓐ	①	×	特勤／都督	新, 4111; 資, 6078
9	突厥	阿史那什鉢苾	630	右衛大将軍	ⓑ	②#	○	可汗／都督	冊, 11167; 旧, 41
10	突厥	康蘇蜜	630	右驍衛将軍	ⓑ	③	○	大酋／都督	新, 6035; 資, 6079
11	突厥	阿史那忠	630	左屯衛将軍	ⓑ	③	○	蘇尼失之子／	新, 4116; 昭, 190
12	突厥	執失思力	631以前	左領軍将軍	ⓑ	②	○	酋長／	新, 4116; 資, 6088-6089
13	突厥	阿史那賀邏鶻	631	右衛大将軍	ⓑ	⑥	×	突利可汗之子／	旧, .41; 旧, 5161
14	突厥	阿史那咄苾	632	右衛大将軍	ⓑ	②	×	可汗／	資, 6099; 旧, 43
15	鉄勒	契苾何力	632	左領軍将軍	ⓔ	②#	○	大俟利発／	新, 4117
16	突厥	阿史那社爾	636	左驍衛将軍	ⓑ	②#	○	可汗／可汗, 都護	新, 4114-4115
17	西突厥	阿史那彌射	639	右監門衛大将軍	ⓑ	②#	○	可汗／可汗, 都護	旧, 5188
18	西突厥	阿史那歩真	639以後	左屯衛大将軍	ⓑ	②	○	葉護／	旧, 5188
19	高昌	麴智盛	640	左武衛将軍	ⓑ	⑤#	○	王／	姓, 1435; 新, 6223
20	吐蕃	禄東賛	641	右衛大将軍	ⓒ	②	○	相／	資, 6157, 6164
21	薛延陀	咄摩支	646	右武衛大将軍	ⓑ	③#	○	可汗／	資, 6237-6238
22	鉄勒	僕骨歌快拔延	646	右武衛大将軍	ⓑ	②#	○	／都督	新, 6365
23	拔野古	屈利失	647	右武衛大将軍	ⓑ	②#	○	大俟利発／都督	新, 6140
24	多濫葛	多濫曷末	647	右驍衛大将軍	ⓑ	②#	○	大酋／都督	冊, 11274; 新, 6142
25	渾	阿貪支（渾潭）	647	右領軍衛大将軍	ⓑ	②#	○	俟利発／刺史	旧, 3703; 文, 9527
26	契丹	窟哥	648以前	左武衛大将軍	ⓑ	②#	○	蕃長／都督	旧, 5350; 冊, 11311
27	堅昆	失鉢屈阿棧	648	左屯衛大将軍	ⓒ	②	○	俟利発／都督	資, 6252; 文, 7962
28	西突厥	阿史那賀魯	648	左驍衛将軍	ⓑ	②#	○	葉護／都督	新, 6060; 資, .6265
29	新羅	金文王	648	左武衛将軍	ⓒ	②	○	王子／	冊, 11275; 新, 6203
30	廻紇	婆閏	648	左驍衛大将軍	ⓑ	②	○	可汗之子／都督	旧, 5197; 冊, 11275
31	廻紇	倶羅勃	648	右武衛大将軍	ⓑ	④	○	大俟斤／	冊, 11275; 新, 6113
32	于闐国	尉遅伏闍信	649	右衛大将軍	ⓒ	⑧	○	王／	冊, 11275
33	于闐国	尉遅玷	649	右驍衛将軍	ⓒ	⑧	○	葉護／	冊, 11275

順序	族群	姓名	任命時期（公元）	諸衛将軍	入唐背景	任用背景	起家	備考（出身／兼管）	出処
34	鞨羯	突地稽	貞観	右衛将軍	ⓐ	②#	×	酋長／	新. 4122；冊. 11227
35	突厥	菴鑠	貞観	左屯衛将軍	ⓑ	③	○	可汗之子／置州 統其衆	新. 5165-5166
36	安国	安䏚汗	貞観	左武衛将軍	ⓐ	②#	○	首領／刺史	苑. 4844上右 -4844下右
37	突騎施	蘇禄泥熟	貞観	左屯衛大将軍	ⓔ	②	△	／刺史	姓. 305
38	突厥	阿史那斛勃	650	左武衛将軍	ⓑ	⑤#	○	可汗／都督	冊. 11409；新. 6041
39	安国	安附国	650	右領軍将軍	ⓐ	⑥	×	／刺史	苑. 4844上左、4844下左
40	高昌	麴智湛	651	左驍衛大将軍	ⓑ	⑤#	○	王之弟／刺史	姓. 1435-1436
41	焉耆国	龍突騎支	652	右武衛将軍	ⓒ	⑧	○	前王／都督	冊. 11192；新. 6229
42	吐谷渾	蘇度摸末	652	左領軍衛大将軍	ⓒ	⑧	○	王子／可汗	新. 6227
43	北蕃	舍利叱利	655以前	左武衛将軍	ⓔ	⑧	△	酋帥／	冊. 11410；志. 475下
44	多濫葛	多濫葛塞匈	658以前	右衛大将軍	ⓑ	⑧	○	／都督	冊. 11170
45	亀玆	白素稽	658	右驍衛大将軍	ⓑ	⑧	○	王／都督	冊. 11170；陳. 394
46	薛延陀	延陀梯真	660以前	左武侯将軍	ⓑ	⑧	○	首領／	冊. 11411；新. 3819
47	鉄勒	契苾明	麟徳	左武衛大将軍	ⓔ	②	×	／都督	文. 2150-2151
48	高句麗	泉献誠	666	右武衛将軍	ⓑ	②			新. 4123；資. 6347
49	高句麗	李他仁	666-668?	右戎衛将軍	ⓑ	②		都督／	孫. 736
50	高句麗	泉男生	668	右衛大将軍	ⓑ	②	×	大莫離支／検校 羽林軍	墓. 667-668；冊. 1394
51	鞨羯	李謹行	668以前	監門衛将軍	ⓓ	⑦	×		冊. 1394-1395
52	高句麗	高鐃苗	670-673?	左領軍員外将軍	ⓑ	④	○		碑続. 168-170
53	西突厥	阿史那都支	671	左驍衛大将軍	ⓔ	②#		酋／都督	新. 6064
54	安国	安元寿	672	右驍衛将軍	ⓐ	⑦	×		遺1. 67-68
55	百済	祢軍	672	右威衛将軍	ⓑ	⑦			西安. 78-79
56	百済	黒歯常之	672-674?	左領軍員外将軍	ⓑ	⑦	×	達率／検校羽林軍	墓. 941-942；旧. 3294
57	波斯	卑路斯	674	右武衛将軍	ⓒ	②	○	王. 都督／	冊. 11555；新. 6259
58	高句麗	高足西	679	右領軍将軍	ⓑ	⑦	×	殷家／	続. .348
59	高句麗	高質	681	左威衛将軍	ⓑ	⑦	×	位頭大兄／	墓. 959-960
60	西突厥	阿史那元慶	685	左玉鈐衛将軍	ⓓ	⑥	×	可汗之子／都護	資. 6435
61	西突厥	阿史那斛瑟羅	686	右玉鈐衛将軍	ⓓ	⑥	△	可汗之子／押部落	資. 6441
62	鞨羯	李多祚	687以前	左鷹揚大将軍	ⓐ	⑦	×	世系湮遠／	新. 4124-4125；資. 6445
63	高昌	麴崇裕	688以前	左監門大将軍	ⓓ	⑧	△	麴智盛之子	旧. 119；新. 87
64	契丹	孫万栄	垂拱	右玉鈐衛将軍	ⓓ	⑥	○	酋帥之曽孫／刺史	旧. 5350

順序	族群	姓名	任命時期（公元）	諸衛将軍	入唐背景	任用背景	起家	備考（出身／兼管）	出処
65	薛延陀	薛咄摩	690以前	右玉鈐衛大将軍	ⓔ	⑧	△		資, 6470
66	西突厥	阿史那忠節	692以前	武衛大将軍	ⓔ	⑧	△		資, 6487
67	高麗	高牟	694以前	左豹韜衛大将軍	ⓑ	⑦	×	雄門誉偃／	楼, 258-259
68	鉄勒	契苾嵩	696以後	左豹韜衛大将軍	ⓓ	⑥	×	／都督	文, 1897下 -1900下
69	突厥	阿史那默啜	696	左衛大将軍	ⓑ	①#	○	可汗／可汗	冊, 11170; 新, 6044
70	契丹	李尽忠	万歳通天	右武衛大将軍	ⓓ	⑥	○	窟哥之子孫／都督	旧, 5350
71	何国	何迦密	697以前	左豹韜衛将軍	ⓔ	⑧	△		資, 6517
72	百済	沙吒忠義	697以前	右武威衛大将軍	ⓔ	⑧	△	／検校羽林衛	資, 6517; 文, 2735
73	突厥	業温啜刺	697以前	奉職右鷹威衛将軍	ⓔ	⑧	△	／俟斤	文, 2547
74	契丹	李括莫離	697	左玉鈐衛員外将軍	ⓔ	②?	△	／刺史	冊, 11171
75	吐谷渾	慕容玄崱	698以前	左玉鈐衛将軍	ⓔ	⑧	△		旧, 5169; 冊, 11414
76	吐谷渾	闥盧摸末	698以後	右武衛大将軍	ⓔ	⑧	○	蘇度摸末之子／	新, 6227
77	吐蕃	論弓仁	699	左玉鈐衛将軍	ⓑ	②#	○	相／	新, 4126
78	吐蕃	賛婆	699	右衛大将軍	ⓑ	②#	○	禄東賛之子／	旧, 5225-5226; 資, 6540
79	吐谷渾	慕容宣超	700	左豹韜衛大将軍	ⓔ			可汗／	冊, 11171; 新, 6227
80	契丹	駱務整	700	右武威衛将軍	ⓔ	⑦		将／	資, 6547
81	契丹	李楷固	700	左玉鈐衛将軍	ⓔ	⑦		将／	資, 6547
82	高句麗	高宝元	聖暦	左鷹揚大将軍	ⓓ	⑥	×	王之孫／朝鮮郡王	新, 6198
83	突厥	阿史那大節	長安	左驍衛大将軍			△		姓, 574
84	西突厥	阿史那懐道	704	右武威衛大将軍			△	可汗／	冊, 11171
85	百済	祢素士	705	左武衛将軍		⑦	×		拝, .316
86	亀慈	白回地羅徴	高宗, 武后	左右衛将軍		②	○	王／都督	陳, 394
87	葛邏禄三部	昆職	高宗, 武后	右金吾衛大将軍		③	○	／都督	陳, 387
88	西突厥	毒勤徳	高宗, 武后	左威衛将軍		③	○	／都督	陳, 384
89	西突厥	藍羨	高宗, 武后	左威衛将軍		③	○	／都督	陳, 391
90	突騎施	傍靳	高宗, 武后	左威衛将軍		③	○	／都督	陳, 385
91	鉄勒	僕固乞突	高宗, 武后	左威衛大将軍		③	○	／都督	陳, 380-381
92	廻紇	膚莫賀咄	高宗, 武后	左威衛大将軍		③	○	／都督	陳, 381
93	西突厥	社利	高宗, 武后	左武衛大将軍	ⓑ	③	○	十姓箇官	陳, 393
94	西突厥	阿史那益路	高宗, 武后	左威衛将軍	ⓑ	③	○	／都督	陳, 385
95	西突厥	阿悉吉那斯	高宗, 武后	右金吾衛将軍	ⓑ	③	○	／都督	陳, 391
96	西突厥	阿悉吉度悉波	高宗, 武后	右領軍衛将軍	ⓑ	③	○	／都督	陳, 390
97	西突厥	護斯	高宗, 武后	左武衛大将軍	ⓑ	③	○	／都督	陳, 385
98	百済	祢寔進	高宗, 武后	左威衛大将軍	ⓑ	⑦	×	勲門／刺史	拝, .316

Ⅱ　論考篇

順序	族群	姓名	任命時期（公元）	諸衛将軍	入唐背景	任用背景	起家	備考（出身／兼管）	出処
99	突厥	執失莫訶友	高宗, 武后	左威衛大将軍	ⓑ	⑦	△	執失思力之弟／刺史	統, 489
100	烏洛侯	烏薄利	武后	行右豹韜衛将軍	ⓔ	⑧	△	／都督	文, 2732
101	契丹	祜莫離	武后	左衛将軍	ⓓ	⑧	△	窟哥之曽孫／刺史	旧, 5350
102	鉄勒	契苾光	武后	右豹韜衛将軍	ⓓ	⑧	△	契苾何力之子／	旧, 3294
103	西突厥	阿史那懐道	706以前	右屯衛大将軍	ⓔ	⑧	○	／可汗	冊, 11171
104	突騎施	烏質勒	706以前	左驍騎大将軍	ⓑ	②#	○	／都督	冊, 11171; 資, 6608
105	突騎施	婆葛（守忠）	706	左驍騎大将軍	ⓔ	⑥	×	烏質勒之子／都督	冊, 11171; 資, 6608
106	突騎施	蘇禄金山	神龍	右驍衛将軍	ⓔ	②	△	酋／都督	姓, 305
107	天竺	迦葉志忠	708以前	右驍衛将軍	ⓔ	②	△	／知太史事	旧, 2964; 志, 476上
108	波斯	泥涅師	景龍	左威衛将軍	ⓓ	②	○	王子／	新, 6259
109	突騎施	守節	710以前	右監衛将軍	ⓔ	⑧	△	婆葛之弟／	詔, 705
110	波斯	阿羅憾	景雲	右屯衛将軍	ⓔ	⑦	×	族望／	石, 544
111	西突厥	阿史那献	711以後	左驍衛大将軍	ⓔ	②#	○	可汗／都督	冊, 11487; 文, 1806
112	契丹	李楷洛	712以前	左驍衛将軍	ⓔ	②	○	酋長／	資, 6672-6673; 新, 4583
113	突厥	楊我支	712	右驍衛大将軍	ⓒ	②	○	可汗之子／	旧, 5172
114	烏洛侯	烏令望	713以前	左領軍大将軍	ⓓ	⑧	△		新, 3463; 文, 6457
115	高句麗	王毛仲	713	左武衛大将軍	ⓓ	⑧	×	／監牧使	旧, 3252-3253
116	亀茲	白道恭	714以前	左武衛将軍	ⓑ	⑧	△		冊, 11487
117	吐蕃	論弓仁	714以前	左驍衛将軍	ⓑ	②#	○	相／	詔, 706
118	百済	勿部珣	714以前	右金吾衛大将軍	ⓑ	⑦	×		詔, 706
119	突厥	石失畢	714以前	左衛大将軍	ⓑ	⑧	○	可汗之妹胥／	旧, 172
120	突厥	執失善光	714以前	右監門将軍	ⓓ	⑧	×	執失思力之姪／	統, 489; 冊, 1286
121	高句麗	拱毅	715	左領軍衛将軍	ⓑ	②#	○	大首領／刺史	冊, 11171-11172
122	高句麗	高文簡	715	左衛大将軍	ⓑ	②	○	莫離支, 可汗之胥／	冊, 11171; 新, 6048
123	突厥	鶻屈頡斤	715	左驍衛将軍	ⓑ	②#	○	大首領／刺史	新, 6048; 冊, 11171
124	奴頼	奴頼孝	715	左領軍将軍	ⓑ	②#	○	大首領／刺史	冊, 11276
125	鉄勒	磨散	715	左威衛将軍	ⓑ	②#	○	都督／都督	冊, 11276
126	西突厥	莫賀突黙	715	左驍衛将軍	ⓑ	②#	○	都督／都督	冊, 11276
127	吐谷渾	慕容道奴	715	左驍衛将軍	ⓑ	②#	○	大首領／刺史	冊, 11276
128	跌跌	裴艾	715	右領軍将軍	ⓑ	②#	○	首領／刺史	旧, 1414; 冊, 11276
129	鉄勒	邪没施	715	右威衛将軍	ⓑ	②#	○	都督／都督	冊, 11276
130	薛陀	薛渾達	715	右威衛将軍	ⓑ	②#	○	首領／刺史	冊, 11276
131	斛薛	移利殊功	715	右領軍衛将軍	ⓑ	②#	○	首領／	冊, 11276
132	西突厥	支匐忌	715	領軍将軍	ⓑ	②#	○	大首領／	冊, 11276

唐代高句麗・百済系蕃将の待遇及び生存戦略　第13章

順序	族群	姓名	任命時期（公元）	諸衛将軍	入唐背景	任用背景	起家	備考（出身／兼管）	出処
133	突厥	芯悉頡力	715	左武衛将	ⓑ	②＃	○	大首領／刺史	冊, 11276
134	跌跌	跌跌思太	715	右衛大将軍	ⓑ	②＃	○	都督／都督	新, 6048；冊, 11276
135	鉄勒	契芯承祖	716 以前	右武衛大将軍	ⓓ	⑥	△	／都督	詔, 707
136	廻紇	伏帝匐	716 以前	左金吾衛大将軍	ⓔ	⑧	△		詔, 706-707
137	渾	以和舒	716 以前	左武衛大将軍	ⓔ	⑧	△		詔, 706-707
138	渾	渾元忠	716 以前	左衛大将軍	ⓔ	⑧	△		詔, 706-707
139	契丹	李失活	716	左金吾衛大将軍	ⓓ	②＃	○	李尽忠一族／都督	新, 6170
140	突騎施	蘇禄	716	右武衛大将軍	ⓑ	②	○	可汗／都督	新, 6067
141	奚	李大酺	716	右金吾衛大将軍	ⓑ	②＃	○	／都督	資, 6720；文, 274
142	婆羅門	瞿曇金剛	718 以前	諸衛将軍	ⓒ	⑦	×		冊, 11557-11558
143	亀玆	白孝順	718 以前	諸衛将軍	ⓒ	⑦	×	王子／	冊, 11558
144	突厥	骨篤禄	718 以前	右武衛将軍	ⓑ	②＃	○	／都督	冊, 11415
145	突厥	墨特勤逾輸	718 以前	右金吾衛大将軍	ⓑ	②＃	○	黙啜之子／右賢王	冊, 11415-11416
146	同羅	毗伽末	718 以前	右監門衛大将軍	ⓑ	②	○	／都督	冊, 11415-11416
147	白霫	比言	718 以前	右驍衛将軍	ⓑ	②	○	／都督	冊, 11415-11416
148	突厥	阿史那毗伽	718 以前	右威衛将軍	ⓑ	②＃	○	／右賢王	冊, 11415-11416
149	西突厥	阿婆啜	718 以前	左領軍衛大将軍	ⓑ	②	○		冊, 11415-11416
150	西突厥	賀魯窒合真阿婆嘱	718 以前	右驍衛大将軍	ⓑ	②	○		冊, 11415-11416
151	突厥	火抜石失畢	718 以前	左武衛将軍	ⓑ	②＃	○		冊, 11415-11416
152	僕骨	曳勒哥	718 以前	左驍衛将軍	ⓑ	②	○	／都督	冊, 11415-11416
153	契丹	婆固	718	左金吾衛大将軍	ⓓ	⑥	○	李失活之弟／都督	冊, 11172
154	党項	拓跋思泰	721 以前	右監門衛将軍	ⓑ	②＃	○	大首領／都督	冊, 11278
155	党項	拓跋守寂	721	右監門衛将軍	ⓓ	⑥	○	拓跋思泰之子／都督	冊, 11278
156	突厥	阿史徳瞰泥熟	722	右驍衛大将軍	ⓒ	⑧	○	大首領／	冊, 11281
157	奚	李魯蘇	722	右金吾大将軍	ⓓ	⑥	○	李大酺之弟／都督	旧, 5355；資, 6743
158	渤海	大昌勃価	725	左威衛将軍	ⓒ	⑨	○	王之弟／	冊, 11282-11283
159	渤海靺鞨	大都利	726	左武衛将軍	ⓒ	⑨	○	王	冊, 11283
160	契丹	属固蒙	726	右領軍大将軍	ⓐ	⑦	×	県令	冊, 11283
161	奚	李縋	726	左威衛将軍	ⓐ	⑦	×		冊, 11283
162	渾	渾大徳	727 以前	左武衛大将軍	ⓓ	⑥	○		新, 3380；資, 6779
163	奚	李如越	728 以前	右領軍将軍	ⓒ	⑧	○	質子	冊, 11284
164	契丹	李刺乾	737 以前	左驍衛将軍	ⓑ	②	○	首領之子／	新, 6171-6172

順序	族群	姓名	任命時期（公元）	諸衛将軍	入唐背景	任用背景	起家	備考（出身／兼管）	出処
165	突騎施	胡禄達干	736	右金吾将軍	c	8	○	大首領	冊, 11287
166	渤海靺鞨	多蒙固	737	左武衛将軍	c	8	○	大首領	冊, 11287
167	渤海	大昌進	739	左武衛大将軍	c	8	○	王之弟／	冊, 11287
168	突騎施	匐延闕律啜	739-740？	右驍衛大将軍	b	4		／王	冊, 11175, 11288
169	突騎施	吐火仙骨啜	739-740？	左金吾大将軍	b	4	○	可汗	冊, 11175；新, 6068
170	突騎施	頓阿波	739-740？	右武衛大将軍	b	4	○	葉護／	冊, .11288；新, 6068
171	康国	康植	開元	左武衛大将軍	a	7			新, 4772-4773
172	高句麗	高欽德	開元	右武衛将軍	d	7	×		墓, 1416
173	突騎施	蘇農尽忠	開元	左金吾衛大将軍	e	2	△	酋	姓, 305
174	高句麗	王景曜	開元	右威衛将軍	d	7	×		墓, 1441
175	高句麗	李仁徳	開元	右威衛将軍	d	7	×		墓, 1412
176	康	康阿義屈	745	右威衛将軍		2#	×	達干／	文, 3924-3925
177	廻紇	骨力裴羅	745	右驍衛将軍	b	7	○	葉護／可汗	冊, 11289；資, 6860
178	契丹	泥礼	745？	右金吾衛将軍	c	8		／都督	文, 3228-3229
179	廻紇	阿悉爛頡斤	745	右金吾衛将軍	b	8		首領之弟／	冊, 11289
180	奚	李帰国	745？	右金吾衛大将軍	c	8		／都督	文, .3228
181	葛邏禄	頓阿波移健啜	746	右武衛大将軍	b	7		葉護／	冊, 11289
182	突騎施	哥舒翰	747	右武衛将軍	d	7	×		旧, 3212
183	勃律国	蘇失利芝	748	右威衛将軍		2#	○	王	冊, 11289；新, 6252
184	識匿	跌失伽延之子	747	左武衛将軍	b	7	○	王子／都督	新, 6254
185	高句麗	高仙芝	749	左金吾大将軍	d	7	×		旧, .3203；新, 4578
186	高句麗	王思礼	749	右金吾大将軍		7	×	／兵馬使	旧, 3312；新, 146
187	突厥	火抜帰仁	754以前	右金吾衛大将軍	e	8	△	／都督	冊, 1397；資, 6926
188	康国	康承献	754以前	右金吾衛大将軍	e	8	△	／太守	冊, 1397
189	渾	渾惟明	754以前	右領軍大将軍	c	8	○	／都督	冊, 1397；資, 6926
190	寧遠国	竇薩裕	754, 755？	左武衛将軍	c	8	○	王子／	冊, 11290；新, 6250
191	蘇毗	李忠信	755	左驍衛大将軍	b	8	○	王子／	冊, 11290
192	抜悉蜜	阿史那施	天宝	左武衛将軍	b	8	○	可汗	新, 6143-6144
193	鉄勒	僕固懐恩	天宝	左領軍大将軍	d	8	○		旧, 3477；冊, 4042
194	于闐国	尉遅勝	天宝	右威衛将軍	b	7	○	王／都督	新, 4127
195	烏洛侯	烏察	唐初	左武衛大将軍	a	8	○		新, 3463；文, 6456-6457
196	渾	渾迴貴		豹韜衛大将軍	d	6	○	／刺史	新, 3380；文, 9527
197	渾	渾大義		左金吾大将軍	d	6	○	／刺史	新, 3383
198	渾	渾澄之		左領軍衛大将軍	d	6	○	／刺史	新, .3380

順序	族群	姓名	任命時期（公元）	諸衛将軍	入唐背景	任用背景	起家	備考（出身／兼管）	出処
199	高句麗	高連		右豹鞱大将軍	ⓑ	⑤	△	／都護	墓, 1814
200	安国	安思祇		右玉鈐衛将軍	ⓓ	⑧	△		苑, 4844 上 左, 4845 下右
201	蛮	馮智戴		左武衛将軍	ⓓ	⑧	△		新, 4113-4114
202	突厥	阿史徳多覧		右武衛大将軍	ⓔ	⑧	△		姓, 574-575

後記

　「はじめに」で述べたとおり，本書は平成 25～29 年度に行った共同研究の成果報告書である。プロジェクトのメンバーは次のとおり。

　　宮宅　潔（研究代表者，京都大学 人文科学研究所）

　　佐藤達郎（研究分担者，関西学院大学 文学部）

　　佐川英治（同，東京大学 人文社会系研究科）

　　丸橋充拓（同，島根大学 法文学部）

　　鷹取祐司（連携研究者，立命館大学 文学部）

　　藤井律之（同，京都大学 人文科学研究所）

　この 5 年の間，京都大学・島根大学で繰り返しメンバーの研究発表を行い，討議を重ねてきた。編者はこのプロジェクトの研究代表者ではあったものの，こと「民族」の問題についてはしっかり勉強したことがなく，手探りで歩き出したというのが正直なところだったが，メンバーの発表を通じてさまざまなことを学び，なんとか報告書の刊行に漕ぎ着けることができた。本プロジェクトの根幹を支えてくださった共同研究者・連携研究者の方々に，まずは心より感謝したい。

　研究発表と平行して，「民族」の問題に焦点をすえて研究しておられる方をお招きし，講演をしていただいた。秦漢史については渡邉英幸さん（愛知教育大学）に「秦・漢王朝による他国民編入と異民族統治」，隋唐史では森部豊さん（関西大学）に「8～10 世紀の中国諸王朝におけるソグド武人の系譜と活動」という題目でお話いただいた。さらに森部さんからは，本書に論文を頂戴することもできた。お二人にも深く御礼申し上げる。

　また本プロジェクトには，次の 3 名の方が海外共同研究者として参加された。

　　陳　偉（中国 武漢大学）

　　金　秉駿（韓国 ソウル大学）

　　エノ・ギーレ（Enno Giele）（ドイツ ハイデルベルク大学）

　お三方とも積極的にプロジェクトの遂行に関わってくださり，いずれも来日して史料の会読や研究発表に参加された。とりわけ金秉駿さんは，2015 年 1～7 月に客員教授として京大・人文研に滞在され，その間に継続して会読と研究発表とに加わった。さらには金さんの協力を得て，2015 年 9 月 9～10 日にソウル大学

で国際シンポジウム「中国古代における多民族社会の軍事統治 Military Control on Multi-ethnic Society in Early China」を開催することができた。シンポジウムには上記のお三方が報告者として参加してくださったほか，孫聞博（中国人民大学）・李基天（ソウル大学）のお二人にも発表していただき，またコメンテーターとして韓国の研究者の方々，尹在碩（慶北大学）・金珍佑（高麗大学）・金慶浩（成均館大学）・林炳徳（忠北大学）・趙晟佑（ソウル大学）・崔宰栄（翰林大学）の各位にご参会いただいた。すべての参加者，ならびに会議の運営を支えてくださったソウル大学のみなさんに，改めて御礼申し上げたい。

　本書はこれらの研究活動による成果を収めたものであるが，次の2篇の論文は他の研究助成による成果の一部でもあることを，最後に附記しておく。

　　第7章：中国・国家社科基金重大項目（項目批准号：14ZDB028）

　　第12章：日本学術振興会・科学研究費補助金（JP16K03100）

　研究成果をとりまとめ，本書を編集・印刷するにあたっては，京都大学学術出版会の國方栄二さんにご助力いただき，さまざまな意見を頂戴した。末筆ながら深く感謝申し上げる。

2018年1月5日

宮宅　潔

寄稿者・翻訳者一覧（執筆順）

宮宅　潔　京都大学　人文科学研究所准教授

丸橋充拓　島根大学　法文学部教授

陳　　偉　中国　武漢大学　歴史学院教授

野口　優　中国　中山大学　歴史学系副教授

エノ・ギーレ　ドイツハイデルベルク大学　中国学研究所教授

鷹取祐司　立命館大学　文学部教授

孫　聞博　中国　中国人民大学　国学院講師

佐藤達郎　関西学院大学　文学部教授

金　秉駿　韓国　ソウル大学　人文学部東洋史学科教授

金　玄耿　京都大学　大学院文学研究科博士後期課程

藤井律之　京都大学　人文科学研究所助教

佐川英治　東京大学　大学院人文社会系研究科准教授

森部　豊　関西大学　文学部教授

李　基天　韓国　ソウル大学　人文学部東洋史学科講師

索　引

人名索引

［ア行］

阿史德枢賓　359
阿史那賀魯　360, 365
阿史那斛瑟羅　337, 343
阿史那思摩　359
阿史那蘇尼失　352
阿史那忠　363
阿史那都支　352
阿史那婆羅門　357
阿史那毗伽　359
阿史那歩真　353, 352
阿史那弥射　352-353
阿羅感　366
青木俊介　108
安元寿　360
安興貴　332, 360
安作璋　192, 203, 244, 252
安修仁　332, 360
安禄山　314, 327, 359, 368
伊強　181
石井仁　24
市川任三　244
尹在碩　94
尹龍九　332, 345
于豪亮　192, 198
于汝波　20-21
内田吟風　216, 293, 296, 300-302, 308
ヴォルテール　15
エバーハート　123-124, 126
江村治樹　97
栄新江　281, 329, 346
閻歩克　191
小野響　267
王永興　362
王輝　196
王其禕　328
王昕　200

王景曜　348
王彦輝　99, 178
王思礼　345
王人聡　196
王騰　280, 283
王猛　266-267, 284
王毛仲　344, 357, 369
王連龍　328
大川俊隆　54, 100
大庭脩　25, 121, 171-172, 305
岡村秀典　23

［カ行］

カイヨワ　15
何潘仁　332
何有祖　74, 88, 93, 97, 99, 181-182
夏侯藩　251
郭洪伯　99, 194, 198
郝樹声　181
郝本性　87, 103
霍去病　113
門田明　147, 170, 172
金子修一　328
鎌田重雄　244, 251
川本芳昭　31-32, 37, 217, 289
管東貴　111
顔世鉉　181-182
ギーレ　116, 121, 132
魏斌　210
頡利可汗　342, 349
裘錫圭　87, 90, 92, 96, 103
向達　327
姜清波　328
金栄官　328, 347
金翰奎　244
金浩東　345
金秉駿　26, 243, 245, 254-255

クレーダー　337
クローネ　337
久保靖彦　221
工藤元男　244-245, 252
グラフ　19, 28
窪添慶文　290
氣賀澤保規　37, 39, 42
邢義田　116
契苾何力　363, 369
契苾明　343
繼往絶可汗　337
闕啜忠節　364
権五重　244
玄宗　327
厳耕望　194, 202, 206, 209, 244, 253, 290
コスモ　18
胡平生　105
小堤盾　28
小林聡　220
呉栄曽　103, 203
呉玉貴　332, 361
呉方基　93, 100
苟輔　271
侯旭東　89
洪承賢　244
高乙徳　347
高瑗　347
高遠望　344, 348, 357-358
高懐　348
高拱毅　353
高欽徳　344, 348, 357-358
高玄　348, 355, 362
高恒　198
高慈　347, 356
高質　347, 356, 366
高震　344, 347
高崇徳　347
高千　348
高足酉　362, 348, 367
高徳　348
高鐃苗　347, 353, 355
高文簡　353-354
高文協　347
高牟　342, 347

高木盧　348
高履生　348
高連　347, 354
黄今言　192
黄浩波　52, 54-55, 58, 62, 70
黄盛璋　92
黄朴民　20-22
黒歯俊　349
黒歯常之　342, 349, 353-354, 356, 361, 368-371

[サ行]

佐藤達郎　27
佐原康夫　72, 87, 92
沙吒相如　369
沙吒忠義　362
娑葛　364
蔡万進　52
史思明　368
滋賀秀三　27
ジョンストン　16
似先英問　332, 345
重近啓樹　24, 27
執失思力　349
謝桂華　127, 155
謝坤　181-182
朱徳貴　70
周偉洲　296, 305
周暁薇　328
周暁陸　197
周振鶴　204
初世賓　242
徐徳嶙　192
章群　327, 330
饒尚寛　149
白鳥庫吉　296
辛徳勇　193, 195-197, 202, 204
沈剛　102, 199
鄒水傑　192
菅原石廬　197
鈴木直美　182
角谷常子　175
施丁　192

斉午　280-281
薛謙光　368
泉隠　347
泉献誠　341, 347, 353, 367
泉男産　354
泉男生　341, 347, 353-354
蘇航　332
宋基豪　328
宋杰　20
臧知非　194
孫毓棠　192
孫仁師　369
孫鉄山　347, 361, 370
孫万栄　338, 360
孫聞博　99

[タ行]

田村実造　290, 293
多濫葛塞匐　337, 343
多濫葛末　337
高木智見　26
高村武幸　27, 114, 120, 123, 126-127, 129-130,
　　182
鷹取祐司　78, 118-120, 129
谷川道雄　36, 39, 42, 268, 289
谷口哲也　328, 345, 365
池培善　330
晁錯　25, 111-112
張説　331
張燕蕊　102
張鶴泉　214
張彦　347
張俊民　181
張春樹　124-126
張春龍　93-95, 100
張全民　349
張馳　94
張徳芳　181
張秉珍　347
趙岩　52, 59, 63
趙国華　20-21
趙振華　349
趙平安　204

陳偉　97, 107-108
陳寅恪　327, 346
陳弘音　89
陳志学　327, 332
陳松長　107, 193
陳蘇鎮　209
陳直　123, 204-205
陳峰　20
陳法子　349
陳夢家　192, 204, 207, 254
陳雍　96-97
土口史記　66, 99, 109
ディ・コスモ　17
デルブリュック　28
鄭能遜　269
鄭炳俊　330
祢軍　349
祢寔進　349
祢仁秀　349
祢素士　349
田旭東　95
田炳炳　181
田鳳嶺　96-97
田余慶　299
トゥイチェット　16
トゥキディデス　11
東夷薉君南閭　246
唐長孺　308
董延寿　349
董珊　92
鄧羌　267
突地稽　363
突利可汗　345, 349
冨谷至　68, 150

[ナ行]

永田英正　89, 127, 169, 192, 245
南単徳　347
南狄　347
難汗　342, 349
難元慶　349
難武　349
西嶋定生　26

西村元佑　123, 140

［ハ行］

馬一虹　328
馬増栄　156
馬馳　327, 353
馬長寿　269, 272
馬孟龍　206
婆葛　337, 343
拝根興　328, 347, 349, 354, 361, 370
柏芸萌　319, 324
浜口重国　24, 290
林巳奈夫　23
樊世　265-266
日野開三郎　360
ビーレンシュタイン　117
苗威　330
平田陽一郎　32-33, 39
ファン・デ・フェン　14-16
フェアバンク　12月16日
藤枝晃　30
苻睿　280
苻暉　280
苻熙　263
苻健　260, 262
苻堅　260, 278, 284
苻崇　260
苻生　260, 262, 266
苻登　260, 282-283, 285
苻丕　260, 279-280, 282-283
武則天　327
プレデュー　17
馮承鈞　327
船木勝馬　220
ヘロドトス　11, 28
平曉婧　52
蒲洪　260, 264, 284
彭浩　94-95
彭適凡　96

［マ行］

増淵龍夫　36

町田隆吉　264, 269, 276
松下憲一　289-290
松田壽男　296
丸橋充拓　28
三崎良章　220
宮宅潔　25, 29, 51, 60, 69, 72, 74-76
毛貴　265
毛興　280, 282
黙啜可汗　338, 359-360, 365
籾山明　27, 100
森鹿三　164
森部豊　318-319
森安孝夫　361
護雅夫　290, 293, 302, 309

［ヤ行］

山下将司　31, 34, 41, 343
湯浅邦弘　23, 26
俞偉超　252
熊鉄基　192, 203, 244, 252
游逸飛　89, 193, 200, 202
余昊奎　348
楊鴻年　192
楊膺　280-281
姚襄　260
姚萇　260
姚薇元　294-295, 297, 299, 306
姚磊　181
米田賢次郎　164, 192, 216

［ラ行］

羅新　276
雷海宗　22
雷海龍　94
雷弱児　265-266
リョー　18
李乙孫　347
李家浩　97
李賀　367
李学勤　97, 101
李基天　329, 334, 338, 360, 366
李玉福　192

李謹行　363
李均明　87, 89-90, 213
李迎春　202
李思敬　348
李思譲　348
李遵武　347
李仁徳　344, 348, 357, 369
李尽忠　338, 360
李成珪　243
李成制　347
李勣　341, 355
李他仁　347, 353-355, 361, 370
李多祚　363
李斌　120
李文基　328, 342, 366
李明　348
李林甫　367
李零　20, 23, 200-201, 213
柳伉　367

劉仁軌　369-370
呂婆楼　265
梁阿広　276
梁元碧　277
廖伯源　193, 201, 207
林剣鳴　191
ルイス　16, 117, 191
黎明剣　156, 208
ローウェ　14, 119, 127
魯家亮　99-100, 103
盧泰敦　362
盧治萍　319, 324
盧備　367
労榦　123, 192, 194
楼正豪　328, 342, 347

［ワ行］

渡辺信一郎　218, 244-245

事項索引

［ア行］

哀牢夷　246
安定属国　225
夷を以て夷を制す　365
尉官　198
尉史　198
尉曹　198
尉府　193
異民族統御官　218
爲輿　93
壹夫　72
稲　63
隠官　72
右扶風雍県　152
羽林軍　362
烏桓　217
烏桓校尉　229
烏桓突騎　217, 226
烏蒙州　363
エスニシティ　132

エリート奴隷軍人　33, 35, 41
エリート奴隷軍人（宿衛武官）　33
額済納河流域　141
永昌郡　246
営州都督　313, 322
営兵　214
衛官　201
益州西部都尉　246, 253
益陽県　91
燕州刺史　322
王国の司馬候　202
屋蘭　171

［カ行］

果毅都尉　325
河東郡　147, 155
河東郡皮氏県　154
家属　161-167, 178-179
家属符　140, 160-161, 163-164, 166
過更　139

389

牙門将　276-278
駕騶　199
廥　56-57
廥籍　57
外戚　280
官徒　105-106
勧農　284
『漢書』王莽傳　175
『漢書』昭帝紀　139
『漢書』地理志　147, 161
監　64
監府　193
関内領侯将　265
帰義蛮夷　241
騎　171
騎士　170-171, 173-174, 176-178, 180, 206
騎司馬　195
騎千人　195
羈縻支配　41, 243
羈縻州　315
羈縻州刺史　315, 323
羈縻府州　328, 329
魏郡　139, 147, 161, 179
魏郡黎陽県　153-154
居延　140-141, 143, 145, 148, 152-155, 157-
　160, 168-170, 172, 179
居延・肩水　139
居延騎士　175-176, 180
居延県　150, 165-166, 170, 173-174, 176-177,
　180
居延都尉　171, 175, 251
居延都尉府　160-161, 170, 178
居貲　69-71
居署　164, 167
居貸　74
匈帰都尉　251
匈奴　216
匈奴中郎将　304-305
羌　217
羌胡　217
羌酋　265, 284
郷部　249
郷兵　32, 39-41
驍果　40-41

曲　212
句陽県　153
君子　77
軍号研究　24
軍事文化　17-19
軍人としてのアイデンティティ　118
軍鎮　41
軍民対立　22
軍礼　26
郡尉　193-194, 201-202
郡監　193
郡軽車　195, 197
郡候　195-196, 205
郡国兵撤廃　209
郡司空　195, 197
郡司馬　195, 204
郡守　193
郡の屯兵　213
郡発弩　195, 197
月氏胡　217
月食　55, 60-61
肩水　140-141, 145, 148, 159, 166, 168-170,
　172, 179
肩水金関　143, 150, 152, 158, 160-161, 173-
　176, 222
肩水金関漢簡　141
肩水金関址　142
肩水金関通過記録　150
肩水候官　149, 163, 169-172, 177
肩水都尉　171, 251
肩水都尉府　145-146, 161, 170-171, 177, 179,
　222
県尉　198-199, 201
県候　201
県司空　199
県司馬　199
県発弩　199
建元 20 年籍　281
懸泉置　153
顯美　171
玄菟郡　246
玄武門の変　360
見在署　164
見署　164

コミタートゥス　34
姑臧県　120
庫　88
庫佐　98, 102
庫守　98
庫嗇夫　97
五百將　200
後以境土広遠　247-248
『後漢書』盧芳伝　225
護烏桓校尉　214, 217
護匈奴中郎将　305
護羌校尉　214, 217, 220, 229
護羌士　220
護羌使者　220
護羌従事・掾　220
護羌都吏　220
護軍　269, 304-305
護高車中郎将　304-306
工用　92
勾盾発弩　195
広武将軍□産碑　271
弘農郡　158
甲渠候　145
甲渠候官　165-166, 170-171, 173-174, 176-
　　177, 179, 228
更　139
更戍　69,76
候　219
候官　213, 250
校長　201
耿曄　232
高句麗・百済系蕃将　329
高麗蕃長　366-367
高陵県　121
湟中義従胡　239
渾懐都尉　251

[サ行]

責名籍　128
最　105
塞尉　201
在署　167
材官　206

作徒簿　105
莋都夷　246
薩保　346
雑戸　273, 275
雑戎　263, 278
三五発卒　285
刪丹　171
飡食　58
士吏　207
司寇　72-73
使匈奴中郎将　214, 305
蚩尤　26, 95
徙適（謫）実辺　111
視平　64
貲戍　69
実官　108
車曹　99-101
車父　72, 120
主降掾史　231
守府　193
酒泉　155
戍役の長期化　30
戍卒の交代時期　149, 151, 154
戍卒の出身地　140-142, 148
戍卒の出発時期　153
戍卒の「庸」化　168
戍辺　139
酋大　271, 276, 284
十七年丞相啓状戈　106
什長　199, 201
住一歳一更　139, 148
従者　130
宿衛武官　33
出貸　66, 70
出入記録　127
出稟　66, 70
署　165
諸衛将軍　328, 331
如淳　148
尚文卑武　36, 40
昌邑国　161, 179
松漠都督府都督　313
昭武　146, 151, 171
冗戍　69-70, 76

丞　219
丞掾　211
城　212
城尉　201
城司馬　171
城旦舂　75
蜀郡北部都尉　246
職業的歩兵軍　117
真見兵　89
新平郡　147
駢馬田官　160-161
隧　213
燧　250
燧長符　140
西川都尉　278
西北辺郡の軍事組織　207
済陰郡　139, 153
済陰郡句陽県　152, 155
貰売　168
折衝果毅　353
折衝都尉　323, 353
節度使　362
千人　219
千長　219
先農　94-95
戦国モデル　192
戦争叙述　23, 28
戦闘単位内での意思疎通　129
鮮卑　217
冉駹夷　246
前秦梁阿広墓誌　276
ソグド系蕃将　346
ソグド蕃将　329
疏勒河流域　141
曹　102
蒼海郡　246
即事批判　28
属国　254
属国胡騎　222
属国都尉　214, 216, 218, 252
卒長　199
率衆王　233
粟徒　72
粟米　63-64

『孫子』　15

[タ行]

大人　271
隊　213
隊長　200
大鴻臚　218
度遼将軍　214, 234
適戍　69
囊他候官　163-164
囊佗候官　146
段熲　240
中尉　194-195
中軽車　195
中軽車司馬　195
中候　195-196
中司空　195
中司馬　195
中発弩　195
中辨券　65-66
長安　152-153
長史　207, 219
長輓　72
張掖郡　140-143, 146, 148, 149, 151, 154-155,
　　　157, 159-161, 166-169, 171, 173, 179
張掖属国　221
張掖太守府　151
徴集兵の出身地　123
趙国　149
趙国柏人県　160-161
沈黎郡　246, 248-249
鎮戸　268, 280, 285
通行証　140, 150, 152, 154-155, 158, 162, 174
通沢第二亭　223
テュルク系蕃将　311
丁兵制　40
氐戸　273, 279, 281-285
氐豪　265
氐酋　264-265, 267, 280-281, 284
氐池県　171, 177
亭長　206
亭長符　140
亭部　249

帝国モデル　192
典属国　218
展約　74
田卒　125
田部　249
伝　140
徒隷　103
都尉系統の職官の縮小　206
都督　328
土司支配　243
東郡　139, 161, 179
東部都尉　251
當舍傳舍　175
鄧訓　236
鄧太尉祠碑　269
幢　308
同化政策　255
洞庭郡　247
道　254
突厥第一帝国　338, 349
突厥第二帝国　338, 349
屯戍　70, 76
敦煌　141, 143, 155, 157, 159
敦煌郡　154
敦煌郡宜禾都尉　254
敦煌郡中部都尉　254
敦長　199-200

[ナ行]

七年丞相啓狀戈　92
南陽郡　155, 161, 179
南陽郡宛県　152, 158
二元的な支配　244
二十四軍制　32, 40
廿二年臨汾守暉戈　92, 106
日常行政体制　191
日食　55, 60-61
日勒県　151, 171
日勒都尉　251
入侍宿衛　37-38, 42

[ハ行]

馬丞　197
莫弗　292, 298-299, 309
発弩　201
罰戍　69, 71
蛮夷律　255
番和　171
蕃将　41, 311, 327
蕃将第二代　343
蕃将の軍事能力　342, 355
蕃将の人的関係　342
蕃将の入唐背景　331
蕃兵　311
被兵簿　127
淝水の戦い論争　284
罷卒　29, 148-149, 151-152, 155, 160
罷卒籍　148
罷卒名籍　150-151
備塞都尉　195
百長　219
馮翊護軍　269-272, 274-275
病卒名籍　128
汝山郡　246, 248-249
府兵制　39-42
普遍的な徴兵制度　116-117
武安県尉　154
武官の縮小　202
武庫　106-107, 197
武庫遺址　87
武庫永始四年兵車器集簿　87, 90
部　212, 244, 249-250
部大　270-271, 276, 284
撫夷護軍　271
文の優越　17, 20, 22, 26
平和主義の中国　15, 19-20
兵戸　267, 273, 280
兵制研究　25
兵曹　209-210
兵曹掾　212
兵站　51, 77-78
辺地化　202, 207, 209
編戸　267, 273, 281, 284
保塞蛮夷　228

393

葆　130
防人　41
髦長　201
北地郡北部都尉　254
北部都尉　251

[マ行]

免役銭　139

[ヤ行]

游徼　206
遊牧系蕃将　329
余徼　93
庸　155-157, 159, 168-170, 179
庸銭　156, 158-159, 168-169, 179
傭兵　169-170, 179-180
繇戍　139

[ラ行]

楽浪郡　246-248
楽浪東部都尉　253
驪軒　171
六鎮　290, 291, 308-309

立郡賦重　247-248
律令体制　243
流民（人）都督　264, 284
流民政策　30
梁国　160
梁国睢陽県　156
領民酋大　276
遼東属国　226
令史　64-66
隷臣妾　75
列曹　198
盧水胡　224
盧水秦胡　222
楼船　206
觻得県　146, 150, 171, 177

[ワ行]

淮陽　155
淮陽郡　139, 161, 179
淮陽国　147
割り符　54, 65

Military Control of a Multi- ethnic Society in Early China
What Excavated Manuscripts Can Tell Us

Preface

MIYAKE Kiyoshi

Part 1 Research Trends

Chapter 1

An Overview of Research Trends in Early Chinese Military History

MIYAKE Kiyoshi

Chapter 2

Between "Battle Groups" and "Universal Order under Military Principles": The Possibilities for Research on the Imperial Bodyguard

MARUHASHI Mitsuhiro

Part 2 Articles

Chapter 3

From Conquest to Occupation: Food Provision and Occupation Forces in Qianling 遷陵 Prefecture during the Qin Dynasty

MIYAKE Kiyoshi

Chapter 4

A Preliminary Study on the Armory (*Ku* 庫) in Qianling Prefecture during the Qin Dynasty

CHEN Wei

Chapter 5

The Geographical Origins of Han Time Northwestern Border Society: Methodological Considerations Based on the Analysis of Excavated Documents

GIELE, Enno

Chapter 6

The Transformation of the Northwest Border Defense System in the Han Dynasty

TAKATORI Yūji

Chapter 7

An Examination of Changes in the Structure of Military Officials of the Capital Area (*Neishi* 内史) and the Outer Provinces (*Qun* 郡) in the Qin-Han Period: From Military to Civilian Rule

SUN Wenbo

Chapter 8

Neighboring Ethnic Groups and the Military System in the Han Dynasty: Focusing on the Chief Commandant of the Dependent State (*Shuguo duwei* 属国都尉) and Offices for the Control of Foreign Peoples

SATŌ Tatsurō

Chapter 9

Control of the Boundary Areas and the Regional Chief Commandant (*Bu Duwei* 部都尉) in the Han Empire

KIM Byung-Joon

Chapter 10

"Ethnic Groups" and Military System in the Former Qin Regime

FUJII Noriyuki

Chapter 11

The Disbandment of Tribes and the Autonomous Administrative Control over Gaoche 高車 Tribe by Emperor Daowu in the Northern Wei Dynasty

SAGAWA Eiji

Chapter 12

Ying-zhou 営州 : A Case Study of Autonomous Administration (*Jimizhou* 羈縻州), Barbarian Soldiers, and Military Institutions during the First Half of the Tang Dynasty

MORIBE Yutaka

Chapter 13

The Treatment of Barbarian Generals Originally from Goguryeo and Baekje during the Tang Dynasty and their Survival Strategies

LEE Kichon

Afterword

MIYAKE Kiyoshi

Index

多民族社会の軍事統治
──出土史料が語る中国古代 　　　　　　　　©Kiyoshi MIYAKE 2018

2018 年 4 月 2 日　初版第一刷発行

編　者　宮　宅　　　潔

発行人　末　原　達　郎

発行所　京都大学学術出版会

京都市左京区吉田近衛町 69 番地
京都大学吉田南構内（〒 606-8315）
電　話（075）761 - 6182
ＦＡＸ（075）761 - 6190
ＵＲＬ　http://www. kyoto - up. or. jp
振　替　01000 - 8 - 64677

ISBN978-4-8140-0136-1　　　　　　　印刷・製本　亜細亜印刷株式会社
　　　　　　　　　　　　　　　　　　　装幀　谷　なつ子
Printed in Japan　　　　　　　　　　定価はカバーに表示してあります

本書のコピー，スキャン，デジタル化等の無断複製は著作権法上での例外を除
き禁じられています。本書を代行業者等の第三者に依頼してスキャンやデジタ
ル化することは，たとえ個人や家庭内での利用でも著作権法違反です。